KB116178

아동 · 청소년을 위한

마음챙김 기반 중재

연구와 실제

Nirbhay N. Singh · Subhashni D. Singh Joy 편저
안희영 · 최은영 · 박지순 · 정하나 공역

Mindfulness-based Interventions
with Children and Adolescents:
Research and Practice

학지사

Mindfulness-based Interventions with Children and Adolescents:
Research and Practice
by Nirbhay N. Singh and Subhashni D. Singh Joy

역자 서문

지금은 마음챙김 시대라고 해도 과언이 아닐 정도로, 우리는 마음챙김이라는 단어와 친숙해져 있다. 마음챙김 기반 중재를 위해서는 체계적이고 지속적인 마음챙김 수련을 통해서 마음챙김을 체화함은 물론, 마음챙김의 정의, 마음챙김 기반 중재 방법과 윤리적 고려 등에 관해 명확히 인지하고 있어야 한다.

특히 아동과 청소년을 대상으로 마음챙김 기반 중재를 하고자 할 때에는 더욱 세심히 고려해야 한다. 아동과 청소년에게 마음챙김은 어떤 의미를 지니는지, 그 필요성은 무엇인지, 효과성은 어떠한지, 효과성을 뒷받침하는 근거 중심 연구들이 시사하는 바는 무엇인지, 다양한 대상에 따라 고려해야 할 실제적인 지침은 어떠한 것인지 등에 대한 해답이 필요하다.

이 같은 해답을 찾던 중 역자들은 『아동·청소년을 위한 마음챙김 기반 중재: 연구와 실제』를 만나게 되었다. 이 책이 아동 및 청소년을 대상으로 한 마음챙김의 의미, 근거 이론 및 연구와 더불어 다양한 아동·청소년의 특성에 따라 마음챙김 기반 중재를 적용하는 실제적 부분까지 담고 있기에 의미 있다고 판단하여 번역하게 되었다.

『아동·청소년을 위한 마음챙김 기반 중재: 연구와 실제』는 총 3부로 구성되어 있다. 제1부는 기초적 측면, 제2부는 연구적 측면,

제3부는 실제적 측면을 다루고 있다. 제1부에서는 아동·청소년 마음챙김의 의미, 마음챙김의 정의, 속성과 기제, 윤리적 측면 그리고 아동·청소년 대상 마음챙김 사정 관련 내용을 담고 있다. 제2부에서는 교육 장면, 학교 기반 마음챙김 그리고 주의력결핍 과잉행동장애나 발달장애 혹은 정신건강 문제를 경험하고 있는 아동·청소년 대상 마음챙김 관련 연구와 그 연구들이 시사하는 바에 대해 제시하고 있다. 제3부에서는 아동 대상, 청소년 대상, 부모와 돌봄종사자 및 교사 대상 마음챙김을 위한 프로그램을 실제적 측면을 중심으로 소개하고 있다.

이 책에서 다루고 있는 내용은 마음챙김을 아동·청소년 대상 공공정책으로 도입하기 위한 기반, 아동·청소년 대상 마음챙김 사정을 위한 고려, 장애를 경험하는 아동·청소년 대상 마음챙김의 영역 확장 등에 기여하는 바가 큰 것으로 고려된다.

역자들은 마음챙김이 아동과 청소년에게, 특히 모든 아동과 청소년에게 보편적으로 적용될 수 있기를, 그리고 모든 아동·청소년이 건강하고 지혜롭게 성장하기를 소망한다. 이 역서가 이 같은 소망으로 아동·청소년을 만나는 교육, 상담 및 심리치료, 복지, 재활 등 다양한 분야의 전문가, 부모, 돌봄종사자 등에게 하나의 길잡이가 되기를 기대해 본다.

이 책을 기꺼이 출판해 주신 학지사 김진환 사장님, 그리고 마지막까지 세심히 살펴 주신 편집부 황미나 선생님, 이수연 선생님께 감사드린다.

2023년 봄
역자 일동

시리즈 출판 편집자의 서문

 이 책은 전 인류가 코로나 바이러스 팬데믹의 부정적인 영향을 받고 있는 시점에 획기적이고 영감을 주는 내용으로 완성되어 출판되었다. 이러한 국제적 위기의 영향으로 가족의 스트레스와 불안 수준이 높아지면서 아동과 청소년의 정신건강과 안녕을 지원하고 촉진하는 일의 중요성이 강조되고 있다. 이 책은 성인 정신건강 분야에서 가장 빠르게 성장하고 있는 치료적 중재 중 하나이면서, 동시에 아동과 청소년에게 적용할 수 있는 잠재력을 인정받고 있지만, 아직 연구와 프로그램 개발은 초기단계에 머물고 있는 중재인 마음챙김 명상에 초점을 두고 있다. 이 책은 관련 문헌에 대한 학술적 검토와 광범위한 최신 연구 근거를 제공함으로써 이러한 중요한 격차를 상세하게 다루고자 했다.

 아동의 정신건강, 특히 학교에서의 아동 정신건강을 다루어야 할 필요성이 제기되며 이 주제에 관해 광범위한 정신건강 문제에 대한 정보를 제공하는 일련의 책들이 처음 출판된 지 이제 거의 20년이 지났다(Atkinson & Hornby, 2002). 이러한 인식에 따라 최근에는 아동과 청소년의 정신건강과 안녕을 다루는 시리즈의 책들이 만들어지기도 했다. 이와 같은 책들의 주요 초점은 최신 연구를 평가하고 혁신적인 중재와 프로그램을 보급하는 데 있다. 이 책은 이 시리즈의 세 번째 책이다. 첫 번째 책은 학교 내 괴롭힘에 초점을 두었고 (Cowie & Myers, 2018), 두 번째 책은 학교 내 아동의 정신건강 증진을 위한 다양한 접근을 검토했으며(Reupert, 2020), 이 책은 학교와 지역사회 환경에서 아동과 청소년의 정신건강과 안녕감을 촉진하기 위한 마음챙김 명상의 활용에 초점을 두었다.

이 책은 마음챙김 명상의 이론적 토대를 이해하고 다양한 중재 프로그램을 검토하도록 함으로써 독자들이 뿌리부터 마음챙김 명상을 이해할 수 있도록 안내한다. 이후에는 다양하게 개발된 마음챙김 기반 프로그램의 효과에 대한 연구 근거를 평가하기도 한다.

이 책은 세 부분으로 나뉜다. 첫 번째 부분에서는 마음챙김 명상의 기원에 관해 논의하고 실제로 마음챙김이 무엇을 의미하는지 정확하게 설명하기 위해 다양한 정의를 제공한다. 그다음에는 학자와 실천가가 각각 마음챙김을 어떻게 바라보는지 논의하고 아동과 청소년의 마음챙김을 사정하는 문제를 다룬다. 두 번째 부분에서는 아동과 청소년이 보이는 다양한 정신건강과 발달 그리고 행동 문제에 대한 마음챙김 기반 중재의 활용에서의 연구 근거에 초점을 둔다. 세 번째 부분에서는 아동과 청소년에게 효과적인 것으로 밝혀진 마음챙김 기반 프로그램의 예시를 제시하고 나이 어린 사람들에게 마음챙김 기반 중재를 제공하는 데 있어 부모와 전문가의 역할을 고찰하는 것으로 마무리한다.

나이 어린 사람들이나 그들의 부모 및 가족과 함께 일하는 전문가는 그들의 정신건강을 개선하기 위해 최신의 이론과 연구 근거에 대한 이해는 물론이며, 학교에서 중재를 제공하는 틀을 구성하는 데 필요한 지식을 갖추고 있어야 한다(Hornby & Atkinson, 2003). 이 책은 나이 어린 사람들과 함께 마음챙김 명상을 성공적으로 실

행하는 데 필요한 마음챙김 명상 관련 지식과 이해를 전문가에게
제공한다.

마지막으로 이 책은 아동과 청소년의 정신건강과 안녕을 촉진하
는 마음챙김 명상의 가치를 보여 주는 강력한 사례를 제시하고 근
거 기반 프로그램에 관한 정보와 함께 이를 효과적으로 구현하는
방법에 대한 유용한 지침도 제공한다. 따라서 이 분야에서 일하는
학자와 연구자뿐만 아니라 교사와 학교 지도자, 상담사, 심리학자,
학교나 지역사회에서 아동 및 청소년과 함께 일하는 기타 전문가
를 포함한 실무자에게도 필수적인 책이라고 할 수 있다.

게리 혼비(Garry Hornby),

플리머스 대학교(Uni of Plymouth) 명예교수

참고문헌

Atkinson, M., & Hornby, G. (2002). *Mental health handbook for schools.*
  London, UK: RoutledgeFalmer.
Cowie, H., & Myers, C.-A. (Eds.). (2018). *School bullying and mental health:*
  Risks, intervention and prevention. London, UK: Routledge.
Hornby, G., & Atkinson, M. (2003). A framework for promoting mental health
  in schools. *Pastoral Care in Education, 21*(2), 3-9.
Reupert, A. (2020). *Mental health and academic learning in schools:*
  Approaches for facilitating the wellbeing of children and young people.
  London, UK: Routledge.

편저자 서문 ✿

 아동·청소년은 질풍노도의 시기 속에서 성장한다. 발달 단계를 거쳐 성인이 되는 과정에서 그들은 피할 수 없는 몸과 마음의 변화를 겪을 뿐만 아니라 급변하는 세계의 사회적 환경에 직면한다. 그들은 아주 어린 나이부터 사회생활과 창의성 그리고 학습을 촉진하면서 여러 가지 다른 이점도 제공해 주는 소셜미디어에 노출된다. 동시에 소셜미디어는 사이버불링(cyberbullying)이나 사악하고 공격적인 표현, 폭력적 행동이거나 성적인 언어 또는 그림과 같은 부적절한 콘텐츠를 포함하여 심각한 위험을 수반하기도 한다. 또한 아동·청소년은 초기 시기부터 부당한 사회에 노출되기도 한다. 시간이 지나면서 이러한 경험이 축적되면 위험요소가 쌓이면서 정신건강 문제로 발달하기도 하며 결국 전문적 중재를 필요로 하는 심각한 심리적·정신병리적 문제로 나타난다. 일부 아동·청소년은 빈곤, 가정 내 약물 및 알코올 남용, 가정 폭력 목격, 때로는 가족 구성원이 총에 맞거나 교도소에 갇히는 모습을 보는 등 수많은 요인으로 인해 트라우마나 불행한 어린 시절을 겪기도 한다. 또 다른 경우에는 전쟁 피해나 엄격한 이민 정책으로 인한 가족과의 강제적 분리, 인신 매매 및 기타 다양한 형태의 착취를 경험하기도 한다.

이들 아동 중 일부는 사회 및 정신건강 서비스의 손길을 거치기는 하지만, 특권층 사람들이 쉽게 이용하는 포괄적인 통합 서비스를 거의 받지 못한다. 보편적인 건강 및 정신건강 관리가 부족하게 되면, 이러한 서비스를 가장 필요로 하는 사람이 오히려 가장 적게 서비스를 받게 된다. 복지 서비스 분야에 종사하는 사람들은 이러한 점을 깨닫고 모든 아동·청소년의 삶을 개선할 수 있는 대안적인 방법을 연구해 왔다. 이러한 노력은 정신건강 문제를 야기하는 상태를 사전에 예방하는 보편적 프로그램, 즉 공중보건 서비스 모델에 부합하는 프로그램에 초점을 둔다. 정신건강 분야 종사자는 인종, 경제, 사회, 성별 및 성적 불평등과 같은 일부 체계의 문제를 스스로 극복할 수는 없지만, 자유롭게 옮겨 다닐 수 있는 효과적인 대안과 보완적 치료를 제공할 수 있는 위치에 있다.

마음챙김은 아동·청소년이 삶의 경로를 바꾸도록 하는 중재 중 하나라고 할 수 있다. 마음챙김 명상은 세계 곳곳에서 사람들의 이목을 끌었지만, 아직 서구 사회의 육아 구조에 스며들지는 못하고 있다. 지난 40년 동안의 연구에 따르면, 매일 몇 분 동안 명상을 하는 것으로도 마음챙김 수련을 일상에 적용함으로써 하루종일 마음을 다스릴 수 있다. 누군가 하루에 약 20분의 통제된 일일 명상 수행을 한다면, 마음챙김의 효과로 자신의 삶의 안녕감과 질을 풍요롭게 할 수 있다. 아마도 더 중요하게는 그 혜택이 주변 사람들, 심지어 스스로 명상을 하지 않는 사람들에게까지 연쇄적으로 전달되어 흐르게 된다. 그렇다면 모든 사람이 이러한 혜택을 자유롭게 누릴 수 있는 보편적인 프로그램을 만들려면 어떻게 해야 할까?

이 책은 아동·청소년을 포함하여 부모와 보호자 그리고 교사를 포함한 우리 사회 모두를 위한 마음챙김에 관해 생각해 볼 몇 가지 방법을 제공한다. 우리는 마음챙김의 근원을 살펴보고 실천가와 학자들이 마음챙김을 어떻게 보았으며 앞으로는 어떻게 다루게 될 지 알아보면서, 마음챙김이 우리에게 어떤 의미를 가지는지 정의 하는 것으로 이 책을 시작한다. 여기에서는 우리가 아동·청소년 의 마음챙김과 그들이 겪을 수 있는 유혹을 가늠할 수 있는 방법을 제시한다. 다음 내용에서는 이들 집단에서 볼 수 있는 다양한 쟁점 과 환경에서 마음챙김 기반 중재를 활용한 연구들이 우리에게 어 떤 메시지를 전하는지 다룬다. 여기서 말하는 쟁점은 교육, 주의력 결핍 과잉행동장애, 지적장애 및 발달장애 그리고 정신건강 쟁점 (예: 외현화 장애, 불안, 우울과 동반 장애, 물질 남용 및 스트레스)을 포 함한다. 마지막 영역에서 이 책은 연구자들이 아동·청소년에게 효과적이라고 보고한 마음챙김 기반 프로그램의 예시를 제공한다. 아동·청소년을 위한 마음챙김 기반 중재 분야는 아직 초기 단계 에 있지만, 이 시기가 분명 이 분야의 미래를 형성할 주요 돌파구의 첨두라는 사실은 의심의 여지가 없다. 우리는 이 책을 아동·청소 년의 마음챙김 활용을 탐구하기 위한 출발점으로 제시한다. 비유 적으로 말하자면, 우리는 이 책이 조용한 연못에 떨어지는 작은 돌 처럼 그 물결로 단지 몇 사람의 삶이라도 바꿀 수 있는 마음챙김이 퍼져 나가기를 기대한다.

많은 사람의 기여로 이 책이 완성되었다. 이 책을 집필하도록 친 절하게 우리를 초대해 준 개리 혼비 교수와 이 책을 제작한 루틀리 지(Routledge)의 직원들에게 가장 깊은 감사를 전한다. 공동 저자들 은 감사하게도 각자 맡은 장을 저술한 후에 인내하며 책이 편집되 고 탈고되어 인쇄되기를 기다렸다. 물론 이 모든 일은 우리 가족의 친절과 지원이 없었다면 불가능했을 것이다. 이 책에서 취할 수 있는 모든 우수한 내용이 모든 사람에게 공유될 수 있기를 바란다.

노스캐롤라이나주 롤리에서,
니르베이 N. 싱(Nirbhay N. Singh)
수바시니 D. 싱 조이(Subhashni D. Singh Joy)

차례

역자 서문 / 3

시리즈 출판 편집자의 서문 / 5

편저자 서문 / 9

제1부 마음챙김의 기초

제1장

아동 · 청소년 마음챙김 기반 중재 / 21

서론 / 21

기초 / 25

연구 / 27

실제 / 31

제2장

마음챙김: 정의와 속성 그리고 메커니즘 / 33

서론 / 33

마음챙김의 정의 / 34

마음챙김의 속성 / 43

메커니즘 / 64

제3장

아동 · 청소년의 마음챙김 사정 / 69

서론 / 69

아동 · 청소년 마음챙김 측정에 대한 우려 / 71

아동 · 청소년 마음챙김 측정 / 75

결론 / 96

제2부 마음챙김 연구

제4장

교육에서의 마음챙김 / 101

서론 / 101

교육 장면에서의 MBPs 연구 검토(2005~2014년) / 103

학교 기반 MBPs의 연구 현황(2014~2019년) / 113

결론 / 120

제5장

마음챙김과 주의력결핍 과잉행동장애 / 125

서론 / 125

결론 / 152

제6장

지적장애 및 발달장애와 마음챙김 / 155

서론 / 155
IDD가 있는 사람들을 위한 마음챙김 기반 프로그램 / 157
부모와 보호자 그리고 교사의 마음챙김이 IDD가 있는
　개인에게 미치는 영향 / 175
ASD 자녀와 부모를 위한 마음챙김 훈련 / 183
결론 / 187

제7장

마음챙김과 정신건강 / 189

서론 / 189
외현화 행동에 대한 마음챙김 기반 프로그램 / 193
불안에 대한 마음챙김 기반 프로그램 / 200
우울에 대한 마음챙김 기반 프로그램 / 204
다양한 조건에서의 마음챙김 기반 프로그램 / 207
물질 남용에 대한 마음챙김 기반 프로그램 / 211
스트레스에 대한 마음챙김 기반 프로그램 / 213
결론 / 215

제3부 마음챙김의 실제

제8장

아동에게 마음챙김 가르치기 / 219

서론 / 219

OM 프로그램 / 223

OM 유치원 프로그램 구조 / 237

OM 초등학교 프로그램 / 244

OM 유치원 프로그램의 연구 성과 / 245

결론 / 248

제9장

청소년에게 마음챙김 가르치기 / 251

서론 / 251

청소년 대상 공식적 마음챙김 기반 프로그램 / 253

청소년 대상 비공식적 마음챙김 기반 활동 / 265

결론 / 273

제10장

부모, 돌봄종사자, 교사에게 마음챙김 가르치기 / 275

서론 / 275
부모에게 마음챙김 가르치기 / 279
돌봄종사자에게 마음챙김 가르치기 / 293
교사에게 마음챙김 가르치기 / 298
결론 / 304

참고문헌 / 305
찾아보기 / 359

제1부

마음챙김의 기초

제1장 아동 · 청소년 마음챙김 기반 중재

제2장 마음챙김: 정의와 속성 그리고 메커니즘

제3장 아동 · 청소년의 마음챙김 사정

제1장

아동 · 청소년 마음챙김 기반 중재

니르베이 N. 싱(Nirbhay N. Singh)
수바시니 D. 싱 조이(Subhashni D. Singh Joy)

서론

프랑스의 시인이자 소설가인 빅토르 위고(Victor Hugo)는 이렇게 말했다. "적의 침략에는 저항할 수 있지만, 그 시대에 당도한 사상에는 저항할 수 없다." 우리는 이제 마음챙김의 시대에 당도했다고 말할 수 있다. 마음챙김의 시대가 오는 데는 거의 2,600년이 걸렸지만, 이제는 서양문화의 의식 속에 확고하게 자리 잡았다. '마음챙김'이라는 용어가 아우르는 의미에 관해서 일반적으로 합의된 바는 없지만, 셰익스피어(Shakespeare)가 "장미는 다르게 불리더라도 여전히 향기롭다."라고 언급했듯이 마음챙김은 우리가 감정, 감각, 지각, 사고에 관한 순간순간의 경험에 몰두하는 방법을 밝혀내기 위해 수 세기에 걸쳐 다양한 지식 전통에서 다양한 방식으로 다루어지고 있다. 마음챙김에 대한 서양의 이해는 불교 철학의 영향을 많이 받았으며, 현재 대부분의 정의와 척도는 그 전통에서 비롯한다. 여기에서 불교를 단일 전통체로 보아서는 안 된다. 불교는 초기 불교 시대부터 아시아 전역으로 퍼져 나가면서 그 안에서 상당한 다양성을 품었기 때문이다(Anālayo, 2020). 게다가 마음챙김이 이해되고 발전되고 실천되는 과정에서 현재의 불교 계통 사이에도 상당한 다양성이 발생하고 있다.

마음챙김에 관한 가장 일반적으로 알려진 정의는 카밧 진(Kabat-Zinn, 1994, p. 4)에 의해 "독특한 방식, 즉 의도를 가지고 현재의 순간에 비판단적으로 주의를 기울이는 것"과 같이 제시되었다. 연구자들이 도출한 합의된 정의에 따르면, 마음챙김은 "지각 영역에서 발생하는 각각의 생각이나 느낌 또는 감각이 있는 그대로 인정되고 수용되는 일종의 자발적이고 비판단적이며 현재 중심적인 자각"이다(Bishop et al., 2004, p. 232). 개인 명상 수련 또는 마음챙김 기반 중재 참여를 통한 마음챙김 수양에 있어서, 마음챙김은 "지금 순간의 비판단적이고 비반응적인 참여와 의도적 수양에서 발생할 수 있는 자각과 통찰 그리고 잠재적 해방"을 의미한다(Kabat-Zinn, 2019, p. xi). 무닌드라(Munindra)는 마음챙김이 일상에서 제2의 본성으로 자리 잡으면 다음과 같은 성취를 이룰 수 있다고 언급했다.

우리는 먹고 마시고 입고 보고 듣고 냄새 맡고 맛보고 만지고 생각하는 동안에도 마음챙김을 이룰 수 있다. 당신이 무엇을 하고 있든, 모든 것은 알아차림으로, 역동적으로, 전체성과 완전성 그리고 온전함을 갖고 이루어져야 한다. 그렇게 해야 의미 있고 목적이 있는 명상이 된다. 이는 생각하는 것이 아니라 순간순간을 경험하는 것이며 순간순간을 살아가는 것이다. 여기에는 집착도 없고 책망도 없다. 판단도 없고 비판도 없는 선택 없는 자각이다. 마음챙김은 우리의 삶 전체에 통합되어야 한다. 마음챙김은 실로 완전한 인식을 갖고 보는 방법, 듣는 방법, 냄새 맡는 방법, 먹는 방법, 마시는 방법, 걷는 방법을 가르치는 교육이다. (Knaster, 2010, p. 1)

마음챙김은 일상생활의 작은 문제들과 걱정, 스트레스, 불안 및 우울과 같은 심리적 문제에 초점을 둔 것으로, 성인 정신건강 분야에서 가장 빠르게 성장하는 치료적 중재 중 하나이다. 이는 마음챙김이 심리적 문제를 일으키는 격한 감정 상태를 개선하기 때문이다. 연구 분야에서는 광범위한 임상 집단에 대한 마음챙김 기반 중재(Mindfulness-Based Interventions: MBIs)의 유효성과 효과를 평가하는 데 중점을 두었다. 이와 같은 연구에 대한 메타분석에서는 MBIs가 정신적 고통을 줄이는 데 효과적이며 건강한 사람들(Chiesa & Serretti, 2009; Khoury et al., 2015)과 정신건강에 문제를 겪는 사람들(Cavanagh et al., 2014) 그리고 기타 만성 신체화 질병을 겪고 있는 사람들(Abbott et al., 2014; Zainal et al., 2013)의 개인적 안녕감과 삶의 질을 향상하는 데 효과적이라고 밝히고 있다.

또한 아동·청소년의 MBIs에 기반한 연구들이 나타나고 있으며, 이는 대부분 청소년에 초점을 두고 있고, MBIs가 부주의 및 행동적 문제뿐만 아니라 불안 증상도 감소시킬 수 있다는 근거를 제공했다(Burke, 2010). 같은 시기에 나타난 또 다른 연구에서는 정좌명상이 학교와 병원 및 지역사회 환경 전반에서 6~18세 사이 청소년의 생리적, 심리사회적, 행동적 문제에 효과적으로 개입할 수 있다고 언급했다(Black et al., 2009). 연구에 따르면, MBIs는 주의력

결핍 과잉행동장애(Cairncross & Miller, 2016)의 증상을 나타내거나 외현화 장애(Bögels et al., 2008)가 있는 청소년에게 성공적으로 적용될 수 있다. MBIs는 소수자 아동의 우울 증상 감소(Liehr & Diaz, 2010)와 학습장애 청소년의 불안 감소 및 사회성 향상(Beauchemin et al., 2008)에도 효과적이라고 보고되었다. 시빙가 등(Sibinga et al., 2011)은 HIV 양성 판정을 받고 다른 장애의 위험을 겪고 있는 도시 청소년을 대상으로 한 연구에서 MBIs가 적개심 및 정서적 불편감을 줄이는 데 효과적이었으며, 질적 자료를 통해 학업 수행, 대인관계 상호작용, 스트레스 수준 및 신체 건강의 개선이 나타났다고 밝혔다. 학교에서의 MBIs에 대한 메타분석은 인지적 수행과 회복력에서 유의미한 개선을 보였으나 정서적 문제의 면에서는 유의미한 변화를 보여 주지 못했다(Zenner et al., 2014). 추후 실시된 메타분석에서는 학생들의 정신건강에 유의한 개선을 보여 주면서 MBIs의 효과를 거듭 확인하기도 했다(Carsley et al., 2018; Zoogman et al., 2015). 여기에 포함된 모든 연구와 연구에 대한 메타분석은 아동·청소년을 위한 MBIs에 관한 연구와 실행이 시급한 과제라는 점을 지적하고 있다.

이 책에서는 현재 우리가 아동·청소년을 대상으로 하는 MBIs에 관해 알고 있는 내용을 학문적이며 실용적으로 검토한다. 우선 마음챙김에 대한 기초적인 내용을 다루는 장들로 시작하며, 아동·청소년 집단을 주요 대상으로 하여 현재 진행 중인 주요 연구를 다루는 장들로 이어진다. 마지막으로, 아동·청소년을 대상으로 성공적으로 진행된 연구를 기반으로 한 마음챙김 프로그램을 다루는 실제적 장들이 제시된다. 마지막 장에서 다루는 내용은 다소 차이가 있는데, 여기에서는 부모와 보호자 그리고 교사에게 마음챙김

을 가르치는 것이 어떻게 그들이 보호하는 아동·청소년에게 연쇄
적으로 그 효과를 전달하거나 확산할 수 있는지를 살펴본다.

기초

첫 번째 기초 장(제2장)에서 아잔 아마로(Ajahn Amaro)와 싱
(Singh)은 마음챙김의 정의에 관한 광범위한 논의를 시작한다. 논
의는 붓다가 정의한 **사띠**(sati; 사념처, 념, 관/역자 주)에서 시작한
다. 사띠는 영어로 번역된 마음챙김(mindfulness)의 원어가 되는 팔
리어이다. 붓다는 **사띠빠따나**(Satipaṭṭhānas)에서 올바른 마음챙김
에 관한 가장 포괄적인 설명을 제시했다. 사띠빠따나는 '마음챙김
의 네 가지 토대' 또는 더 일반적으로는 '마음챙김의 네 가지 기초'
로 알려져 있다. 이 경전(sutta)에서 마음챙김의 네 가지 기초는 몸
(身/역자 주), 느낌(受/역자 주), 마음(心/역자 주), 마음의 대상(法/역
자 주)이다. 물론 붓다는 다른 경전에서도 마음챙김에 관해 설명하
였고, 이 내용 역시 간략하게 다루게 될 것이다. 아잔 아마로와 싱
은 불교 수행자와 학자 그리고 철학자가 제공하는 정의도 일부 선
정하여 제시한다. 그다음으로는 붓다가 마음챙김을 설명하는 도구
로 활용한 직유와 은유에 기초하여 논하는 마음챙김의 속성에 관
한 내용이 이어진다. 우리는 다양한 수준에서 마음챙김에 참여할
수 있기 때문에, 이러한 논의를 통한 면밀한 검토를 제시함으로써
마음챙김의 네 가지 특성을 자세하게 설명할 필요가 있다. 마음챙
김의 이러한 측면은 마음챙김에 관한 학술 연구에서는 거의 언급
되지 않지만, 이러한 측면을 고려하지 않는다면 연구는 키 없이 홀

러가는 배처럼 방향을 잡지 못할 것이다. 다음으로는 마음챙김의 사회적 차원에 관한 간략한 논의가 이어진다. 마지막 영역에서는 MBIs의 결과로 나타나는 다양한 변화의 기초가 되는 기제에 대한 새로운 이해를 다루게 된다.

　두 번째 기초 장(제3장)은 아동 · 청소년의 마음챙김 평가에 관한 내용이다. 포츠(Potts), 투히그(Twohig), 부처(Butcher), 레빈(Levin)은 평가 척도 항목의 연령 적합성, 지각된 이해 능력, 자기성찰, 아동 발달 단계에 맞는 요인 구조화 및 정교화에 초점을 두고 이들 집단의 마음챙김 측정에 관한 일련의 우려를 표하며 장을 시작한다. 그다음으로는 아동 · 청소년에 대한 측정을 상세하게 다룬다. 아동이나 청소년을 위한 적절한 측정 도구를 선택할 때 고려해야 할 핵심 요소를 주의 깊게 다루는 영역도 제시된다. 자기보고식 척도와는 다르게 특정 환경에서 개별 아동에게 사용할 수 있으며, 마음챙김과 명백한 상관을 가지는 행동에 대한 관찰을 다루는 부분도 존재한다. 또한 심리적 유연성과 같은 마음챙김과 관련된 구성요소를 평가하는 방법도 논의한다. 마지막으로, 아동과 부모 사이에 양방향으로 오가는 마음챙김에서의 문제와 활용 가능한 평가도 다룬다. 아동 · 청소년의 마음챙김 분야가 아직 초기 발달 단계에 있다는 점을 감안할 때, 이 장에서는 연구자와 임상 전문가에게 아동 · 청소년 집단에서 마음챙김 평가를 시작하는 방법에 관한 필수적인 정보를 제공한다.

연구

MBIs가 학교 환경에서 어떻게 활용될 수 있는지에 대한 많은 관심이 있었다. K-12[1] 교육을 통한 마음챙김 훈련의 초기 문헌을 검토하여, 메이클레존 등(Meiklejohn et al., 2012)은 MBIs가 작업 기억, 주의력, 학업 기술, 사회적 기술, 정서 조절 및 자존감을 개선하고 불안과 스트레스 그리고 피로를 줄이는 잠재적 효과를 나타낸다는 초기 연구들을 보고했다. 그다음으로 『인간 발달 연구(Research in Human Development)』(Frank et al., 2013), 『마음챙김(Mindfulness)』 (Felver & Jennings, 2016), 『학교심리학(Psychology in the Schools)』 (Renshaw & Cook, 2017)에서 나타난, 교육에서의 마음챙김에 관한 특수한 쟁점과 함께 이 주제에 대한 독창적인 저서인 『교육에서의 마음챙김(Handbook of Mindfulness in Education)』(Schonert-Reichl & Roeser, 2016)의 내용을 다루었다. 제4장에서 슈트(Schutt)와 펠버 (Felver)는 학교 환경에서 아동·청소년을 대상으로 한 MBIs의 활용에 관한 최근 연구를 종합한다. 첫째, 2005년부터 2014년까지 현존하는 체계적인 검토와 메타분석을 요약하여 이 분야의 동향을 제시한다. 둘째, 지난 5년 동안 수행된 연구를 검토한다. 셋째, 학교 환경에서의 MBIs 구현에 관한 향후 연구를 위한 제언 및 지침을 제시한다. 전반적으로 슈트와 펠버는 MBIs가 학교에서 수용 가능하고 적용하기에 적합하며 효과적인 동시에 학생들에게 해를 끼치

---

1) 역자 주: 유치원부터 고등학교를 졸업하기까지의 교육기간.

지 않는 것으로 결론지었다. 교육에서 마음챙김에 관한 상당한 양의 연구가 아직 예비 연구에 그치고 있으며 추가적인 연구가 필요하다는 점을 인정하면서도 정신병리 증상의 감소, 심리사회적 안녕감, 인지 기능 및 학업 결과의 개선을 포함하여 학생들에게 다양한 이점이 있음을 지적한다.

아동·청소년의 주의력결핍 과잉행동장애(Attention Deficit Hyperactivity Disorder: ADHD)의 정신약리학적 치료에 대한 연구 고찰 및 메타분석은 풍부하다. 기본적으로 이러한 고찰은 다중 양식 행동 중재와 결합된 저용량 약물치료가 가장 효과적이고 비용 효율적이라는 점에서 ADHD 약물치료의 효과를 증명한다(Smith et al., 2019). 동시에 일부 아동은 약물치료에 대한 거부 및 내성이 낮거나 약물치료에 대한 장기간 순응도가 낮을 수도 있고, 또한 일부 아동은 무반응일 수도 있다. 제5장에서 드 브뤤(de Bruin)과 멥피링크(Meppelink) 그리고 뵈겔스(Bögels)는 ADHD 아동의 핵심 증상, 이 장애가 아동의 삶에 미치는 영향, 가족의 개인적·정서적 부담감, ADHD 아동·청소년의 돌봄에 드는 경제적 건강관리 비용에 대해 논의하는 것으로 장을 시작한다. 여기에서는 왜 약물치료가 1차 치료인지와 그러한 치료가 아동의 삶에 미치는 부작용에 관해서도 논의한다. 그다음으로는 어쩌면 마음챙김이 약물치료보다 더 안전한 대안으로 제공될 수 있다는 주장을 제시한다. 또한 ADHD 아동과 그들의 부모를 대상으로 한 마음챙김 연구의 메타분석에 대한 검토도 제시된다. 이 장의 주요 내용에서는 ADHD 아동과 부모를 위한 개인 및 집단 기반 마음챙김 중재에 관한 검토를 다룬다. 마지막으로, ADHD 및 자폐스펙트럼장애(Autism Spectrum Disorder: ASD) 아동·청소년의 마음챙김 훈련을 위한 연구 기반 접근 방식으로서 큰 잠재력을 보여 준 특정 MBI와 MYmind 프로그램에 관해 설명한다. ADHD가 아동과 그 가족에게 주는 개인적, 교육적, 경제적 부담을 감안한다면, 아동이 주의력을 자기조절에 활용할 수 있는 실용적인 비약물적 중재 방안을 찾기 위한 공동의 노력이 필요하다고 할 것이다. 이 장에서는 마음챙김 기반 접근을 활용하여 그러한 접근법을 찾는 데 기초를 제공한다.

3세에서 17세 사이의 아동 중 약 17.8%가 발달장애를 가진 것으로 추정된다(Zablotsky et al., 2019). 여기에는 ASD를 가진 아동 2.5%와 지적장애를 가진 아동 1.2%가 포함된다. 이들은 의학적, 인지적, 정신건강 문제로 인해 경미하거나 심각한 수준의 기능적 어려움을 겪는다. 정신약리학적 치료는 부작용이 이점보다 훨씬 더 크다는 것이 명백히 드러나기 전까지는 1차 치료로 활용되었다. 현재는 행동 중재가 가장 많이 활용되며, 특히 응용 행동 분석과 긍정적 행동 지원이 활용된다. 이러한 중재는 매우 효과적이지만, 노동 집약적인 특성을 지니며 양육자가 이를 시행하기에는 스트레스가 될 수도 있다. 지난 20년 동안 MBIs는 지적장애 및 발달장애(Intellectual and Developmental Disability: IDD) 아동 · 청소년과 그 보호자들의 고통을 줄이기 위해 점점 더 많이 활용되어 왔다. 제6장에서 싱(Singh)과 황(Hwang)은 IDD가 있는 개인의 MBIs 활용 현황에 대해 포괄적으로 검토한다. IDD가 있는 사람들은 마음챙김의 기술을 숙달하지 못할 것이라고 생각할 수 있지만, 그들이 명상을 할 수 없다는 섣부른 인지적 판단에 따른 잘못된 추론이라는 사실이 이미 증명되었다. 이 장의 첫 번째 부분에서는 경험이 풍부한 명상 지도자 또는 보호자가 IDD가 있는 개인에게 직접 가르쳤던 마음챙김 프로그램에 관한 기존 연구를 검토한다. 이 연구는 가벼운 수준의 장애가 있는 IDD 또는 ASD를 가진 개인이 정서 조절 곤란(예: 분노, 공격성, 혼란, 재산 피해)에서 발생하는 행동을 스스로 관리하는 방법을 배울 수 있다는 사실을 보여 준다. 이 장의 두 번째 부분에서는 IDD가 있는 개인을 보살피는 부모와 보호자 그리고 교사에 대한 마음챙김 훈련이 IDD가 있는 개인들의 관찰된 행동에 미치는 연쇄적이고 파급적인 영향을 살핀다. 마지막으로는 부모와 자녀를 위한 마음챙김 훈련에 관한 연구를 따로 살피면서도 병렬적 구조로 두고 그 내용을 검토한다. IDD와 ASD를 가진 일부 사람들과 그들을 돌보는 사람들이 경험하는 고통에서, 마음챙김은 안녕감과 삶의 질을 개선하기 위해 수용 가능하면서도 효과적인 접근 방식을 제공한다.

비록 원인과 조건은 다를 수 있지만, 아동 · 청소년은 성인과 동일한 종류의 불안, 걱정, 두려움을 경험한다. 이러한 경험이 일상생활을 방해하는 수준의 강도와 심각성을 가지게 되면 정신건강 문제를 내면화하거나 외현화하기 위한 중재가 필요할 수 있다. 연구 문헌이 다양하게 나타나고 있지는 않지만, 제7장에서 싱과 싱 조이(Singh & Singh Joy)는 이러한 조건에서 수행되는 MBIs에 대한 검토를 제공한다.

첫째, 그들은 연구가 방법론적으로는 확고하지 않다는 점을 인정하면서, 외현화 행동에 대한 MBIs의 효과를 검토한다. 검토에 따르면, MBIs는 이 주제에서 효과성을 가진다는 시사적 증거를 보여 주었다. 둘째, 그들은 아동 · 청소년의 불안에 대한 MBIs의 임상적 시도를 검토한다. 대부분의 이러한 시도는 예비적 수준이거나 소규모 표본에게 시행된 타당성 조사였다. 문헌이 다소 제한적이었지만, 몇몇 검토할 수 있었던 연구에서는 MBIs가 아동 · 청소년의 불안을 줄이는 데 도움이 될 가능성이 있음을 시사하고 있었다. 셋째, 우울에 대한 MBIs의 여섯 가지 임상적 시도를 검토한다. 불안과 마찬가지로 연구는 아직 타당성 및 수용성 단계에 있지만, 여기에서 활용된 MBIs의 효과를 암시적으로 보여 주고 있다. 넷째, 정신건강 및 공병 질환이 있는 청소년에 대한 MBIs의 효과를 검토한다. 다시 말하지만, 연구가 완전한 무작위 통제 시행으로 진행되지는 않았지만, 일부 결과에서 긍정적인 발견을 나타냈다. 다섯째, 물질 남용에 대한 MBIs 연구는 흔하지 않음에도 불구하고, 이 분야에서의 MBIs에 관해 간략히 다룬다. 여섯째, 스트레스에 대한 MBIs 연구를 검토하고, 현재 연구에서 효과성이 나타나고 있지만 추후 연구에서는 보다 확고한 방법론을 활용할 필요가 있다고 결론짓는다. 발달적 고려 사항, 스트레스와 불안, 세계적 사회 환경의 악화 등을 고려한다면, 이는 이 분야에 관한 연구에서 주요한 관심 분야이다.

실제

공식적 · 비공식적 마음챙김 수련은 아동 · 청소년에게 적용 가능하며, 이들을 위한 다양한 MBIs가 개발되고 그 효과가 평가되었다. 제8장에서 잭맨(Jackman)은 아동에게 마음챙김을 가르치는 프로그램의 예시를 제시한 후 미취학 아동 및 유치원에 다니는 아동을 위한 오픈 마인드(OpenMind: OM) 프로그램의 세부사항을 설명한다. 제9장에서 싱과 싱 조이는 청소년들에게 마음챙김을 성공적으로 가르치기 위한 근거 기반의 공식적 마음챙김 기반 프로그램을 설명한다. 여기에서 검토된 일곱 개의 프로그램은 모두 청소년의 주요한 행동에 변화를 불러옴으로써 삶의 질을 긍정적으로 변화시키는 것으로 나타났다. 또한 싱과 싱 조이는 일반적으로 분노와 공격성을 유발할 수 있는 곤란한 상황에서 청소년에게 감정적 각성을 관리하는 간단한 방법을 제공한 세 가지 비공식적 수련에 대해 설명했다. 제10장에서 싱, 란치오니(Lancioni), 마이어스(Myers)는 생태학적 모델 내에서 부모나 보호자 또는 교사 사이에 양방향으로 오가는 마음챙김 기반 프로그램을 소개하고 이를 개념화한다. 예를 들어, 부모-아동의 양방향 상호작용에서는 부모나 아동 또는 양쪽 모두가 상호작용에 참여한다. 부모나 보호자 또는 교사가 마음챙김을 배우고 실천한다면, 그 효과는 그들이 돌보는 아동 · 청소년에게 연쇄적으로 퍼진다. 이 장에서는 양방향 상호작용을 변화시키는 데 효과적인 것으로 밝혀진 마음챙김 기반 프로그램의 연구 기반 예시를 제시한다.

이 책은 아동 · 청소년의 마음챙김에 관한 내용을 담고 있다. 여기에서는 삶에서 마음챙김을 더 잘 실천하도록 돕는 방법, 고통을 줄이고 안녕감을 향상시키기 위해 마음챙김을 활용하는 방법을 제시한다. 이를 통해 친구, 부모, 보호자, 교사 등 인생에서 중요한 다른 사람들과의 상호작용에 더 주의를 기울이도록 가르치는 방법을 알 수 있다. 새롭게 제시되는 연구들은 우리가 마음챙김을 잘 해낼 수 있을 것이라는 점을 알려 주고 있지만, 현실에서는 진정 근거 기반 프로그램을 필요로 하는 사람에게까지 잘 전달되지 못하고 있다는 사실을 잊어서는 안 된다. 우리는 인생이 짧다는 사실을 명심하고 일상생활에서 마음챙김을 실천해야 한다. 모든 사람을 친절하고 자애롭고 자비롭게 대하면서 하루하루가 마지막인 것처럼 살아가야 한다.

제2장

마음챙김:
정의와 속성 그리고 메커니즘

아잔 아마로(Ajahn Amaro)
니르베이 N. 싱(Nirbhay N. Singh)

서론

마음챙김(mindfulness)이라는 단어는 먼 과거에서부터 현재에 이르기까지 다양한 의미를 내포하고 있다. 마음챙김이 일반적으로 서로 다소 관련이 있기는 하지만 구분될 수 있는 특성을 표현하는 짧은 용어로 활용되고 있다는 점을 고려한다면 '마음챙김'이라는

*약어
A = (증)증지부 = 앙구타라 니까야(Aṅguttara Nikāya)
Dhp = (법)법구경 = 담마빠다(Dhammapada)
Iti = (여)여시어경 = 이띠유따까(Itivuttaka)
M = (중)중부 = 맛지마 니까야(Majjhima Nikāya)
S = (상)상응부 = 상윳따 니까야(Saṃyutta Nikāya)

용어의 의미 범주가 왜 이렇게 다양한지를 쉽게 이해할 수 있을 것이다. 이러한 스펙트럼의 한쪽 끝에는 단순한 회상 행위를 가리키는 데 활용되는 의미가 있다(즉, '기억' 또는 '기억된 것'을 의미하는 산스크리트어 smṛti와 같은 어근을 갖고 있다). 여기에는 주의를 기울이는 행위라는 의미도 있다. 스펙트럼의 다른 쪽 끝에 있는 의미를 살펴보자면, 불교 경전에는 "마음챙김은 불사의 길"(담마빠다, 법구경[법] 21)이라는 말이 있으며, '불멸'이라는 단어는 완전한 영적 해방 또는 깨달음을 의미한다. 이는 마음챙김이 가장 심오하고 자유로운 본성임을 나타낸다. 실제로, 붓다는 일곱 가지 깨달음의 요소(칠각지, bojjhanga)의 첫 번째 요소이자 붓다의 다섯 가지 영적 능력(오근, indriya)과 다섯 가지 힘(오력, bala)의 중심에 마음챙김을 두었다.

마음챙김의 정의

팔리어는 상좌부 불교(Southern School of Buddhism 또는 Theravāda로 알려져 있다) 경전을 기록한 언어이며, 산스크리트어와 가까운 상대어이다. 마음챙김이 오늘날 그토록 흔히 활용되는 단어가 된 이유 중 하나는 T. W. 리스 데이비즈(T. W. Rhys Davids)가 팔리어 단어인 sati를 영어로 번역하면서 마음챙김(mindfulness)으로 표기했기 때문이다. 리스 데이비즈(1881, p. 145)는 다음과 같이 기록했다.

[S]ati는 문자 그대로 '기억'을 뜻하지만, 끊임없이 반복되는 '주의 깊은 마음과 생각에 잠기는 태도(sato sampajāno)'를 뜻하는 문장에서 반복적으로 사용되었다. 이 단어는 선한 불교인이 가장 자주 수행

하는 본분 중 하나인 마음 수행과 끊임없는 마음의 현존을 의미한다.

　『팔리어-영어 사전(Pali-English Dictionary)』(Rhys Davids & Stede, 2004, p. 672)을 읽어 보면, "Sati(f.) [베다어 smṛti] 기억, 인식, 의식……; 마음의 의도, 마음의 각성, 마음챙김, 깨어 있음, 마음의 명료함, 침착, 양심, 자의식"으로 적혀 있다.

　'사띠'에 대한 붓다의 정의는 매우 다양하다. 다음의 간결한 예시를 통해 이 용어의 의미가 갖는 다양성과 깊이를 살펴볼 수 있다.

> 나의 벗이여, 올바른 마음챙김이란 무엇인가? 한 승려가 몸을 몸으로 정관하며 열렬하고도 완전히 알아차리며, 세속에 대한 탐욕과 근심을 버리고 여기에 머문다. 그는 느낌을 느낌으로 관조하고 마음은 마음으로, 마음의 대상은 마음의 대상으로 삼아 열렬하고도 완전히 알아차리며, 세속에 대한 탐욕과 근심을 버리고 머무른다. 이것이 바른 마음챙김이니라. (맛지마 니까야, 중부[중] 141.30)

　여기에서 붓다가 사용하고 있는 네 가지 처(處)는 몸(身), 느낌(受), 마음(心), 마음의 대상(法)을 뜻하며, 팔리어로는 이를 **사띠빠따나**(Satipaṭṭhānas, 사념처)로 부른다. 이 용어는 포괄적인 내용을 다루며 대중의 찬사를 받았던 냐나포니카 테라(Nyanaponika Thera, 1962)의 저서 『불교 명상의 본질(The Heart of Buddhist Meditation)』에서와 같이 "대상의 틀" "마음챙김의 확립" 또는 가장 흔히 알려진 바로는 "마음챙김의 토대"로 다양하게 번역되었다. 경전(sutta)에 언급된 마음챙김의 네 가지 차원은 다시 우리 인간의 경험에서 발견할 수 있는 다음의 측면을 언급하는 것으로 요약할 수 있다.

신(身): 우리의 신체, 그리고 다른 사람의 신체는 색, 성, 향, 미, 촉을 통해 인식되는 대상

수(受): 우리 몸의 감정(즉, 즐겁거나, 중립적이거나, 불쾌한 감정)과 다른 사람의 감각에 대한 감상

심(心): 다양한 기분과 정신 상태(예: 분노/분노로부터의 자유, 동요/동요로부터의 자유, 수축성/확장성 등)에 대한 주관적이고 비판단적인 자각으로 자각과 앎의 주관적 질에 중점을 둠

법(法): 조악하거나 미묘한, 건전하거나 불건전한 객관적인 경험 영역의 모든 측면이 갖는 변화와 덧없음 그리고 공허한 측면

이러한 차원의 마음챙김 수련에서는 모든 현상을 덧없고 불만족스러우며 소유와 자기 본질이 없는 것이라 바라보며 이를 강조한다.

마음챙김의 또 다른 결정적인 측면은 현재에 초점을 맞추는 특성에 있다. 이러한 특성은 『밧데까랏따 수따(Bhaddekaratta sutta)』(홀로 지내는 최선의 길에 대한 경전)에 가장 분명하게 나타난다.

과거를 쫓아서는 아니 되며,
미래에 기대를 두어서도 아니 된다.
과거는 남겨진 것이며
미래는 아직 달하지 않은 것이다.
현재가 어떠하든
바로 거기에서 분명히 바라보라.
바로 거기에서.
끌려들지 말고
흔들리지 말고,

그것이 마음을 단련하는 방법이다.

정진하라.

오늘 해야 할 일을 마무리하라,

내일 죽음이 찾아올지, 아무도 알 수 없으니.

필멸의 삶에 몰려오는 죽음의 무리와는

누구도 흥정할 수 없으니

살아가는 자는 누구든 정진하라.

올곧게

낮이나 밤이나

진정 최선의 날을 보내라.

평화로운 현자는 이렇게 말한다. ([중] 131.3)

붓다는 흐트러지지 않고 주의를 기울이는 것이 갖는 해방적 특성을 반복해서 강조했다. 다음 구절에서 붓다는 **압빠마다**(appamāda)라는 용어를 사용하여 이러한 마음챙김 자각의 정수를 설명한다. 이는 **사띠**와 밀접하게 관련되어 있지만, 가장 급진적이고 통찰적인 측면을 의미하는 데 사용된다.

마음챙김은 불사의 길이며,

부주의는 죽음의 길이다.

바로잡은 마음은 결코 죽지 않으며,

부주의한 마음은 마치 죽은 것과 같다. ([법] 21)

"바로잡은 마음은 결코 죽지 않는다."라는 말은 붓다의 표현 방식에 익숙하지 않은 사람에게 다소 인상 깊은 부분이 있을 것이다.

이는 당신이 충분히 마음챙김을 수행하면 그 몸이 영원히 살 수 있다는 것을 의미하지는 않는다. 오히려 이 말은 마음이 속세의 성공에 집착하다가 실망으로 비통해할 때 경험하는 심리적 또는 '자아'의 죽음과 같은 유형을 의미한다. 또한 페이스북과 같은 미디어에서 친구를 갖지 못하며 사회적으로 죽음을 경험하거나, 세상의 무대에서 볼품없는 연기를 펼치다 실로 죽음을 맞이하는 것을 의미한다. '불사'(팔리어로 amata)라는 용어는 경험의 실체적 또는 초월적 차원을 언급할 때 붓다가 사용하는 여러 단어 중 하나이며, 또다른 경우에는 '무위(unconditioned)'라는 말로 표현된다. 붓다는 형이상학에 대한 집착을 피하고 자신의 가르침을 실체가 있는 실용적인 범위 내에서 유지하고자 했으며, 필요한 경우에는 그러한 방침을 주지시키는 데도 주저하지 않았다. 그러나 붓다가 이런 지적을 할 때는 쉽게 공감할 수 있는 경험을 예로 들어 사용했다.

> 비구들이여, 내가 무위가 무엇이며, 무위에 이르는 길은 무엇인지 가르쳐 주겠다…….
> 비구들이여, 무위란 무엇인가? 욕망과 증오 그리고 미혹의 소멸, 이것을 무위라고 한다.
> 그리고 비구들이여, 무위에 이르는 길은 무엇인가?
> 몸을 향한 마음챙김, 이것이 무위에 이르는 길이다. (상윳따 니까야, 상응부[상] 43.1)

  많은 저명한 불교 수행자와 학자 그리고 기타 여러 사람이 마음챙김에 관한 자신의 정의를 제시했다. 이 모든 정의 안에는 그 의미와 강조점이 서로 다르게 비추어지고 있다. 따라서 이후 제시되는 다양한 내용으로 마음챙김의 포괄적인 의미를 찾고자 하기보다는 마음챙김을 구성하는 특징의 집합을 넓은 의미로 이해하기 위해 살펴보아야 할 것이다.

바른 마음챙김은 신, 수, 심, 법을 관찰하는 마음챙김과 알아차림이다. (Nyanatiloka, 1952, p. 176)

지각의 연속적인 순간에 우리에게 그리고 우리 안에서 실제로 일어나는 일에 대해 명확하게 인지하는 한결같은 자각(Nyanaponika Thera, 1962, p. 5)

현재의 현실에 의식을 유지하는 것(Hanh, 1976, p. 11)

마음챙김은 흩어진 정신이 아닌 널리 연결된 정신을 말한다. 또한 알아차림은 자신의 행동(또는 생각이나 감정 등)이 주목되지 않고 지나가지 않도록 자신을 더 정확하게 끊임없이 관찰하는 것을 말한다. (Nanavira, 1987, p. 155)

[사띠는] 다르마(dhammas, 또는 법)를 완전하게 알아차리도록 하는 것으로 볼 수 있다. 사띠는 사물에 따른 사물에 대한 자각이며 따라서 그 상대적 가치에 대한 자각이다. 사띠빠따나에 적용해 본다면, 아마도 여기서 의미하는 바는 사띠가 요가를 수행하는 사람이 경험할 수 있는 모든 종류의 감정이나 결함이 없는 상태이며, 상대적으로 조악하다거나 우수하다거나, 어둡거나 순수하거나 할 수 있는 숙련 또는 비숙련적인 감정의 전체 다양성 또는 세계와 관련하여 존재한다는 점을

'기억'하도록 하는 것이다. (Gethin, 2001, p. 39)

시시각각 변하는 지각 대상에 대한 알아차림이 수양되는 것(Epstein, 1995, p. 96)

과거나 미래에 대한 걱정 없이 현재에 온전히 집중하는 것(Thondup, 1996, p. 48)

(자신의) 내부와 주변에서 일어나는 정신적·육체적 현상에 대한 예리한 자각 상태(Harvey, 2000, p. 38)

마음챙김은 쾌락에 대한 집착, 불쾌에 대한 혐오, 자연스러운 감정의 망각 없이 일어나는 모든 것을 자각하고 개방하며 수용하는 것을 의미한다. (Goldstein & Kornfield, 2001, p. 154)

명상 중에 일어난 다양한 요소를 '돌아보는' 것이 사띠, 즉 마음챙김이다. 사띠는 생명이다. 우리에게 사띠가 없다면, 우리는 주의를 잃게 되며 이는 죽음과 같다. 우리에게 사띠가 없다면 말과 행동이 아무 의미가 없다. 사띠는 서 있을 때, 앉아 있을 때, 누워 있을 때 스스로를 관조하는 것이다. 우리가 삼매(samādhi)를 잃어버림에도, 사띠는 온전히 존재해야 한다. (Ajahn Chah, 2002, pp. 144-145)

마음챙김은 앎 또는 마음의 현존이다. 나는 지금 무엇을 생각하고 있는가? 나는 무엇을 하고 있는가? 주변에는 무엇이 나를 감싸고 있는가? (Ajahn Chah, 2002, p. 302)

마음챙김 수련에서는 사람이 주의를 두는 초점을 개방하여 경험에 들어오는 모든 것을 인정하는 동시에, 친절한 호기심의 자세를 통해 자동적 판단이나 반응의 희생양이 되지 않게 모든 것을 탐색한다. (Segal et al., 2002, pp. 322-323)

수용을 통해 이루어지는 현재 경험에 대한 자각(Germer, 2005, p. 7)

마음챙김은 자각의 대상과 갖는 관계의 질이다. 그저 듣기만 하듯이 경험하는 것은 진정한 마음챙김이 아니다. 집착도, 증오도, 미혹도 없이 소리를 알아차리는 것이 마음챙김이다. (Salzberg, 2008, p. 135)

사띠는 기억과 현재 사건에 대한 명료한 인식이라는 두 가지 주요한 표준이 될 의미 사이에 연결을 제공한다. (Bhikkhu Bodhi, 2011, p. 25)

사띠는 마음챙김 또는 알아차림으로 번역될 수 있으며, 현재 순간의 평정심을 구현하는 윤리적으로 민감한 실천이라고 정의할 수 있다. (Stanley, 2013, p. 65)

실천가를 윤리적인 마음자세의 알아차림으로 이끌 수 있는 특정 유형의 사회적 실천으로서 의도적으로 지금 여기에 머무르는 것(Nilsson & Kazemi, 2016, p. 190)

T. W. 리스 데이비즈(TWRD)가 마음챙김(mindfulness)이라는 단어를 선택했을 때, 그 의미의 폭이 충분히 포괄적이지 않다는 비판이 다양하게 제기되었다. 예를 들어, 빅쿠 보디(Bhikkhu Bodhi,

2006)는 "초기의 번역가[TWRD]는 사전에도 있지 않은 마음챙김이라는 단어를 영리하게 활용했다. 이 단어는 그 의미를 풀이하는 역할을 훌륭하게 소화했지만, 때로는 구절을 이해하는 데 필요한 기억과의 연결이라는 점은 잘 담지 못했다."라고 언급했다. 그러나 이 단어는 비록 그 의미가 현재의 이 분야 발달에 따른 암시적 또는 명시적 의미를 다 담지는 못하더라도, 이미 영어 대화체나 학술 용어에서 일상어로 활용되고 있으며, 현재는 여기에서 제시한 다양한 특성의 범위를 포함하는 것으로 여겨지고 있다. 게다가 『옥스퍼드 영어 사전(Oxford English Dictionary)』의 최신판에 마음챙김을 "마음에 주의를 기울이는 상태 또는 특성, '대상에 대한 주의', 의도와 목적을 가진 기억"으로 정의하고, 마음에 주의를 기울이는 것(mindful)을 "생각하거나 숙고하는 것, 집중하는 것, 기억을 유지하는 것"으로 표현하고 있기 때문에, 빅쿠 보디가 언급한 분명한 모순점인 기억의 측면이 결국 합의된 마음챙김의 의미 집합체에 정확하게 포함되어 있다고 할 수 있다.

마음챙김에 관한 학술적 연구는 주로 카밧 진(Kabat-Zinn, 1994, p. 4)이 제시한 "독특한 방식, 즉 의도를 가지고 현재의 순간에 그리고 판단 없이 주의를 기울이는 것"이라는 정의를 변형하여 활용한다. 비숍 등(Bishop et al., 2004)은 "주의 영역에서 발생하는 각각의 생각이나 느낌 또는 감각을 있는 그대로 인정하고 수용하는, 일종의 자연스럽고 비판단적이며 현재 중심적인 자각"(p. 232)이라는, 학술적으로 합의된 정의를 제시하였으며, 이는 앞서 언급한 정의만큼 자주 활용되지는 않고 있다. 카밧 진(2019)은 마음챙김의 수양이라는 용어를 "의도적인 수양에서 일어날 수 있는, 순간순간 판단하지 않고 반응하지 않는 주의, 알아차림, 통찰, 그리고 잠재적인 해방"(p. xi)이라고 정의했다. 수련(practice)이라는 용어는 아마도 무닌드라(Munindra)가 가장 잘 표현했을 것이다. 그는 다음과 같이 기록했다.

> 이 수련에서는 먹고 마시고 옷 입고 보고 듣고 냄새 맡고 맛보고 만지고 생각하는 모든 것이 명상이다. 당신이 무엇을 하든, 모든 것은 마음을 다해 역동적으로, 전체성과 완전성, 철저함으로 이루어져야 한다. 그러면 이는 의미 있고 목적 있는 명상이 된다. 이는 생각하는 것이 아니라 순간순간 경험하고 순간순간을 살고 집착하지 않으며 정죄하거나 판단하지 않고 비난하지 않는, 선택하지 않는 알아차림이다. …… 이는 우리 삶 전체에 통합되어야 한다. 이는 실로 어떻게 온전한 알아차림으로 보고, 듣고, 냄새 맡고, 먹고, 마시고, 걷는지 가르치는 것이라고 할 수 있다. (Knaster, 2010, p. 1)

마음챙김의 속성

붓다는 청중이 자신의 가르침을 이해하고 기억하도록 돕기 위해 많은 교육학적 장치를 활용했던 교수자로 알려져 있다. 붓다가 활용한 방법의 예시는, ① 예시적인 이야기와 비유의 활용, ② 핵심 개념을 전달하기 위해 귀에 익은 용어를 생소한 철학적 언어와 맞붙여 사용, ③ 막대한 분량의 관련 항목을 성문화된 목록으로 작성(예: 일곱 가지 깨달음의 요소[칠각지], 다섯 가지의 방해 요소[오개], 네 가지 고귀한 진리[사성제], 여덟 가지 길[팔정도], 세 가지 불선의 뿌리[불선근]), ④ 설명하고 있는 원칙에 관한 생생한 의미를 제공하기 위한 직유와 같다. 우리는 여기에서 마음챙김의 주요 속성 중 일부를 전달하기 위해 붓다의 가르침에 활용된 몇 가지 심상을 제시하고자 한다.

직유와 은유

이 첫 번째 예시에서 붓다는 고귀한 전사이자 왕자로서의 과거 경험과 군사 전초 기지의 보안 유지 방법에 대한 지식을 활용하여 어떻게 마음챙김이 가장 능숙하게 적용될 수 있는지 보여 주었다.

> 왕의 최전선 요새에 있는 문지기는 바깥으로부터의 침략을 막아 내부를 보호하기 위해 외부인을 막고 내부인들만을 들여야 하니, 이들은 현명하고 유능하며 총명해야 하듯이, 고귀한 수행자 역시 주의 깊은 태도로 최상의 마음챙김과 경계를 지니며, 오래전에 수행되고 말한 것을 기억하여 떠올려야 한다. 고귀한 수행자는 마음챙김을 문지기로 삼아 나쁜 것은 버리고 좋은 것을 취하며 책망할 것을 버리고 흠 없는 것을 계발하여 자기 안에 있는 순수함을 지켜야 한다. (앙굿타라 니까야, 증지부[증] 7.67)

> 비구들이여, 비구들이 무엇을 자주 생각하고 숙고한다면, 그것이 그 마음의 성향이 될 것이다. 만일 누군가 육욕을 자주 생각하고 숙고한다면, 그는 무소유(renunciation)하는 마음을 버리고 탐욕의 생각을 키우게 되니, 후에 그 마음은 탐욕의 생각으로 기울게 될 것이다. 만약 그가 부덕한 의지…… 잔인한 사상에 관한 생각에 자주 빠지게 되면, 그는 잔인하지 않은 마음은 버리게 되니, 후에 그 마음은 잔인한 생각

으로 기울게 될 것이다.

가을에 장마가 끝날 무렵에 곡식이 무성해지면 목동은 소를 이리저리 몰며 막대로 소를 확인하고 다스려 그들을 보호한다. 왜 그런 것인가? (소가 아무 밭에 들어가 작물을 뜯으면) 목동은 자신이 매질을 당하거나 감옥에 갇히거나 벌금을 물거나 비난을 받을 수 있음을 알기 때문이다. 나는 역시 마찬가지로 악한 나쁜 마음이 있을 때는 위험과 타락 그리고 더러움을 보았고, 좋은 마음이 있을 때는 무소유의 축복과 정결의 측면을 보았다.

비구들이여, 비구들이 무엇을 자주 생각하고 숙고한다면, 그것이 그 마음의 성향이 될 것이다. 만일 누군가 무소유를 자주 생각하고 숙고한다면, 그는 육욕의 생각을 버리고 무소유하는 마음을 키우게 되니, 후에 그 마음은 무소유의 생각으로 기울게 될 것이다. 만약 그가 건전한 의지에 관한 생각…… 잔인하지 않은 사상에 관한 생각에 자주 빠지게 되면, 그는 잔인한 생각은 버리고 잔인하지 않은 생각을 키우게 되니, 후에 그 마음은 잔인하지 않은 생각으로 기울게 될 것이다.

더운 계절의 마지막 달에 모든 곡식을 마을로 가져오면, 목동은 그저 소가 거기에 있다는 사실만 마음에 챙겨 두면 되기에, 나무 둥치에 머물며 넓은 바깥에서 소를 지키게 될 것이다. 나 역시, 그저 그러한 상태가 거기에 있다는 사실만을 마음으로 알아차리면 될 뿐이다. ([중] 19.6-7과 19.11-12)

오늘날의 관점에서 보자면, '사람들이 자주 생각하고 숙고하는 것이 무엇이든 그 마음의 성향이 된다.'라는 원칙은 상당히 중요한 잠재적 가능성을 내포하고 있으며, 이들 중 일부 가능성은 현대의 인지치료 모델이 추구하는 바와 같고, 그 내용은 다음과 같다. 첫째, 우리는 어느 정도 우리가 생각하는 방향을 정할 수 있으며, 사고하는 마음을 그저 따라가기만 하는 무력한 희생자가 아니다. 둘째, 무엇을 따를지 혹은 따르지 않을지에 대한 선택은 우리의 안녕감에 상당한 영향을 미친다. 요컨대, 우리가 무엇이 좋고 도움이 되는지 분별하고 그것을 따르기로 선택한다면, 우리는 더 나은 기분을 느끼게 될 것이다. 반대의 경우에도 똑같이, 우리가 바르지 않은 충동, 즉 자기비판적이거나 기만적이거나 잔인한 충동을 따른다면 우리는 더 나빠진 기분을 느끼게 될 것이다.

여기에서 붓다가 나무 그늘 아래에서 만족스럽게 쉬고 있는 매력적인 심상으로 강조하고자 한 요점은 마음이 습관적으로 부드럽고 친절하고 정직하고 공손하고 자비로운 생각으로 기운다면, 마음이 어떤 문제를 일으킬지에 관해 크게 걱정할 필요가 없다는 점이다. 그러나 마음이 자기증오, 분노, 자만, 무모함, 부정직과 같은 경향으로 기운다면 경계를 해야 할 것이다! 위험과 재난은 서로 가까이에 있으니 각별히 주의해야 한다.

모닥불의 비유

게으른 마음: 시기상조

마음이 '평온함'으로 과도하게 기울고 '활성화'된 요소가 줄어드는 것은 명상에서 흔하게 나타나는 경험이다(흥미롭게도 초보자보다는 수년 동안 수련한 사람에게 더 흔히 나타난다). 정좌 명상에서 이러한 경험은 둔감과 졸음 그리고 '꾸벅임'으로 이어진다.

비구들이여, 때로 마음이 게으르게 되었을 때는 평온의 깨달음 요소, 집중의 깨달음 요소, 평정의 깨달음 요소를 계발하기에 시기상조라고 할 수 있다. 무슨 이유에서일까? 비구들이여, 마음이 게을러서 이를 일깨우기 어렵기 때문이다.

비구들이여, 어떤 사람이 작은 불을 피우고자 한다고 생각해 보라. 거기에 젖은 풀, 젖은 소똥, 젖은 목재를 던지고 물을 뿌리고 흙을 뿌린다면, 거기에 작은 불을 피울 수 있겠는가?

그렇지 않다. 시주들이여.

즉, 이미 둔하고 졸려서 명상 중에 고개를 꾸벅이면, 더 평온함을 추구한다고 한들 도움이 되지 않는다. 균형을 회복하는 데 필요한 것은 각성 요인이다.

게으른 마음: 적시(適時)

마음이 어지럽고 흐릿하여 고개를 꾸벅일 때 이를 알아차렸다면, 밝아져야 할 때가 된 것이다. 명상의 시간을 더 통합되고 유익하도록 하려면 더 많은 에너지가 필요하므로 마음을 활기차게 하고 각성시키는 요소에 노력을 기울여야 한다. 잠시 눈을 뜨고 자세를 곧게 하며 주의를 기울이는 것 모두 도움이 될 수 있다.

비구들이여, 때로 마음이 게을러질 때는 상태를 분별하는 깨달음 요소, 에너지의 깨달음 요소, 기쁨의 깨달음 요소를 계발해야 할 적시가 된 것이다. 무슨 이유에서일까? 비구들이여, 마음이 게으르니 이를 일깨우기 쉽기 때문이다.

비구들이여 어떤 사람이 작은 불을 피우고자 한다고 생각해 보라. 거기에 마른 풀, 마른 소똥, 마른 목재를 던지고 바람을 불며, 거기에 흙도 뿌리지 않는다면, 거기에 작은 불을 피울 수 있겠는가?

바로 그렇다. 시주들이여.

마음 수련 과정을 모닥불 피우기에 빗댄 그의 이야기에 따라, 붓다의 제자들은 그러한 활력을 주는 요소들을 활용하여 바라는 바에 따라 마음 체계를 계발하는 방법을 이해할 수 있다.

들뜬 마음: 시기상조

몸이 너무 안절부절못하고 마음이 바쁘게 생각에 빠지는 정반대의 문제도 명상을 처음 수행하는 사람이 자주 겪는 상황이다. 어떤 사람에게는 마음이 고요해지거나 진정한 평화와 안정을 찾는 것이 불가능한 것으로 보일 수도 있다. 붓다는 이 과도한 에너지와 활동을 처리하는 방법을 기술하기 위해, 모닥불을 다루는 이야기를 능숙하게 이어 간다.

비구들이여, 때로 마음이 들뜨면 상태를 분별하는 깨달음 요소, 에너지의 깨달음 요소, 기쁨의 깨달음 요소를 계발하기에 시기상조라고 할 수 있다. 무슨 이유에서일까? 비구들이여, 마음이 들떠서 그 마음을 가라앉히기 어렵기 때문이다.

비구들이여, 어떤 사람이 큰 모닥불을 끄려고 한다고 생각해 보라. 거기에 마른 풀과 마른 소똥, 마른 목재를 던지고 바람을 불며, 거기에 흙도 뿌리지 않는다면, 그 큰 모닥불을 끌 수 있겠는가?

그렇지 않다. 시주들이여.

마음 체계에 이미 과도한 에너지가 있으므로 몸과 마음을 일깨우고 활성화하는 요소를 더 추가하는 것은 명상의 균형을 맞추는 데 도움이 되지 않는다.

들뜬 마음: 적시

반대로, 붓다의 설법이 보여 준 유형을 따르다 보면 예상할 수 있듯이, 심신을 안정시키고 평화롭고 안정된 상태에 이르게 하는 성질을 도입하는 일은 통합되고 유익한 명상의 시간을 가질 수 있는 가장 좋은 방법이 될 수 있다.

> 비구들이여, 때로 마음이 들뜨면 평온의 깨달음 요소, 집중의 깨달음 요소, 평정의 깨달음 요소를 계발해야 할 적시가 된 것이다. 무슨 이유에서일까? 비구들이여, 마음이 들뜨니 그런 것들로 마음을 가라앉히기가 쉽기 때문이다.
>
> 비구들이여, 어떤 사람이 큰 모닥불을 끄려고 한다고 생각해 보라. 거기에 젖은 풀, 젖은 소똥, 젖은 목재를 던지고 물을 뿌리고 흙을 뿌린다면, 그 큰 모닥불을 끌 수 있겠는가?
>
> 바로 그렇다. 시주들이여.
>
> 그러나 비구들이여, 마음챙김은 언제나 유용하다. ([상] 46.53)

이 구절의 마지막 줄에 대해, 고대 주석(The Ancient Commentary)에서는 다음과 같이 설명한다.

> 이것[마음챙김]은 소금이나 다재다능한 국무총리와 같이 어디에서나 필요하다. 소금이 모든 카레의 맛을 돋우고, 다재다능한 총리는 국가의 모든 일을 도맡듯이, 들뜬 마음을 억제하고 게으른 마음을 단련

하는 것 모두가 마음챙김으로 이루어지며, 마음챙김 없이 할 수 있는 일은 아무것도 없다.

다시 한번 오늘날의 관점에서 보자면, 이는 우리에게 우리 자신의 특성과 기분을 알아야 한다고 말하고 있다. 겨울과 여름에 같은 옷이 필요하지 않듯이, 상황에 따라 시기적절하고 효과적인 것에 따라 다른 도구를 활용하는 마음의 작업이 필요하다. 바깥의 온도가 섭씨 40도에 가까우면 외투가 필요하지 않으며 영하의 날씨에는 티셔츠만 입고 외출하지 않는다. 마찬가지로 상황에 대한 인식과 함께 명상과 마음 수련을 연관시키는 것이 중요하다. 마음이 이미 둔하고 졸리거나 무감각하며 나른한 상태에 빠지기 쉽다는 것을 알고 있다면, 더 진정하고 이완할 필요가 없다. 마음의 체계를 활성화하기 위해 에너지를 주는 사기충전이 필요하다. 반대로, 현재 초조하고 안절부절못하거나 습관적으로 조급해하는 경향이 있다는 것을 알고 있다면, 더 많은 에너지를 주어도 도움이 되지 않는다. 이 경우에는 마음을 고요하고 안정적으로 하는 것이 가장 도움이 될 것이다. 빈틈없이 돌보는 정부의 총리와 같은 마음챙김은 시시각각 필요한 것을 인식하게 할 수 있고, 그에 따라 상황을 조정하기 위해 주의와 의도를 보낼 방향을 정해 준다.

여섯 동물과 그들의 영역에 대한 비유

붓다가 안녕감을 확립하는 데 있어, 마음챙김의 중요성을 전달하는 방식을 보여 주는 마지막 심상 세트는 '여섯 동물'이라는 가르침에 포함되어 있다. 붓다는 때때로 자신의 메시지를 구체적 유형을 통해 관련 있는 방식으로 전달하는 놀랍고도 주의를 끄는 일화들을 보여 주었다. 한 일화에서는 뱀, 악어, 새, 개, 자칼, 원숭이를 다 같이 느슨하게 묶어 두고 무슨 일이 일어나는지 지켜보는 다소 기이한 이야기가 진행된다. 제정신이 든 사람이라면 이런 일을 하지는 않겠지만, 이 단순하고 기상천외한 사고와 상상하기 쉬운 혼돈을 묶어 생각하도록 하는 일화는 확실히 제자들의 마음을 이 주제로 이끈다.

　　비구들이여, 한 남자가 서로 다른 곳에서 지내고 서로 다른 곳에서 먹이를 먹는 여섯 마리의 동물을 잡아서 서로를 튼튼한 밧줄로 묶는다고 생각해 보라. 그는 뱀, 악어, 새, 개, 자칼, 원숭이를 잡아서…… 모두 같이 줄로 엮은 후 한가운데 매듭을 지어 풀어놓았다. 그러면 그 여섯 마리의 동물은…… 각자 자신의 영역과 먹이를 먹는 자리를 찾아가려고 줄을 당길 것이다. 뱀은 '개미굴에나 들어가게 해 줘.'라고 생각하며 줄을 당길 것이고, 악어는 '물에 들어가게 해 줘.'라고 생각하며 줄을 당길 것이다. 새는 '하늘로 날아가게 해 줘.'라고 생각하고, 개는 '마을에 돌아가게 해 줘.'라고 생각하고, 자칼은 '뼈구덩이로 돌아가게 해 줘.'라고 생각하며, 원숭이는 '숲으로 돌아가게 해 줘.'라고 생각하며 줄을 당길 것이다.

　　이제 이 여섯 동물이 힘들고 지치면, 그들 중에서 가장 강한 자가 다스리게 될 것이다. 그들은 가장 강한 자에게 복종하고 그의 통제를 받을 것이다. 비구들이여, 비구들이 몸에 대한 마음챙김을 계발하고 수양하지 않으면, 눈은 제 보기에 좋은 형태를 따라 움직이고 보기에 좋지 않은 것은 멀리하려고 할 것이다. 귀…… 코…… 혀…… 몸…… 마음도 제각기 좋은 법으로만 움직이고 좋지 않은 법은 멀리하려고 할 것이다.

이는 전혀 자기억제가 없는 상태이다.

비구들이여, 한 남자가 여섯 마리의 동물을 잡아서 서로를 튼튼한 밧줄로 묶는다고 생각해 보라. 그는 뱀, 악어, 새, 개, 자칼, 원숭이를 잡아서…… 튼튼한 말뚝이나 기둥에 그들을 묶어 두었다. 그러면 서로 다른 곳에서 지내고 서로 다른 곳에서 먹이를 먹는 그 여섯 마리의 동물은 각자 자신의 영역과 먹이를 먹는 자리를 찾아가려고 줄을 당길 것이다…….

이제 이 여섯 동물이 힘들고 지치면, 그들은 말뚝이나 기둥 가까이에 서 있거나 근처에 앉거나 누울 것이다. 마찬가지로, 비구들이여, 비구들이 몸에 대한 마음챙김을 계발하고 수양할 때 눈은 보기 좋은 것에 끌리지 않으며, 좋지 않은 것을 밀어내지도 않는다. 귀…… 코…… 혀…… 몸…… 마음도 제각기 좋은 법으로만 움직이지 않고 좋지 않은 법을 밀어내지도 않는다.

이는 자기억제를 하고 있는 상태이다.

튼튼한 말뚝이나 기둥, 비구들이여 이것이 몸에 대한 마음챙김을 말하는 것이다. ([상] 35.247)

이 마지막 심상 세트는 우리 중에 사육사가 있는 것이 아니라면 다소 생경하게 느껴질 수 있다. 그러나 오늘날 우리에게 붓다가 여기에서 제시한 비유는 매우 타당한 것일 수 있다. 우리는 마음이 산란해진다. 만약 우리가 습관적으로 우리가 보는 것에 강한 영향을 받는다면, 우리는 눈에 이끌려 매력적이거나 짜증 나는 사물과 사람을 결정하게 될 것이다. 만약 우리가 미식가라면 코와 혀가 우리를 식당이나 카페로 이끌며, 우리의 의식을 음식에 관해서 흐르게 만들 것이다. 우리가 음악애호가나 신문기자였다면, 우리의 귀는

새로운 내용에 대한 현재의 반응이나 오래된 흥밋거리에 고정될
것이다. 또 우리가 지식인이라면, TED 강연이나 우리 분야의 최신
논문이 포함된 루틀리지(Routledge)의 최신 소식에 빠져들 것이다.

기차나 공항 또는 대학 라운지에서 주변을 둘러보라. 대부분의
사람들은 헤드폰을 끼고 화면에 붙어 있으며, 악어, 뱀, 새, 개, 자
칼, 원숭이, 즉 눈, 귀, 코, 혀, 몸, 또는 마음에 끌려다닌다. 요컨대
붓다가 지적한 바와 같이 그 순간에 가장 세게 잡아당기는 '동물'이
다스리는 것이다. TED 강연으로 얻는 지식이 지루한가? 이제 머핀
을 먹을 시간이다! 오, 보라, 비욘세(Beyonce)의 새 노래가 나왔군,
이런 생각들에 끌려다닌다.

이 비유에 묘사된 바와 같이 혼란스럽고 으르렁거리며 펄럭거리
고 입질을 해 대고 소리 지르는 여섯 마리의 동물은 서로 경쟁하고
괴로워하며 뒤엉킨 혼란을 보여 준다. 이는 우리의 태도와 행동이
습관과 충동만을 따를 때 우리 내면의 얽힌 감정과 반응이 보여 주
는 혼란과 같다. 우리는 스트레스로 가득 찬 상태가 얼마나 불쾌한
지 알고 있다. 비유적으로 생각하면, 하늘을 나는 휘날리는 털, 깃
털, 발톱, 턱뼈, 비늘들이 경쟁적인 욕망 체계를 형성하고 본능적
인 충동을 일으키는 것이 스트레스로 가득 찬 상태라고 할 수 있으
며, 따라서 붓다의 조언은 이 원시적이고 동물적인 상태를 능숙하
게 다루는 방법과 관련이 있다. 보다 조화로운 결과를 달성하기 위
해서는 전체 마음 체계의 안녕감을 실현해야 한다.

몸에 대한 마음챙김의 '단단한 기둥'은 마음이 현재의 현실과 조
화되도록 하는 가장 확실한 방법이다. 신체는 결코 추상이나 상상
의 세계로 방황하지 않으며, 기억된 과거나 상상의 미래로 떠나지
도 않는다. 신체는 언제나 그리고 오직 지금 바로 여기에 머물 뿐이

다. 따라서 이 기둥은 항상 나를 반갑게 맞이해 주는, 항상 그 자리에 있는 가장 믿을 수 있는 친구와 같다. 또한 이는 우리 마음의 감정 상태를 유용하게 비추어 주는 자연 질서의 일부이다. 주의가 몸으로 향하면 긴장이나 불안을 느끼고 흥분된 호흡을 하는지, 아니면 가슴이 아프거나 슬픈 감정이 있는지 알 수 있으며, 그 감정에 수반하는 감각도 느낄 수 있다. 몸과 감각에 대한 마음챙김은 균형과 통합이라는 성질을 불러온다. 이는 붓다가 설명하였던 여섯 동물의 자연스러운 평안이다. 몸에 대한 마음챙김을 안정된 기준점으로 삼으면, 우리는 해야 할 많은 일과 주변 사람들과의 조화를 이루면서 잘 통합될 수 있다.

해석: 성질의 집합

기계적 마음챙김　마음챙김이라는 단어의 일반적인 사용법을 따르자면, 이는 도덕적으로 중립적인 특성을 가졌다고 볼 수 있다. 다람쥐가 나뭇가지 사이로 뛰거나 고양이가 쥐를 사냥하는 순간에 이러한 마음챙김이 있다. 따라서 이러한 방식으로 이 용어를 사용한다면, 마음챙김은 저격수에게 필요한 어떤 것을 적확하게 가리킨다고 할 수 있다. 이는 그 자체로 현재 순간에 주의를 기울이는, 단지 기계적인 기능을 말한다.

정통 불교의 이해에서, 대상이나 행동에 주의를 기울이고 이를 유지하는 순수한 행위의 자질은, 진정한 마음챙김[정념, 삼마-사띠(sammā-sati)]으로 불리기보다는 '주의'[작의(作意), 마나시까라(manasikāra)]나 일종의 집중[삼매, 사마디(samādhi)]으로 더 정확하게 명명되기도 한다. 다소 논의의 여지는 있지만, 이는 "잘못된 마음챙김"[미차-사띠(micchā-sati)]과 "잘못된 집중"[미차-사마디(micchā-samādhi)]에 속하는 것이라고 볼 수도 있다(Anālayo, 2003, p. 52).

팔리 경전(Pali Canon)에 따르면, 진정한 마음챙김(sammā-sati)은 항상 그 구성요소에 도덕적 민감성을 포함할 것이다. 예를 들어, 앞서 인용한 처음 세 구절([중] 7.67, [중] 19.6-7과 19.11-12)에서 붓다가 마음챙김에 관한 설명의 본질적인 부분으로 윤리적 차원을 통합하여 설하고 있다는 점은 매우 주목할 만하다. "훌륭한 제자는 마음챙김을 문지기 삼아서 악을 버리고 선을 계발한다." 어떤 마음 상태가 이익을 가져오고 어떤 마음 상태는 해악을 가져오는지에 관한 의식적인 구별이 있을 수 있다.

만약 주의와 집중이 마음챙김의 모든 것이라면, 이는 다양한 오류에 빠질 여지가 있다. 수련자는 자신이 지시를 따르면서 있는 그대로, 비판단적으로 알아차리고 있다거나 이원론을 벗어난 태도로 사물을 바라보고 있다고 생각할 수 있지만, 실제로는 방종이나 수동성의 극단을 오가고 있을 수도 있다.

이러한 오류 중 전자는 '내가 마음에 집중하기만 한다면 무엇을 하든 괜찮다.'는 망상으로 요약할 수 있다. 이 견해는 '믿음과 은혜의 베풂이 있다면, 기독교인은 모든 도덕률을 준수할 의무에서 해방된다.'는 교리인 율법 폐기론의 교리와 유사하다고 할 수 있다 (*Collins English Dictionary*, 1998, p. 65).

주의와 집중만을 마음챙김으로 보는 이러한 측면에 대한 더 분명한 예시는 저널리스트 아드(Adee, 2012)가 최근 제시한 설명에 나타난다. 그녀는 저격수 훈련 시설을 방문했다. 거기에서 처음에 그녀는 전투 시뮬레이터를 통한 훈련에서 두려움에 가득 차서 '저조한 수행'을 보이며 향상을 보이지 못했다. 이후 그녀는 훈련이나 실전에서 병사들의 수행을 향상시키도록 설계된 새로운 경두개 직류 자극 시뮬레이터 헬멧을 착용했다. 그녀는 그 이후의 경험을 다음과 같이 기록했다.

> 20명 정도의 인원이 총열을 번뜩이며 나에게 달려들었지만 나는 차분하게 소총을 정렬하고 숨을 깊이 들이쉰 후 가장 가까운 적을 골라 처치하고 차분하게 다음 목표를 정했다. 귀로는 "좋아요. 됐어요."라는 소리가 들렸고 시뮬레이션 방의 불이 켜졌다. …… 갑작스러운 고요함에 정신을 차린 내 주위에는 시체들이 널려 있었다. 나는 더 많은 공격자가 달려오기를 기다리고 있었기에 주변에서 내 머리의 전극을 제거했을 때 다소 실망하기도 했다. 나는 누가 시간을 돌려놓지는 않았는지 궁금하다는 듯이 고개를 들었다. 신기하게도 20분이나 흐른 후였다. "제가 몇 명이나 맞혔나요?" 내가 조교에게 물어보자, 그녀는 의아하다는 듯이 나를 쳐다보며 답했다. "모두요."

아드는 분명 자신의 작업에 완전히 집중했으며, 실제로 "내 인생에서 처음으로 내 머릿속의 모든 것이 마침내 고요해졌다."라고 언급했으며, 그로 인해 단순히 즐겁기만 한 것이 아니라 '거의 영적인 경험'을 할 수 있었다. 그러나 불교적 관점에서 그녀가 경험한 마음의 상태는 진정한 마음챙김(sammā-sati)이라고 보기 어렵다. 사띠(sati)가 삼마(sammā)가 아니라면, 그러한 사띠는 불교적 의미의 사띠라고 볼 수 없다.

이와 같은 부동 상태와 반대쪽 극단에 있는 측면은 분리된 경험의 '관찰자'가 되는 위험이다. 이러한 심리적 거리 두기 또는 망연(忘緣)은 분리의 원리를 해로운 방식으로 이해한 결과이다. 이러한 극단은 모두 사회적 갈등, 소외, 우울을 포함하여 수많은 부정적인 영향을 불러올 수 있다.

마음챙김이라는 용어는 현재 이와 같이 단순한 수준의 정신집중에도 일반적으로 활용되고 있다. 이 단어가 공공 영역에서 특정 관점과 상충되는 방식으로 활용되지 않게 설명하는 것은 불가능하다. 따라서 우리는 이 모두를 마음챙김이라고 불러야 한다면, 첫 번째 수준을 보다 현실적인 방식으로 '기계적 마음챙김'으로 부를 것을 제안한다.

윤리적으로 대응하는 마음챙김   둘째, 불교적 관점에서 볼 때 가장 기초적인 방식이라고 볼 수 있는 진정한 사띠에도 윤리적인 요소는 포함될 것이다. 따라서 정확하게는 만약 계(실라, sīla)의 요소가 포함되지 않는다면 진정한 마음챙김인 삼마−사띠라고 할 수 없다(Gethin, 2004; Thānissaro, 2014a, 2014b)고 할 수 있다.

아비달마(Abhidhamma)의 '정신 요인(마음작용, cetasikas)'¹⁾의 분류에서 사띠는 '보편적이고 아름다운 정신 요인(공정심소, sobhanasādhārana)' 중 하나라고 언급된다. 상좌부 불교 학파의 가르침에 따르면, 장소, 시간, 문화 또는 사회적 관습에 관계없이 살인, 절도, 성적 비행, 거짓말과 같은 모든 행위는 반드시 행위자에게, 상황에 따라 크거나 작은 고통스러운 결과를 초래한다(Bodhi, 2014; Gethin, 2004; Thānissaro, 2014a, 2014b). 따라서 이 수준의 마음챙김은 우리가 앞서 논의한 많은 자질("마음챙김의 정의"라는 제목

---

1) 역자 주: 마음과 상응하는 모든 법을 통칭하는 것

에 포함된 내용 참조)을 포함하고 있으며, 주의와 자각 그리고 윤리적인 마음챙김의 측면을 통합한다.

윤리와 관련하여 특히 주목할 만한 것은 닐슨과 카제미(Nilsson & Kazemi, 2016, p. 190)가 발전시킨 마음챙김의 정의이다. 그들은 "마음챙김이란 의도적으로 지금 여기에 처해 있는 윤리적 마음에 대한 알아차림으로 수련자를 이끄는 특정한 유형의 사회적 수련"이라 정의하였다. 이와 같은 마음챙김에 관해 그들은 다음과 같이 기록했다.

마음챙김에 대한 새로운 정의를 연구하면서, 우리는 서양과 현대 불교의 형식 사이에 있는 간극을 메우려고 시도했다. 이 새로운 정의에 사회적인 요소와 윤리적인 요소를 모두 포함하는 것은 현대 불교가 제시하는 사띠에 관한 이해를 자연스럽게 강조하고 지적한다.

사회적(social)이라는 용어는 개별적 자기계발과 개인의 깨달음에 주로 초점을 맞추기보다는 더 참여적이고 포괄적인 유형의 마음챙김을 의미한다. 이는 '진정한' 마음챙김이 세상의 고통과 억압의 완화에 초점을 두고 있다는 사실에 맞추어, 항상 사회적으로 참여하고 광범위한 기반을 둔다는 결론을 내린 한(Hanh, 1976)의 의견과도 일치한다.

이러한 윤리적 요소는, 서양의 마음챙김에 윤리적인 중립은 있을 수 없다는 사실을 강조하기 위한 것으로, 불교의 사띠와 마찬가지로 수행자가 좋은(팔리어 kusala) 행위와 좋지 않은(팔리어 akusala) 행위를 구별하도록 요구해야 한다(Kang & Whittingham, 2010; Purser & Mililo, 2015). 다미카(Dhammika, 1990)에 따르면, 마음챙김을 적절하게 수련하기 위해서는 어느 정도의 윤리적 판단이 필요하다(Kang & Whittingham, 2010도 참조하라). 윤리적 마음의 수양은 개인이 다른 사람들에 대해 더 큰 연민을 가지고 행동할 수 있게 하며, 일터에서의 생산성과 사회 전반에 유익한 영향을 미칠 수 있는 의식을 형성할 수 있다. 따라서 높은 수준의 윤리 의식을 가진 개인은 일상 행동의 도덕적 차원을 더 잘 인식할 수 있다. (p. 191)

이와 같이 마음챙김의 두 번째 수준은 '윤리적으로 대응하는 마음챙김'이라고 할 수 있다.

온전히 이해하는 마음챙김   사띠-삼빠잔냐(Sati-sampajañña)는 '마음챙김과 명확한 이해'를 의미한다. 또한 이는 '마음챙김과 온전한 알아차림' 또는 '직관적인 자각'으로 번역되기도 한다(Sumedho, 2007, pp. 45-60). 이 용어는 시간과 장소 그리고 상황의 맥락 내에서 대상 또는 행위를 온전하게 평가하는 심리적인 자세를 가리킨다. 현재 경험의 선행 요인과 그에 따른 가능한 결과도 여기에 포함된다. 이러한 관점의 확장과 심화에는 본질적으로 개인의 태도에 대한 이해와 함께, 그들이 관련된 모든 행동이 자신과 다른 사람에게 미칠 영향에 대한 이해도 포함된다. 따라서 사띠-삼빠잔냐, 즉 마음챙김과 온전한 알아차림은 윤리적·사회적 관심에 대한 보다 정제된 관점까지 자연스럽게 통합하며, 이러한 관점은 시간과 장소 그리고 상황에 대해 온전한 대응을 확립한 정도에 따라 영향을 받기도 한다. 또한 마음챙김과 온전한 알아차림의 발달이 클수록 친절과 연민의 요소가 더 많이 일어날 것이며, 어떤 행동의 적절성이 자신 또는 다른 사람의 안녕으로 이어진다는 측면 또한 더욱 분명해질 것이다. 이 세 번째 수준은 '온전히 이해하는 마음챙김'이라고 부를 수 있다.

통합적 마음챙김   사띠-빤냐(Sati-paññā)는 '지혜와 결합된 마음 챙김'을 의미하며, 인간의 안녕이 온전히 피어나는 영적 해방으로 인도하는 특성을 가지고 있다. 이 용어는 내적이든 외적이든, 모든 경험이 의식 안에서 일어나고 지나가는 유기적인 변화의 형태라고 보는 심리적 관점을 강조한다. 이 과정에서는 현상학적 방식으로 모든 경험을 바라본다. 개인은 경험의 흐름[색성향미촉법(色聖香味觸法), 감정]에 온전히 비반응적으로 행동하며 편향되지 않은 방식으로 받아들이도록 자신을 훈련한다. 이와 같이 편견을 내려놓는 것에는 '좋다' 또는 '싫다', '내부' 또는 '외부', '내 것' 또는 '타인의 것'과 같은 범주의 종속적 성격과 투명성을 인지하는 것도 포함된다. 절대적 실재와 같은 정의를 내려놓을 때, 우리는 경험이 고정되고 명확한 외부 실재로서의 '세계'가 아니라 오히려 '세계에 대한 자기 마음의 표상'이라는 사실을 깨닫게 된다([상] 35.68, 35.82, 35.84, 35.85). 통찰 명상인 위빠사나(vipassanā)는 주로 이러한 능력의 개발과 관련이 있다. 이 네 번째 수준은 '통합적 마음챙김'이라고 부를 수 있다.

마음챙김의 네 가지 차원 사이의 관계를 설명하는 유용한 직유도 있다. 기계적 마음챙김인 **사띠**는 물건을 들어 올리거나 잡을 수 있는 손과 같다. 윤리적으로 대응하는 마음챙김인 **삼마-사띠**는 물건이 손에 잡기에 적절한지 여부를 지시한다. 온전히 이해하는 마음챙김인 **사띠-삼빠잔냐**는 손을 적절한 장소로 적절한 때에 옮겨 물건을 들어 올리거나 잡기 위해 움직여 주는 팔과 같다. 그리고 통합적 마음챙김인 **사띠-빤냐**는 팔이 연결된 몸과 같다. 이는 생명의 근원이자 전체 체계를 통합하고 지시하는 수단이 된다.

현재 마음챙김이라는 단어는 이 네 가지 차원을 모두 가리키면서 다소 비체계적으로 활용되고 있으므로, 용어 활용에 어느 정도의 혼란이 있다는 사실이 놀라운 일은 아니다. 저격수의 마음챙김을 고양이나 다람쥐의 마음챙김에 비유하여 본다면 이러한 놀라움을 피할 수도 있을 것이다. 이러한 마음챙김도 일종의 마음챙김이지만, 가장 기초적인 성격을 지닌다. 의도가 좋고 훌륭한지 또는 좋지 않고 미숙한지 식별하는 마음챙김은 상황과 관련하여 판단할 수 있는 기본적인 지침을 제공한다. 상황에 능숙하게 대응하고 자비로우며 책임감 있는 사회 구성원으로 살도록 격려하는 마음챙김은 또 다른 수준의 것이다. 마지막으로, 삶의 모든 변천 속에서도 우리를 온전히 편안하게 하고 정서적으로 균형을 유지할 수 있게 해 주는 마음챙김은 내적 안전과 자유의 구체화된 형태로, 마찬가지로 또 다른 수준의 마음챙김이다.

사회적 차원

마음챙김의 다양한 차원을 탐구할 때, 마지막으로 고려해야 할 사항은 사회적 측면이다. 불교적 관점에서 우리의 안녕은 우리가 함께하기로 한 동반자와 깊이 연결되어 있다는 점은 잘 알려져 있다. 붓다의 가장 잘 알려진 언급 중 하나는 "영적(좋은) 우정[선우, 깔라냐밋따(kalyāṇamittatā)]은 성스러운 삶의 반쪽이라기보다는 온전한 전체"([상] 45.2)라는 것이다. 이 말은 영적으로 고양되면서 좋은 사람들을 친구와 동반자로 삼을 때 그와 비슷한 고귀한 가치와 자질을 스스로 계발하게 될 수 있다는 점을 의미한다.

비슷한 맥락에서 붓다는 이렇게 언급하기도 했다.

나는 영적인 삶의 목표(깨달음)를 얻지 못하고 속세의 속박으로부 터 해방되기 위해 전념하는 수도승에게 영적 우정만큼 더 중요한 자질 은 찾아보지 못했다. 좋은 영적 친우를 가진 수도승은 미숙한 것에서 벗어나 훌륭한 것을 개발한다. (이띠유따까, 여시어경[여] 1.17)

더 넓은 공동체의 관점에서 붓다는 다음과 같은 내용을 설하기 도 했다.

영적 우정이란 무엇인가? 세속의 인물이 어떤 도회지나 마을에 살 든, 유덕하고 건전한 삶을 사는 사람들과 시간을 보낼 때, 그들은 좋은 대화에 참여하며 자연스럽게 믿음, 미덕, 관대함 그리고 지혜의 특성 을 모방하여 얻는다. 이를 영적 우정이라고 한다. ([증] 8.54)

또 다른 설법에서 붓다는 사물을 명확하게 보지 못하는 근본 원 인인 치(癡; 무명, avijjā)와 이에 따른 고(苦; 고통, dukkha)를 현명하 고 영적인 교제의 부재라고 강조했다. 이에 따라 붓다는 마음챙김 의 발달과 안녕감을 지원할 수 있는 영적 우정을 키울 것을 다음과 같이 지적했다.

그러므로 선한 사람과 교제하면 선한 법(담마, Dhamma)을 듣게 된다. 선한 법을 들으면 신념이 생긴다. 신념은 세심한 주의를 끌어 낸다. 세심한 주의는 마음챙김과 명료한 이해로 이어진다. 마음챙김 과 명료한 이해는 육근(sense faculties)의 자제로 이어진다[즉, 반응 (reactive)하기보다는 대응(responsive)하는 것]. 육근의 자제는 신구 의 삼업(좋은 생각과 말 그리고 행동, three kinds of good conduct)

으로 이어진다. 세 가지 좋은 품행은 사념처의 발달로 이어진다. 사념처가 발달하면 칠각지(the seven factors of enlightenment)가 성취된다. 칠각지가 성취되면 참된 깨달음과 해탈에 이른다. 이와 같이 참된 깨달음과 해탈을 위한 자양분이 있고 그러한 양분을 통해 깨달음의 길이 이루어진다.

　비가 오고 산꼭대기에 굵은 물방울이 모이면 물이 비탈을 따라 흐르고 갈라진 틈과 도랑 그리고 개울을 채우고, 흘러든 물이 웅덩이를 가득 채우며, 그 물은 다시 산속의 호수를 채우고 이 물이 가득 차면 시냇물을 이룬다. 이 물이 다시 가득 차면 강물이 되어 흐르고, 강물이 가득 차면 대양으로 흐른다. 이처럼 대양을 위한 자양분이 있고, 그러한 양분이 모여 대양을 채운다. 이와 같이 선한 사람과 교제하면 선한 법을 듣게 되며, …… 칠각지의 요소가 이루어지면 참된 깨달음과 해탈에 이르게 된다. ([증] 10.61)

따라서 한(1976) 그리고 닐슨과 카제미(2016)가 지적한 바와 같이 마음챙김의 수양은 사회적 요인과 분리되어 고려되어야 하는 것이 아니며, 우리가 함께 시간을 보내는 사람이 누구인지에 따라 변화할 수 있다. 마음챙김 수련을 쌓는 데 시간과 노력을 들이는 사람들은 일반적으로 수련의 활동과 모임에 대해서 같은 마음을 가진 사람이 존재하는 경우에 상당히 긍정적이고 지지적인 영향을 받으며 안녕감을 추구하고자 하는 성취도 촉진할 수 있다는 경험을 공유하고 있다.

메커니즘

분명히 마음챙김은 수 세기에 걸쳐 진화한 불교의 유산과 전통에 뿌리를 두고 있으므로, 마음챙김을 정의하는 단일한 권위가 있다거나 이 개념에 대한 완전한 이해가 가능하다고 보기는 어렵다. 따라서 마음챙김의 개념은 불교 학문뿐만 아니라 수행의 전통이라는 맥락에서, 그리고 보다 최근에는 학술 연구와 임상 적용 그리고 개인 수련의 맥락에서 이해되어야 한다. 붓다는 마음챙김의 체험적 본질을 강조하며, 이를 절대적 실재와 영적 변화의 본질에 대한 이해로 연결하고자 했던 반면, 학문적 연구의 목적은 이와는 다르다고 할 수 있다. 마음챙김 기반 실천을 임상적 중재로 활용하고 마음챙김이 이러한 변화를 매개하는 방법을 이해하는 데에는 두 가지 주요한 측면이 활용되었다. 지금까지 우리는 마음챙김이 임상 및 비임상 집단의 고통과 괴로움을 줄이고 스트레스와 불안을 감소하며 연민피로(compassion fatigue)를 개선하면서 사람들의 삶의 질을 보편적으로 향상하는 데 어떻게 사용될 수 있는지에 관해 꽤 다양하게 알게 되었다. 그러나 우리는 마음챙김 명상이 이러한 유익한 효과를 내는 실제적 방법에 관해서는 거의 알지 못한다.

마음챙김의 경험적 본질에 대한 강조에 따라, 사람들이 명상 수련을 경험하는 방법과 그러한 수련에서 발생하는 변화 기저에 깔린 메커니즘을 개념화하는 질적 분석이 나타나기 시작했다. 마음챙김 근거 스트레스 완화(mindfulness-based stress reduction; Kabat-Zinn, 1990)나 마음챙김 기반 인지치료(mindfulness-based cognitive therapy; Segal et al., 2002)와 같은 마음챙김 기반 프로그램을 통한 훈런 경험이 있는 사람들이 제공한 주관적 경험은 마음챙김이 어떻게 작동하는지에 관한 설명 모델을 개발하는 데 큰 도움을 줄 수 있다. 그러나 질적 연구에서는 오류, 편향, 타당도에 대한 의문이 제기될 수 있고(Norris, 1997), 같은 인터뷰 내용도 활용되는 질적 분석 방법론에 따라 다소 다른 해석이 나올 수 있으므로 개별 질적 연구를 바탕으로 의견을 도출할 때에는 각별한 주의가 필요하다(Frank et al., 2019). 우리는 개인적 변화를 일으키는 데에서 마음챙김이 작동하는 방법의 설명 모델에 관한 검증 가능한 가설을 공식화하기 위해서는 질적 연구에서 얻은 통찰력을 활용해야 한다고 믿는다.

몇몇 연구자는 마음챙김 명상이 어떻게 작동하는지에 대한 이론적 토대를 설명하고자 하는 발전된 모델을 제시하고 있지만, 현재 실험 연구에서 보고된 모든 가능성을 충분히 포괄하는 단일 모델은 나타나지 않았다. 샤피로와 칼슨(Shapiro & Carlson, 2009)은 마음챙김 수련(의도, 주의, 태도로 정의)은 자각과 관점의 전환을 불러온다고 제안했다. 마음챙김 실천을 통해 자각이 강화되면 마음챙김의 효과를 향상하는 다른 메커니즘이 작동할 수 있다. 여기에는 ① 자기조절과 자기관리, ② 정서적, 인지적, 행동적 유연성, ③ 가치 명료화, ④ 노출과 같은 요소들이 포함된다. 본질적으로 재지각(reperceiving)이 성숙함에 따라 "시시각각 발생하는 모든 것에 대해 깊은 지식과 친밀을 얻게 되고"(p. 98), 여기에서는 잉여 산물에 대한 집착이 없으며 이에 따라 우리는 조건 없는 상태에서 세상을 경험할 수 있게 된다.

그라보바츠 등(Grabovac et al., 2011)은 논장(Abhidhamma Piṭaka)의 주석과 번역에 기반을 둔 불교 심리학적 마음챙김 메커니즘 모델을 개발했다(Narada Maha Thera, 1987). 이 모델에서는 마음챙김

의 정의를 위빠사나(vipassana) 명상 전통에서 '명상 대상의 세 가지
특성[삼법인; 무상(無常), 고(苦), 무아(無我)]을 순간순간 관찰하는 것'
으로 제시한다. 그라보바츠 등은 그들의 모델에서 발생하는 여러
가지 메커니즘을 제시했다. 예를 들어, 마음챙김 수련은 감정에 대
한 애착/혐오를 감소시키고 마음의 확산을 줄이는 삼법인에 대한
통찰을 제공한다. 또한 수용/연민이 자기비판에 빠지거나 다른 부
정적인 생각이 일어나 마음을 확산시키도록 하지 않고, 명상 중에
마음이 계속해서 주의를 기울일 수 있도록 하는 데 중요한 역할을
담당한다. 이 모델에서는 집중/주의의 조절 및 윤리원칙의 준수도
메커니즘에 포함하고 있다.

카밧 진(1990)과 비숍 등(2004)이 제시한 마음챙김의 정의에 따
라, 회젤 등(Hölzel et al., 2011)은 마음챙김 명상 수련은 "생각, 감
정, 신체 감각의 경험에 주의를 기울이고 그것들이 일어나고 사라
지는 것을 단순히 관찰하는 것을 포괄하는 개념"(p. 538)이라고 제
안했다. 회젤 등의 이론적 틀에서는 마음챙김 명상의 효과가 나
타나게 하는 네 가지 구성요소인 주의 조절, 신체 자각, 정서 조절
(재평가와 노출, 소거, 재통합 포함), 자기에 대한 관점의 변화가 상호
작용한다. 주의 조절은 집중 명상 수련을 통해 달성된다. 이 수련
은 호흡과 같은 명상의 대상에 초점을 두고 명상 중에 떠오르는 생
각이나 기억과 같은, 주의를 산만하게 하는 것을 떨쳐 버림으로써
실행 주의력을 개발한다. 신체 자각은 명상 중 거칠고 미묘한 신
체 감각에 주의의 초점이 맞추어질 때 개발되며, 명상 중이나 일상
생활에서 신체 상태에 대한 자각을 향상한다. 마음챙김은 **재평가**
(reappraisal)와 **소거**(extinction)라는 두 가지 전략을 통해 정서 조절
에 긍정적 영향을 준다. 재평가는 사건이나 자극의 의미 또는 유용

성을 덜 자기 중심적인 관점에서 재해석하여 이를 익숙하거나 적응적인 감정적 반응으로 대응하도록 하는 인지적 변화 전략이다. 예를 들어, 결과를 실패로 보는 대신, 다음의 더 나은 결과를 위한 학습 기회로 재평가할 수 있다. 소거 역시 효과가 있는 또 다른 정서 조절 전략이다. 소거의 개념은, 지속적으로 강화되지 않은 반응이 처음에는 그 빈도가 증가하다가 개인의 반응 양상에서 점차 감소하며 사라진다고 주장하는 학습 이론을 기반으로 한다. 마음챙김은 긍정적이든 부정적이든 판단 없이 모든 상황을 수용하도록 가르친다. 이는 불쾌하거나 혐오스러운 감정에 인지적 회피와 부정보다는 개방성과 호기심으로 대처하는 것을 의미한다. 이 이론적 모델의 마지막 핵심은 무아의 불교적 개념이다. 여기에서 자아는 정적이거나 불변하거나 영구적이지 않다. 실제로 깊은 명상을 하면 자아의식과 함께 자아를 잃어버리는 경험(disidentification)을 하게 되며 자아 자체를 정신적 구축이라고 보게 된다. 자신에 대한 이러한 관점의 변화는 **재지각**(reperceiving; Shapiro & Carlson, 2009; Shapiro et al., 2006) 또는 **탈중심화**(decentering; Fresco et al., 2007; Safran & Segal, 1990)가 일어나도록 하며, 이에 따라 마음챙김으로 인한 변화 중 일부를 만들어 낸다. 본질은 마음챙김 수련이 우리가 우리의 생각, 느낌, 감정에 부정적으로 반응하고 삶에 불안과 스트레스를 유발하는 대신 관계의 본질을 변화시킬 수 있게 해 준다는 점이다.

린제이와 크레스웰(Lindsay & Creswell, 2017)은 마음챙김에 대한 카밧 진(1994)의 정의에서 그들의 관찰 수용 이론(Monitor and Acceptance Theory: MAT)을 시작했다. MAT의 두 가지 구성요소는 "① 현재 순간의 경험을 관찰하기 위한 주의의 활용, ② 순간의 경험에 대한 수용적 정신 태도"(p. 49)이다. 주의 관찰과 수용은 마음챙김의 기본 구성요소로 간주되며, 마음챙김 기반 훈련 프로그램의 결과를 설명하는 적극적인 메커니즘을 형성한다. 마음챙김 기반 프로그램에서 참가자는 현재 순간의 경험을 관찰하고 더 수용하도록 훈련된다. 수용은 모든 경험이 "정교화나 평가 또는 반응성이 없이 발생하고 지나가도록"(pp. 49-50) 허용하는 정신적 태도로 이해되며 비반응성, 평정심, 비판단, 개방성, 평가하지 않기 그리고 심사숙고와 같은 광범위한 요소들을 포함한다. 린제이와 크레스웰(2017, 2019)은 상관관계 연구, 종단 연구, 중재 연구에 이르는 현재의 연구 결과와 MAT에서 파생된 검증 가능한 가설까지 포함하여 그들의 모델을 뒷받침하고 있다.

인지 및 행동 메커니즘에 기반을 둔 이론 외에 뇌의 메커니즘에 기반을 둔 이론도 있다. 예를 들어, 탕(Tang et al., 2015) 그리고 탕과 르에브(Tang & Leve, 2016)는 명상 수행의 초급, 중급, 고급 단계에 따른 뇌 구조의 변화를 제시하는 마음챙김 명상의 신경과학 모델을 제시했다. 바고와 실버스윙(Vago & Silbersweig, 2012) 그리고 바고(2014)는 마음챙김의 신경생물학적 메커니즘을 이해하기 위한 자기인식, 자기조절, 자기초월(S-ART) 프레임워크를 발전시켰다. 또한 지단(Zeidan, 2015)은 마음챙김 명상의 단계 기반 신경생물학 모델을 설명했다. 마음챙김의 신경과학에 대한 우리의 지식은 심리학 모델과 비교할 때 아직 다소 기초적인 수준이지만, 중재 연구에서 수집한 지식과 함께 여러 학문 분야에 걸쳐 확산되고 수렴되는 이론을 궁극적으로 종합함으로써, 마음챙김이 작동하는 방법과 마음챙김의 잠재력이 위기에 처한 세계를 위해 어떻게 활용될 수 있을지에 대한 더 심오한 이해로 이어질 것이라고 미루어 생각해 볼 수 있을 것이다.

| 제3장 |

아동·청소년의 마음챙김 사정

사라 A. 포츠(Sarah A. Potts)
마이클 P. 투히그(Michael P. Twohig)
그레이슨 M. 부쳐(Grayson M. Butcher)
마이클 E. 레빈(Michael E. Levin)

서론

마음챙김은 수용(accepting), 비판단성(nonjudgmental), 유연성(flexible), 비반응성(nonreactive) 등의 자질을 통해 현재 순간의 경험에 주의를 기울이는 것과 같은 다면적인 구조로 이루어진다. 마음챙김의 실용적인 유용성을 고려할 때, 아동·청소년에 대한 측정이 중요할 수 있다. 그러나 마음챙김 구조의 정교함과 복잡성으로 인해 아동·청소년에 대한 평가에는 어려움이 있다. 마음챙김 측정을 활용하게 되면 특정 마음챙김의 측면과 관련된 개인의 강점과 약점 외에도 측정의 맥락을 고려하여 중재를 안내할 수 있다. 이와 유사하게, 아동·청소년을 대상으로 마음챙김을 연구하고자 한다면 마음챙김 구조를 신뢰할 수 있고 타당한 방식으로 사정하

는 능력을 바탕으로 진행해야 한다. 모든 심리학적 구조와 마찬가
지로 마음챙김을 측정하는 것은 단순히 설명하는 것이 아니며, 경
험적 조사나, 궁극적으로는 임상적 조작에 최대한의 정보를 제공하
는 것으로 이어지는 반복적인 과정이다. 이 장에서는 아동 · 청소년
의 마음챙김 측정 현황을 살펴보고 측정 개선 방향을 모색한다.

  마음챙김은 삶의 대부분 영역에서 유익한 것으로 밝혀지고 있으
며, 이 장에서는 일반적으로 심리학적 영역을 포함한 교육 또는 치
료 환경에서의 마음챙김 사정에 초점을 두었다. 마음챙김의 이익
과, 그에 상응하여 나타난 마음챙김 기반 중재는 현재 성인에게 나
타나는 심리적 장애에 대한 치료의 경험적인 뒷받침을 통해 하나
의 초석으로 자리 잡았다(Hofmann et al., 2010). 이러한 중재는 이
제 예방 및 학교 기반 중재에도 일반적으로 활용되고 있다(Felver et
al., 2016). 분명 아동 · 청소년에 대한 이러한 중재의 활용은 확실히
나타나고는 있지만, 성인 인구에 대한 활용에 비해 적은 수준이다.
이에 따라 마음챙김 측정 역시 성인 인구에 대한 측정에 비하면 덜
발달되어 있다(Greco et al., 2011b; Pallozzi et al., 2017). 그렇다고는
해도 이 연령대에도 마음챙김 측정은 여전히 상당한 수가 존재하
고 있으며, 측정 방법의 다양성과 기존 연구에 기반한 추가 개발이
필요하다. 아동 · 청소년의 마음챙김 측정 현황에 관해서는 언제
어떤 측정값을 활용해야 할지에 관한 제안과 함께 아동 · 청소년의
마음챙김 평가에 관한 문헌에서 나타나는 현재의 간극을 고려하는
제안이 제시될 것이다.

아동 · 청소년 마음챙김 측정에 대한 우려

성인의 마음챙김을 측정하기 위한 많은 설문지가 개발되었지만 (Pallozzi et al., 2017), 아동 · 청소년의 마음챙김 측정은 최근에야 연구 주제로 주목받기 시작했다(Greco et al., 2011b). 문항의 연령 적합성, 인지 이해 능력(예: 추상적, 구체적), 자기성찰에 대한 제한, 응답자의 발달 단계에 맞는 요인 구조와 정교화 조정과 같이 아동 을 대상으로 마음챙김을 평가할 때는 고려해야 할 많은 쟁점이 있 다. 특정한 측정에 관해 논하기 전에, 마음챙김 평가와 관련하여 나 타나는 이러한 쟁점에 관해 탐색할 것이다.

대부분 마음챙김 측정은 성인에게 활용하기 위해 고안되었다. 따라서 아동 · 청소년에게 바로 활용하고자 한다면 몇 가지 사항을 고려할 필요가 있다. 특히 마음챙김 측정에는 종종 성인에게만 적 합한 특정 문항도 있다(예: 운전과 같은 어른들의 과업에 관한 내용이 나 샤워 도중에 몸에 닿는 물을 알아차리기를 제안하는 개인적 내용). 생 활의 맥락과 관련하여 마음챙김을 평가하는 것은 민감성을 향상하 는 길이 될 수 있지만, 응답자의 발달 단계와 능력을 생각한다면 내 용의 수정은 필요하다(예: 학교에 있을 때, 놀이할 때, 친구와 함께할 때, 사랑에 빠져 있을 때의 마음챙김 차이). 특히 마음챙김의 일부 측 면(예: 생각과 감정을 연결하는 방법과 같은 초인지 기술)이 갖는 정교 함을 고려한다면, 읽기 수준은 꼭 생각해 보아야 할 또 다른 흔한 쟁점이 될 수 있다. 읽기 수준과 문항의 적절성은 종종 연령과 발달 수준에 따라 다르므로 아동 · 청소년에 대한 구체적 측정은 연령과 읽기 수준에 따라 이해하기 쉬운 문항과 지침을 바탕으로 설계하

는 것이 중요하다. 이러한 독특한 고려 사항에 따라 측정의 개발 및
타당화에서도 추가적인 노력이 필요할 수 있다.

아동 · 청소년은 인지적, 정서적, 학문적으로 계속해서 발달하
고 있다. 따라서 나이 어린 집단에서 마음챙김 측정을 개발하고 활
용할 때, 읽기 수준을 넘어 이러한 집단 고유의 다양한 발달 문제를
인식하고 있어야 한다. 일반적으로 자기보고식 측정은 참가자가
응답 문항과 반응 유형을 완전히 이해한 경우에만 유용하게 활용
할 수 있다. 마음챙김 자기보고식 측정에서 응답자는 자아의식을
표현해야 한다. 즉, 그들은 자신의 생각과 감정 그리고 행동을 반영
하는 능력과 인식을 나타내야 한다. 마음챙김 측정을 완수하기 위
해서는 추상적 사고와 자기 관점을 다양화하는 능력이 필요하다.
청소년기에는 더 복잡한 인식의 발달이 시작되며, 나이 어린 집단
의 마음챙김 측정은 이러한 차이도 설명해야 한다(Keating, 2004;
Pallozzi et al., 2017). 특히 마음챙김의 추상적이고 초인지적인 구성
요소는 성인보다 아동 · 청소년에게서 덜 강조되거나 다르게 평가
될 필요가 있다.

이러한 발달상의 우려는 아동 · 청소년을 위한 마음챙김 측정의
요인 구조와 연관 지어 보면 가장 잘 드러난다. 요인 구조는 다차원
(다양한 요소 포함)일 수도 있고 단일 차원(단일 요소 포함)일 수도 있
다. 이러한 차이는 부분적으로 마음챙김의 개념화에서 오는 차이,
아니면 적어도 어떤 측면이 강조되는지에서의 차이에 기인한다.
예를 들어, 아동 · 청소년을 위한 어떤 척도에서는 마음챙김을 '인
생의 경험에 주의를 기울이고 자각하는 일반적인 경향성'으로 정
의한다(Lawlor et al., 2014). 이러한 정의는 현재 순간의 자각을 강
조하는 동시에 마음챙김에 머무르는 방식(예: 수용, 비반응성, 비판

단)을 덜 강조한다. 대조적으로, 5요인 마음챙김 척도(Five-Facet Mindfulness Questionnaire: FFMQ; Baer et al., 2006)와 같은 또 다른 마음챙김 측정에는 다양한 하위 척도가 존재하며, 이는 종종 더 구체적인 측면을 측정하기 위해 광범위한 정의 구조를 구분하기도 한다. 광범위한 정의를 요인별로 분리하면 현재에 주의를 기울이는 방식(예: 알아차림을 설명하고 관찰하며 행하기)과 주의의 특성(예: 비판단적이고 비반응적)을 측정하는 데 도움이 된다.

　그러나 이러한 요인들은 성인과 아동 · 청소년 집단에 대해 다르게 작용할 수 있다. 아동을 위한 다차원 측정은 일반적으로 성인에 대한 측정에서 볼 수 있는 것보다 요인 부하가 더 약하게 나타나므로, 일반적으로 마음챙김의 단일 요인 측정이 아동 · 청소년에게 더 적합하다(Pallozzi et al., 2017). 다중 요인 척도는 자연스럽게 마음챙김의 여러 측면을 사정하고자 할 때 더 나은 구분을 제공해 준다(예: 나는 내 경험을 잘 설명하지만, '자동적(autopilot)'으로 행동하는 경향도 있다). 더 구체적인 구분으로 차이를 두게 되면 작업 기억의 차이와 같은 요인으로 인해 나이 어린 집단의 경우에는 제한적일 수도 있다(Johnson et al., 2010). 유사하게, 마음챙김의 일부 측면은 개인의 내적 경험을 식별하는 방법(예: 충동에 반응하지 않고 생각을 판단하기)과 관련하여 발달된 메타인지 기술을 요구할 수도 있다. 특정 연령 집단에 내재한 몇 가지 문제를 감소시킬 수 있는 단일 차원 척도는 마음챙김 평가를 단순화할 수 있다. 단일 차원 척도와 다차원 척도 간의 차이점을 조사하면 척도 활용 적합성을 보장하는 연구가 아직 수행되지 않은 연령대에서 활용되는 척도의 요인 구조도 강조할 수 있다.

　주목할 만한 마지막 요점은 마음챙김이 직접 또는 간접 평가로 측정되는지에 관한 여부이다. 직접 평가는 마음챙김의 존재 여부를 평가하는 반면, 간접 평가는 마음챙김의 부족을 측정한다 (Brown & Ryan, 2003). 간접 평가는 마음챙김 경험이 거의 없거나 전혀 없는 사람들에게 특히 적합하기 때문에 일반적인 대중에 대해서 더 큰 진단 능력을 갖출 수 있다(Brown, Ryan, et al., 2011). 대조적으로, 마음챙김 개념에 익숙하지 않은 사람들은 직접적인 마음챙김 평가의 측면 중 일부를 이해하는 데 어려움이 있을 수 있다(예: '생각에 반응하지 않고 그 생각을 알아차릴 수 있는지' 또는 '감정을 있는 그대로 방어 없이 받아들일 수 있는지' 여부를 묻는 질문). 마음챙김 주의 자각 척도(The Mindful Attention Awareness Scale: MAAS; Brown & Ryan, 2003)는 마음챙김에 대한 간접적인 평가(예: 특정 마음챙김 용어보다 일반적인 진술을 사용한 평가)로 고안되어서 대규모 검사 또는 마음챙김 경험이 거의 없는 사람들에게 유용하다. 이와 같은 평가 방식에서는 따로 권장 사항이 제공되고 있기는 하지만, 마음챙김에 수반하는 고유한 측면과 아동 · 청소년 발달의 복잡성도 고려하는 것이 좋다. 이 두 가지 측면 모두 내담자와 환경 맥락에 따라 달라질 수 있다. 예를 들어, 직접 평가는 마음챙김 기술을 배우는 아동의 정신력과 기술이 구축되는 진행 상황을 측정하는 데 도움이 될 수 있다.

요약하면, 마음챙김은 성인과 비교해서, 아동 · 청소년에게 꼭 맞게 개념화되어 별개로 측정되며, 현재의 개념화에서는 마음챙김의 요인이 더 적고 더 광범위하게 적용되고 있다. 또 다른 방안을 제안하자면, 이들 집단에 대해 더 민감한 측정의 지속적인 개발은 마음챙김의 더 많은 측면을 구분해 내는 결과로 이어질 수 있다. 심리측정 평가의 과정은 반복을 거듭하는 과정이며, 아동 · 청소년 또는 성인에 대한 마음챙김을 따로 구분하지 않고, 마음챙김의 요인은 마음챙김 기반 중재의 더 넓은 생태계 내에서 진화하는 것으로 이해되어야 한다.

아동 · 청소년 마음챙김 측정

아동 · 청소년을 위한 마음챙김 측정 중 가장 경험적으로 지지받고 있는 도구는 아동 · 청소년 마음챙김 측정(Child and Adolescent Mindfulness Measure: CAMM; Greco et al., 2011b)과 청소년 마음챙김 주의 자각 척도(Mindful Attention and Awareness Scale-Adolescent: MAAS-A; Brown & Ryan, 2003; Brown, West, et al., 2011)이다. 5요인 마음챙김 척도(Five-Facet Mindfulness Questionnaire: FFMQ; Baer et al., 2006)는 성인 집단에게 가장 일반적으로 활용되는 측정 도구 중 하나이지만, 아동 · 청소년에게는 적절하게 활용되지 않으며(Pallozzi et al., 2017), 이 장에서도 이 도구의 적용에 관해서는 논의하지 않을 것이다. 여기에서는 방금 제안한 두 가지 측정 도구인 CAMM과 MAAS-A에 관한 요약과 함께 임상 수행에서의 고려 사항을 설명하고자 한다. 또한 보다 최근에 나타난 측정 도구인 마음챙김 경험 포괄 문항-청소년용(Comprehensive Inventory of Mindfulness Experiences-Adolescents: CHIME-A; Bergomi et al., 2015; Johnson et al., 2017)과 청소년 및 성인을 위한 마음챙김 척도(Adolescent and Adult Mindfulness Scale: AAMS; Droutman et al., 2018)에 관해서도 설명할 것이다.

아동 · 청소년 마음챙김 측정(CAMM)

아동 · 청소년 마음챙김 측정(CAMM; Greco et al., 2011b)은 아동 · 청소년(특정 연령 범위: 10~17세)을 위해 특별히 고안된 최초의 마음챙김 측정 도구이다. CAMM은 아동 · 청소년의 마음챙김 특질을 평가하며 마음챙김을 "자각을 가지고 행동하는 것(즉, 자동적 반응 행동의 반대)"과 "판단 없는 수용(즉, 현재 순간을 평가하지 않으면서 현재를 경험할 수 있는 사람의 능력)"으로 정의한다(Greco et al., 2011b, p. 2). CAMM의 문항은 원래 성인의 마음챙김 측정[켄터키 마음챙김 기술 문항(Kentucky Inventory Mindfulness Skills: KIMS); Baer et al., 2004]을 기반으로 하며, 관찰, 설명, 알아차리고 행동하기, 판단 없이 수용하기를 평가하는 네 가지 하위 척도를 포함한다. 그러나 나이 어린 집단의 요인 구조와 관련하여 언급된 쟁점과 마찬가지로, CAMM은 평가되는 마음챙김 요인의 수를 줄였다. CAMM의 항목은 역채점으로 점수가 매겨지며, 점수가 높을수록 마음챙김 능력의 특질이 더 높다는 것을 의미한다. CAMM의 문항 예시 두 가지를 살펴보면, "나는 내 생각에 면밀하게 주의를 기울인다"와 "나는 특정 생각에 빠지는 나 자신이 속상하다"와 같은 문항이 있다. 응답은 5점 척도로 평가된다(0점=전혀 그렇지 않다, 4점=항상 그렇다).

CAMM을 활용한 요인 구조 연구에서 나이 어린 집단의 다요인 마음챙김 척도와 관련된 복잡성을 반영하고 있다는 점은 주목할 만한 가치가 있다. 이 측정 도구는 원래 ① 관찰, ② 생각과 감정에 대한 지속적 활동성/판단적 반응에 대한 자각 부족, ③ 불쾌한 생각과 감정을 회피하는 비수용성의 세 가지 요소로 개발되었다. 최초의 도구 개발에서는 세 가지 요소(예: 25문항) 수정판의 활용을 예상했지만, 확인적 요인 분석을 거치지 않았기 때문에 이 수정판의 사용을 권장하지는 않는다. 다만, 20개 문항으로 이루어진 다요인 CAMM 측정의 경우 연구를 통한 지지를 받고 있으며, 관찰과 설명 문항이 제외된 10문항 단일 요인 수정판의 CAMM 역시 연구의 지지 기반이 강력하다.

요인 구조 내의 문항 구성이 연구 전반에 걸쳐 일관성을 보여 주고 있지는 않지만, 20개 문항의 CAMM 수정판은 일부 실증적 연구의 지지를 받았다(예: Ciarrochi et al., 2011; de Bruin et al., 2014). 일부에서는 관찰과 자각하여 행동하기(Ciarrochi et al., 2011), 현재 순간/비판단적 알아차림과 생각과 감정의 억제, 비판단적 알아차림과 주의 산만성(de Bruin et al., 2014)과 같은 요인들의 쌍으로 이루어진 2요인 구조를 검증한 연구도 진행되었다. CAMM의 2요인 수정판이, 특히 청소년 집단에서 일부 예비 연구로서의 지지는 받지만, 확인적 요인 분석은 여전히 필요하다. 다양한 수정판(예: 3요인, 2요인, 1요인)은 청소년 집단을 대상으로 연구되었다(N=428, 여성 58%, 10~17세). 그러나 CAMM의 개발자는 이에 관해 단일 요인 수정판(Greco et al., 2011a)을 권장하고 있다. 2요인 수정판과 3요인 수정판 사이에 최소한의 차이가 존재하고 단일 요인 수정판은 신뢰도가 높아졌다는 증거가 제시되고 있기 때문이다(Kuby et al., 2015).

10문항으로 구성된 단일 요인 수정판은 현재 순간 인식의 부족과 생각과 감정에 대한 판단적/비수용적 반응을 사정한다. 이 수정판은 11~17세 아동 · 청소년을 대상으로 한 16건의 연구에서 적합한 내적 일치도를 보여 주었다(Cronbach's α=0.70; Pallozzi et al., 2017). 10문항 수정판에 대한 확인적 요인 분석에서는 좋은 모델 적합도가 나타났다(RMSEA=.07, SRMR=.06; Greco et al., 2011a). 추가적인 분석에서 CAMM 10문항이 강한 수렴 타당도(예: 삶의 질, 학업 능력, 사회적 기술)와 강한 증가 타당도(예: 신체 불만 및 내재화 및 외현화 행동)를 보여 준다는 점이 드러났다(Greco et al., 2011a). 치료에 대한 민감도와 임상적 손상 또는 기능 개선과 관련된 기준 점수를 결정하기 위해서는 CAMM 10문항 수정판에 대한 더 많은 연구가 필요할 것이다.

CAMM 10문항 수정판의 읽기 수준

팔로치 등(Pallozzi et al., 2017)은 CAMM 10문항에서 읽기 수준(Reading Grade Level: RGL)을 평가했다. 이는 읽기 수준을 결정하는 일반적인 방법인 플레쉬 가독성 공식(Flesch Reading Ease Formula: Flesch-Kincaid; Flesch, 1948)으로 결정되었다(McHugh & Behar, 2009). 이 방법을 활용하면 각 문장의 단어 수와 음절 수를 평가하여 읽기 등급을 식별할 수 있다. 일반적으로 문장이 길면 RGL도 더 높게 나타난다. Flesch-Kincaid 방법을 사용하면 CAMM 지시문 RGL이 2.6이며 문항 RGL은 4.3으로 계산된다. 이해 측면에서 CAMM 문항은 80%의 추상적 내용과 20%의 구체적 내용을 담고 있으며, 문항의 내용은 실제 사건 또는 가능성 있는 사건을 다루고 있다(예: 자기지시, 구체적 행동 및 심상 유발; Sadoski et al., 2000). 이 검사를 수행하는 데는 5분 미만이 소요될 것으로 예상한다(Goodman et al., 2017).

마음챙김 주의 자각 척도(MAAS)와 수정판

마음챙김 주의 자각 척도(Mindful Attention and Awareness Scale: MAAS; Brown & Ryan, 2003)는 마음챙김 특질을 평가하는 15개 문항

의 단일 차원 측정 도구이다. 이 측정 도구는 단일 요인으로서의 마음챙김을 바탕으로 개발되었으며, 마음챙김을 삶의 경험에 주의를 기울이고 자각하는 경향으로 정의하였다. MAAS는 성인 집단에 활용하기 위해 개발되었으며 아동(MAAS-C; Lawlor et al., 2014)과 청소년(MAAS-A; Brown, West, et al., 2011)에게 적합하게 수정되었다. MAAS-A는 심리측정 분야에서 많은 검증을 받았지만, MAAS-C는 아직 철저한 심리측정학적 평가를 받지 못하고 있다. 14~18세 청소년을 대상으로 하는 MAAS-A는 운전 경험 중의 알아차림을 평가하는 한 문항의 생략을 제외하고는 원래의 MAAS와 완전히 일치한다. 9~13세 아동을 위한 MAAS-C는 원래의 MAAS와 유사하지만 아동에게 적합하게 언어 표현을 수정하였다(Lawlor et al., 2014). 흥미로운 점은, 청소년 연구에서 원래의 MAAS를 일부 수정한 척도를 그대로 활용하기도 했다는 점이다(예: Black et al., 2012; Edwards et al., 2014; Lau & Hue, 2011; Marks et al., 2010; Oberle et al., 2011). 언어적 특성과 특정 문항의 특징(예: 운전 중 알아차림에 관한 내용 참조)을 감안한다면, 원래의 MAAS는 아동과 청소년 집단에게 활용하기에 적합하지 않을 수 있다.

MAAS-C와 MAAS-A의 문항은 합산하여 총점을 얻을 수 있으며, 점수가 높을수록 마음챙김 특질 능력이 더 높음을 나타낸다. MAAS-A의 문항 예시 두 가지를 살펴보면, "현재 일어나고 있는 일에 집중하는 것이 어렵다고 생각한다."와 "실제로 주의를 기울이지 않고 서둘러 활동을 진행한다."와 같은 문항이 있다. 응답은 6점 리커트 척도(1=거의 항상 그렇다, 6=거의 전혀 그렇지 않다)로 답한다. MAAS-A와 MAAS-C는 청소년 표본에서 중간 정도 수준의 검사-재검사 신뢰도를 보여 주었다(3개월 기간: r=.35, 10개월 기간:

r=-.52; Black et al., 2012). MAAS-C는 아동을 대상으로 한 연구에서만 타당도가 검증되었다(8~9세 아동; Cronbach's α=0.84; Lawlor et al., 2014). MAAS-A는 중학생(Cronbach's α=0.93), 정신건강의학과 외래 환자(Cronbach's α=0.86; Brown, West, et al., 2011), 교정 시설 청소년 남성(Cronbach's α=0.91; Barnert et al., 2013)을 포함한 여러 모집단에서 강력한 내적 일관성을 보였다. 원래의 MAAS는 청소년의 임상 결과에 대한 강력한 예측 타당성을 보여 주었다. 여러 요인(예: CAMM의 2요인이나 3요인)을 포함하는 또 다른 유형의 마음챙김 측정과 비교할 때 MAAS-A와 MAAS-C는 마음챙김의 '존재'적 특성을 강조하며, 따라서 다수의 청소년 표본에 대해서 단일 요인이 가장 적합하다고 본다(Brown, West, et al., 2011; Black et al., 2012; Lawlor et al., 2014).

MAAS-A와 MAAS-C의 읽기 수준

앞서 언급한 설명에 따라(Pallozzi et al., 2017), RGL을 결정하기 위해 Flesch-Kincaid 방법(Flesch, 1948)을 사용하면 MAAS-A와 MAAS-C의 지시문은 RGL이 모두 10.0으로 나타난다. MAAS-A의 문항 RGL은 7이며 MAAS-C의 문항 RGL은 7.2이다. 이해와 관련하여 원래의 MAAS 문항은 50%의 구체적인 내용을 특징으로 하며, 이는 특정 청소년 집단을 고려한다면 중요한 점이라고 할 수 있다(Pallozzi et al., 2017). 이는 MAAS-A와 MAAS-C의 내용이 나이 어린 집단에 맞게 조정되었지만, 두 수정판 간의 읽기 수준 차이가 크게 나지 않는다는 점을 생각하면 여전히 읽기 수준은 비슷하게 유지되는 것으로 보인다. 이 검사를 수행하는 데는 5분 미만이 소요될 것으로 예상한다(Goodman et al., 2017).

마음챙김 경험 포괄 문항-청소년용(CHIME-A)

마음챙김 경험 포괄 문항-청소년용(Comprehensive Inventory of Mindfulness Experiences-Adolescents: CHIME-A; Johnson et al., 2017)은 12~14세의 청소년에게 활용하도록 제안된 25개 문항의 마음챙김 특질 측정 도구이다(Johnson et al., 2017). CHIME-A는 초기에 성인 집단의 마음챙김 평가를 위해 개발된 원래의 CHIME를 수정하여 완성되었다(Bergomi et al., 2015). CHIME-A는 여덟 가지 하위 척도를 통해 마음챙김을 평가한다. 여기에는 외부 경험에 대한 자각, 알아차리고 행동하기, 수용 및 비판단성 지향, 탈중심화 및 비반응성, 경험에 대한 개방성, 생각의 상대성, 통찰력 있는 이해가 포함된다(Johnson et al., 2017). 척도 점수를 합산하여 총점을 얻을 수 있지만, 모든 문항을 함께 사용했을 때에는 내적 일관성이 감소하므로 이를 권장하지는 않는다. 알아차리고 행동하기 하위 척도는 다른 하위 척도보다 치료에 더 큰 반응을 보이는 것으로 나타났다. 하위 척도에 대한 초기 Cronbach's α의 범위는 .65~.77이었으며, 총 점수는 CAMM과 정적 상관관계를 보인다(Johnson et al., 2017). CHIME-A를 수행하는 데 10분 미만이 소요될 것으로 예상한다(Goodman et al., 2017). 이 척도는 마음챙김의 특정 구성요소(예: 내부 경험 대 외부 경험의 자각)를 측정하는 데 특히 도움이 될 수 있지만, 총점을 사용하지 않기를 권장하며 외부 타당성의 범위를 명확히 하는 것과 같이, 이 척도에 대한 보다 엄격한 평가가 필요하다.

청소년 및 성인을 위한 마음챙김 척도(AAMS)

청소년 및 성인을 위한 마음챙김 척도(Adolescent and Adult

Mindfulness Scale: AAMS; Droutman et al., 2018)는 성인과 청소년(특정 연령 범위: 11~18세)의 마음챙김을 측정하기 위해 특별히 개발된 19개 문항의 척도이다. AAMS의 문항은 5점 평가 척도(1=거의 그렇지 않다, 5=항상 그렇다)로 평가된다. AAMS의 문항은 주의 및 자각, 비반응성, 비판단 그리고 자기수용과 같은 하위 척도를 통해 마음챙김을 측정한다. 하위 척도에 대한 초기 Cronbach's α의 범위는 .77~.78이며, 청소년 표본의 경우 총 점수(일반적 마음챙김)에 대한 Cronbach's α는 .81이다(Droutman et al., 2018). 주의 및 인식 하위 척도를 제외한 총 점수와 모든 하위 척도는 CAMM과 정적 상관관계를 보였다(Johnson et al., 2017). 19개 문항 중 9개 문항이 주의 및 인식 척도에 포함된다. 따라서 AAMS는 마음챙김의 다른 요소보다 주의와 인식을 강조하는 다른 측정과 상관관계가 있을 가능성이 높다(Droutman et al., 2018). 문항의 수와 문항 내용의 단순성을 고려하면, AAMS를 수행하는 데는 10분 미만이 소요될 것으로 예상한다. 초기 타당성 검증 자료에서 좋은 결과를 보였기 때문에 이 척도는 청소년에 대한 적용을 확대할 필요가 있는 것으로 보인다. AAMS는 청소년과 성인 모두에게 적용할 수 있으므로 장기간에 걸친 마음챙김의 변화를 측정하는 데 특히 도움이 될 수 있다.

아동·청소년에 대한 마음챙김 측정 요약

CAMM과 MAAS의 수정을 통해 아동·청소년 집단의 마음챙김 측정을 위한 유용한 대안이 제공되었다. MAAS-C는 아동기 모집단의 예측 타당도와 검사-재검사 신뢰도를 알아보기 위한 추가 연구가 필요하지만, CAMM과 MAAS-A는 모두 강력한 내적 일관성을 보여 주었다. MAAS-C와 MAAS-A 그리고 CAMM은 스트레스(Black et al., 2012; Ciesla et al., 2012; de Bruin et al., 2014)와 파국
적 고통(de Bruin et al., 2014; Petter et al., 2013), 물질 남용(Brown,
Ryan, et al., 2011; Lawlor et al., 2014), 공격성(Black et al., 2012)과
의 부적 상관과 자기통제(Black et al., 2012), 삶의 질(de Bruin et al.,
2014; Greco et al., 2011b), 삶의 만족(Brown, Ryan, et al., 2011), 정
서 자각(Ciarrochi et al., 2011)과의 정적 상관을 포함하여 여러 구성
요소와 강한 수렴 타당도를 보여 주었다. 현재 아동 · 청소년 집단
사이에 이러한 측정에 대한 기준이 되는 타당성 자료가 없으므로
(Pallozzi et al., 2017), 마음챙김 수련의 이력이 있는 사람과 그렇지
않은 사람에 대해 확립된 규범이 없다는 점에 유의하는 것이 중요
하다.

　CAMM 10문항 수정판과 MAAS-C는 아동 · 청소년 집단에 적
합하다고 볼 수 있지만, 원래의 MAAS와 문항 유사성을 고려할 때,
MAAS-A는 읽기 능력의 판단에 더 중점을 둘 필요가 있다. CAMM
에는 추상적인 내용이 80% 포함되어 있지만, MAAS 수정판의 경우
이해 문제에 대한 주요한 우려가 없으므로 추상적인 추론 능력이
떨어지는 아동에게는 두 측정을 함께 활용할 수도 있다. 나이 어린
집단의 섬세한 알아차림 능력의 다양성을 고려할 때 문항 내용을
파악하는 데 어려움이 있을 수도 있다(Pallozzi et al., 2017).

적절한 측정 도구의 선택

　아동이나 청소년에게 가정 적절한 마음챙김 측정 도구를 선택할
때는 이해도(예: 추상적, 구체적), 내용의 연령 적합성, 응답 부담, 타
당성, 치료 민감도를 포함한 핵심 요소를 고려해야 한다. 여기에서

는 CAMM 10문항 수정판, MAAS-C, MAAS-A와 같이 기존에 제안된 아동 · 청소년 측정 도구에 관해서 제기되고 있는 고려 사항에 중점을 둘 것이다.

읽기 수준 요약

CAMM의 문항 이해 수준은 Flesch-Kincaid 방법(Flesch, 1948)을 사용하였을 때 4학년에서 5학년 사이의 읽기 수준(RGL)으로 평가되었으며, MAAS-C와 MAAS-A 문항은 7학년에서 8학년 사이의 RGL로 볼 수 있다(Pallozzi et al., 2017). MAAS 수정판들에는 CAMM보다 추상적인 내용이 덜 포함되어 있지만(50% 대 80%; Pallozzi et al., 2017), 이와 같은 결론은 타당화를 거친 도구가 아닌 전문가적 판단에 따라 분석되었기에, 잠정적인 차이로 보아야 한다. CAMM 10문항 수정판은 읽기 수준이 낮은 개인에게 더 적합할 수 있지만, 이는 추상적인 문항이 많아서 인지 능력의 정교화가 덜 이루어진 사람들에게 도전 과제를 제시한다는 측면에서 균형을 이루어야 한다. CAMM 10문항 수정판에 대한 이해에서는 4학년이 가장 낮은 읽기 수준이라는 점도 주목할 가치가 있다. 이는 더 어리거나 읽기에 곤란이 있는 아동은 평가를 완료하기 어려움을 의미한다. 요약하면, CAMM 10문항 수정판은 아동 · 청소년에 대한 연령 적합성을 갖춘 도구이다(예: 가장 낮은 읽기 수준은 4학년). MAAS-C와 MAAS-A 역시 아동 · 청소년에 대한 연령 적합성을 갖춘 도구이다(예: 가장 낮은 읽기 수준은 7학년).

응답 부담 및 완료 시간

MAAS-C, MAAS-A, CAMM 10문항 수정판은 응답 부담이 적고 (즉, 15문항, 14문항, 10문항), 응답 선택지도 많지 않았다(5점 혹은 6점의 리커트 척도). 일반적으로 아동 · 청소년에게는 다섯 개 이하의 선택지와 30분 미만의 완료 시간이 가장 적합하다고 간주한다(Kuby et al., 2015). 이와 같은 권고 사항은 작업 기억의 작동에 관한 과학에 따라 제기된 것으로, 아동의 신경전형적(neurotypical) 기능과, 더 복잡하고 다양하거나 긴 문항을 이해하고 반응하는 능력 사이에 정적인 상관이 있음을 나타낸다(Johnson et al., 2010). 아동이나 청소년의 특성과 응답 부담에 관한 고려 사항에 따라, 더 폭넓은 평가 배터리가 아닌 단독으로 이 측정 도구를 제공하는 것이 가장 좋다고 할 수 있다.

이 장은 아동 · 청소년에게 활용할 적절한 마음챙김 측정 도구를 선택하는 데 적용할 수 있는 틀을 제공하지만, 모든 상황과 환경에 대한 결정적인 고려 사항을 제공한다고 할 수는 없다. 개인에게 전달되는 평가 도구는 어떤 것이든 마찬가지로, 측정의 타당성을 고려해서 대상 개인의 인지적 능력을 판별해야 한다. 측정 행위가 제공되는 맥락, 이론적 근거, 전반적 치료 목표 그리고 마음챙김 측정의 기초를 고려하는 것이 중요하다.

연령과 집단에 대한 적합성

CAMM 10문항 수정판과 MAAS-C 및 MAAS-A는 청소년에 맞게 타당화되었다. 대부분 연구에서는 MAAS-C와 MAAS-A를 나이가 더 많은 청소년(최소 10세)에게 적용하여 연구한 반면, CAMM 수정판은 주로 8세 이하의 아동에게 활용되었다. 원래의 MAAS 수정판은 외현화 증상이 있는 청소년(11~17세)에게 활용되었으며 (Bögels et al., 2013), MAAS-A는 정신건강의학과 외래 환자와 수용된 남성 환자(Barnert et al., 2013; Brown, West, et al., 2011)들에게 활용되었다. CAMM은 만성 질환(8~18세), 자폐스펙트럼장애(11~23세), 전반적인 기분 문제(13~18세; Petter et al., 2013)를 가진 청소년을 대상으로 활용되기도 하였다.

치료에 대한 민감도

아동·청소년 중재에서 치료 민감도와 마음챙김 측정에 관한 자료는 많지 않다. 몇몇 예비 연구가 마음챙김의 변화가 자존감, 자기연민, 우울 증상의 개선과 관련된다고 제안하고 있다는 점을 감안할 때, MAAS-A가 중재 연구에 더 적합할 수 있다고 볼 수 있다 (Pallozzi et al., 2017). 반대로, 마음챙김의 변화와 결과 변수 사이에 유의미한 관계를 발견한 중재 연구도 나타나지 않았다. 이는 중재 효능이나 방법론적 요인 때문일 수 있지만, 참가자 연령 특성으로 인한 결과일 수도 있다. CAMM 수정판은 마음챙김을 평가하는 대부분 연구는 아동·청소년을 위한 개입을 포함하고 있지만, MAAS 수정판을 사용하는 대부분의 연구는 더 나이 많은 청소년에게 초점을 두고 있다.

측정 도구 중 하나를 선택할 때는 마음챙김의 어떠한 측면을 평가하는 데 도움이 될 수 있을지 고려해 보는 것이 좋다. 앞서 언급했듯이, 마음챙김은 다차원적이지만, 나이 어린 집단에서는 1차원적 측정을 통해 더 안정적으로 평가되는 것으로 나타났다. 주어진 연구 질문이나 평가 목표 또는 치료 목표를 평가하는 데 가장 유용한 마음챙김의 측면을 기반으로, 사용할 측정값을 판단할 수 있다.

MAAS는 현재에 대한 관심에 초점을 더 두고 있는 반면, CAMM은 수용적이고 비판단적인 방식으로 현재 순간의 경험과 어떻게 연결되는지를 더 강조하고 있다. 현재 아동 · 청소년에 대한 측정에서의 한계에 따라, 초기 연구에서는 FFMQ(무반응성, 비판단성, 알아차림 하위 척도에 따른 행동; Ciesla et al., 2012)나 마음챙김을 비판단적인 현재 순간에 대한 관찰과 경험의 개방성으로 규정하고 있는 프레이버그 마음챙김 척도(Freiburg Mindfulness Inventory: FMI)의 단축형(Lau & Hue, 2011)과 같은 성인 대상 마음챙김 측정 도구를 통해 특정한 마음챙김 측면을 평가하려는 노력이 있었다. 마음챙김을 보다 세련된 측면에서 평가하기 위해서 이와 같은 대안적 측정 도구를 고려할 수도 있지만, 이러한 도구는 검증이 아직 부족하고 나이 어린 집단을 대상으로 성인 대상 도구를 활용했을 때 문제가 발생할 가능성이 높기 때문에 상당한 주의를 기울이고 접근해야 할 필요가 있다.

행동 관찰

마음챙김을 위해 개발된 평가 도구는 다른 대부분의 평가 도구와 마찬가지로 자기보고 설문 형태를 활용한다. 그러나 자기보고 설문은 마음챙김을 탐색하는 한 가지 방식의 방법만을 제공하고 있으며, 이에 따라 몇 가지 제한이 있을 수 있다. 즉, 측정값이 더 큰 표본을 바탕으로 개발되고 규범화되며 결과값은 개인에게 적용되어 추정할 수밖에 없다. 마음챙김(목표 행동)의 명백한 상관관계가 개별적이고 특정한 상황에 있는 경우도 있다. 예를 들어, 어떤 아동은 한 학급에서는 적절한 행동과 높은 마음챙김을 보이지만,

다른 학급에 가서는 부적절한 행동과 부주의를 보일 수 있다. 개별화된 마음챙김 행동에 기여하는 변수를 결정하는 것, 특히 맥락에 따라 서로 다르게 발생하는 이러한 행동은 아동과 교사에게 유용할 수 있다. 개별화된 상황별 사례에 따라 마음챙김 행동을 둘러싼 환경 요인에 대한 지속적인 관심과 함께 관련 연구가 진행되면서, 상황적 변수가 일반화된 마음챙김 습관을 돕거나 억제하는 방식이 명시적으로 드러났다. 따라서 어떤 사람은 마음챙김을 측정하는 보완적인 방법을 행동 관찰이라고 본다. 또한 이러한 접근 방식은 자기보고식 마음챙김에서 자기성찰과 메타인지 기술과 관련된 발달 문제를 극복하는 데 도움이 될 수 있다.

행동을 관찰하는 사람은 독특한 유형의 근거를 수집한다. 마음챙김이 나타났을 때, 개별 경험이나 그러한 경험의 특성에 대한 정보를 수집하는 대신, 행동 관찰자는 '어떤 조건에서 어떤 행동이 마음챙김을 정의하는가?'를 묻는다. 골디아몬드(Goldiamond)는 이를 기본 행동 질문이라고 불렀다(Andronis, 2004). 이러한 접근 방식이 다른 접근 방식을 부정하는 것으로 이해해서는 안 된다. 오히려 이 접근은 조사자가 사전 정의된 행동의 발생 흐름을 평가하는 것으로 연구 대상을 제한하는 것일 뿐이다. 그렇게 함으로써 조사자는 마음챙김에 대한 명시적이고 사전 정의된 이해를 활용하여 마음챙김을 직접 목표로 삼을 수 있으며, 수행 속도, 형식 또는 맥락을 발전시킬 수 있다는 잠재적인 긍정적 결과를 통해 평가의 치료 유용성이 상당히 증대될 수 있다.

마음챙김에 대한 행동적 관점의 중요한 특징은 마음챙김을 행하는 것이 사람이라는 점이다. 따라서 관찰자는 마음챙김을 구성하는 행동을 조작적으로 정의해야 한다. 이러한 조작적 정의는 관찰자가 마음챙김 행동이라고 미리 결정한 일련의 특정 행동이라고 정의할 수 있다. 반대로, 마음챙김과 대척점에 있는 행동의 목록도 있을 수 있다. 흥미로운 점은 이러한 행동이 여러 환경에서 개별 아동마다 다를 수 있다는 점이다. 조작적 정의는 여러 관찰자가 행위가 발생했는지 여부를 결정할 수 있을 만큼 충분히 명확해야 한다. 이러한 명확한 정의는 복잡하거나 혼란스러운 상황에서 주관성을 줄이는 데 도움이 된다.

　실질적으로 본다면, 마음챙김이 드러날 때 마음챙김과 다른 요소의 명백한 상관관계를 정의하고 직접 관찰을 하는 것은 반복적인 과정이다. 어떤 아동이 알아차리고 행동하는 것은 다른 아동과는 매우 다를 수 있는 반면, 서로 다른 환경에 있는 아동들이 매우 유사한 방식으로 판단 없는 수용을 나타낼 수도 있다. 이러한 문제는 경험적으로 드러나는 문제이며, 적합한 행동 평가를 시작하기 전에 조작적 정의를 지속적으로 관찰하고 재구조화해야 하는 경우가 많다. 예를 들어, 한 아동이 교사를 주의 깊게 쳐다보고 몸을 앞으로 기울이며 손을 모으고 있을 때 알아차리고 행동하는 경향이 있다는 점이 분명하게 드러날 수 있다. 또 다른 아동은 알아차리고 행동하는 동안 한눈을 팔거나 도형을 그리는 행동을 보일 수도 있다. 이러한 행동 유형의 다양성은 실제로는 문제가 되지 않으며 기능적으로 동일하다고 볼 수 있다. 이와 같은 방식은 보편적 원리에 입각한 평가 도구의 개발에 대한 문제의식을 제시하고 있다. 반대의 예를 살펴본다면, 판단 없이 수용하는 것에 대한 경험적 연구는 형식적으로 유사한 일련의 행동을 밝힐 수도 있다(예: 미시적 반응, 정서 표현, 비언어적 행동). 처음에는 다양한 표현을 기능적으로 동등한 영역에 두는 것이 불편할 수도 있겠지만, 이를 통해 치료 과정에 상당한 도움을 얻을 수도 있다.

마음챙김 행동의 발생을 기록하는 일반적인 방법은 부분 간격 기록법을 활용하는 것이다. 이 기록법에서 관찰 기록은 30초 또는 1분과 같은 시간 단위로 분류되고, 관찰자는 해당 시간 단위에서 행동이 발생했는지 여부를 기록한다. 이는 마음챙김 행동과 마음 챙김이 아닌 행동의 비율을 간단하게 얻는 데 도움이 되는 기록법이다. 다만, 행동이 얼마나 자주 발생했는지 알려 주고 그러한 행동의 유발 변수와 결과 변수가 무엇인지에 대한 정보는 제공하지 않는다는 제한점이 있다.

최근 한 연구자 집단은 아동의 마음챙김을 관찰하여 평가하는 체계를 개발했다(Lemberger-Truelove et al., 2019). 아동 마음챙김 관찰 측정(Child Observation of Mindfulness Measure: C-OMM)은 아주 어린 아동의 마음챙김 행동을 평가하기 위한 신뢰성과 타당성 근거를 갖춘 체계적인 방법을 제공하는 좋은 도구로 제시되었다. 타당화 연구에 참여한 대상은 3~4세였으며, 연구 과정에서 여러 환경에서의 행동을 관찰하여 타당화를 진행하였다. 특히 그들은 자유 놀이, 교사 지시 활동, 식사 중 마음챙김을 평가하고 자기조절 주의력과 경험에 대한 주의를 포함한 다양한 차원에 걸친 행동을 평가하였다.

관찰자가 마음챙김이 발생하거나 발생하지 않는 이유를 알고 싶다면, 일종의 기능 평가를 활용하는 것이 좋은 선택이 될 수 있다. 기능 평가는 단순히 어떤 환경적 사건이 행동에 선행하고 어떤 환경적 결과가 뒤따르는지 살펴보는 객관적인 방법이다. 이와 같은 방식이 더 응용되면 우리는 그것을 ABC 분석[선행사건(Antecedent), 행동(Behavior), 결과(Consequence)]이라고 한다. 관찰자는 일부 개인적 경험(예: 생각, 느낌, 감정, 신체 감각)을 선행사건과 결과 그리고 환경적 사건(가장 일어날 법한 사건)으로 추론하는 것이 더 합리적이라는 점을 기억해야 한다. 생각이나 감정은 관찰하기 어렵지만, 좌절감이나 분노의 표정, 생각하는 듯한 표정과 같이 그러한 내적인 과정이 일어나고 있다고 추론할 수 있는 특정 행동이 존재한다.

관찰자가 마음챙김 행동과 그렇지 않은 행동이 얼마나 자주 발생하고 어떤 사건이 그 전후에 발생하는지 알게 되면, 관찰자는 대상 행동의 빈도가 변경될 수 있는지 확인하기 위해 대상을 조작하기 시작할 수 있다. 예를 들어, 교사는 아동에게 '좌절이 생기기 시작하면 좌절이 몸의 어디에 있는지 주의를 기울이고 좌절을 둘 장소를 찾아 거기에 좌절을 두고 하던 일을 계속하라'고 가르칠 수 있다. 지속적인 모니터링은 아동의 행동과 마음챙김의 향상에 도움이 되는 것이 무엇인지 알려 줄 수 있다. 평가의 핵심이 심리적 구성요소를 경험적으로 측정하는 것이라면, 행동 관찰은 정확하고 일관되며 공개적으로 검증 가능한 방법을 제공한다(Cooper et al., 2019).

마음챙김 관련 구성요소 사정

마음챙김 평가는 마음챙김과 수용 기반 치료와 관련된 심리적 과정 그리고 치료의 결과를 추적하기 위해 점점 더 많이 활용되고 있다. 이와 같은 방식으로 마음챙김 평가를 활용하는 치료법은 다양하게 나타나고 있다. 그러한 접근 방식 중 하나는 심리적 유연성의 개발을 목표로 하고 있는 수용전념치료(Acceptance and Commitment Therapy: ACT)이다. ACT가 목표로 하는 심리적 유연성은 "의식을 가진 인간으로서 현재 순간을 완전하게, 불필요한 방어 없이, 시키는 대로가 아닌, 마주하고 있는 그대로 직면하며, 선택된 가치를 지키는 방식으로 행동을 유지하거나 변화하는 것"으로 정의한다(Hayes et al., 2012, p. 96). 수용 및 행동 질문지-II (The Acceptance and Action Questionnaire-II: AAQ-II; Bond et al., 2011)는 심리적 유연성을 측정하는 데 가장 자주 활용되고 있으며 FFMQ와 같은 마음챙김 측정 도구와도 상관관계를 보인다(Baer et al., 2008). 심리적 유연성은 수용, 분리, 맥락으로서의 자기, 현재 순간 자각, 가치, 전념 행동이라는 여섯 가지 핵심 심리적 절차 순서로 개념화할 수 있다. 이러한 과정은 더 넓은 개념의 마음챙김 문헌에서 정의되는 마음챙김과 개념적으로 일치하는 것으로 보인다. 또한 최근 메타분석에서는 이러한 심리적 절차의 유용성에 대한 경험적 근거도 제시되고 있다(Levin et al., 2012). 여기에서는 수용(내적 경험이 다툼 없이 발생할 수 있도록 허용)과 분리(내적 경험을 단순한 생각, 감정 또는 신체 감각으로 보며, 그에 따른 표상으로 인식하지 않음)가 마음챙김의 핵심 측면이라고 주장한다(Fletcher & Hayes, 2005).

이 모델은 아동·청소년의 마음챙김 평가와 관련이 있으며, 따라서 청소년용 회피-융합 척도(Avoidance and Fusion Questionnaire for Youth: AFQ-Y)가 나이 어린 집단을 대상으로 개발 및 검증된 심리적 (비)유연성을 측정하는 주요한 측정 도구로 제시될 수 있다. AFQ-Y는 경험적 회피와 인지적 융합의 과정을 살펴볼 수 있는 도구이다. 각각의 요인은 수용과 분리 과정에서의 낮은 유연성에 맞춰 개념화되었다. AFQ-Y는 CAAM과 어느 정도의 상관관계가 있는 것으로 나타났다(Greco et al., 2008). 수용과 마음챙김 기반 중재 절차를 활용하여 심리적 유연성에 개입하는 아동·청소년 대상 연구의 수도 증가하고 있다.

부모의 마음챙김

때로는 삶의 방향을 정해 주고 훈육을 제공하는 부모나 보호자
의 마음챙김을 평가하는 것도 아동의 상황을 이해하는 데 도움이
될 수 있다. 마음챙김 능력을 포함한 부모의 측정 자료를 포함하
는 것은 소중한 활동일 수 있다. 소아과 수술 준비에 관한 연구에
서는 부모의 증상군과 능력을 이해하는 데 있어서 단기적인 중요
성이 입증되고 있다. 라신 등(Racine et al., 2016)은 개복 수술 전에
아동에게 예상되는 통증을 예측하는 요인에 대한 체계적인 검토를
실시했으며, 아동에게 예상되는 통증의 다섯 개 예측 요인 중 두 가
지는 부모의 고통과 전반적인 불안 성향이라는 점을 발견했다. 이
와 유사한 관계는 부모의 고통과 자폐스펙트럼장애 아동의 부적
응 행동(Hall & Graff, 2012; Racine et al., 2016), 부모의 우울과 아동
의 정신병리(Pilowsky et al., 2014), 부모의 주의력결핍 과잉행동 장
애와 아동의 내재화 문제(Humphreys et al., 2012)에서도 드러났다.
부모 요인은 아동기 문제 형성에 기여할 수 있기도 하지만, 또한 부
모 마음챙김과 같은 과정을 통해 아동의 삶을 개선할 수 있는 기회
를 제공하기도 한다. 부모의 마음챙김 사례에 관한 연구에 따르면,
부모가 마음챙김을 많이 할수록 아동기의 결과에서 향상이 나타날
것으로 예측할 수 있다(Parent et al., 2016). 이러한 부모의 특질 마
음챙김은 나이 어린 아동(3~7세), 중기 아동기(8~12세), 청소년기
(13~17세) 대상에서 더 낮은 내재화 및 외현화 행동을 예측하는 것
으로 나타났다.

마음챙김 상태 및 특질 평가 도구 중에 성인에게 적합한 도구는 이미 여러 가지가 소개되고 있다. 마음챙김 상태는 중재나 활동 도중의 경험과 관련된 마음챙김을 말한다(Shapiro et al., 2008). 마음챙김 상태 측정은 마음챙김 훈련의 완료 전과 후에 마음챙김의 변화를 평가할 수 있다. 마음챙김 특질은 개인의 일반적인 성향을 나타내는, 보다 일반적으로 측정되는 마음챙김 구조이다(Shapiro & Walsh, 1984). 주로 아동·청소년에 초점을 두는 이 장의 목적과 이 책의 대상 특성을 감안하여, 마음챙김 경험이 거의 없거나 전혀 없는 개인을 평가하는 데 적합하면서 가장 신뢰할 수 있는 몇 가지 성인 대상 마음챙김 측정에 관해서만 논의할 것이다.

5요인 마음챙김 척도(FFMQ; Baer et al., 2006)는 내적 경험에 대한 비반응성, 내적 경험에 대한 비판단, 관찰, 알아차리고 행동하기, 설명하기 등의 요인을 통해 마음챙김 특질을 평가하는 39문항 척도이다. 알아차리고 행동하기의 예시로는 "나는 공상하거나 걱정하거나 기타 다른 산만함이 있기 때문에 내가 하는 일에 주의를 기울이지 않는다."와 같은 문항이 있다. 내적 경험에 대한 비판단 하위 척도의 예시로는 "내가 느끼는 대로 느껴서는 안 된다고 스스로에게 말한다."와 같은 문항이 있다. 모든 문항은 5점 리커트 척도(0=전혀 그렇지 않다 혹은 거의 그렇지 않다, 4=거의 그렇다 혹은 항상 그렇다)로 채점된다. 요인의 내적 일관성은 적절에서 우수 사이로 나타났다(α=.75 to α=.91). 최근에는 FFMQ가 단축형으로 수정 및 검증되었으며 청소년을 대상으로 한 예비 연구를 통해 적합성이 지지되고 있다(Cortazar et al., 2019).

마음챙김 주의 자각 척도(MAAS; Brown & Ryan, 2003)는 15문항으로 이루어진, 좋은 내적 일관성을 보이는 단일 요인 설문지이다

(α=.82~ .87). 문항은 6점 리커트 척도(1=거의 항상, 6=거의 전혀 없음)로 채점된다. MAAS의 예시로는 "내가 하고 있는 일에 대해 잘 알지 못한 채 '자동적으로 움직이고' 있는 것 같다."와 같은 문항이 있다. 두 측정 도구는 훈련이나 시간 흐름에 따른 변화에 민감하기 때문에 강한 준거 타당도를 보여 준다(FFMQ: Bohlmeijer et al., 2011; MAAS; Brown & Ryan, 2003).

부모와 관련된 측정값(예: 부모의 능력 또는 기능과 관련된 측정값)이 항상 중요하거나 얻을 수 있는 것은 아니지만, 특정 경우에 도움이 될 수는 있다. 치료 과정에서 부모의 마음챙김 능력을 측정하고자 하는 목적에서 명확한 근거를 가지고 있는 것이 중요하다. 아동·청소년의 상황을 고려하는 것이 중요하다는 점을 감안할 때, 부모 또는 보호자의 기능을 이해하는 것이 가장 중요할 수 있다. 또한 부모의 마음챙김 능력과 아동의 기능(예: 청소년기 심리적 안녕감; Haydicky et al., 2013; Marks et al., 2010) 사이의 연관성으로 인해 부모의 마음챙김이 강력하게 권장되는 사례가 나타날 수 있으며, 특히 마음챙김 관련 중재가 진행되고 있다면 그 필요성은 더 커진다.

이러한 측정 접근 방식의 한계는, 부모 마음챙김을 평가하는 측면이 상당히 총체적이라는 점이다. 궁극적으로는 마음챙김에 따른 양육자의 상호작용에 초점을 둔 측면을 측정하는 것이 가장 유익할 것이다. 유사한 측정 도구들이 최근 심리적 유연성과 같은 관련 구성요소에 따라 개발되었다(예: Burke & Moore, 2015; Cheron et al., 2009; Greene et al., 2015; McCracken & Gauntlett-Gilbert, 2011). 이와 같은 한계가 극복되기 전까지는 아동과의 마음챙김에 따른 상호작용은 검증된 총체적 마음챙김 측정 도구를 바탕으로 추론해야 한다. 아동의 마음챙김 능력이나 기능과 마음챙김 양육 상호작용 간의 관계는 추후에도 고려해 볼 필요가 있을 것이다.

결론

마음챙김은 심리학 분야에서 중심 개념으로 자리 잡았다. 마음챙김은 학교, 운동경기 그리고 다른 집단 환경에서 예방 전략으로서뿐만 아니라 다양한 심리 중재에서 중재기술로 활용되었다. 마음챙김의 이점은 뚜렷하게 드러나고 있으며 긍정적인 변화를 지원하기 위해 마음챙김 중재와 측정을 적절하게 사용할 필요가 있다는 점도 널리 인식되고 있다(예: 누구에게, 언제, 어떤 환경에서). 아동 · 청소년의 마음챙김에 대한 평가는 그 숫자가 제한적이기는 하지만, 몇몇 도구는 강력한 심리측정적 특성을 지닌다. 이러한 측정 도구들은 여러 연구에서 타당성과 신뢰성을 검증받았다. 규준 연령 및 인구 집단을 포함하여 도구의 활용에 관한 명확한 지침도 제공되고 있다. 연령이 요인에 포함되거나 마음챙김이 상태 의존적이라면 직접 관찰을 하는 것이 현명한 방식이다. 유사하게, 마음챙김을 낮추는 요인이 발달하거나 유지되는 이유에는 아동의 생활환경과 같은 맥락이 포함될 수 있다. 특히 때로는 부모가 마음챙김에 따른 행동과 그렇지 않은 행동을 가르치거나 모델링하기도 한다. 부모나 보호자의 마음챙김을 측정하는 도구도 이미 존재한다. 마지막으로, 이 분야에서 일하는 사람들이 관심을 가질 만한, 마음챙김과 유사한 또 다른 심리적 구성요소도 있다. 이와 관련하여 심리적 유연성과 가치에 관한 평가 도구도 설명되었다. 이러한 측정 도구를 신중하게 활용하면 다양한 상황에서 아동 · 청소년을 위한 서비스 제공에 도움이 되는 지침을 제공할 수 있을 것이다.

측정은 연구와 응용 영역에서 지침을 제공할 수 있기 때문에, 이 분야에 대한 지속적인 노력이 필요하다(Miller et al., 2006; Pallozzi et al., 2017). 추후 연구에서는 이와 같은 마음챙김 측정으로 평가되는 요인 구조와 내용을 명확히 하는 데 초점을 두어야 할 것이다. 단일 요인 방식이 주로 더 잘 활용된다는 점을 감안할 때, 아동에 대한 마음챙김이 쉬운 일은 아니며, 측정되는 단일 요인 역시 다양하게 나타나고 마음챙김의 여러 정의에 비해 다루는 요인은 부족한 측면이 있는 것으로 보인다. 요인 구조가 발달적 시기에 따라 다르게 나타나는지 탐구해 보는 것도 좋은 연구 주제가 될 것이다. 현재 우리는 연령 범위를 넓게 두고 연구를 수행하고 있다. 치료 민감도에 관해서도 더 많은 연구가 필요하며, 그러한 연구는 이 연령대에서 치료 결과에 관한 연구가 증가하면서 함께 증가할 것이다. 이 분야에서는 상태 마음챙김에 관한 측정이 더 개발될 필요가 있으며, 이미 이에 관한 문제가 쟁점으로 제기되고 있다. 이러한 상황에서 마음챙김의 직접 관찰에 도움이 되는 도구의 개발도 설명되었다. 직접 관찰은 교사가 활동을 안내하는 데 활용할 수 있는 체크리스트나 일반적 지침서의 형태가 될 수 있을 것이다. 아동·청소년 집단에서 마음챙김을 평가하는 것은 성인 외 집단의 마음챙김과의 차이(예: 고유한 구성요소 정의, 임상적 유용성, 시간의 흐름에 따른 변화)에 대한 이해를 심화하는 데 필수적이다.

제2부

마음챙김 연구

제4장 교육에서의 마음챙김

제5장 마음챙김과 주의력결핍 과잉행동장애

제6장 지적장애 및 발달장애와 마음챙김

제7장 마음챙김과 정신건강

| 제**4**장 |

교육에서의 마음챙김

메리 캐서린 A. 슈트(Mary Katherine A. Schutt)
조슈아 C. 펠버(Joshua C. Felver)

서론

과학적 탐구의 응용 주제로서 마음챙김은 지난 30년 동안 점점 인기를 얻어 왔다(Baer, 2014; Brown et al., 2015; Ivtzan, 2020; Khoury et al., 2015). 이러한 일반적인 관심과 함께 임상 전문가와 연구자들은 교육 장면에서 마음챙김 기반 프로그램(Mindfulness-Based Programs: MBPs)의 유용성을 탐구하는 데 더 많은 관심을 갖게 되었다. 연구 활동의 증가를 보여 주는 예시로,『인간 발달 연구(Research in Human Development)』(Frank et al., 2013),『마음챙

* 이 원고의 초안에 도움이 되는 피드백을 보내 준 애덤 클로슨(Adam Clawson)과 멜리사 모튼(Melissa Morton)에게 특별한 감사의 마음을 전한다.

김(Mindfulness)』(Felver & Jennings, 2016), 『학교심리학(Psychology in the Schools)』(Renshaw & Cook, 2017)을 포함해 학교 장면에서 MBP, 주제를 다룬 몇몇 학술지뿐만 아니라 『교육에서의 마음챙김 (Handbook of Mindfulness in Education)』(Schonert-Reichl & Roeser, 2016)와 『교실에서의 마음챙김(Mindfulness in the Classroom)』(Felver & Singh, 2020)과 같은 책과 안내서도 출판되고 있다.

학교 장면에서 학생들과 함께하는 MBPs의 유용성에 대한 응용 연구가 급증하는 상황에서, 해당 분야가 어디로 가고 있으며 어떤 작업이 추가로 필요한지에 관한 통찰을 얻기 위해서는 기존에 수행된 전체 연구를 주기적으로 검토할 필요가 있다. 이 장에서는 학교 환경에서 아동 · 청소년을 대상으로 한 MBPs의 활용에 대한 기존 연구 문헌을 종합하여 이와 같은 요구를 충족하고자 한다. 이를 통해 이 장에서는 빠르게 진화하는 연구 환경의 동향을 제시하고 해당 주제에 대한 향후 연구의 방향에 대한 권장 사항을 제공할 것이다.

이 장은 세 영역으로 구성되어 있다. 첫 번째 영역에서는 현재까지 수행된 기존의 체계적인 검토 및 메타분석을 요약한다. 이러한 연구에 대한 최신의 체계적인 분석을 제공하기 위해, 두 번째 영역에서는 2014년부터 수행된 연구를 검토하고 요약한다. 세 번째이자 마지막 영역에서는 향후 연구에 대한 제언과 학교 장면에서 근거 기반 MBPs를 구현하고자 하는 사람들을 위한 권장 사항을 제공한다.

교육 장면에서의 MBPs 연구 검토(2005~2014년)

여기에서는 지난 10년 동안 이 분야에서 일어난 급속한 발전을 살펴본 후, 청소년에 대한 MBPs와 학교 장면에서의 MBPs 모두를 대상으로 수행된 예비 검토와 보다 최근의 연구에 대한 체계적인 검토 및 메타분석을 탐색하여 대략적인 시간 순서에 따라 그 내용을 제시한다.

청소년 대상의 마음챙김 기반 실천에 대한 최초의 체계적 검토 청소년을 위한 MBPs에 대한 최초의 공식적 검토(Jha, 2005; Schoeberlein & Koffler, 2005)는 명상 수련과 연구 및 교육에 전념하고 있는 비영리 조직인 개리슨 연구소(Garrison Institute)에서 시작되었다. 개리슨 보고서(Garrison Report)에는 특히 교육 장면에서 청소년을 위한 기존의 명상 프로그램에 대한 정보를 담고 있다. 이 보고서는 K-12 교육과정 전반에 걸쳐 당시 활용되었던 다양한 프로그램에 관해 자세히 설명했으며, 이러한 명상 프로그램들이 프로그램 대상자인 청소년의 자기보고에서 유익한 결과(예: 감성 지능 및 사회기술 향상)를 나타냈다고 보고했다. 그러나 이러한 결과는 객관적인 제3자의 연구로 발견된 내용은 아니었다. 개리슨 보고서는 당시에 "학교 기반의 명상 프로그램의 결과를 다룬 과학적 연구는 거의 없으며"(Schoeberlein & Koffler, 2005, p. 39), 프로그램을 조사하여 제시한 보고서는 일화적이거나 비공식적 평가이거나 인지적, 정서적, 사회적, 학문적 기능 영역을 포괄하지 못하는 생리학적 측면만을 활용했다고 언급했다. 이 보고서는 마음챙김 기반 프로그램이 자기보고식 심리 설문지와 학교 데이터(예: 성적 및 징계 회부)를 포함하고, 프로그램을 만들 때 아동 발달에 대해 신중히 고려해야 하며, 프로그램을 평가하기 위해서는 보다 엄격한 연구 설계[예: 무작위 대조 실험(Randomized Control Trials: RCTs)]를 거쳐야 한다고 지적했다. 또한 이 보고서는 학생들을 위한 명상 수련 분야는 "프로그램 대 연구 비율이 불균형"(Jha, 2005, p. S4)을 이루기 때문에 새로운 교육과정을 전파할 때에 비해 더 많은 연구 결과의 복제가 필요하다고 시사했다.

다음으로 제시된 검토는 톰슨과 건틀릿-길버트(Thompson & Gauntlett-Gilbert, 2008)의 영향력 있는 출판물에서 제시되었다. 이 출판물은 청소년에게 발달적으로 적절한 특정 적용법과 수정안 그리고 실제를 자세히 설명하는 명상 문헌으로 잘 알려져 있다. 이 연구에서는 2006년 중반까지 문헌을 검토한 결과, 개리슨 보고서와 유사하게 소수의 연구만이 공식적인 평가 데이터(일화적 또는 주관적 증거와 반대됨)를 보고했으며, 표본 모집단은 대개 비임상적이며 작은 표본 크기로 인해 연구를 통해 얻은 결과에 모호성을 유발할 수 있다고 보고했다.

동료 심사를 받은 과학 저널에 발표된 청소년을 위한 MBPs의 첫 번째 체계적인 검토 연구는 버크(Burke, 2010)에 의해 수행되었다. 이 연구에서는 청소년을 위한 MBPs의 현장 적용에 관한 기존의 과학적 연구 문헌을 체계적으로 검토하여 15개 논문을 분석하였다. 이 검토에서는 모든 연구가 청소년을 위한 MBPs의 타당성과 수용 가능성에 주목하고 있음을 발견했다. 그러나 보고된 결과에서는 효과크기가 갖는 통계적 유의성과 규모 측면에서 아주 다양한 결과를 보여 주었다[Cohen(1977)의 준거에 따르면 작은 효과에서 큰 효

과까지 다양했다. 버크는 또한 당시 기존 문헌이 갖는 몇 가지 방법
론적 한계를 자세히 설명했다. 여기에는 작은 표본 크기, RCT 연구
의 부족, 객관적 측정 절차의 부족, 표본의 편향, 비맹검법 자료 수
집 절차에 대한 과도한 의존(예: 자기보고 또는 비맹검법 교사 보고),
비임상 집단에 대한 임상적 측정의 활용, 중재 절차 지침서의 지나
친 다양성과 불분명한 규정, MBP 연구 결과 복제의 부족이 포함된
다. 이 검토에서는 또한 대부분의 프로그램이 교사 자신이 아닌 외
부 MBP 전문가에게 의존하고 있기 때문에 MBP 지도자의 경험 요
건에 따라 발생하는 절차 이행 충실도의 문제에도 주목했다.

그린버그와 해리스(Greenberg & Harris, 2012)는 당시에 수행되었
던 전체 명상 연구를 검토하여 교육에서 MBPs에 관한 학술적 지
식이 어떤 상태에 있는지에 대한 개요를 제공했다. 이 검토는 이전
에 제시된 검토와도 유사한 결과를 제시했다. 즉, 명상 수련(MBPs
포함)이 청소년을 지원하는 데 적합하며 효과도 있지만, 기존 수행
된 연구의 전반적 질이 열악하기 때문에 그러한 프로그램을 실천
하고자 하는 열정을 과도하게 내비쳐서는 안 된다고 보았다. 이 검
토에서는 결과를 제시하면서 MBP/명상 연구 및 요가 중재 연구를
구분하였으며 이러한 구분에 따라 명상 프로그램의 타당성과 결과
에 대한 해당 분야의 과학적 이해를 증진하는 데 필요한 중요한 다
음 단계가 무엇인지에 초점을 두었다. 이 검토에서는 연구의 전반
적 품질에 대한 우려를 반영하는 것 외에도, 미래의 연구자를 위한
몇 가지 새로운 고려 사항을 강조했다. 예를 들어, 다중 구성요소로
이루어진 MBP 교육과정에 포함된 주요 중재 구성요소를 구분하는
데 도움을 얻을 수 있는 적극적인 통제 조건(통상적인 치료 조건 또
는 대기자 명단 통제 조건과는 반대 개념)의 필요성에 주목했다. 또한

이 검토에서는 연구자들이 행동 기제를 설명하기 위해 명상 수련을 위한 논리 모델을 신중하게 고려하고 체계적으로 평가할 필요가 있음을 강조했다. 아울러 마음챙김 기반 프로그램 개발 및 평가의 중요한 다음 단계로서, 변화를 창출하는 데 필요한 명상 수련의 경험량을 알려 주는 기존의 근거가 없다고 언급했다.

전체적으로 2005년부터 2011년까지 청소년을 위한 MBPs에 대한 예비 연구는 이것의 초기 분야 발전에 대한 몇 가지 통찰을 제공했다. 2005년과 2008년 사이에 수행된 가장 초기의 연구(Jha, 2005; Schoeberlein & Koffler, 2005; Thompson & Gauntlett-Gilbert, 2008)는 교육 장면에서 청소년을 위한 MBPs와 MBPs를 주제로 발표된 연구 논문이 거의 없다고 언급했다. 그러나 불과 몇 년 후 버크(2010)의 연구에서는 15개의 실증적 연구를 종합할 수 있었다. 이는 해당 분야에 대한 과학적 조사가 극적으로 증가했을 뿐만 아니라 이 주제에 대한 거의 모든 연구가 지난 10여 년 안에 이루어졌다는 사실을 강조하고 있다. 이를 시각적으로 나타내기 위한 [그림 4-1]은 PsycINFO 전자 데이터베이스에서 '마음챙김' 키워드로 검색한 동료 심사를 받은 출판물 중에서 청소년(즉, 18세 이하)과 관련된 연구만을 선택하여 표시한 도표이다. 그림에서 볼 수 있듯이 이 신흥 분야의 거의 모든 연구는 지난 10년(2010~2019년) 동안 이루어졌다. 추출된 연구들은 '학교' 또는 '교실' 키워드를 활용하여 교육 환경에서 실시된 연구에 대한 제한적 결과를 얻을 수도 있다. 이러한 자료를 조사하면 교육 환경에서 생성된 청소년 대상 마음챙김 연구의 대부분이 지난 몇 년 동안(예: 2013년 이후 연구가 87%)에 이루어졌음을 분명히 알 수 있으며, 이는 해당 분야가 진정 새롭게 부상하는 과학적 탐구 분야라는 점을 강조하고 있다.

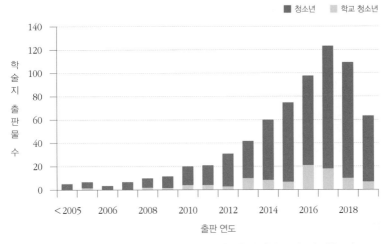

[그림 4-1] PsycINFO 데이터베이스에서 키워드 '마음챙김'과 18세 또는 청소년으로 검색하여 도출된 출판물의 수

2011년 이전에 수행된 모든 예비 연구에서는 청소년들이 MBPs에서 긍정적인 효과를 얻는다는 점이 일관적으로 나타났지만, 검토 가능한 과학 문헌의 품질은 이러한 주장을 강력하게 뒷받침하지는 못했다. 청소년을 위한 MBPs 활용에 대한 과학적 조사가 이제 막 시작되었다는 점을 감안할 때, 모든 검토 과정에서 수행된 연구의 품질이 상당히 제한되어 있다고 보고한 점이 크게 놀라운 사실은 아니다. 이러한 연구의 질적 제한에는 실험 설계의 부족, 연구 결과의 복제가 흔히 나타나지 않는 이질적 중재 성향, 부적절한 결과 측정 및 전반적으로 낮은 연구 품질이 포함된다. 그린버그와 해리스(2012)는 예비 연구 단계를 넘어 최종적으로 연구를 마무리하면서 이러한 단점을 해결하기 위해 보다 구체적인 권장 사항을 제공했다.

2011~2019년의 청소년을 위한 MBPs에 대한 검토 및 메타분석

청소년을 위한 MBPs 활용을 지원하는 더 많은 출판물과 경험적 자료가 축적됨에 따라, 연구자들은 이러한 결과를 요약하고 집계하기 위한 보다 정교한 방법을 활용할 수 있게 되었다. 청소년을 위한 MBPs의 이점에 대한 첫 번째 메타분석은 2011년 7월까지 발표된 연구를 대상으로 수행되었다(Zoogman et al., 2015). 이 연구자들은 서로 다른 결과를 생성할 수 있는 MBPs의 다양한 조절적 측면(예: 중재 기간, 다양한 연령대의 청소년들 사이의 다양성)을 탐색하고 다양한 결과 차원(즉, 심리사회적 기능 및 주의력)에 걸쳐 청소년에 대한 MBPs의 다양한 효과가 갖는 전반적인 크기를 결정하는 요인을 밝혀내고자 했다. 이 검토 과정에는 20건의 연구가 포함되었으며, 대부분은 학교 환경에서 수행되었다. 또한 이 메타분석에 포함된 6개의 연구는 비교 대조 조건을 활용하지 않았다. 이 연구의 결과는 전반적으로 MBPs가 통계적으로 유의하지만, 효과크기는 작았다고 보고하였다(Becker's del=.0.23). 조절 요인 분석에서는 MBPs가 청소년 비임상 표본(del=.20)에 비해 임상 표본(del=.50)이 2배 이상 효과적이었고 MBPs가 다른 종속변인(즉, 심리적 또는 인지적 요인)에 비해 정신병리 증상을 줄이는 데 더 효과적인 것으로 나타났다. 흥미롭게도, 조절효과 분석에서 강사 경험 및 교육, 회기 길이 및 경험량과 같이 이전 연구자들이 가정했던 다양한 변수에서는 유의한 효과를 보여 주지 않았다.

두 번째 메타분석(Kallapiran et al., 2015)은 2014년 1월까지 출판된 연구를 포함하여 문헌을 최신화하고 마음챙김 실제와 이론을 포함한 다중 구성요소 중재[즉, 변증법적 행동치료(Linehan, 1993)와 수용전념치료(Hayes et al., 2011)]까지 포함 기준을 확장하였으며 연구 설계는 오직 RCT 연구 설계로만 제한하였다. 이 메타분석에는 15개의 연구가 포함되었다. 전반적으로 나타난 결과에서는 MBPs가 임상 및 비임상 표본 모두에서 특히 스트레스, 우울 그리고 불안 영역에서 청소년에게 긍정적인 영향을 주는 것으로 나타났다. 이 분석에서는 블라인드 결과 평가의 부족, 내재화된(nested) 자료에 대한 통계적 처리 부족(즉, 참여 학생들이 학급이나 학교에서 집단화 또는 '내재화'되었다는 사실에 대한 통계적 설명 부족), 작은 표본 크기, 활성 비교 조건이 거의 없음, 다양한 정보 제공자의 부족(예: 교사와 학생), 결과 측정 방법의 다양성(예: 생리학적 결과와 자기보고)과 같이 일부 일관적으로 나타나는 제한점을 보고하였다.

세 번째 메타분석(Klingbeil et al., 2017)은 2015년 12월까지 발표된 MBPs에 대한 76개의 집단 연구를 조사했다. 클링바일(Klingbeil) 등은 임상 및 비임상 집단을 대상으로 학교와 학교가 아닌 환경에서 수행된 연구를 검토했다. 그들은 MBPs의 치료 과정과 결과를 구체적인 목표로 두고 당시에 존재하던 문헌을 대상으로 연구를 확장했다. 연구자가 청소년을 직접적인 대상으로 둔 연구를 분석하면서 포함 기준이 더 확장되었다. 그러나 조사에 포함된 결과 변수의 유형, 표본의 지리적·문화적 특성, 적합한 참가자의 특성에 대한 포함 기준은 제시되지 않았다. 2차 분석에서는 통제 및 사전-사후 설계에서의 MBPs 효과성 분석이 이루어졌다. 전반적인 분석 결과에서 MBPs는 사전-사후(Hedges' g=.0.305) 및 실험 집단(g=.0.322) 연구 설계에서 작은 양의 효과 평균치를 보였고, MBP의 효과는 사후 치료 시기보다 추후 단계에서 약간 더 큰 것으로 나타났으며, 이는 이전 문헌의 연구 결과와도 일치하는 것이었다. 주목할 만한 점으로, 일부 결과에서 클링바일 등은 모든 치료 결과에 걸쳐 MBPs가 통제 및 사전-사후 설계에서 작은 긍정적 치료 효과를 생성했다고 발견하였으나, 이는 이전의 연구에서 큰 효과를 보고한 것과는 차이가 있었다(Zenner et al., 2014; Zoogman et al., 2015).

　RCTs에 관한 또 다른 메타분석에서는 MBPs가 인지 및 정신건강에 미치는 영향을 조사했다(Dunning et al., 2019). 이 분석의 목적은 18세 미만의 아동·청소년을 대상으로 하는 MBPs에 대한 RCT의 효과를 확립하는 것이었다. 더닝(Dunning) 등은 2017년 10월까지 발표된 33개의 연구를 분석에 포함했다. 결과 측정에는 마음챙김, 인지(실행 기능 및 주의력), 행동(사회적 행동 및 부정적 행동), 감정(우울 및 스트레스/불안)이 포함되었다. 분석 결과, MBPs가 마음챙김과 실행 기능을 개선하고 우울, 불안 및 스트레스를 감소시킨다는 점에서 이전의 연구와 일치하는 결과가 나타났다. MBPs는 주의력과 변화하는 사회적 행동에서 주목할 만한 이점을 보여 주지는 않았지만, 부정적 행동을 상당히 감소시켰다. 효과크기는 MBPs에서 모든 대조 집단과 비교하여 작음(0.10)에서 다소 작음(0.38)으로 나타났다. 마음챙김, 실행 기능, 부정적 행동, 사회적 행동 및 우울에서 통계적으로 유의한 수준의 변화가 나타났다. 분석에 포함된 연구 중 17개에서는 활성 비교 집단을 대상으로 분석하였으며, 결과에서는 마음챙김과 우울 그리고 불안/스트레스에서만 유의한 차이가 나타났다.

2011~2019년의 학교 환경에서 실시된 청소년을 위한 MBPs에 대한 검토 및 메타분석　청소년을 위한 MBPs의 일반적인 이점을 탐구하는 체계적 연구 외에도 학교 환경에서 MBPs의 이점에 초점을 맞춘

제한적인 분야의 연구에 관한 출판도 지속적으로 쌓이고 있다. 한 메타분석에서는 2012년 3분기까지 학교 환경(1~12학년)에서 MBPs를 구현한 연구를 탐색하였다(Zenner et al., 2014). 미간행 결과까지 포함하여 보다 자유로운 선택 기준을 활용한 이 분석은 24개의 연구를 분석하고 효과 영역을 선정하여 연구가 수행된 현장의 현황을 요약하는 것을 목표로 했다. 분석 결과, 모든 결과 영역에서 평균적으로 MBPs가 통계적으로 유의하면서 작은 크기의 효과를 생성한 것으로 나타났다($g=0.40$). 다양한 영역으로 구성된 종속 변수의 유의성에 관한 분석에서는 인지적 변화($g=0.80$)에 대해 통계적으로 유의하며 큰 효과크기, 회복탄력성($g=0.36$) 및 스트레스($g=0.39$)에 대한 작은 효과크기, 감정 문제($g=0.19$)와 제3자 평가($g=0.25$)에 대해서는 통계적으로 유의하지 않은 효과를 제시했다. 또한 이러한 메타분석을 통해 모든 연구(adjusted $R^2=0.21$)와 RCT 연구 설계(adjusted $R^2=0.52$)에 대한 모든 결과에서 실제 적용의 분량(예: 학교와 가정 모두에서 실시한 마음챙김 실습의 분량)이 상당한 차이를 보였다. 이러한 검토 과정에서는 학생 및 학교 인구 통계에 대한 보고의 부족 또는 부재, 미약한 통제 조건, 후속 측정의 부족, 작은 표본 크기, 단일 자료 수집 방법으로서 자기보고에 대한 과도한 의존을 포함한 다양한 한계점이 지적되었다.

학교 기반 명상 프로그램의 핵심 구성요소를 더 잘 이해하기 위해서, 2014년 5월까지 출판된 학교를 기반으로 실시된 마음챙김 명상 프로그램 및 요가에 관한 연구를 체계적으로 분석한 연구도 있다(Gould et al., 2016). 특히 이 분석에서는 명상 커리큘럼을 활용한 48개의 다른 연구에서 제시한 중재 모델을 준수한 정도 또는 운영 충실도(Fidelity of Implementation: FOI)에 초점을 두었다(Dane &

Schneider, 1998). 분석 결과에서는 장점과 함께 주요한 한계점이 드러났다. 분석에서 드러난 상대적 장점으로, 분석에 포함된 대부분 연구들(63%)은 최소한 한 가지 측면의 운영 충실도 요소를 준수하였으며, 일부 연구들(13%)은 중재 경험이 산출된 결과와 연계되는지 탐색하는 과정을 거쳤다. 다만, 논리적 모델을 참조하지 않고, FOI의 다차원적 평가를 실시하지 않았으며, 기존 MBPs에 적용된 수정 사항과 가장 본질적인 프로그램 요소를 온전히 보고하지 않은 것을 포함해 대부분의 연구(즉, 최소 90%)에서 증명되었던 점은 상당한 제한점이라고 할 수 있다.

학교 기반 MBPs 연구의 현황을 이해하기 위해, 펠버(Felver et al., 2016)은 2014년 6월까지의 검색 가능한 문헌에 대한 체계적인 검토를 수행하였다. 이 분석에서는 동료 심사를 받는 저널에 게재된 28개 학교 기반 MBPs의 연구 방법, 참가자, 프로그램 특성 및 결과를 분석했다. 분석 결과에서는 일반적으로 대규모 참가자의 다양성, 일반화 가능성 향상을 위해 교실 환경에서 실시된 프로그램, 가정 내 수행 과제를 포함하여 다양한 강점이 확인되었다. 다만, 부적절한 비교 조건, 준실험 설계, 복제 연구의 부족, 학생 및 학교 특성에 대한 제한된 보고, 후속 자료 부족 등 다양한 제한사항도 함께 보고되었다. 연구에 대한 분석을 바탕으로 펠버 등은 학교 환경에서 진행되는 명상 수련에 관한 향후 연구를 위한 권장 사항 목록을 개발하였다.

가장 최근에는 맥키링과 황(McKeering & Hwang, 2019)이 학교 기반 MBPs에 관한 13개의 양적 및 혼합 방법 연구에 관한 체계적인 검토를 수행하였다. 마음챙김 연구에서 질적 연구 설계가 받는 비평을 감안하여 13개 모든 연구에 대한 질적 분석 비평을 실시하였다. 분석 결과에서는 MBPs가 긍정적인 영향과 친사회적 행동을 증가시키기보다는 불안과 부정적인 영향을 감소시키는 데 더 효과적인 것으로 나타났으며, 이를 통해 정서적인 안녕감이 주요한 중재의 결과로 나타난다는 점을 보고하였다. 양적 및 질적 결과 모두 학교 기반 MBPs가 초기 청소년을 위한 효과적이고 실현 가능한 예방 프로그램이라고 보고하였다. 맥키링과 황은 FOI 보고와 타당성 측정 그리고 적절한 시기의 중재 효과 측정에서의 부족을 포함한 양적 연구의 몇 가지 한계를 지적했다. 질적 연구의 한계로는 신뢰성 및 신빙성, 연구자 편향에 대한 설명, 연구자와 참가자 간의 관계에 관한 설명의 부족이 보고되었다. 또한 연구자는 학교 기반 MBPs의 향후 연구 및 구현을 위한 교육적이고 실용적인 고려 사항들을 제공했다.

학교 기반 MBPs의 연구 현황(2014~2019년)

현장에서의 빠른 발전 속도와 연구의 확산세를 감안하여, 우리는 학교 기반 MBPs 연구의 현재 상태를 가장 잘 해석하기 위한 현장의 당면 상황을 검토한 연구를 제시하고자 한다. 여기에서는 펠버 등(2016)의 선정 절차를 활용하였다. 2020년 1월에 전자 온라인 데이터베이스인 PsycINFO에 '학교' 또는 '학생' 키워드와 함께 '마음챙김' 키워드를 입력하여 자료를 검색하였다. 첫 번째 검색을 통해 390건의 논문이 산출되었으며, 검색된 결과는 동료 심사 저널에 출판, 2014년에서 2020년 사이에 출판, 18세 미만 참가자와 같은 준거에 따라 선별되었다. 최초의 선별을 통해 논문은 35건으로 줄었다. 다음으로 35개 논문의 전체 내용을 확인하여 분석에 포함하는 것이 적절한지 신중하게 검토하였다. 35건 논문에 대한 포함 기준으로는, 펠버 등(2016)의 체계적 분석에 포함되지 않았으며, 학령기 연령 집단을 대상으로 하고, 임상 시험으로 진행되고, 양적 결과

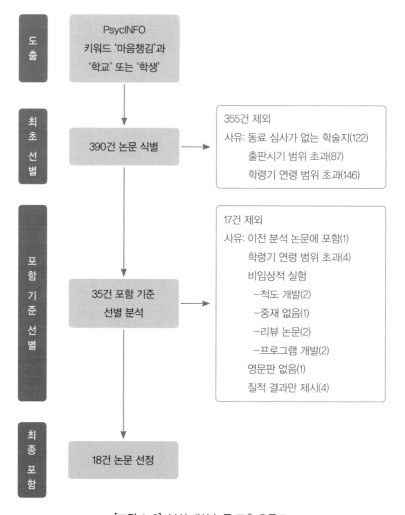

[그림 4-2] 분석 대상 논문 도출 흐름도

표 4-1 학교 기반 MBP 권고 사항 이행 연구 비율

분류	권고 사항*	권고 사항 이행 연구 백분율	
		펠버 등(2016) (*n*=28)	현재 연구 (*n*=18)
연구 설계	• 무작위 대조 실험 설계	36%	50%
	• 교훈적 · 실험적 요소를 포함한 활성 비교 조건 활용	11%	6%
	• 학급 및 학교에 대한 학생의 내재화 효과를 고려한 통계적 검증	n/a	6%
대상 특성	• 모든 참가자에 대한 상세 사항 보고: 개별 특성	n/a	22%
	• 모든 참가자에 대한 상세사항 보고: 학교 특성	n/a	22%
	• 특정 장애와 학습 장애를 가진 학생에 대한 이행 사항 탐색	7%	11%
중재 특성	• 새로운 접근의 검증이 아닌 기존 중재 의 복재	32%	56%
	• MBSR 기반	32%	22%
	• 경험량 효과 검증을 포함한 이행 요소 분석 요구	n/a	현재까지 없음
	• 효율적으로 MBI를 제공하는 데 필요한 준비에 대한 과학적 평가	n/a	현재까지 없음
	• 기존 중재 결과에 대한 메타분석	n/a	제너 등(Zenner et al., 2014), 맥키링과 황(2019)
결과	• 다양한 방법을 통한 결과 포함	29%	28%
	• 다양한 대상을 통한 결과 포함	14%	22%
	• 학교 영역에서의 자료 수집: 학업	0	17%
	• 학교 영역에서의 자료 수집: 행동	0%	11%
	• 추후 자료 수집	29%	22%

* 펠버 등(2016)의 권고 사항.

를 포함하고 있는 영어권 연구라는 점이 있었다. 이러한 절차를 통해 분석에 적합한 18건의 논문을 선정했다. [그림 4-2]는 전체 논문 선택 절차를 요약한 내용이다.

학교 기반 MBPs와 관련된 가장 최근 출판물을 비교하기 위해, 18건의 논문을 대상으로 펠버 등(2016)이 상세하게 설명한 방법을 축약한 방식으로 코딩과 분석을 실시하였다. 연구의 목표 중 하나는 펠버 등이 제시한 권고 사항이 2014년 이후 출판된 연구에서 명백하게 드러나는지 확인하는 것이었다. 논문은 연구 설계, 대상 특성, 중재 특성, 결과의 네 가지 범주에 걸쳐 제시된 권고 사항을 구체적으로 포착할 수 있는 방식으로 코딩되었다. 〈표 4-1〉은 이러한 권고 사항과 함께, 2014년 6월 이전에 발표된 논문에서 이러한 권고 사항을 이행한 비율과 2014년 이후 출판된 논문에서 권고 사항을 이행한 비율을 나타낸다.

연구 설계   이전 분석에서 가장 일관되게 언급된 제한점은 질적으로 충실하지 않은 연구 설계를 포함하는 것이다. 중재 연구의 질을 결정하는 한 가지 방법은 적절한 실험 연구 설계(예: 무작위 대조 실험)를 활용했는지 여부를 조사하는 것이다. 2014년 6월 이후 수행된 연구의 절반(50%)이 적절한 실험 설계를 활용했는데, 이는 이전에 보고된 연구의 36%보다 증가한 수치였다.

또 다른 연구의 질적 지표는, 가설에 따른 중요 요소를 분리하여 살펴보기 위해 이론상 주요하지 않은 중재 요소를 포함한 통제 조건인 활성 대조 조건의 활용 여부이다. 학교 기반 MBPs 연구는 활성 대조 조건의 활용(예: 교훈적 교수 요소 및 실험적 실제 요소 포함)이 부족하다는 점이 자주 비판을 받았다. 기존 연구의 통제 조건에

는 주로 대기자 명단 또는 평소와 같은 치료(즉, 일반 교육 프로그램)
가 활용되어 최상의 비교 조건을 제공하지 못했다. 예를 들어, 단
순히 학생들이 외부 조력자와 만나거나 새로운 비교육적 실천 프
로그램에 참여함으로써 실제 마음챙김 기반 실천과는 아무런 관련
이 없는 MBP의 효과가 생성될 수도 있다. 이 분석에서는, 펠버 등
(2016)이 2014년 이전에 활성 대조 조건을 활용한 접근 방식의 연
구가 11%라는 보고와 비교해서, 다소 감소한 6%의 연구만이 활성
대조 조건을 활용하여 교훈적 · 실험적 구성요소를 포함했다고 보
고했다.

마지막 연구 설계 특성은 개별 학생이 교실 집단에서 MBPs를 전
달받게 되며, 이러한 집단이 더 큰 학교 맥락에 포함된다는 사실을
통계적으로 설명하는지에 관한 여부이다. 이를 통계적 특성으로
중첩(nesting)이라고 부른다. 이 분석에서는 계층적 선형 모델링 통
계 기법을 활용하는 것과 같이, 연구에서 중첩이 통계적으로 설명
되는지 여부를 조사했으며, 전체 분석 대상의 6%만이 이 사실을 설
명했다고 밝혔다. 전체적으로 볼 때, 이 분야는 보다 엄격한 실험
설계를 채택함으로써 연구 방법의 발전을 이루는 것으로 보였지
만, 이 점에서는 진전이 더딘 것으로 나타났다.

대상 특성   이 분석에서는 2014년 이후 수행된 연구가 다양한
학생 특성을 포함하며 이를 보고해야 한다는 권장 사항을 구현했
는지 여부를 조사했다. 이전의 분석과 유사하게, 학생들은 유치원
입학 전부터 고등학교까지 다양한 수준으로 분포했으며, 이는 학
교 장면에서 MBPs에 관한 연구가 취학 연령 아동의 모든 범위에
걸쳐 고려되고 있다는 점을 보여 준다. 특히 물질 사용 예방(Parker

et al., 2014) 및 섭식 장애(Johnson et al., 2016)와 같이 특정한 관심의 대상이 되는 임상 인구를 대상으로 하는 연구는 더 많이 확인되었다. 이와 같은 분야와 함께 기타 소아 정신건강의학과 장애의 장기적 비용과 학교 기반 MBPs를 통한 예방이 갖는 잠재적 가치를 고려한다면, 이러한 분석 결과는 유망한 발견이라고 할 수 있다.

이 분석을 통해 나타난 놀라운 사실은, 분석에 포함된 연구에는 학생 인구와 학교 환경의 기본 특성이 온전히 보고되지 않고 있다는 점이다. 이 분석에서는 연구 참가자의 연령과 성별 그리고 민족성을 자세히 설명한 연구를 대상으로 학생 기본 특성을 보고한 연구를 집계하였다. 이와 같은 기준으로 집계한 결과, 분석 대상이 된 연구의 2%만이 이러한 특성을 보고했으며, 이는 결과를 이해하고자 하는 사람에게 이러한 자료가 갖는 중요성을 고려할 때 좋은 결과라고 할 수 없다. 또한 이 분석에서는 학교의 민족적 구성과 총 학교 인구의 사회경제적 지위(socioeconomic status: SES; 이는 주로 무료 급식 또는 급식비 할인을 받는 학생의 비율을 통해 대략적으로 산출된다)의 객관적 측면을 모두 보고한 연구를 대상으로 학교 기본 특성을 보고한 연구를 집계하였다. 이와 같은 기준으로 집계한 결과, 분석 대상이 된 연구의 22%만이 이러한 정보를 상세하게 보고했다. 연구 환경에 관한 이러한 정보는 그 자체로 중요한 특성을 지니며, 또한 이러한 자료는 해당 학군의 교육청 웹사이트에서 얻을 수 있는 공개 자료로, 자유롭고 쉽게 입수할 수 있기 때문에 이러한 누락은 상당히 의외라고 할 수 있다. 또한 연구들이 특정 장애를 가진 학생을 위한 MBPs의 유용성을 구체적으로 조사했는지 여부도 조사하였으며, 단 하나의 연구(즉, Singh et al., 2016)에서만이 장애인 집단과 같은 취약 하위 집단에 초점을 두었다. 전체적으로 볼 때,

2014년 이후 발표된 연구에서는 대부분 참가자 및 환경 특성과 같
은 중요한 정보를 보고하지 않았으며, 장애 학생을 대상으로 연구
하지도 않았다. 향후 연구에서는 이러한 제한 사항에 주의를 기울
여야 할 것이다.

중재 특성　중재 특성과 관련하여, 이 분석에서는 이전에 검토
한 문헌과 비교하면, 학교 기반 MBPs 분야에서는 상대적으로 미
미한 발전만이 나타났다는 점을 발견했다(Felver et al., 2016). 기존
의 프로그램 절차를 복제한 출판물의 상대적 비율이 눈에 띄게 증
가했으며(이 분석에서는 56%가 기존의 절차를 복제한 것으로 나타났
다), 이러한 추세가 이후로도 두드러졌다. 마음챙김 기반 실천과
결과 사이에 경험량에 따른 반응의 관계를 탐구하는 공식적이고
고도로 통제된 연구는 여전히 보고되지 않고 있지만, 이 분석에서
는 학생들이 참여하는 실천의 경험량을 고려한 여러 연구를 활용
하였으며, 추정된 경험량을 활용하여 중재 효과를 탐구하였다. 비
록 MBPs를 충실하게 구현하는 데 필요한 실천적 필수 요소에 대
한 공식적인 평가는 없었지만, 연구자들은 오디오 녹음을 통한 전
달과 같은 중재 전달 방식의 상대적 효율성도 고려하기 시작했다
(Bakosh et al., 2016).

결과　2014년 이후 발표된 학교 기반 연구는 결과 측정과 관련
하여 많은 권고 사항을 이행하는 데서 일부 진전을 보였다. 펠버 등
(2016)의 연구 이후 분석된 논문에서는 간단한 사전-사후 결과 평
가 외에도 추후 평가를 포함하는 경우가 다소 적었지만, 다양한 정
보 제공자(예: 학생의 자기보고와 학생에 대한 교사의 평가)가 포함된

연구는 다소 늘어났다. 가장 중요한 점은, 연구자들이 학생의 학업 성취도(분석 대상 연구 중 17%)와 행동 자료(예: 징계위원회 회부, 교실 행동 직접 관찰; 분석 대상 연구 중 11%)를 종속 변수 결과값으로 활용하기 시작했다는 점이다. 이러한 '실세계(real world)'인 학교 자료를 포함하는 것은 학교 기반 MBPs가 학생들에게 어떻게 도움이 될 수 있는지에 관해서, 현장 전문가들이 이해하는 데 매우 중요하며 이러한 절차를 채택하도록 학교 관리자에게 강력하게 주장하려는 사람들에게도 도움이 될 수 있다.

결론

학령기 아동과 청소년은 급속도로 진화하는 소셜미디어 환경을 탐색하면서 상당한 압박을 수반하는 부담스러운 표준화 평가를 준비해야 하는 등 이전 세대에서는 경험하지 못한 많은 문제를 직면하고 있다. 학생들이 직면하는 이러한 도전 과제들을 감안할 때, 21세기 학교는 스트레스를 줄이고 모든 학생의 전반적인 건강 및 심리사회적 안녕감을 지원하기 위해 효과적이며 효율적인 중재 기술을 갖추고 있어야 한다. 축적된 과학적 근거를 바탕으로, MBPs는 오늘날 학교 체제에서 아동 · 청소년의 복잡한 요구를 충족하는 하나의 해결책으로 제시되고 있다. 또한 실제로 교사와 학부모 그리고 학생 사이에서는 이러한 새 기술을 구현하려는 움직임이 증가하고 있다. 그러나 단순히 새로운 것을 응용해 보려는 흥미를 바탕으로 한 접근과 같은 열정은 체계적이고 과학적인 절차와 논리와 같은 엄격함과 조화를 이루어야 한다.

　우리는 지금까지 학교 기반 MBPs에 관한 기존 연구의 근거를 다루었으며 전체 분석 결과를 바탕으로 몇 가지 결론을 도출할 수 있었다. 첫째, MBPs가 학교 체제에서 실행 가능하며, 학교 구성원에게 받아들여질 수 있으며 해악을 끼치지 않는 것으로 보인다는 근거는 명확하다. 이는 MBPs가 기존에는 주로 동양의 종교적 관행과 연관된 것으로 여겨지면서 비종교적인 학교 장면에서 이를 실천할 때는 상당한 주의를 필요로 해 왔다는 점(Felver et al., 2013)에서 중요하게 받아들여질 수 있다. 이제 서구 문화가 이러한 실천을 수용한 것으로 보이기 때문에 이러한 변화는 이 분야에서 중요한 진전이라고 할 수 있다. 둘째, 기존 연구는 MBPs가 전반적으로 정신병리의 증상 감소, 전반적인 심리사회적 안녕감 개선, 인지 기능의 특정 측면(예: 주의력, 자기조절력) 향상, 학업 성과 향상과 같이 다양한 기능 영역에서 학생들에게 이득을 줄 수 있다는 점을 밝히고 있다. 그러나 이러한 기존 결과를 확인하고 복제하기 위해서는 더 많은 연구가 수행되어야 하므로, 문서와 연구 결과에 나타난 이러한 이점은 유망한 잠재력으로 간주하되 확정적인 것으로 보아서는 안 된다.

　이러한 분석 연구에서 제한점을 포함하고 있다는 점은 주목할 가치가 있다. 첫째, 분석할 연구의 선정과 포함에서는 그 범위에 제한이 있었으며, 단지 PsychINFO 전자 검색 데이터베이스만 활용했다. [그림 4-1]은 다른 검색 엔진(예: PubMed, Google Scholar)을 사용하여 인용 목록을 검토하면 추가적인 연구를 찾을 수 있다는 점을 분명히 암시한다. 추후 체계적인 분석에서는 해당 분야에 대한 포괄적인 개요를 제공하기 위해 출판된 문헌을 보다 철저하고 포괄적으로 검토해야 할 것이다. 둘째, 비록 여기에서는 펠버 등

(2016)이 제안한 코딩 절차를 활용했지만, 그러한 방법이 중재 연구의 모든 중요한 특성을 다루지는 못했다. 보다 철저한 분석을 위해서는 정량적 결과까지 다루는 메타분석을 바탕으로 결론을 도출해야 할 것이다.

전체적으로 볼 때, 논의된 분석에서는 모두 학교 기반 MBPs 분야를 발전시키려는 응용 연구자를 위한 일반적 · 특정적 권고 사항을 일관성 있게 언급하고 있다. 지금까지 가장 중요한 권고 사항은 적절한 실험 연구 설계를 활용하는 것이다. 다소 연구의 수가 부족하더라도 양질의 방법론을 활용하는 RCT 연구를 수행하는 것의 과학적 이점은 비실험적 예비 연구를 다수 수행하는 것보다 훨씬 더 크며(Cook, 2002), 해당 분야의 발전을 위해서 학교 체제에서 일하는 명상 연구자는 이 지침을 따라야 할 것이다. 또한, 활성 비교 조건을 포함하고 교실과 학교 환경에서 학생이 중첩되는 효과에 대한 통계적 설명과 같은 보다 엄격한 실험 설계를 활용하여 연구의 토대를 강화할 수 있다. 결과 측정에서의 질은 학생의 학업과 행동 자료 그리고 제3자에 의한 학업 성과 평가를 포함하여 강화할 수 있다. 이론적으로 학교 기반 MBP 연구는 연구자들이 그들이 구현하고자 하는 이론적 모델을 명시적으로 밝히고 변화의 이론적 모델을 검증하기 위한 기계적 변수를 포함해 진행하는 것이 가장 적합하다.

학교 관리자와 임상가의 경우에도 학교 기반 MBPs를 구현할 때 고려해야 할 몇 가지 권고 사항이 있다. 지난 10년 동안 학교 기반 MBPs가 급격히 확대되었지만, 이러한 프로그램의 대부분은 연구 영역 바깥에 있었으며 독립된 연구자가 반복적으로 연구한 프로그램은 더 적다. 예를 들어, 중재가 경험적으로 검증된 개입인지 여부를 결정하기 위해 합의된 기준을 적용하면(Chambless et al., 1998), 학교 기반 MBP 중재는 '잘 정립된 개입'의 기준에 부합하지 않으며, (논쟁의 여지는 있지만) 단지 극소수의 연구만이 '효과적인 개입으로 보일' 정도의 기준에 알맞다고 볼 수 있다. 이는 활용되고 있는 중재에 어떤 지원이 부족하다는 의미라기보다는, 현재 학교 기반 MBPs를 구현하는 방법에 대한 '모범 사례'가 없으므로 이를 활용하려는 사람들이 또 다른 방식으로 이를 활용하고자 한다면, 주의해야 한다는 점을 강조하고 있는 것이다. 학교 기반 MBP를 구현하려는 사람들은 연구로써 효율성이 뒷받침된 프로그램에서 시작한 후 연구 문헌을 참조하여 해당 프로그램이 특정 학생 집단에 가장 적합한지 여부를 결정해야 한다. 연구에 대한 비평적 태도 외에도, 교육자는 선택한 프로그램의 지속 가능성을 고려해야 한다. 일부 학교 기반 MBPs는 고도로 훈련된 외부 중재자의 실천이라는 맥락에서만 연구되었다. 이러한 접근 방식은 효과적일 수는 있지만 학교 장면에서 매년 외부 서비스 제공자를 고용하거나 소수의 학급을 넘어 더 많은 학생 집단을 대상으로 프로그램을 적용할 때는 실현 가능성이 낮거나 지나치게 비용이 높을 수도 있다. 교사가 학교 기반 MBPs를 효과적으로 구현할 수 있는지 판단하거나 그러한 프로그램을 충실하게 구현하기 위해 얼마나 많은 선행 교육을 거쳐야 하는지에 관한 합의는 아직 없다. 이는 다년간 지속 가능한 프로그램의 실천을 계획할 때 중요한 고려 사항이다.

일반적으로 명상 과학 분야, 특히 학교 기반 MBP 연구 분야는 흥미를 불러일으켰고, 과학 문헌 중에서 기하급수적인 속도로 새로운 발견을 제시하고 있다. 이 분야가 지속적으로 발전함에 따라 학교 기반 MBPs의 과학적 평가에 적절한 연구 설계 특성이 적용되는

지 관찰하는 것 역시 흥미로울 것이다. 이 장에서는 이 분야에 참여하고자 하는 사람들을 위한 몇 가지 고려 사항과 오늘날 학교 환경에서 학생들에게 도움이 될 수 있는 이 유망한 기술 분야에 대한 이해를 증진하기 위해 필요한 단계들을 집중적으로 비추어 보았다.

제5장

마음챙김과
주의력결핍 과잉행동장애

에스더 I. 드 브륀(Esther I. de Bruin)
르네 멥피링크(Renée Meppelink)
수잔 M. 뵈겔스(Susan M. Bögels)

서론

일부 연구에서는 지난 몇 년 동안 메틸페니데이트 소비가 다소
감소하는 징후를 보여 주고 있지만(예: Piper et al., 2018), 전반적
으로는 상당수의 아동이 여전히 서구 사회에서 ADHD 약물을 처
방받고 있으며[예: 질병통제예방센터(the Centers for Disease Control
and Prevention)에 따르면, 네덜란드 아동 인구의 4.3%(Association of
Pharmaceutical Statistics, 2016), 미국 아동 인구의 9% 이상(Visser et al.,
2014)], 이는 결코 바람직한 수준이라고 볼 수 없다. 바라건대, 아마
도 마음챙김은 이러한 아동과 그들 가족 중 일부에게 대안을 제공
할 수 있을 것이다. 이 장에서는 ADHD 아동·청소년 그리고 그들
의 부모를 위한 마음챙김 실천의 효과에 관한 연구 문헌을 종합하

여 다룬다.

> 몸이 따뜻해지기 시작하면서 심장 박동이 빨라지고 손바닥에 땀이
> 난다. 카페인을 많이 섭취한 것처럼 목이 마르고 배도 고파지지 않는
> 다. 그래서 나는 점심을 거르고 정신은 혼미해짐을 느낀다. 끊임없이
> 과제를 전환하고 한 가지에 집중하지 못하며 머리에 생각이 꽉 차 버려
> 서 남들에게 맞추어 주고자 하여도 할 수가 없다. 평소보다 말이 빨라
> 지고 손이 더 빨리 글을 쓰고자 해서 마음이 어지럽듯이 손글씨도 어지
> 러워진다. (Esther de Bruin and Susan Bögels, 리탈린 10mg 투여 후)

어쩌면 이와 같은 경험이 주의력결핍 과잉행동장애(Attention
Deficit Hyperactivity Disorder: ADHD) 아동이 자주 내면에서 느끼는
감정일까, 아니면 약의 효과일까? 우리는 알 수가 없다. 하지만 이
경험이 무엇이든, 이 느낌은 ADHD 아동과 그 가족을 위한 대안적
치료법으로서 마음챙김을 평가하는 데 추가적인 연구가 긴급하게
필요하다는 점은 잘 강조하고 있다.

학교나 집 혹은 사회적 상황에서 발생하여 일상생활 기능을 방
해하는 부주의, 충동 또는 과잉행동의 복합, 즉 ADHD라고 알려진
이러한 행동들은 약 5%의 아동에게 나타난다(American Psychiatric
Association, 2013). ADHD는 아동의 생활 모든 측면에 영향을 미칠
뿐만 아니라 가족 체계의 측면에도 영향을 미친다. ADHD 아동이
경험하는 부정적 영향은 미취학 아동 시기의 과잉행동과 안절부절
못하는 태도에서부터 초등학령기에는 또래와 다르다는 느낌과 거
부 경험까지 이어질 수 있다. 또한 청소년기에는 낮은 자존감, 학업
실패 위험의 상승, 또는 물질 남용에 이르기까지 아동기 전반에 걸

친 다양한 부정적 영향이 있을 수 있다(예: Harpin, 2005). ADHD의 핵심 증상 외에도 반항 행동, 품행장애, 우울 또는 불안장애와 같은 동반 질환을 가진 아동도 60~100%까지 보고되고 있다(Gillberg et al., 2004). 더욱이 ADHD 아동의 부모는 불안장애를 가진 아동의 부모에 비해 훨씬 더 큰 양육 스트레스를 겪고 있으며(Telman et al., 2017), 부모 스트레스의 심각성은 ADHD 증상의 중증도와 정적인 상관이 있다(Theule et al., 2013). 또한 부모의 ADHD 증상 여부가 양육 스트레스의 가장 큰 예측 요인이 되기도 한다(Theule et al., 2011). 이와 같은 가족이 치러야 할 상당한 개인적·정서적 고통 외에도, ADHD는 건강관리 비용이라는 경제적 대가도 치르도록 한다. 유럽에서 아동기 ADHD와 관련된 평균 연간 지출은 개인당 9,860유로에서 1만 4,483유로이며, 국가 연간 지출은 10억 4,100만 유로에서 15억 2,900만 유로이다(Le et al., 2014). 미국에서 아동기 ADHD의 국가 연간 증분 지출은 380억~720억 달러로 추정되었으며, 가장 큰 비용 범주는 의료(210억~440억 달러)와 교육(150억~250억 달러)이었다(Doshi et al., 2012).

ADHD에 대한 효과적인 치료도 보고되고 있다. 방법론적으로 논리적인 무작위 대조 실험(Randomized Controlled Trials: RCTs)은 자극제 약물치료가 ADHD 아동의 70% 이상의 사례에서 부주의, 과잉행동, 충동 증상을 줄이는 데 효과적이라는 것을 반복해서 보여 주었다(예: Buitelaar et al., 1995; Gilmore & Milne, 2001; Schachter et al., 2001; Storebø et al., 2016). 따라서 여러 임상 지침에서는 아동기 ADHD의 1차 치료로 약물치료를 권장하고 있다[National Institute for Health and Care Excellence(NICE), 2018; Taylor et al., 2004]. NICE는 치료 지침(Clinical Guideline: CG, 72)에서 중등도

(moderate) ADHD와 중도(severe) ADHD를 구분하여 제시하고 있다. 중도 ADHD를 가진 학령기 아동과 청소년에게 첫 번째로 제시되는 치료법은 약물치료이다. 그러나 ADHD와 함께 중등도 장애를 가진 아동의 경우 부모가 집단 부모 훈련을 실시하는 것을 첫 번째로 제시하고 있으며, 이와 함께 아동에 대한 집단 또는 개별 행동 치료를 병행하도록 하고 있다. 또 다른 지침에서는 약물에 대한 반응이 불충분한 경우 아동을 위한 행동치료와 함께 부모 훈련을 실시하도록 조언하고 있다(Wolpert et al., 2006). 따라서 심리사회적 중재(예: 부모 훈련)는 약물치료 외에 다른 치료에 대한 가장 포괄적인 국제적 지침에 포함되어 있으며, 부모의 선호도까지 고려함에 따라, 미국 아동·청소년 정신의학회(American Academy of Child and Adolescent Psychiatry: AACAP)의 지침에서는 다양한 기능 영역에서 충분한 이점을 입증할 수 있는 경우에만 약물 투여를 권장한다(Pliszka, 2007). 이와 같은 모든 국제적 지침은 가장 높은 수준의 준거로 취급되는 '1a: 다중 RCT 연구에 대한 메타분석에 따른 근거'를 바탕으로 한다(Shekelle et al., 2000). 그러나 방법론적으로 강력한 연구가 보여 주는 광범위한 자료에서 종종 약물 단독 중재에 비해 약물과 심리사회적 중재의 병행 치료가 추가적인 이점을 보여 주지 않는 경우도 있다[예: Multimodal Treatment of ADHD(MTA) Cooperative Group, 2004; van der Oord et al., 2008].

메틸페니데이트는 세계에서 가장 널리 처방되는 약물이며(Swanson, 2003), 지난 수십 년 동안 꾸준히 그 사용이 증가했다. 2013년에는 전 세계적으로 72톤의 메틸페니데이트를 소비했다(International Narcotics Control Board, 2014). 그러나 아동기 ADHD에 대한 약물치료의 효과가 설득력 있는 근거가 있어 보일 수 있지

만, 자극제를 사용하는 상당수의 아동에 대해서 우려하는 목소리
가 나오는 데는 여러 이유가 있다. 주된 쟁점은 불면증, 식욕 부진,
두통, 불안, 복통 그리고 신경과민과 같은 심각한 부작용이다(예:
Charach et al., 2004; Graham et al., 2011; Storebø et al., 2015). MTA
연구(MTA Cooperative Group, 1999)는 이미 이 약을 복용하는 아동
의 2/3에 가까운 수가 이와 같은 부작용 중 하나 이상으로 고통받
고 있다고 보고하였다. 또한 현재로서는 이 약물의 장기적 부작용
에 관해 알려진 것도 거의 없다. 장기간의 자극제 복용은 아동의
성장 저해 및 체중 감소로 이어진다는 결과가 문서화되어 있으며,
드물기는 하지만 혈압과 심박 수, 자살 충동, 정신병 및 조증 증상
의 발현에도 장기적으로 영향을 미치는 것으로 보고되고 있다(De
Loo-Neus et al., 2011; Faraone et al., 2008). 최근 연구에 따르면, 4개
월 동안 10~12세의 ADHD 아동에게 메틸페니데이트를 사용하
면 약물치료 중단 후 최대 1주일까지 뇌의 혈류가 증가하는 것으로
나타났지만, 성인 ADHD 남성에게서는 효과가 발견되지 않았다
(Schrantee, 2016). 우리는 이러한 효과가 정확하게 어떤 의미를 가
지는지 알 수 없지만, 어린 나이에서는 메틸페니데이트가 뇌 기능
에 장기간의 영향을 미치는 것으로 볼 수 있다.

　ADHD에 대한 약물치료의 또 다른 단점은 치료에 대한 순응도
가 낮다는 점이다. 아들러와 니버그(Adler & Nierenberg, 2010)는
ADHD 환자의 치료 불순응이 64%까지 높게 나타난다고 보고하였
다. 특히 가장 많이 처방되는 단기 작용 자극제인 메틸페니데이트
의 경우, 하루에 2~3회 복용해야 하는 약물 유형의 특성으로 인해
약물의 순응도가 낮게 나타났다(Swanson, 2003). 그러나 이러한 단
기 작용 제제는 반감기가 짧기 때문에 약물을 중단하면 곧바로 효

과가 사라지며 증상이 다시 나타난다.

따라서 약물치료는 전 세계적으로 아동기 ADHD의 1차 치료제로 활용되면서 증상을 효과적으로 감소시키는 것으로 나타났지만, 실질적인 한계와 단점으로 인해 우리 사회에서 나이 어린 ADHD 아동 수백만 명에게 약물을 투여하는 것이 매우 바람직하지 않다고 볼 수 있다. 부모로서, 의사로서, 그리고 연구자로서 우리는 적어도 다른 효과적인 비약물학적 중재 선택지가 무엇인지를 철저히 조사해 볼 필요가 있다. 이 장에서는 마음챙김 실천이 어떻게 ADHD 아동과 그들 가족을 위한 선택지 중 하나가 될 수 있는지를 설명할 것이다.

마음챙김 실천과 ADHD를 연결하는 것은 무엇인가

행동적 관점과 신경해부학적 관점에서 마음챙김 실천은 ADHD 아동과 그들의 가족이 직면하는 도전적인 행동의 핵심으로 곧바로 연결될 수 있다. 마음챙김 훈련 동안 우리는 즉각적인 반응 행동을 하는 것보다 (생각, 감정, 상황 등에) 대응하는 방법을 배운다. 이러한 훈련은 일반적으로 다소 충동적이고, 반응을 억제하는 데 어려움을 겪는 아동(과 부모)에게 유용할 수 있다. 또한 마음챙김 수련 동안 우리는 집중된 주의를 유지하고 주의가 흐트러질 때 다시 주의를 이끄는 방법을 배운다. 이는 주의를 유지하고 집중하는 데 어려움을 겪는 아동에게 특히 유용할 수 있다. 다양한 연구에서 마음챙김 수련의 결과로 주의를 갖고 살피는 기능이 실제로 개선되었다고 보고하고 있다(예: Chiesa et al., 2011).

신경해부학적 관점에서 마음챙김의 실천은 ADHD의 핵심 문제로 곧바로 이어지기도 한다. 우리의 원숭이 같은 마음은 한 가지 생각에서 다음 생각으로 뛰어넘어 다닌다. 주의력, 과잉행동, 충동 문제가 있는 아동의 경우 더욱 그러하다. 원숭이 같은 마음은 원숭이가 하나의 가지에서 다른 가지로 뛰어다니는 것처럼 쉽게 동요하고 산만해지며, 끊임없이 움직이는 인간의 마음을 언급하기 위해 붓다가 사용했던 용어이다. 아니면, 어쩌면 원숭이 대신 ADHD를 가진 아동에 관한 책인 『내 마음 속에 사자가 있어(There Is The Lion inside Me)』에서처럼 작은 사자로 그 마음을 더 잘 설명할 수도 있다(Dieltjens & Klompmaker, 2006). ADHD가 아닌 아동도 마음속에 때로 사자를 둘 수 있지만, 그들은 전대상피질(전두엽의 일부)을 활용하여 변연계를 통해 발생하는 원초적 감정을 통제할 수 있다. 그러나 ADHD 아동의 경우 전대상피질의 활동이 감소(예: Liotti et al., 2005)하고 결과적으로 자극이나 반응 또는 감정 사이에 쉼표가 없이 변연계의 활동이 곧장 행동으로 발휘되는 모습을 보이며, 전대상피질이 변연계를 전혀 조율하지 못하기도 한다. 메틸페니데이트와 같은 자극제를 복용하면 변연계의 활동이 억제된다. 따라서 고용량의 자극제의 부작용 중 하나는 감정이 둔감해지는 것이다. 그러나 마음챙김 명상을 통해 내면의 사자는 친절과 연민 그리고 수용으로 다루어질 수 있으며, 마음챙김 기술을 연습함으로써 어쩌면 ADHD 아동은 즉각 행동하기 전에 잠시 멈추는 법을 배우면서 내면의 사자를 친절하게 길들일 수도 있을 것이다. 장기적으로 명상을 수련한 사람들을 대상으로 한 신경영상 연구에서는 명상이 실제로 전대상피질의 활성화와 관련이 있다는 점이 드러났다(예: Brefczynski-Lewis et al., 2007).

　우리가 처음에 ADHD 청소년에게 마음챙김 훈련을 제공했을 때

취했던 접근 방식에서와 같이(Bögels et al., 2008), 부모와 자녀가 결합된 방식의 마음챙김 훈련을 제공하는 것은 다양한 이유로 합리적인 접근 방식이 될 수 있다.

첫째, 이와 같은 접근으로 부모는 자녀가 배우고 있는 것을 진정으로 이해할 수 있다. 부모는 자녀가 마음챙김을 실천하도록 지원하고 삶에서 마음챙김 기술을 일반화하여 적용하도록 돕는 방법을 더 잘 알게 된다.

둘째, 부모는 시간이 지남에 따라 자녀의 문제행동을 발달시킨 특정 자동 패턴('과잉반응 양육')을 더 잘 인식할 수 있고 자녀에 대해 더 수용적이며 비판하지 않는 태도를 배우는 다양한 기회를 가질 수 있다. 예를 들어, 어떤 부모는 겉옷을 옷걸이에 깔끔하게 걸어 두지 않고 소파에 던져두는 행동을 여러 차례 반복하는 자녀에게 소리를 지르면서 즉각적인 과잉반응을 보일 수도 있다. 이와 같은 소리 지르기 행동의 자동적 반응을 자각함으로써 부모는 더 수용적이고 비판단적인 방식으로 대응하는 방법을 선택할 수 있는 기회를 창출할 수 있다.

셋째, ADHD의 유전적 요소로 인해 ADHD 아동의 부모도 종종 ADHD 증상으로 고통을 겪기도 한다(Epstein et al., 2000; Thapar et al., 2007). 따라서 마음챙김 부모 훈련 프로그램은 부모 자신의 ADHD 증상을 줄이는 데도 도움이 될 수 있다. 그 결과, 자신의 ADHD 증상을 완화한 부모는 자녀의 환경을 더 잘 구성할 수 있고 자녀를 더 일관되고 명확하며 차분한 방식으로 대하는 방법을 배울 수 있다. 이는 특히 ADHD를 가진 아동에게 더 좋은 영향을 미칠 것이다(Sonuga-Barke et al., 2002).

마지막으로, 가족으로서 우리가 문제를 경험하고 가족 내의 역동성과 상호작용이 가족의 행동에 기여한다는 것을 인식하고 있다는 점을 암시적으로 이해할 수 있다면, 우리는 마음챙김 양육 프로그램과 아동을 위한 마음챙김 훈련을 결합하는 전체론적인 접근 방식을 취해야 할 것이며, 마음챙김 훈련 동안에는 가족으로서 함께해야 할 것이다. 이러한 가족 체계 접근은 아동에게만 문제가 있으며 아동이 치료를 받아야 한다는 점을 간접적으로 암시할 수도 있는 약물치료 방식과 대조를 이루고 있다.

ADHD 아동을 위한 마음챙김 실천에 관한 연구

ADHD 아동의 가족을 위한 마음챙김 실천에 관한 연구는 빠르게 확산하고 있다. 마음챙김 기반 프로그램(Mindfulness-Based Programs: MBPs)이 아동 및 성인 모두의 ADHD 증상에 미치는 영향에 대한 첫 번째 메타분석은 2016년에 나타났다(Cairncross & Miller, 2016). 분석에 포함된 10개 연구 중 6개는 ADHD 아동의 부주의에 대한 MBPs의 효과를 보고했으며 평균 효과크기는 0.66으로 나타났다. 5개의 연구는 과잉행동 및 충동성에 대한 MBPs의 효과를 보고했으며 평균 효과크기는 0.47로 나타났다.

이후 3개의 체계적인 검토 연구가 출간되었다(Evans et al., 2018; Mak et al., 2018; Tercelli & Ferreira, 2019). 에반스(Evans et al., 2018)의 연구에 포함된 대다수의 연구에서는 ADHD 증상에 대한 큰 효과를 보고하고 있다. 그러나 일부 연구에서는 효과가 나타나지 않거나 심지어 반대의 결과를 보여 주기도 했다. 또한 연구의 방법론적 특성도 크게 달랐다. 마크(Mak et al., 2018)은 주의력과 실행 기능의 신경심리학적 측정에 영향을 미치는 요인에 관해 구체적으로 조사했다. 포함된 13개 연구 중 5개에서는 중간에서 큰 수준의 효과가 나타났으며 다른 8개 연구에서는 효과가 나타나지 않았다. 테르셀리와 페레이라(Tercelli & Ferreira, 2019)는 10개의 연구를 분석하였으며, MBPs가 ADHD 아동의 주의력 결핍에 긍정적 영향을 미친다는 점을 발견하였지만, 과잉행동 측면에서는 근거의 명확성이 다소 부족하다고 보고하였다. MBPs는 부모의 스트레스를 효과적으로 줄이고 가족 기능을 개선하기도 하였지만, 전반적으로는 발표된 연구들에서 여전히 몇 가지 방법론적 한계를 보여 주고 있기 때문에, MBPs가 ADHD에 미치는 영향이 명확하다고 하기는 힘들다.

마지막으로, 요가와 ADHD 청소년을 위한 마음챙김 중재의 효과를 조사한 종합적이고 체계적인 검토 및 메타분석 연구가 2017년에 출간되었다(Chimiklis et al., 2018). 여기에는 11개의 연구가 포함되었으며, 중재가 과잉행동과 부주의(부모 및 교사 보고)뿐만 아니라 부모-자녀 관계, 실행 기능, 부모 스트레스 및 부모 마음챙김에도 상당한 영향을 미치는 것으로 보고되었다. 이러한 연구를 실시한 저자들은 방법론적 한계 역시 강조하였다. 이렇게 예비 연구 결과에서는 MBPs가 ADHD 청소년에 대해 유익한 효과를 보여 주었지만, 이를 긍정적인 효과로 보고 해석하는 데에는 주의해야 할 것이며, MBPs를 ADHD 청소년에 대한 1차 중재로 보는 것은 아직 무리가 있다고 할 수 있다(Chimiklis et al., 2018).

문헌에 나타난 ADHD 아동과 그들의 가족을 위한 마음챙김 실천의 효과를 평가하기 위한 접근은 크게 두 가지로 구분할 수 있다. 첫 번째는 '개별 기반 접근'으로 개별 아동(때로는 부모와 함께)이 훈련하고 시간 흐름에 따라 그 효과를 개별적으로, 때로는 매일 모니터링하는 방식이며 연구 설계는 기초선 단계와 중재 단계로 구성된다. 이러한 유형의 연구는 단일사례 실험 설계(Single-Case Experimental Designs: SCEDs)로 불리며 중다 기초선 설계 역시 이와 같은 실험 설계의 예시에 속한다. 두 번째는 세 개의 하위 집단으로 구분할 수 있는 '집단 기반 접근'이다. 하위 집단 중 첫 번째는 일반적으로 대기 기간, 사전 검사, 사후 검사, 추후 검사로 이어지는 반복 측정 설계를 활용하는 (소규모) ADHD 아동 집단에 대한 MBPs 평가 연구이다. 두 번째는 가족 역동적 관점에서 MBPs를 조사한 연구이다. 아동들은 가족 역동을 살펴본 후 마음챙김 훈련에 참가하고 부모 역시 함께 마음챙김 양육 훈련에 참여한다. 세 번째는 이 분야에서 빠르게 부상하고 있는 대규모 무작위 대조 실험(RCT) 연구이다.

카손(Cassone, 2015)의 최근 분석에서는 마음챙김 실천이 ADHD 아동의 부모를 위한 부모 훈련의 일부가 되어야 한다거나, 아니면 그 자체로 마음챙김 양육이 될 수 있다는 가능성을 강조했다. 흥미롭게도 현재 시행 중인 RCT 연구(Chan et al., 2018; Lo et al., 2016; Lo et al., 2017; Meppelink et al., 2016a; Siebelink et al., 2018)는 가족 역동적인 관점에서 ADHD에 접근하고 있는 것으로 보인다. 다음에는 지금까지의 다양한 연구 유형과 결과에 대한 개요가 제시되어 있으며, 다양한 연구에 대한 자세한 내용은 〈표 5-1〉에서 확인할 수 있다.

표 5-1 ADHD 아동과 그들의 가족에 대한 MBPs의 효과 사정에 관한 연구 요약

연구 집단	연구 설계	표본 크기	연령	MBP 유형	ADHD 측정 중 주요 유의미 결과(도구)	부가적 유의미 결과(도구)
뵈겔스 등 (Bögels et al., 2008)[1]	대기자 명단 사전-사후/추후	n=4	11~18	8주 MYmind 프로그램 이전 수정판	감소: 주의력 문제(YSR/CBCL) 향상: 주의 지속(D2)	감소: 내재화 문제(YSR), 외현화 문제(YSR/CBCL) 향상: 행복감(SHS), 마음챙김 자각(MAAS), 자제력(SCRS), 타인과의 조화(CSBQ), 위축(CSBQ), 개인 목표(부모와 아동)
질로스카 등 (Zylowska et al., 2008)[2]	사전-사후	n=8	15~18	8주 MAP 프로그램	감소: 부주의와 과잉행동(ADHD 평정 척도 IV/SNAP-IV) 향상: 주의력 갈등(ANT 갈등/SCWT), 태도전환(TMT)	n/a
그로스발드 등 (Grosswald et al., 2008)	사전-사후	n=10	11~14	3개월 TM 연습	감소: ADHD 증상(YSR) 향상: 표현적 주의와 정확성(CAS)	감소: 스트레스(RCMAS), 불안(RCMAS/YSR/CBCL), 전체적 정신병리(YSR/CBCL) 향상: 실행 기능(BRIEF)
셈플 등 (Semple et al., 2010)[3]	RCT(MBCT-C vs 대기자 명단) 사전-사후/추후	n=5	9~13	12주 MBCT-C 프로그램	감소: 주의 문제(CBCL)	감소: 행동 문제(CBCL)

저자	설계	n	연령	중재	아동 결과	부모/기타 결과
싱 등 (Singh et al., 2010)	중단 기초선 설계	n=2	10, 12	12주 부모교육 이후 12주 아동 훈련	n/a	향상: 아동 순응, 부모-아동 상호작용, 부모 행복감
반 데르 오드 등 (van der Oord et al., 2012)	대기자 명단/사전-사후/추후	n=22	8~12	8주 MYmind 프로그램 이전 수정판	감소: 아동과 부모 부주의(DBDRS/ASR), 아동과 부모 과잉행동과 충동(DBDRS/ASR)	감소: 부모 스트레스(PS), 부모 과잉반응(PS) 향상: 마음챙김 자각(MAAS)
헤이딕키 등 (Haydicky et al., 2012)[4]	RCT(MMA vs 대기자 명단)/사전-사후	n=28	12~18	20주 MMA 훈련	n/a	감소: 외현화 행동(CBCL), 반항행동 문제(CBCL), 품행 문제(CBCL)
반 데 웨이어-벌즈마 등 (van de Weijer-Bergsma et al., 2012)	사전-사후/추후 1/추후 2	n=10	11~15	8주 MYmind 프로그램 이전 수정판	감소: 주의 문제(CBCL) 향상: 주의 지속(ANT2.1)	감소: 외현화 문제(CBCL/YSR), 내현화 문제(CBCL/YSR), 부모 양육 스트레스(PSI), 모성 과잉반응(PS) 향상: 실행 기능(BRIEF), 부모 과잉반응(PS)

연구	설계	n	연령	프로그램	결과	
헤이딕키 등 (Haydicky et al., 2015)	대기자 명단/사전-사후/추후	n=18	13~18	8주 MYmind 프로그램	감소: 부주의(Conner's 3-P)	감소: 우울(Conner's 3-P), 품행장애(Conner's 3-P), 적대적 반항장애(Conner's 3-P), 우울/불안(RCADS), 또래문제(RCADS), 부모 스트레스 측면(SIPA) 향상: 실행 기능(Conner's 3-P), 또래 관계(Conner's 3-P), 가족 관계(Conner's 3-SR), 마음챙김 양육(IM-P), 가족 기능(FAD)
장 등 (Zhang et al., 2017)	사전-사후	n=11		8주 MYmind 프로그램	향상: 주의(CPT 3: 탐지 가능성, 생략, 선택적/초점 주의(TEA-Ch; 하늘 탐색, 지도 임무)	n/a
로 등 (Lo et al., 2017)	RCT	n=100		8주 마음챙김 주제 프로그램	감소: 과잉행동(SWAN) 향상: 주의력(SWAN)	감소: 아동 내현화 및 외현화 문제(CBCL), 부모 스트레스(PSI), 역기능적 부모-아동 상호작용(PSI) 향상: 부모 삶의 질(WHO-5)
뵈겔스 등 (Bögels et al., 준비 중)	대기자 명단/사전-사후/추후1/추후2	n=187		8주 MYmind 프로그램	감소: 아동 ADHD 증상(DBDRS/CBCL/YSR), 부모 ADHD 증상(ADHD 평정 척도/ASR)	감소: 아동과 부모 정신병리(CBCL/ASR), 부모 과잉반응(PS), 부모 스트레스(PSI) 향상: 아동 실행 기능(BRIEF), 마음챙김 양육(IM-P)

주)

1. 비셀스 등(2008)의 연구는 외현화 문제가 있는 청소년 14명을 포함함. 그중 4명이 ADHD 기준을 충족함. 이 하위 집단에 대한 별도의 결과는 제공되지 않음

2. 질로스가 등(2008)의 연구는 성인 및 청소년 32명을 포함함. 그중 8명이 청소년이며 청소년에 대한 별도의 결과는 제공되지 않음

3. 샘플 등(2010)의 연구는 아동 25명을 포함함. 그중 5명이 임상적으로 높은 주의력 문제를 가지고 있었으며, 2명은 ADHD 기준을 충족함

4. 헤이디기 등(2012)의 연구는 지적장애 청소년 60명을 포함함. 그중 28명이 ADHD 기준을 충족함

ANT=Attention Network Test(주의 네트워크 테스트); ANT2.1=Amsterdam Neuropsychological Tests version 2.1(암스테르담 신경심리 검사 버전 2.1); ASR=Adult Self Report(성인 자기보고); BRIEF=Behavior Rating Inventory of Executive Functioning(실행 기능 행동 평가 목록); CAS=Cognitive Assessment System(인지 평가 체계); CBCL=Child Behavior Check List(아동 행동 체크리스트); CD=Conduct Disorder(품행장애); CPT 3=Conner's Continuous Performance Test 3rd Edition(코너 지속 수행 검사 3판); CSBQ=Children's Social Behavior Questionnaire(아동 사회적 행동 설문지); DBDRS=Disruptive Behavior Disorder Rating Scale(파괴적 행동 장애 평가 척도); FAD=Family Assessment Device(가족 평가 도구); FU=Follow Up; H/I=Hyperactivity/Impulsivity; IM-P=Interpersonal Mindfulness in Parenting Scale(대인관계 마음챙김 양육 척도); MAAS=Mindful Attention Awareness. Scale(마음챙김 주의 자각 척도); MAP=Mindful Awareness Practices(마음챙김 자각 수련); MBCT-C=Mindfulness Based Cognitive Therapy-Child version(마음챙김 기반 인지치료-아동 수정판); MBPs=Mindfulness-Based Interventions(마음챙김 기반 프로그램); MMA=Mindfulness Martial Arts(마음챙김 무술); P=Parent(부모); PS=Parenting Styles(양육 스타일); ODD=Oppositional Defiant Disorder(반항 장애); PSI=Parenting Stress Index(양육 스트레스 지수); QoL-C=Quality of Life-Child(삶의 질-아동); QoL-P=Quality of Life-Parent(삶의 질-부모); RCADS=Revised Child Anxiety and Depression Scale(수정된 아동 불안 및 우울 척도); RCMAS=Revised Children's Manifest Anxiety Scale(수정된 아동 표현 불안 척도); SCRS=Self Control Rating Scale(자기통제 평정 척도); SCWT=Stroop Color Word Test(스트룹 색상 단어 테스트); SHS=Subjective Happiness Scale(주관적인 행복 척도); SIPA=Stress Index for Parents of Adolescents(청소년 부모 스트레스 지수); SNAP=Swanson, Nolan and Pelham; SR=Self Report(자기보고); SWAN=Strengths and Weaknesses of ADHD Symptoms and Normal Behaviors Rating Scales(ADHD 증상 및 정상 행동 평가의 강점과 약점 척도); TEA-Ch=Test of Everyday Attention for Children(아동용 일상적인 주의력 검사); TM=Transcendental Meditation(초월명상); TMT=Trail Making Test(트레일메이킹 테스트); WHO-5=World Health Organization Well-Being Index(세계보건기구 웰빙 지수); WL=Wait-List(대기자 명단); YSR=Youth Self Report(청소년 자기보고)

개인 기반 접근

싱 등(2010)은 ADHD 아동과 어머니로 구성된 짝집단의 마음챙김 훈련을 실시했다. 이 훈련에서는 12회기의 어머니 개별 훈련 이후 12회기 아동 개별 훈련이 이어진다. 이 연구에 참여한 아동들은 다른 대부분의 연구와 달리 지적 능력이 평균 이하였다. 어머니들은 매일 자녀의 행동을 기록했다. 이 연구에서 주요 ADHD 증상이 다루어지지는 않았지만, 부모-자녀 상호작용 및 양육에서의 행복과 함께 아동의 행동 순응이 어머니 개별 훈련 후 개선되었으며, 이후 아동 개별 훈련에서는 더 나아진 모습을 보였다. 예상했던 대로 두 훈련 단계 이전의 기초선 기간에는 변화가 나타나지 않았다. 이러한 효과는 6개월의 추적 관찰 기간까지 유지되었다.

쉑터(Shecter, 2013)는 부모와 청소년이 함께 참여하는 마음챙김 훈련인 MYmind 프로그램을 13명의 부모와 9명의 청소년에게 기초선 및 8주간의 훈련 기간 동안 적용하고 6개월의 추후 기간 동안 살펴보았다. 부모와 청소년 모두 스트레스와 가족 갈등의 감소를 보고했으며 중다 기초선 설계를 통해 이러한 효과가 훈련 프로그램에 따른 것이라는 점을 확인할 수 있었다. 추가로 부모는 청소년의 부주의와 과잉행동 그리고 충동성이 감소했다고 보고했다. 그러나 청소년 본인은 그러한 변화를 보고하지 않았다. 대부분의 효과는 6개월의 추후 기간까지 유지되었다. 연구자는 명상 수련과 스트레스 감소 사이의 정적 상관도 보고하였다. 부모와 청소년 모두 명상을 많이 할수록 경험하는 스트레스 감소 효과도 더 큰 것으로 나타났다.

집단 기반 접근

ADHD 아동만을 대상으로 하는 마음챙김 훈련 집단 연구

24명의 성인 ADHD를 대상으로 한 8주간의 마음챙김 명상 훈련[마음챙김 자각 수련(Mindful Awareness Practices: MAPs)]에 관한 사전-사후 평가 활용 타당성 연구에는 8명의 ADHD 청소년(15~18세)도 포함되었다(Zylowska et al., 2008). 이 연구에서는 청소년에 대한 결과가 별도로 제시되지는 않았지만, ADHD 증상이 훈련 후에 유의미하게 감소한 것으로 나타났다. 또한 신경인지학적 측정에서는 사전 검사에 비해 사후 검사에서 주의력 갈등(attention conflict) 모니터링에서 개선이 나타났으며, 주의 전환(set shifting)에서도 향상을 보였다.

또 다른 연구에서는 학교 환경에서 10명의 ADHD 아동(11~14세)을 대상으로 3개월 동안 매일 2회의 초월명상(Transcendental Meditation: TM)을 10분간 실시하고 효과를 조사하였다(Grosswald et al., 2008). 사후 검사에서는 훈련 기간 전과 비교하여 ADHD 증상 및 스트레스와 불안이 유의하게 감소했고 실행 기능은 향상되었음이 발견되었다.

셈플 등(2010)은 마음챙김 기반 인지치료(Mindfulness-Based Cognitive Therapy: MBCT)를 활용하여 아동용 마음챙김 기반 인지치료(Mindfulness-Based Cognitive Therapy for Children: MBCT-C)를 개발하고, 25명의 아동(9~13세)을 대상으로 중재 집단과 대기자 집단으로 나뉘는 소규모 RCT 연구를 수행하였다. MBCT-C는 사고와 감정을 하나의 대상으로부터 분산하는 방법을 배우고 사회정서적 회복탄력성을 증가시켜서 주의력에 대한 자기관리를 강화하고

정서 조절 능력을 개선하는 것을 목표로 하는 12주 집단 프로그램
이다. 이 연구는 ADHD 아동을 주 대상으로 하지는 않았지만, 최초
시기에 5명의 아동이 주의력 문제에서 임상적으로, 기준치 이상의
어려움을 보고했으며, 그중 2명은 ADHD 기준을 충족하고 있었다.
중재 직후 ADHD 아동의 주의력 문제는 현저히 감소하였으며 대기
자 명단 집단에서는 이와 같은 변화가 나타나지 않았다. 이와 같은
변화는 훈련 후 최대 3개월까지 유지되었다.

헤이딕키 등(2012)은 학습장애가 있는 청소년(n=60, 12~18세)에
게 20주 동안 마음챙김 무술 훈련을 적용했으며, 참여자 중 28명이
ADHD 기준에 충족했다. 참여자 중 절반은 마음챙김 훈련에 무작
위로 배정되었으며 나머지 절반은 대기자 명단 비교 집단에 배정
되었다. 연구 설계는 사전-사후 비교 설계가 활용되었다. 부모 평
가에 따르면, 대기자 명단 비교 집단에 비해 중재 집단에서는 외현
화 문제, 반항 및 품행장애 행동이 유의미하게 감소하였다. 추가적
인 하위 집단 분석에서는 (완전한 ADHD 분류 기준 바로 아래에 해당
하는) 임상적으로 증가된 과잉행동 및 충동성 또는 주의력 문제가
있는 청소년 집단이 대기자 명단 비교 집단에 비하여 마음챙김 훈
련 후 개선된 관찰 기술과 사회적 문제 감소를 보였다.

ADHD 아동과 부모가 함께하는 합동 마음챙김 훈련 집단 연구

여기에서 설명된 모든 집단 연구는, 비록 서로 다른 연구 집단이
수행하기는 하였지만, 아동과 부모에게 동시에 실시되는 MYmind
마음챙김 훈련 프로그램(의 예비 연구 버전)의 효과를 평가했다. 이
프로그램은 뒤쪽에서 더 자세하게 설명할 예정이다. 또한 모든 연
구는 유사하게 반복측정 연구 설계로 진행되었다.

뵈겔스 등(2008)은 아동을 위한 8주간의 마음챙김 훈련(MYmind 프로그램의 예비 연구 버전)과 병행하여 진행되는 마음챙김 양육 훈련을 결합하는 최초의 연구를 수행했다. 연구자는 14명의 외현화 장애 청소년을 대상으로 연구를 실시했으며, 그중 네 명은 ADHD 기준을 충족했다. 연구 설계는 대기자 명단 시기, 사전, 사후 및 추후 연구 설계를 활용했다. ADHD 청소년에 대한 결과가 별도로 제시되지는 않았지만, 전체 집단에서 개인 목표, 행복 그리고 마음챙김 자각에서 유의한 개선이 나타났다. 또한 훈련 후에는 내재화 및 외현화 문제와 주의력 문제가 현저히 낮아졌다는 보고도 있었다. 주의력에 관한 보다 객관적인 신경심리학적 측정에서는 향상된 주의력 기능이 확인되었다. 자녀의 보고와 별개로, 부모 역시 자녀의 개인적 목표, 외현화, 주의력 문제가 개선되었다는 점을 확인해 주었으며, 추가로 자기조절, 타인과의 조화, 위축 행동의 감소도 보고하였다. 부모들은 자신의 목표 역시 긍정적으로 변화하였다고도 보고하였다. 대부분의 효과는 훈련 후 2개월까지 유지되었다. 또한 매개 효과 분석에서는 청소년의 마음챙김 자각의 증가가 부모가 보고한 청소년의 외현화 및 주의력 문제를 매개하고 있다고 나타났다.

뵈겔스 등(2008)의 연구가 서로 다른 유형의 청소년 집단을 포함했던 것에 반해, 후속 연구에서는 ADHD 아동을 주 대상으로 삼아 연구를 수행했다. 반 데르 오드 등(2012)은 22명의 ADHD 아동(8~12세)을 대상으로 MYmind 통합 훈련 프로그램의 효과를 연구했다. 부모와 교사는 훈련 후에 ADHD 아동의 증상이 크게 감소했다고 보고하였다. 또한 부모는 자신의 ADHD 증상이나 스트레스 수준 역시 감소했으며 양육에 대한 과잉 반응도 감소했다고 보고하였다. 반 데 웨이어-벌즈마 등(2012)은 사전, 사후 및 추후(2회의 추후 측정) 설계를 활용하여 ADHD 아동 10명(11~15세)과 그들의 부모 표본 집단을 대상으로 실시한 연구에서 이와 같은 결과를 더욱 확장하여 보고했다. 이 연구에서는 아동뿐만 아니라 그들의 아버지와 교사 역시 ADHD 아동의 증상에서 유의한 감소를 보고하였다. 흥미롭게도, 주의력에 관한 객관적인 컴퓨터 활용 검사에서도 주의력의 상당한 개선이 나타났다. 또한 어머니는 과민한 양육 태도가 유의하게 감소될 수 있었으며 아버지는 스트레스 수준을 낮출 수 있었다.

또 다른 연구 집단은 18명의 ADHD 청소년(13~18세)과 그들의 부모를 대상으로 MYmind 마음챙김 훈련의 효과를 평가했다(Haydicky et al., 2015). 이 연구에서 부모 보고에 따르면, ADHD 청소년은 훈련 후에 내재화 문제, 부주의 및 품행 문제에서 유의한 감소와 함께 또래관계의 개선이 보고되었으나, 대기자 명단 시기에는 변화가 나타나지 않았다. 또한 부모 스스로의 경우에도 스트레스를 훨씬 덜 받고 양육 역할에 더 주의를 기울인다고 보고하였다.

MYmind 프로그램의 실현 가능성, 수용 가능성 그리고 효과에 대한 소규모 비무작위 연구가 11명의 중국인 ADHD 아동과 부모를 대상으로 수행되기도 하였다(Zhang et al., 2017). 다양한 문화적 환경에서도 수요 가능성과 실현 가능성이 높게 나타났다. 출석률은 91%(8회기 중 6회기 이상)였으며 전체 가족 중 한 가족만이 중도 탈락했다. 연구 결과에서는 객관적인 주의력 측정 소검사에서 유의한 개선이 나타났지만, 부모가 평가한 아동의 문제, 부모가 평가한 아동의 실행 기능, 그리고 부모 자신의 스트레스와 마음챙김, 양육에서는 유의한 차이가 나타나지 않았다.

MYmind 프로그램의 효과에 대한 대규모 비무작위 연구는 현재 진행 중이다(Bögels et al., 연구 진행 중). 아동(187명)과 그들의 부모 (부 128명, 모 179명)들은 대기자 명단 시기, 사전, 사후, 8주 추후 및 1년 추후 기간의 측정을 완료했다. 예상대로, 대기자 명단 기간 동안은 변화가 나타나지 않았다. 사전 시기와 비교하여 사후 시기와 2개월 후 그리고 1년 후 아동의 ADHD 증상에서는 유의한 감소가 보고되었다. 부모 자신의 ADHD 증상은 사전 검사에 비해 사후 검사와 2개월 후 및 1년 후의 추후 검사에서 유의하게 감소했다. 부모 보고에 따르면, 일부 경우에는 그렇지 않은 경우도 있었지만, 아동의 내재화 및 외현화 증상에서 개선이 있었고 아동·청소년의 자체 보고에서도 같은 결과가 보고되었다. 마음챙김 훈련 후에는 과잉반응 양육 태도가 유의미하게 감소했으며, 이러한 효과는 두 번의 추후 기간까지 유지되었다. 1년 추후 시기에는 마음챙김 양육과 아동의 실행 기능이 모두 유의하게 향상되었고, 부모의 스트레스와 부모 자신의 정신병리학적 증상은 유의하게 감소하였다.

최근 마음챙김 임상 실험의 긍정적 보고 편향에 대한 비판적인 우려도 제기되고 있다. 분명, 주로 우울증과 관련하여 출간된 RCT 연구는 거의 90%가 긍정적인 결과를 보고하고 있다(Coronado-Montoya et al., 2016). 부정적인 결과나 무효 결과를 보고한 연구는 거의 찾아보기 어렵다. 비록 이러한 실험 연구가 아동기 ADHD와 관련하여 분석이 실시되지는 않았지만, 이와 같은 함정을 인식하는 것은 매우 중요하다. 이 장에서 논의된 연구는 아직 대규모 RCT 연구를 포함하지는 않았지만, 유망한 미래를 예측할 수 있게 한다. 그러나 모든 결과가 예상대로 나타나지는 않는다. 예를 들어, 일부 연구에서는 어머니의 양육 스트레스, 아버지의 과잉 반응, 부모와

자녀의 마음챙김 자각, 교사가 평가한 아동의 ADHD 증상, 아동 스
스로 보고한 ADHD 증상에서 예상했던 유의미한 영향이 나타나지
않았다고 보고하기도 한다(예: Shecter, 2013; van de Weijer-Bergsma
et al., 2012; van der Oord et al., 2012).

대규모 무작위 임상 실험

통제되지 않은 실험의 결과들은 매우 긍정적으로 나타나고 있으
며, 이제 다양한 연구 집단의 연구를 통해 그 결과는 더욱 명백해졌
다. 또한 비록 그 규모가 작기는 하지만 RCT 연구가 수행되고 있으
며(Haydicky et al., 2012), 현재 검토할 수 있는 상당수의 연구가 준실
험 설계 특성을 가지며(카테고리 2b), 소수만이 무작위 배정이 없는
비교 집단을 포함하고 있다(카테고리 2a; Shekelle et al., 2000). 따라서
논리적 발달의 다음 단계로 이제 대규모 RCT 연구가 필요하다.

홍콩에서는 다양한 연령 집단과 MBPs에 관해 서로 다른 두 개의
RCT 연구가 수행되고 있다. 첫 번째 RCT 연구에서는 ADHD 증상
이 있는 평균 5~7세의 아동(100명)과 그들의 부모에 대한 8주간의
MBP(Snel, 2014)의 효과를 연구했다(Lo et al., 2016). 가족들은 마음
챙김 훈련 집단과 대기자 명단 비교 집단에 무작위로 배정되며 통
제 집단에 배정된 사람들은 추후에 가족 기반 마음챙김 훈련을 받
게 된다. MBP에 배정된 가족의 아동들은 대기자 명단에 배정된 가
족의 아동에 비해 부주의(효과크기 0.60)와 과잉행동(효과크기 0.59)
에서 더 큰 개선을 보였다. 또한 MBP에 속한 부모들은 양육 스트
레스와 안녕감이 유의미하게 개선되었지만, 부모의 ADHD 증상이
나 대인관계 마음챙김에는 변화가 없었다(Lo et al., 2017).

　　홍콩의 두 번째 RCT 연구는 앞서 언급한 비무작위 파일럿 연구의 후속 연구로 진행되었다(Zhang et al., 2017). 아동(8~12세) 140명과 그들의 부모를 표본으로 진행된 8주간의 MYmind 프로그램(Bögels, 2020)의 효과가 연구되었으며, MBP 집단이나 활성 비교 집단으로 CBT 프로그램이 제공되는 집단 중 무작위로 참가자를 배정하였다. 주요하게 다루는 결과 변수로는 아동의 주의력, ADHD 관련 증상, 실행 기능 및 마음챙김 수준이 있으며, 양육 스트레스, 양육 태도, 부모 ADHD 관련 증상, 안녕감, 반추 및 부모 마음챙김 수준도 측정된다. 측정은 기초선과 중재 직후 그리고 3개월과 6개월 이후의 추후 단계에 실시된다(Chan et al., 2018).

　　또한 MYmind 프로그램을 연구한 두 개의 RCT 연구가 현재 네덜란드에서도 수행되고 있다. 'MindChamp' 연구에서는 ADHD를 가진 아동 · 청소년(100명, 8~16세)을 대상으로 일반적 개입 조치 또는 일반적 개입 조치와 MYmind 프로그램을 함께 시행하는 집단에 무작위로 배정했다. 주요하게 다루는 결과 변수는 부모가 평가한 아동의 자기통제이며 이차적으로는 교사가 평가한 아동의 자기통제 및 컴퓨터 활용 자기통제 과제 점수를 측정했다. 아동의 심리적 증상과 안녕감 그리고 마음챙김 수준도 측정되었다. 유사하게, 부모의 자기통제, 심리적 증상, 안녕감, 마음챙김도 측정에 포함되었다(Siebelink et al., 2018).

　　RCT 연구 "ADHD: 약물치료 또는 명상?" 역시 이 장의 저자 중 한 명이 수행하였다(Meppelink et al., 2016a, 2016b). 이 RCT 연구에서는 ADHD 아동(91명, 8~18세)과 부모(172명)를 대상으로 약물치료와 마음챙김 훈련의 (비용) 효과 분석을 실시했다. 이 연구의 주요 결과 변수는 ADHD 증상이었다. 부모와 자녀뿐만 아니라 교사

(81명)와 독립적 관찰자(85명)도 평가에 참여했다. 또한 두 가지 치료 접근은 아동 기능에 관한 또 다른 척도(즉, 정신병리, 스트레스, 수면)와 부모 기능에 관한 척도(즉, 부모 ADHD 증상, 스트레스, 삶의 질, 수면)도 비교했다. 더불어 변화를 일으킨 기제도 평가되었다. 예를 들어, 아동의 ADHD 증상 감소에 대한 MYmind 마음챙김 훈련의 효과는 마음챙김 양육 훈련에서 특별히 목표로 두고 있는 요인인 부모 마음챙김 자각 및 자기에 대한 자비심의 개선에 의해 매개될 것이라고 가정하고 있으며, 이는 분명 약물치료에 포함되는 요인은 아니다. 참가자들은 각 집단에 무작위로 배정된 후 8주간 마음챙김 프로그램 또는 메틸페니데이트 치료를 수행한다. 치료가 시작되기 전에 사전 검사를 수행하고 8주간의 치료 직후에 사후 검사를 수행한다. 차후로는 MYmind 마음챙김 집단 아동에게 8주간의 마음챙김 수련을 이어 가고, 약물치료 집단 아동에게는 계속해서 매일 메틸페니데이트 투약을 실시한다. 8주 후에 마음챙김 훈련에 따른 추후 회기가 진행되며, 그 후에 두 집단 모두 추후 검사를 수행한다. 두 번째 추후 검사는 6개월 후에 수행되어 장기간 효과를 검증하도록 한다. 그러나 첫 번째와 두 번째 추후 측정 사이에는 아동과 가족이 참여할 중재 유형을 자유롭게 선택할 수 있으며, 중재를 중단하거나 다른 중재 집단에 참여할 수도 있다(이는 윤리적 이유에 따른 결정이다). 모든 가족이 무작위 배정을 바라고 있지는 않을 것이며, 마음챙김 훈련에 대한 선호도가 높을 것으로 예상할 수 있었기 때문에 가족이 직접 선택한 치료에 참여하여 평가를 받는 비무작위 선호 배치 실험(아동 29명, 부모 52명)도 수행되고 있다.

ADHD 아동·청소년과 그들의 부모를 위한 MYmind 프로그램

MYmind 프로그램은 아동을 위한 주 8회 1.5시간 회기와 부모를 위해 분리되어 진행되는 집단 형식의 회기로 구성되며 마지막 회기가 끝나고 8주 후에 수행되는 추후 회기로 이어진다. 아동은 ADHD 아동·청소년 마음챙김 훈련(Bögels, 2020)이라는 MYmind 프로그램에 참여한다. ADHD 아동의 부모는 뵈겔스와 레스디포 (Bögels & Restifo, 2014)가 설명한, 수정된 버전의 마음챙김 양육 프로그램에 참여한다. 아동과 청소년 모두 집에서 매일 명상을 연습해야 한다. 아동의 하루 연습 시간은 15분이지만, 부모의 경우 하루 약 30~45분이다. 아동은 (짧은) 명상, 요가, 놀이 활동과 게임을 즐겁게 연습하며 집중과 주의를 유지하면서 산만함을 인식하면 원래의 마음챙김으로 주의를 되돌리며, 신체 자각을 향상하는 연습을 한다. 예를 들어, 어떤 명상 활동에서 아동들은 서로 번갈아 가면서 '명상자'와 '방해자' 역할을 할 수 있다. 명상자는 호흡에 초점을 두고 명상을 돕는 촉진자와 함께 작은 원 안에 앉고 방해자는 방을 돌아다니면서 온갖 산만한 소음을 낸다. 명상자는 주변에 방해 요소를 두고 명상을 계속하는 것이 얼마나 어려운 일인지 경험할 수 있으며, 동시에 촉진자는 몇 주 동안의 연습으로 아동들이 실제로 얼마나 놀라울 정도로 호흡에 집중할 수 있게 되는지 경험할 수 있다. '우리 몸 안의 고향'을 주제로 한 회기에서 아동들은 신체의 어느 부분에서 ADHD를 느끼는지 질문을 받는다. 그들은 큰 종이에 실물 크기의 몸을 그리고 ADHD가 느껴지는 부위를 색칠한다. 아동들은 때로는 팔과 다리에 색칠하고 어떤 느낌인지 물어보는 질문에는 우리가 이미 ADHD의 증상으로 알고 있는 바와 같이 팔다리의 과민성 운동 근육의 움직임을 설명하기도 한다. 그러나 더자주 나타나는 반응에서 그들은 머리나 뇌 부위를 색칠하고 그들의 머릿속이 너무 꽉 차 있고 혼란스럽고 지저분하며 정리되지 않은 느낌이라고 설명하며, 행동하기 전에 더 침착하고 덜 불안하며더 깊이 생각해 보고 일상생활에 더 주의를 기울일 수 있는 방법을알고 싶다고 언급하기도 한다.

이어서 부모는 자녀의 도전적 행동에 대한 자신의 신체적 반응알아차리기를 연습하고 자녀의 그러한 도전적인 행동에 과잉반응하는 대신 침착하게 대응하는 방법을 연습한다. 그들은 자녀의ADHD를 비판단적으로 수용하는 태도를 수양한다. 또한 그들은부모-자녀 상호작용에서 자신뿐만 아니라 자녀와 함께 온전히 존재하는 방법을 연습한다. 그들은 자기에 대한 자비를 더 연습하고자신을 (더 잘) 돌보는 방법을 배운다. 예를 들어, 한 활동에서 부모는 학교에 가기 싫어하는 자녀를 급하게 학교에 데려가야 하는 상황에서 직면하는 아침의 스트레스를 시각화해 보도록 요청받을 수있다. 명상을 하는 동안 그들은 신체 신호, 생각, 감정 및 행동 경향을 관찰하고 스트레스를 받을 때 어떤 일이 일어나는지, 그리고 때때로 부모로서 사는 것이 얼마나 힘든지 알아볼 수 있는 기회를 가진다. 아동과 부모 회기의 주제와 활동에 관한 자세한 설명은 〈표5-2〉에 요약되어 있다.

표 5-2 ADHD 아동과 그들의 부모를 위한 MYmind 훈련 회기 개관

회기	회기 주제	아동 주요 활동	부모 주요 활동
1	초심자의 마음	화성에서 온 사람, 정좌 명상	아침 스트레스 활동, 정좌 명상
2	우리 몸 안의 집	스트레칭과 바디 스캔, 헝겊 인형 로봇 활동, 요가	바디 스캔, 자비와 함께 하는 아침 스트레스 활동
3	호흡	호흡 공간: 고무 오리 활동, 요가	바디 스캔, 호흡 공간
4	산만재!	산만자 명상, 소리 명상, 요가	소리와 생각과 함께 하는 정좌 명상, 자기에 주의를 기울이는 활동
5	스트레스	중간 평가, 바디 스캔 이완, 스트레스 활동	중간 평가, 정좌 명상, 선택 없는 알아차림, 양육 스트레스 활동
6	고속도로와 산책로	역할극 활동: 갈등 호흡 공간, 걷기 명상	상상 활동과 역할극, 파열과 회복, 걷기 명상
7	자율성	퀴즈 형식의 지난 회기 반복, 명상과 요가 교사가 되는 아이	상상 활동: 수용과 자율성, 역할극, 경계
8	미래	명상과 요가 교사가 되는 아이, 다음 8주간의 명상 계획	아동이 이끄는 명상과 요가, 다음 8주간의 명상 계획
9	항상 새롭게 시작하기	바디 스캔, 지난 8주간의 명상 경험 공유, 다음 해의 명상 계획, 가족별 개인 평가	바디 스캔, 지난 8주간의 명상 경험 공유, 다음 해의 명상 계획, 가족별 개인 평가

주: 9회기는 추가 회기로, MYmind 훈련 후 2개월의 추후 기간이 지나고 실시함

결론

전반적으로 ADHD 아동과 가족을 위한 마음챙김 실천의 긍정적 효과에 대한 근거 기반은 ADHD의 핵심 증상 감소에 대해 전반적으로 중간 정도 크기의 효과와 함께, 부모 스트레스와 부모 기능에서도 유사한 효과를 점진적으로 구축하고 있는 것으로 나타났다. 그러나 현재 발표된 대부분의 연구는 규모가 작고 무작위 표집이 이루어지지 않았으며 통제되지 않은 집단을 활용했다. 또한 주로 자기보고 방식을 활용하고 있기 때문에 이 시점에서 이러한 연구 결과들을 활용할 때에는 신중한 태도를 취해야 한다. 그러나 현재 여러 국가와 문화에서 활발한 비교 집단을 포함한 RCT 연구들이 진행되고 있으므로 근거의 수준과 질이 가까운 미래에는 향상될 것으로 기대할 수 있으며, 이를 통해 ADHD 아동과 그들의 가족을 위한 마음챙김의 효과에 관해 더 확고한 결론을 도출할 수 있으리라 예상할 수 있다.

아동기 ADHD에 대해서 마음챙김의 실천이 현재의 표준 약물치료보다 더 좋은 대안으로 판명된다면, 즉 주의력 문제와 과잉행동 및 충동성과 같은 일부 주요 결과에서 긍정적인 효과를 보여 준다면, 그러한 결과가 우리 사회에 대해 갖는 임상적, 경제적, 윤리적, 과학적 파급력은 상당할 것이다. 어쩌면 다음 세대의 아동 정신건강의학과 의사, 심리학자, 소아과 의사들은 내면의 사자를 길들이는 법을 가르치기 위해 이들의 가족들에게 '하루에 두 번 5분 명상'을 하도록 처방할 수도 있을 것이다. 그러나 마음챙김 수련은 빠르게 증상을 고쳐 주는 것이 아니다. 우리와 함께 작업했던 한 아버지는 근사한 표현으로 "마음챙김은 훌륭하지만, ADHD 약을 복용하는 것과 별반 다르지 않네요. 효과를 유지하려면 계속해서 약을 먹어야 하듯이, 나와 내 아들은 명상을 그만둘 수 없다는 사실을 알게 되었어요."라고 말하기도 했다.

　　ADHD 아동과 함께 마음챙김 지도자로 일하면서 열린 마음과 함께 지적인 이해와 판단 그리고 기대를 멀리하려는 태도를 함양하려고 노력하면서 매번 놀라운 경험을 할 수 있었다. 예를 들어, 어떤 ADHD를 가진 소년은 매우 충동적이고 지나치게 활동적인 성향을 가지고 있었고 커다란 행동적 도전 과제를 직면하고 있었다. 또한 그는 MYmind 훈련 마지막 회기에 모든 아동과 부모들 대상으로 '화성에서 온 남자' 활동을 이끌었다. "이제 장식해 둔 케이크를 보세요. …… 뭐가 보이죠? …… 코를 가까이 가져가면 어떤 냄새가 나죠? …… 케이크에 귀를 가까이 가져가면 어떤가요? 뭔가 들리나요? …… 이제 입술과 혀로 케이크를 조금 맛보세요. …… 무엇을 알아챌 수 있나요? …… 이제 모든 감각을 케이크에 집중해서 남은 케이크를 천천히 먹고 삼켜 보세요……." 다음 순간에 이 아이는 온 얼굴에 과일과 크림 범벅의 케이크를 묻힌 채로 웃기 시작했다. 모두가 그를 바라보며 웃고 진심 어린 박수를 보내 주었다. 아주 기발한 먹기 명상이었고 감각과 충동 그리고 행동 경향성까지 통제하는 놀라운 모습이었다. 그는 자기 내면의 사자를 길들이는 데 성공했다! 그 아이는 마음챙김에 자신과 다른 사람을 판단하지 않는 것도 포함된다는 사실만을 잊었을 뿐이다. 그 아이는 자기 아버지가 명상 중에 크림을 핥는 행동 경향성을 억제할 수 없었을 때는 아버지를 짜증스럽게 바라보며 말하기도 했다. "아직 안 돼, 아빠!"

제6장

지적장애 및 발달장애와 마음챙김

니르베이 N. 싱(Nirbhay N. Singh)
황윤석(Yoon-Suk Hwang)

서론

지적장애 및 발달장애(Intellectual and Developmental Disabilities: IDD)를 가진 사람들을 위한 서비스의 역사는 좋은 판단과 선한 의도로 시작되었으나, 한편으로는 해로운 중재라는 실수로 가득 차 있다. 제도화 운동이 고조되던 시기에 페노티아진 계열의 1세대 항정신병 약물, 특히 티오리다진과 클로르프로마진을 사용하면 IDD 환자의 삶의 질을 높일 수 있다고 생각했지만, 장기적인 부작용이 결국 약물의 효과를 능가하는 것으로 드러났다. 수년에 걸쳐 주류 및 비주류 치료 서비스 제공자들은 항진균제 처방, 청각 통합 훈련, 표백제 음용 치료, 킬레이트화 요법, 코코키퍼 프로바이오틱스(CocoKefir probiotics), 부교감신경치료, 해독 점토 목욕, 돌고래 보조 치료, 에센셜 오일, 의사소통 촉진 훈련, 젠틀 티칭, 글루텐 없는 식단과 카제인 없는 식단, 안아 주기 치료(holding therapy), 고압 산소 치료, 정맥 세크레틴, 루프론 요법, 자력 신발 삽입, 기적 미네랄 솔루션, 급속 촉진법, 낙타 생우유, 감각 통합 요법, 양 줄기세포 주사, 비전 치료, 중량 조끼(weighted vests) 등등 근거에 기반하지 않은 수많은 치료법을 시도해 왔다. 이러한 개입은 처음에는 부모에게 희망을 주었지만, 자녀의 상태에 많은 변화를 가져오는 데에서는 큰 실패를 맛볼 수밖에 없었다.

마음챙김 기반 프로그램이 발달장애 분야에서 처음 등장했을 때, 이 프로그램은 상당히 회의적인 태도로 취급되었다. 호흡에 대한 명상과 감정적으로 동요되는 상황에서 신체의 중립적 지점으로 주의의 초점을 전환하는 것이, 특히 인지 능력이 손상된 사람들의 분노와 공격성을 어떻게 억제할 수 있을까? 처음 시작은 느렸지만, 발달장애 분야에서 마음챙김 기반 프로그램이 확립되고 맞춤화된 프로그램의 효과를 평가하고자 하는 데 대한 관심과 함께 프로그램에 대한 수용도가 높아지고 있으며 연구 역시 증가하고 있다는 근거가 나타나기 시작했다.

이 장에서 우리는 이렇게 나타나기 시작한 연구들을 연대에 따라 제시하고자 하지만, 그 내용이 완벽하게 이어진다고 할 수는 없다. 연구들은 크게 세 분류로 나눌 수 있다.

① 경험이 풍부한 명상 지도자나 부모나 보호자 또는 다른 명상 지도자에게 개인적으로 훈련을 받은 지도자가 IDD를 가진 개인에게 직접 가르치는 마음챙김 기반 프로그램에 대한 연구
② 명상 지도자가 부모나 보호자 또는 교사에게 마음챙김 기반

프로그램을 가르치고 이러한 명상 실천의 효과가 그들이 마
음챙김에 따른 양육을 할 때 IDD를 가진 사람들에게 전해질
것으로 기대하는 방식의 접근
③ 마음챙김 기반 프로그램을 부모와 자녀 모두에게 병행하여
전달하며, IDD를 가진 사람에게 전해지는 효과가 단순히 부
모의 마음챙김을 따라 전해지는 것을 넘어서 그들 자체로 수
련하는 마음챙김을 통해서도 효과가 발생할 수 있도록 하는
방식의 접근

또한 여기에 부모가 자녀에게 마음챙김 활동을 가르칠 수 있도
록 마음챙김을 교육하는 연구도 추가될 수 있다. 전체적으로 여기
에 포함된 연구에는 아동부터 성인까지 IDD가 있는 참가자가 참
여하고 있다. 성인을 여기에 포함시키는 이유는 발달장애 분야에
서 학습과 상관관계가 있는 요인은 나이가 아니라 기능의 수준이
기 때문이다. 나이가 들수록 경험적 지식이 쌓인다는 점은 인정하
지만, 이들의 기능 수준은 일반적으로 개념 학습에 관한 바닥 효과
를 설정한다. 다룰 수 있는 내용이 한정되어 있기 때문에 여기에서
는 마음챙김 명상에 기반을 둔 중재 연구만 포함하였다.

IDD가 있는 사람들을 위한 마음챙김 기반 프로그램

IDD가 있는 개인, 특히 자폐스펙트럼장애(Autism Spectrum
Disorder: ASD)를 가진 사람들을 대상으로 마음챙김 기반 프로그램
과 실제가 많이 연구되고 있다. 여기에는 발바닥 명상(Soles of the

Feet: SoF), SOBER 호흡 공간(SOBER Breathing Space), 충동의 파도 타기(Surfing the Urge), 마음챙김 기반 금연 프로그램(mindfulness-based smoking cessation program), 마음챙김 기반 건강 웰니스 프로그램(Mindfulness-Based Health Wellness program: MBHW), 마음챙김 근거 스트레스 완화(Mindfulness-Based Stress Reduction: MBSR), 마음챙김 기반 인지치료(Mindfulness-Based Cognitive Therapy: MBCT)와 이러한 프로그램의 변형들이 포함된다.

공격적 행동을 위한
발바닥 명상 프로그램

　처음에 마음챙김 기반 실제는 ASD 진단을 받은 청소년을 대상으로 개발되었고 평가는 비공식적으로 진행되었다. ASD가 있는 여러 청소년에 대한 실제를 집중적으로 관찰하여 반복적인 개발이 이루어지면서, 이 프로그램은 발바닥 명상이라는 이름을 갖게 되었다. 이 프로그램은 명상의 두 가지 핵심 요소(즉, 주의와 자각)를 포함하기 때문에 명상 활동의 하나로 볼 수 있다. 본질적으로 이 프로그램은 분노를 유발하는 요인에 주의를 기울이고 부정적인 감정적 각성을 알아차리며 감정적인 각성이 건전한지 여부를 알아보기 위해 잠시 멈추고 떠오르는 부정적인 감정을 능숙하게 해독해 내도록 훈련하는 과정을 포함하고 있다. 해독이라 함은 부정적인 감정적 각성에서 신체의 중립점인 발바닥으로 주의를 단순하게 전환하는 행동을 말한다. 발바닥 명상 실제가 따르고 있는 이론적 작용 메커니즘에는 하향식 및 상향식 신경인지 제어 모델(top-down and bottom-up neurocognitive control models; Hölzel et al., 2011; Chiesa &

Serretti, 2013; Tang et al., 2015)과 조작적 조건화에 기반을 둔 행동적 모델(Felver & Singh, 2020)이 포함된다.

지적장애(Intellectual Disability: ID)를 가진 개인이 신체적 · 언어적 공격성을 스스로 관리하도록 돕는 마음챙김 기반 프로그램의 잠재력을 알아볼 수 있는 초기 사례 연구에서, 싱 등(Singh et al., 2003)은 경미한 지적장애와 정신질환 진단을 받은 한 젊은 남성의 사례를 제시했다. 그는 지역사회 그룹홈에서 다른 사람들에게 공격적인 행동을 해서 자주 병원을 들락날락했다. 그는 언어적 · 신체적 공격성을 촉발하는 요인이 있을 때에 발바닥 명상을 실천할 수 있을 때까지 수행을 계속했다. 발바닥 명상 훈련을 실시한 후 6개월 동안 공격성을 보이지 않고 정신병원에서 퇴원하였으며 분노와 공격성을 성공적으로 통제하며 지역사회에 성공적으로 머무를 수 있게 되었다. 이 연구의 사전−사후 검사 설계가 다소 불충분한 측면이 있다는 점을 고려한다면, 비록 12개 변수(예: 신체적 · 언어적 공격성 삽화의 빈도, 직원이나 또래의 부상, 약물치료 필요도)에서 긍정적인 변화가 나타났다고 할지라도, 이와 같은 성공적인 결과가 전적으로 발바닥 명상을 배웠기 때문이라고 말할 수는 없다. 한편, 그는 발바닥 명상을 활용하는 방법을 배우고 몇 년이 흐른 후, 또래들에게 분노와 공격성을 통제하는 방법을 성공적으로 가르쳐 주면서 명상 실천의 숙달감을 외적으로 보여 주었다(Singh et al., 2011e).

이 사례 연구에 이어서, 정신질환이 있는 개인(Singh et al., 2007c)과 품행장애가 있는 청소년(Singh et al., 2007a)의 공격적 행동에 대한 발바닥 명상의 영향을 평가한 두 개의 중다 기초선 설계 연구가 이어졌다. 동일한 연구 설계를 활용한 세 번째 연구에서는 중등도 지적장애를 가진 3명의 개인이 자신의 공격적 행동을 관리함으로써 지역사회에 성공적으로 머무를 수 있도록 발바닥 명상을 가르쳤다(Singh et al., 2007b). 그들은 인지적 장애로 인해 공격적 행동의 과거 사례를 시각화할 수 없었기 때문에 발바닥 명상 실천의 배움을 방해하는 요인이 있었지만, 중재 절차의 일환으로 **장면 재현**(recreating-the-scene; van Houten & Rolider, 1988)을 추가함으로써 발바닥 명상 실천을 성공적으로 가르칠 수 있었다. 2년의 추적 기간을 포함한 결과에서 지적장애를 가진 개인은 공격적 행동을 관리하고 훈련 후 지역사회에 성공적으로 머물 수 있는 것으로 나타났다. 이 연구는 낮은 인지 기능 하한선을 가진 개인도 발바닥 명상 실천을 숙달할 수 있다는 점을 지적했을 뿐만 아니라 약간의 독창성을 가미하여 보조적 행동 절차를 활용하여 일부 개인과 함께 인지 기능의 제한이라는 제한점을 극복하는 것이 가능하다는 점을 보여 주는 중요한 연구였다.

보안 시설에 장기 수감된 IDD 성인 범죄자는 배치 후 단조로운 생활로 인해 직원이나 동료에 대한 공격적 행동을 나타내는 경우도 있다. 그러나 발바닥 명상을 활용할 수 있도록 가르쳤을 때, 공격적 행동이 상당히 감소하거나 궁극적으로 제거될 수 있었으며, 공격적 행동에 대한 급박한 약물 처방 또는 물리적 구속이 필요하지 않았다. 또한 직원이나 동료에게 부상을 입히는 것도 자제할 수 있었다(Singh et al., 2008b). 또한 이 연구에서 발바닥 명상의 활용에 따른 비용-편익 분석은 부상당한 직원의 결근 일수, 부상과 관련된 의료비용, 그리고 급여 또는 근로자 보상 비용과 관련하여 평가하였을 때 기관 측 비용이 95.7% 감소하는 것으로 나타났다. 이 연구는 마음챙김 기반 프로그램이 임상적으로 효과가 있을 뿐만 아니라 비용에 관해서도 효율적일 수 있다는 지표를 최초로 제시하였다.

발바닥 명상 실천은 숙련된 명상 지도자가 훈련을 제공할 때 그 효과를 발휘한다. 에드킨 등(Adkins et al., 2010)은 지역사회에 기반을 둔 치료사가 경도 지적장애를 가진 개인에게 명상을 가르치는 연구를 보고했다. 그들은 그룹홈 배치에 위협이 될 만큼 심각한 부적응 행동(즉, 언어적·신체적 공격성, 파괴적 행동)을 보이는 개인들이었고, 발바닥 명상 실천을 위해 지역사회에서 활동하는 지도자에게 의뢰되었다. 연구 참여자들은 점진적으로 부적응 행동을 거의 없는 수준으로 줄이고 그룹홈 배치를 유지할 수 있었다. 또한 개인이 수행하는 자기보고식 평가에서는 강박 행동, 우울, 상태 불안, 재물 손괴, 항문 긁기 행동 그리고 배변 문제에서 임상적인 개선이 나타났다. 이 연구는 지역사회를 기반으로 활동하는 지도자가 임상 실천에서 발바닥 명상을 활용하는 방법을 배울 수 있으며, 발바닥 명상의 효과는 표적이 되는 부적응행동의 개선을 넘어서 더 일반화되어 적용될 수 있다는 점을 보여 주었다.

유사하게 진행된 두 연구에 따르면, ASD에 대한 진단 명칭으로 DSM-IV에서 활용하고 있는 용어인 아스퍼거 증후군(Singh et al., 2011b)과 자폐(Singh et al., 2011a)가 있는 청소년도 그들의 분노와 공격성을 관리하는 데 발바닥 명상을 활용하도록 배울 수 있다. 이 두 연구의 흥미로운 점은 경험 많은 명상 지도자가 청소년을 가르치기 전에 청소년의 어머니가 생활 속에서 발바닥 명상을 적용하도록 가르쳤다는 점이다. 그들은 구두 지시와 모델링을 활용하여 발바닥 명상 실천 단계의 과업 분석에 따른 과정을 가르친 후 청소년이 화가 나거나 공격적인 행동을 할 것으로 예상될 때 발바닥 명상을 사용하도록 촉구했다. 또한 어머니들은 청소년들이 스스로 연습하는 도중에 활용할 수 있는 발바닥 명상 음성 지시를 아이팟에 녹음해서 자녀들이 사용할 수 있도록 했다. 두 연구에 또 다른 주목할 만한 점은 추적 데이터를 각각 4년과 3년 동안 수집했다는 점이다. 추적 결과, 아스퍼거 증후군 청소년의 신체적 공격성은 완전히 나타나지 않는 상태를 유지했고, 자폐 청소년은 거의 0에 가까운 비율을 유지했다.

또 다른 연구에서 양 부모(어머니만 참여한 것과 차이가 있음)는 모두 발바닥 명상을 사용하는 방법을 배운 후 언어적·신체적 공격성에 관여하는 프래더-윌리 증후군(Prader-Willi Syndrome: PWS)을 가진 청소년 자녀에게 발바닥 명상을 가르쳤다(Singh et al., 2017b). 결과에서는 세 쌍의 부모가 PWS를 가진 청소년 자녀의 언어적 공격성을 매우 낮은 수준으로 줄이고 신체적 공격성을 제거할 수 있도록 성공적인 교육을 한 것으로 나타났다. 12개월의 추적 기간에 청소년은 언어적 공격성을 매우 낮은 수준으로 유지할 수 있었고 신체적 공격성은 다시 나타내지 않았다. 관련 연구에서 원격 의료 기술을 통해 지도자가 자신의 삶에서 발바닥 명상을 배우는 연습을 한 후에 다른 지도자에게 발바닥 명상 실천을 가르치면서 배움의 효과를 증명했다(Singh et al., 2017a). 배움을 통해 발바닥 명상 교육의 역량이 갖춰지면 지도자는 학생들에게도 발바닥 명상을 가르쳤다. 그 결과 지도자가 IDD 학생들에게 언어적·신체적 공격성의 전조가 보일 때 발바닥 명상을 활용하도록 함으로써 두 가지 행동이 거의 나타나지 않는 수준으로 줄이는 방법을 가르칠 수 있었다. 또한 학생들은 12개월의 추적 기간에 이러한 행동을 거의 나타나지 않는 수준으로 유지할 수 있다는 점이 데이터를 통해 드러났다.

발바닥 명상 연구는 체계적으로 복제되며 그 영역이 확장되었

으며, 중국에서는 ASD 청소년 어머니가 호흡에 대한 기본 명상
을 배운 후 생활 속에서 발바닥 명상을 활용하는 방법을 가르쳤다
(Ahemaitijiang et al., 2020). 이 과정에서 호흡 명상 마음챙김에 대한
훈련을 실시하고 발바닥 명상을 유창하게 활용할 수 있게 되면서,
자녀에게 발바닥 명상을 적용하여 공격적이고 파괴적인 행동에 앞
서 이를 실천할 수 있도록 가르쳤다. 그 결과 청소년들은 훈련 후
언어적 공격성을 매우 낮은 수준으로 줄일 수 있었다. 또한 그들은
12개월의 추적 기간에도 이와 같은 행동의 변화를 유지할 수 있었
다. 이 연구는 미국 이외의 문화에서도 공격적·파괴적 행동을 줄
이는 데 발바닥 명상의 효과가 독립적으로 나타날 수 있다는 점을
보여 주었다.

IDD가 있는 개인의 분노와 공격성을 스스로 관리하기 위한 발
바닥 명상의 효과에 대한 근거는 대부분 잘 통제되고 내적 타당
도를 갖춘 단일 대상 실험 설계 연구를 통해 나타난다(Barlow et
al., 2009). 발바닥 명상의 외적 타당도 검증을 위해 2군 연구(two-
arm study) 방식의 소규모 무작위 대조 실험(Randomized Controlled
Trial: RCT) 연구가 수행되었다(Singh et al., 2013a). 이 연구들에서
는 경도 수준의 ID를 가진 개인들을 발바닥 명상 또는 대기자 명단
대조군에 무작위로 할당하였다. 그 결과 언어적·신체적 공격성은
발바닥 명상 조건에서만 유의하게 감소했으며, 대기자 명단 집단
은 차후에 발바닥 명상 훈련을 받고 나서야 유사한 감소를 보였다.
데이터를 통해 살펴본 바에 따르면, 분명하게 실험 집단(즉, 발바닥
명상 조건)에서 긍정적인 결과가 나타났지만, 대조군으로 활성 비
교 조건이 아닌 대기자 집단을 활용한 점은 제한점으로 볼 수 있다.
본질적으로 대기자 명단 집단의 참가자는 자신이 대조군에 있다는

점을 알고 있으며, 이는 집단 할당에 대한 정보를 제한하지 못하게한다. 이러한 점으로 인해 두 집단에 차별화된 요구 특성이 발생함으로써 RCT에서 도출할 수 있는 결론의 논리가 약화될 수 있다.

요약하면, 발바닥 명상이 IDD가 있는 개인의 언어적 공격성과 파괴적 행동을 줄이는 것은 물론 신체적 공격성을 실질적으로 줄이거나 없애는 데 있어서 그 효과를 뒷받침하는 실질적인 증거는 이미 제시되고 있다. 또한 최근 연구에 따르면, IDD가 있는 개인은 발바닥 명상이 매우 수용 가능한 수준인 것으로 나타났으며, 일부 참가자는 공격성의 감소뿐만 아니라 사교성의 증가와 삶의 질 개선도 보고했다(Griffith et al., 2019).

공격적 행동에 대한 SOBER 호흡 공간

SOBER 호흡 공간(SOBER Breathing Space)은 두문자어로 만들어진 용어로, 멈춰서(Stop) 현재 순간을 알아차리고, 신체의 감각과 감정 조절의 변화를 관찰(Observe)하고, 신중하고 조용히 주의를 기울이며 호흡(Breathe)하고, 상황과 대응 선택 그리고 대응 선택에 따른 결과에 대한 자각을 확장(Expand)하며 능숙한 방식으로 마음챙김을 통해 대응(Respond)하라는 뜻을 담고 있다. 이 비공식적인 마음챙김 기반 수련은 중독치료의 맥락에서 활용되어 왔으며, 마음챙김 기반 재발 방지(Mindfulness-Based Relapse Prevention: MBRP) 프로그램 구성에도 포함된다. 또한 이 프로그램은 감정, 생각, 느낌, 지각, 욕구를 조절하는 능숙한 방식을 가르치는 수단으로 다양한 상황에서 활용되기도 한다.

SOBER 호흡 공간은 언어적 · 신체적 공격성의 전조 증상에 대응하기 위한 비공식적 마음챙김 기반 수련으로 최근에 활용되고 있다(Singh et al., 2018). 이 연구에서는 언어적 · 신체적 공격성의 빈도가 높다는 이유로 연구에 참여한 10~12세의 ASD 아동 4명이 중다 기초선 설계에 따른 연구에 참여했고 숙달된 마음챙김 지도자가 집에서 SOBER 호흡 공간 수련을 개별적으로 가르치면서 필요할 때 능숙하게 이러한 활동을 활용할 수 있도록 했다. 참여자들은 가정과 학교 모두에서 공격성을 보였기 때문에 가정(부모)과 학교(교사) 모두에서 데이터를 수집했다. 훈련은 가정에서 이루어졌지만, 학교 데이터는 다양한 환경에서 프로그램화되지 않은 일반화 가능성에 대한 척도를 제공했다. 결과에서는 가정과 학교 환경 모두에서 아동의 언어적 · 신체적 공격성의 빈도가 통계적으로 유의하게 변화하여, 거의 나타나지 않게 되었다. 12개월간의 추적 연구에서는 두 가지 환경 모두에서 행동 개선이 유지되는 것으로 나타났다. 이 연구는 나이 어린 아동들이 SOBER 호흡 공간 활동을 통해 언어적 · 신체적 공격성을 관리하고 여러 환경에서 이와 같은 수련을 일반화할 수 있으며, 추적 기간에도 최소 12개월 동안 행동 개선이 유지될 수 있다는 점을 보여 주었다. 비공식적인 마음챙김 기반 수련의 부수적인 효과로는 부모가 자신과 자녀의 안전을 위해, 자녀의 신체적 공격성에 대해 신체적 구속을 활용하던 일이 사라졌다는 점이다.

공격적 행동에 대한 충동의 파도타기

충동의 파도타기(Surfing the Urge)는 충동 행동의 재발이 나타날 수 있는 상황에서 행동을 통제하기 위해 활용된 또 다른 비공식적 마음챙김 기반 수련이다. 이 수련은 알코올 섭취 또는 불법 약물을 사용하려는 충동이 생길 때의 물질 남용과 관련하여 처음 활용되었다. 이러한 충동은 바다의 파도처럼, 한번 일어나게 되면 크기와 강도가 점점 증가하고 정점에 도달한 후에 용해되거나 소멸한다. 이러한 충동에 굴복하면 충동이 강화되면서 중독도 더해진다. 그러나 호흡에 다시 주의를 두게 되면 개방적이고 비판단적이며 평정을 얻을 수 있고 충동에 집착하지 않게 된다. 또한 각각의 충동을 관찰하는 것만으로도 충동의 파도를 이겨 낼 수 있는 능숙한 수단으로 삼을 수 있다. 충동을 강화하지 않고 본질적으로 충동을 소거함으로써 결국 개인을 충동에서 해방시킬 수 있다. 이 수행은 충동의 무상함을 인식하고 존재 자체에서 평정의 상태에 머무는 것을 포함하고 있다. 이는 개인이 도피 또는 회피 행동을 하지 않고 충동을 정면으로 직면할 수 있게 하여 충동과 함께 살면서도 굴복하지 않도록 하는 것이다.

비공식적인 마음챙김에 기반을 둔 수련으로서 충동의 파도타기의 작동 메커니즘을 고려해 본다면, 이 활동은 물질 남용의 맥락에서뿐만 아니라 원치 않는 충동이나 부적응적인 충동이 발생하는 모든 상황에도 적용될 수 있다. 따라서 분노와 공격성을 유발하는 상황에도 이 프로그램을 적용할 수 있을 것이다. 이는 ASD 청소년 3명을 대상으로 실시된 중다 기초선 설계 참가자 연구로 검증되었다(Singh et al., 2019b). 청소년들은 숙달된 명상 치료사로부터 자신의 분노 및 공격성의 전조 증상에 맞춰 활용할 수 있는 충동의 파도타기 연습을 배웠다. 결과에서는 언어적 공격성과 신체적 공격성이 모두 통계적으로 유의하게 감소한 것으로 나타났으며, 공격적 행동에 따라 처방을 받고 있던 본래의 향정신성 약물치료는 중단할 수 있었던 것으로 나타났다. 분명 단일사례 연구로 진행된 SOBER 호흡 공간을 활용한 연구와 충동의 파도타기를 활용한 연구들은 부적응 행동의 자기관리에서 유용성을 증명하지는 못하지만, 다른 연구 참여자들에게 개념적 증명을 통해 유용성을 보여 주는 검증의 기초를 제공할 수는 있었다.

마음챙김 기반 금연 프로그램

IDD가 있는 사람들에게서도 흡연은 질병과 장애 및 사망에 대한 예방 가능한 원인임에도 불구하고, 보통의 인구 집단에서와 마찬가지로 동일한 부정적 결과를 나타내고 있다(예: 폐암 사망의 87%가 흡연으로 인해 발생함). 단기적으로 흡연은 거친 호흡과 잔기침, 후각 및 미각 감소, 피부의 조기 노화, 구취 및 변색된 치아와 같은 문제를 일으킬 수 있다. 장기적으로는 심장병, 동맥류, 기관지염, 폐기종, 뇌졸중을 유발하고 폐렴과 천식을 악화하며 면역 체계에 부정적인 영향을 미칠 수 있다. IDD가 있는 사람들의 흡연율은 조사된 표본의 매개변수에 따라 다르게 나타난다. 예를 들어, 경미한 장애 수준에서 기능하는 사람들의 경우 청소년의 약 26%(Kalyva, 2007)로 나타나며, 독립적으로 지역사회 환경에 사는 사람들의 약 36%(Tracy & Hosken, 1997)가 간헐적 또는 정기적 흡연자로 집계되었다. 흡연은 분명 건강에 해롭지만 이들 인구집단에 대한 금연 연구는 부족한 실정이다.

이들 집단에 대해 금연을 위한 마음챙김 기반 프로그램을 처음 적용한 연구에서 싱 등(2011d)은 집중 명상, 하루 목표, 생각에 대한 주의 깊은 관찰, 발바닥 명상 연습과 같은 구성요소를 포함하는 절차를 개발했다. 그들은 경중의 ID 수준에서 기능하면서 장기간 흡연을 한 사람 한 명과 함께 절차의 타당성을 검증했다. 이전에 하루 평균 30개비의 담배를 피웠던 참가자는 마음챙김 기반 프로그램을 시작했을 때, 그룹홈 직원에 의해 하루에 12개비의 담배를 피우도록 제한되었다. 이 연구는 개인이 하루에 피우는 담배 수를 줄이는 속도를 스스로 결정할 수 있도록 준거 변경 설계(Barlow et al., 2009)를 활용했다. 그 결과, 참가자는 프로그램에 참여하고 82일 동안 흡연을 줄이고 금연에 성공할 수 있었으며, 유지 관리 및 추적 기간 4년 동안 담배를 피우지 않은 것으로 나타났다. 동일한 연구 설계와 마음챙김 기반 프로그램을 활용하여 이어진 개념 증명 연구에서는 추가로 세 명의 개인에게 적용했을 때에도 같은 결과가 나타났다(Singh et al., 2013b).

소규모 RCT 연구에서는 경중의 ID 수준에서 기능하는 개인을 대상으로 마음챙김 기반 금연 프로그램 집단과 무치료 통제 집단에 무작위로 배정했다(Singh et al., 2014a). 여기에서는 활성 치료 참가자들을 대상으로 동일한 프로그램 구성요소인 집중 명상, 하루 목표, 생각에 대한 주의 깊은 관찰, 발바닥 명상 연습과 같은 요소들이 포함된 프로그램을 흡연에 대한 생각에 압도될 때 기본적인 통제 전략으로 활용할 수 있도록 하였다. 무치료 통제 집단 참가자들은 공식 또는 비공식 금연 활동에 참여하지 않았다. 배정에 따른 분석(Intention-To-Treat)과 절차 참여를 감안한 분석(Per-Protocol) 모두에서 통제 집단과 비교하여 마음챙김 기반 금연 프로그램 참여자의 흡연 감소가 유의미하게 더 큰 것으로 나타났다. 또한 활성 치료 프로그램의 참가자는 대조군과 비교한 1년의 추적 기간에도 금연에 유의미하게 더 성공적이었다. 이 RCT 연구의 제한점은 각 유형의

활성 치료 집단에 일반적으로 내재한 비특정 요인을 제어하기 위한
제3군(대체 활성 치료 집단)이 포함되지 않았다는 점이다. 물론 참가
자들이 실험 집단에 배정되었는지 아니면 대안적인 활성 치료 집단
에 배정되었는지 알지 못하게 해야 한다. 무치료 통제 집단 참가자
는 금연 사업에 대한 지침을 받지 않는다는 것을 알고 있기 때문에
별도의 조치가 필요하지 않다. 이와 같은 제한점을 고려한 추후 연
구가 필요하다고 할 수 있다.

마음챙김 기반 건강 웰니스 프로그램

8,000명 중 1명이라는 시점 유병률을 갖는 프래더-윌리 증후군
(PWS)은 주요 신경학적, 인지적, 내분비적, 행동적 특징을 보여 주
는, 유전형질에 따라 발현되는 표현형 유전 질환이다. PWS가 있는
대부분의 사람들은 경중이나 경계선 수준의 기능 또는 평균 이하
정도의 기능을 나타내는 경우가 많으며 20% 정도만이 중등도 ID
수준의 기능을 나타낸다(Dykens et al., 1992). 그들 대다수(70% 이
상)는 짜증, 공격성, 고집 그리고 통제 및 조절 행동과 같은 부적응
행동을 나타낸다(Dykens, 2004). 그러나 PWS의 영향으로 가장 문
제가 되는 행동은 과식과 비만에서 나타난다. 이들은 음식에 대한
포만 반응이 지연되어 더 오랜 시간 음식을 먹는 과식증을 겪으며,
PWS가 없는 사람들보다 3배 더 많은 칼로리를 섭취한다(Hinton et
al., 2006; Holland et al., 1993). 과식과 낮은 신진대사율로 인해 음식
을 마구 섭취하게 되면 생명을 위협하는 비만을 겪기도 한다. 음식
에 대한 접근이 제한되면 음식을 추구하는 행동이 부적응 행동(예:
음식을 훔치거나 음식을 사기 위한 돈을 훔치는 것)으로 나타날 수 있

다. 생물학적 기능 장애로 인해 음식을 찾는 행동과 비만을 겪는 경우에 실행할 수 있는 별다른 치료법은 없다. 부모나 보호자가 생각할 수 있는 일반적인 관리 방법은 모든 음식과 음료를 잠금장치가 있는 곳에 보관하고 식사 시간을 제외하고는 접근하지 못하도록 하는 것이다.

맞춤형 마음챙김 기반 건강 웰니스(Mindfulness-Based Health Wellness: MBHW) 프로그램은 PWS 청소년이 섭식 및 비만 문제를 스스로 관리하도록 지원하기 위해 개발되었다(Singh et al., 2008a). MBHW 프로그램에는 신체 운동, 음식 알아차림, 마음챙김 섭식, 배고픔의 시각화 및 라벨링, 먹고 싶은 충동에 저항이 어려울 때의 기본 자기조절 전략으로서 발바닥 명상과 같은 다섯 가지 구성요소가 포함된다. 청소년은 체중 감량의 속도를 결정할 수 있도록 하는 준거 변경 설계(Barlow et al., 2009)를 활용한 MBHW 프로그램을 통해 목표 체중에 도달할 수 있었고 추적 기간 3년 동안 체중을 유지할 수 있었다. 후속 연구에서는 3명의 청소년을 대상으로 어머니가 주 치료사의 역할을 수행하는 방식의 MBHW 프로그램이 활용되었다(Singh et al., 2011c). 어머니의 도움으로 3명의 청소년 모두 MBHW 프로그램을 성공적으로 활용하여 원하는 체중에 도달하였고 체질량지수(Body Mass Index: BMI)를 정상 범위 내로 낮추고 생활방식을 개선하여 3년의 추적 기간에도 이러한 개선을 유지할 수 있었다. 최근 개념 증명 연구에서는 PWS 없이 IDD를 가진 30명의 청소년 및 젊은 성인이 MBHW 프로그램을 완료한 후 유사한 결과를 보고하기도 했다(Myers et al., 2018). 이 연구에서는 평균적으로 38파운드(17.2kg)의 체중이 감소하여 BMI는 29.54에서 22.80으로 줄었고, 평균 체중은 127파운드(57.6kg)로 유지되었으며, 4년의 추적 기간 중 BMI는 23.03이었다.

마음챙김 기반 프로그램: 표준형 및 맞춤형

마음챙김 근거 스트레스 완화(Mindfulness-Based Stress Reduction: MBSR; Kabat-Zinn, 1990) 및 마음챙김 기반 인지치료(Mindfulness-Based Cognitive Therapy: MBCT; Segal et al., 2002)와 같은 마음챙김 기반 표준형 프로그램 또는 이러한 프로그램의 다양한 응용형 프로그램의 효과를 평가하려는 노력은 계속되었다. 예를 들어, 스펙 등(Spek et al., 2013)은 ASD를 가진 사람의 정보처리 결핍을 이유로 프로그램의 인지 요소를 제외하여 MBCT 프로그램을 수정한 MBT-AS 프로그램의 효과를 검증했다. 이 연구에서는 소규모 RCT 연구를 통해 MBT-AS와 일상 치료(Treatement-As-Usual: TAU) 비교 집단을 평가했다. 결과에서는 비교 집단과 비교하여 MBT-AS 집단의 ASD 참가자가 우울과 불안 그리고 반추 행동에서 유의한 감소가 있었고 긍정적인 영향이 증가했다는 점을 보여 주었다. 이 연구는 MBT-AS 프로그램의 효과를 보여 주고는 있지만 활성 비교 조건이 없기 때문에 더 확실한 결론을 내리기는 어렵다. MBT-AS의 반복측정 설계 연구에서는 ASD 성인 50명을 대상으로 사전, 사후, 9주 추후 시기에 세 번의 측정을 실시했다(Kiep et al., 2015). 결과에서는 혼합된 결과가 나타났다. 예를 들어, 불안, 우울, 광장공포증, 신체화 증상, 사고와 행동의 부적절함, 불신과 대인관계 민감성, 수면 문제 등의 증상은 치료 기간에 유의미하게 감소했으며 추후 기간에도 유지되었다. 그러나 일반적인 심리적·신체적 안녕감의 경우에 치료 기간에 감소하는 것으로 나타났다. 참가자의 정신건강

이 같은 기간에 개선되었다고 가정한다면 이러한 결과는 받아들이기 힘든 면이 있다. 활성 비교 집단이 부족하고 자기보고식 응답을 다양하게 활용했기 때문에 발생하는, 연구에 내재한 일반적 방법론의 편향을 감안한다면, 이 연구의 결론을 확고하게 도출하기는 어려울 수 있다.

ASD 성인에 대한 표준형 MBSR 프로그램의 타당성은 최근 소규모 예비 연구에서 보고되고 있다(Beck et al., 2020). 이 연구에서는 12명의 개인이 훈련에 자발적으로 참여했다. 오리엔테이션 회기와 개별 인터뷰 후에 각 개인은 8주 동안 2.5시간의 회기에 참여하고 6주차에는 온종일 묵음 명상(7.5시간)에도 참여했다. 그들은 일주일에 6일 동안 하루 45분의 명상 수련과 함께 5~15분의 비공식적 마음챙김 과제를 수행해야 했다. 전체적으로 MBSR 과정은 29시간의 수업과 42~48시간의 과제로 구성되었다. 연구 결과에서는 긍정적인 시각, 삶에 대한 만족도, 마음챙김, 삶의 질을 포함한 여러 변수에서 타당성 및 수용 가능성이 나타났다. 이 예비 연구에서 일반화할 수 있는 결론을 도출할 수는 없지만, 이 대상 집단에서 표준형 MBSR 훈련의 유용성을 더 연구해 볼 가치는 있는 것으로 보인다.

ID를 가진 사람들에게 맞추어 수정된 12주 MBSR 과정의 효과를 검증하기 위해 10명의 참가자를 대상으로 소규모의 통제되지 않은 예비 연구를 수행한 평가도 실시되었다(Anderson et al., 2019). 안녕감과 마음챙김 개념에 대한 이해에서 사전과 사후 비교에서 차이가 없었지만, 추가적인 수련을 통해 자기보고에서 감소된 스트레스와 향상된 자기통제와 신뢰감을 나타낼 수 있었다. 이러한 결과가 고무적이라고 할 수 있지만, 작은 표본의 크기와 적극적인 비교 절차 및 무치료 비교 조건의 부재, 일반적 방법론의 편향으로 인해 확정적인 결과로 보기는 어렵다. 코너와 화이트(Conner & White, 2018)는 마음챙김 및 수용 기반 중재(Mindfulness-and Acceptance-Based Intervention: MABI)의 효과에 대한 타당성과 효과에 관한 예비 연구를 보고했다. ASD가 있는 아홉 명의 참가자 중 일곱 명은 충동 조절, 감정 조절 전략 활용, 정서적 수용 중 적어도 하나의 변수에서 개선이 있었다고 보고했다. 이러한 결과는 분명 시사하는 바가 있지만, 표본 크기가 작고 통제 조건이 부족하여 실질적인 결론을 내리기 어렵다. 또한 다른 소규모 예비 연구에서는 맞춤형 마음챙김 기반 프로그램[생각과 마음 길들이기 프로그램(Calming Thoughts and Calming Minds Program)]의 효과를 IDD가 있는 여덟 명의 10대 집단에서 평가하였다(Heifetz & Dyson, 2017). 다만, 이 연구의 데이터가 다소 예비적인 수준이었기 때문에 프로그램의 효과에 관해서도 다소 추정을 통한 결론을 내리고 있다.

　더 정밀하게 설계된 연구로는, 리데린코프 등(Ridderinkhof et al., 2020)이 ASD 아동의 수행을 조사하고 MBCT에서 도입한 맞춤형 마음챙김 기반 프로그램인 MYmind 프로그램 참여 전후 2개월에 주의력 연결망 검사를 실시하고 일반적으로 발달하고 있는 아동과 결과를 비교한 연구가 있다. 기초선에서는 두 집단의 아동 모두 주의력 체계에서 동일한 속도를 보여 주었지만, ASD 아동은 지남력과 실행 주의에서 비교 집단에 비해 정확도가 떨어지는 모습을 보여 주었다. 또한 MYmind 프로그램에 참여하고 2개월이 지난 후에 ASD 아동의 주의력에는 큰 변화가 없었지만 지남력과 실행 주의에는 개선을 보여 주는 결과가 나타났다. 이 연구는 ASD 아동의 인지 기능에 영향을 미치는 기본적 절차와 함께 이러한 절차가 마음챙김 기반 프로그램의 훈련을 통해 영향받을 수 있는지 여부를 연구하는 데 필요한 예시를 제공한다.

 IDD를 가진 사람이 마음챙김 기반 프로그램에 참여할 때의 경험을 조사한 질적 연구도 다양하게 보고되고 있다(예: Chapman & Mitchell, 2013; Currie et al., 2019; Dillon et al., 2018; Idusohan-Moizer et al., 2015; Yildiran & Holt, 2014). 마음챙김은 경험적인 활동이며 마음챙김 기반 훈련이 사람의 내향적 성찰 경험을 목표로 한다는 점을 고려할 때, 질적 방법론은 이와 같은 훈련 중에 그리고 훈련 후에 사람의 생생한 경험을 알아보는 방법을 제공할 수 있다. 이와 같은 데이터는 경험의 기초가 될 수 있는 심리적 메커니즘을 이해하는 데 특히 도움이 될 수 있다. 그러나 우리는 기술적 수준을 정성적으로 분석하는 단계에서 작동 메커니즘 이론을 개발하기 위한 단계로 옮겨 가고자 할 때 특히 주의해야 한다. 이와 같은 노력의 함정 중 하나는 동일한 데이터 세트에 대한 다양한 정성적 분석 방법은 다소 다른 결과로 이어질 수 있기 때문에(Frank et al., 2019), 단일한 분석 방법을 통해 얻은 결과의 유효성과 신뢰에 의문을 제기할 수 있다는 점이다. 또한 마음챙김 수련에 대한 이해, 본성에 대한 이해, 의미, 질문의 뉘앙스, 마음챙김 프로그램의 효과, 프로그램과 연관된 비특정적 요인 등등과 같이 IDD를 가진 사람에 관해서 고려해야 할 특정한 쟁점 요소들도 존재한다. 이러한 점들은 정성적 조사가 정량적 조사를 대체하기에 부족하다는 뜻으로 이해하기보다는 연구자가 이러한 함정을 알고 인정해야 하며, 연구가 제공하는 연성 자료(soft data)의 한계를 넘어서는 안 되며, (양적 연구와 마찬가지로) 단일 연구를 기반으로 한 임상과 실제 또는 정책적 시사점을 제시하는 것은 지양해야 한다는 의미로 받아들일 필요가 있다.

요약하면, IDD를 가진 사람들에게 마음챙김 기반 실제를 가르치는 연구 문헌은 꾸준히 성장하고 있으며, 연구의 질적 측면도 함께 성장하고 있다. 전반적으로 연구의 결과는 상당히 긍정적이고 다소 과장하여 설명한 측면도 있으며, IDD 중에서는 지적인 기능이 가장 높은 수준에 있는 사람들에게만 적용 가능한 것으로 보인다. 객관적 행동 측정은 마음챙김 기반 프로그램의 훈련 결과에 관한 가장 신뢰할 수 있고 유효한 지표를 제공한다. 자기보고식 마음챙김 평정 척도를 기반으로 자료를 수집하는 것은 문항이 실제로 IDD를 가진 각 개인에게 무엇을 의미하고 있으며 측정되는 개념이 그들에게 얼마나 중요한지, 평가의 신뢰성이 어떠한지 알 수 있는 방법이 없기 때문에 상당히 의심스럽다고 할 수 있다.

부모와 보호자 그리고 교사의 마음챙김이 IDD가 있는 개인에게 미치는 영향

발달장애 영역에서는 마음챙김 양육에 관한 많은 연구가 보고되었지만, 대부분은 자녀가 아닌 부모에게 미치는 영향에 초점을 두고 있다(이에 관한 검토는 Myers et al., 2014; Singh & Hwang, 2020 참조). 보호자와 교사를 위한 마음챙김에 관한 문헌은 부모에 대한 연구만큼 광범위하게 나타나지는 않는다. 우리는 IDD 아동에 대한 직접적인 마음챙김 훈련을 포함하지 않은 마음챙김 훈련이 이와 같은 아동들에게 연쇄적으로 미치는 영향에 관한 연구들만을 검토하고자 한다.

부모 마음챙김

초기에 진행된 연구에서는 ASD가 있는 4~6세 아동 3명의 어머니가 맞춤형 12주 마음챙김 양육 프로그램에 참여했다(Singh et al., 2006b). 이는 본질적으로 대상자 간 중다 기초선 설계 중재로서 마음챙김 양육 프로그램을 활용한 행동 연구이다. 이 연구의 목적은 어머니에게 마음챙김 양육을 가르치는 것이 자녀의 행동에 어떠한 변화를 주는지 평가하기 위한 것이었다. 목표가 되는 아동의 행동에는 어머니를 향한 물리적 공격성(예: 때리기, 물기, 발로 차기, 밀기, 넘어뜨리기), 어머니의 지시 불순응, 자해(즉, 팔 물어뜯기, 딱딱한 바닥에 머리 부딪히기, 자기 얼굴 때리기)가 포함되었다. 결과에서는 기준(통제) 조건과 비교하여 어머니가 마음챙김 양육 훈련을 시작한 직후 아동의 공격성 빈도가 감소하기 시작하여 훈련을 완료한 후에는 완전히 나타나지 않는 수준까지 감소한 것으로 나타났다. 두 아동의 경우 어머니의 요구에 순응하는 데 문제가 있었고, 한 아동의 경우 자해가 문제였다. 불순응과 자해는 모두 어머니의 마음챙김 양육 훈련 후 크게 감소하였으며 연구가 끝날 때까지 완전히 나타나지 않는 수준으로 유지되었다. 치료의 시작과 함께 도전적 행동이 급격하게 감소한 것이 분명히 나타난 행동 중재와 달리, 마음챙김 양육을 통한 중재에서는 효과가 더 느리게 나타났다. 이는 마음챙김 양육의 훈련 효과가 성숙하고, 다른 가족 구성원에게 연쇄적으로 도달하는 데 시간이 걸리기 때문인 것으로 예상된다. 그러나 아동들의 행동 개선은 장기간 유지되는 경향을 보였다.

싱 등(2006b)의 연구를 체계적으로 복제하여 발달장애 아동의 어머니 4명을 대상으로 수행한 연구에서는 마음챙김 양육을 통해 공

격적 행동을 거의 나타나지 않는 수준으로 감소시키고 형제자매와
의 부정적인 상호작용도 실질적으로 감소시켰으며 긍정적 상호작
용은 상당히 증가시킬 수 있었다(Singh et al., 2007d). 또한 어머니
들은 일상에서의 마음챙김을 더 많이 연습하고 양육에 대한 만족
도가 증가하였으며 자녀와의 긍정적인 상호작용 및 양육 스트레스
에서도 개선이 있었다고 보고했다.

ASD 청소년의 어머니에 대한 마음챙김 기반 긍정적 행동 지원
(Mindfulness-Based Positive Behavior Support: MBPBS) 교육의 효과
를 청소년의 행동을 통해 평가한 연구도 수행되었다(Singh et al.,
2014b). MBPBS는 두 가지 근거 기반 프로그램인 마음챙김과 긍정
적 행동 지원을 결합한 것이다. 마음챙김은 부모의 감정 조절을 담
당하고 긍정적 행동 지원은 아동의 긍정적 행동 관리의 기초를 제
공한다(Singh et al., 2020a). 이 개념 증명 연구에서 ASD 청소년은
공격적이고 파괴적인 행동이 거의 나타나지 않는 수준까지 감소할
수 있었으며, 부모의 요구에 대한 순응도 크게 개선된 것으로 나타
났다. MBPBS를 어머니에게 가르치는 것만으로도 청소년의 행동
에 상당한 변화가 나타났다. 또한 MBPBS 훈련을 통해 어머니의 지
각된 스트레스가 상당히 감소되었다. 대규모 비교 집단 연구에서
는 ASD 청소년의 어머니와 IDD 청소년의 어머니를 대상으로 스
트레스 수준에 대한 MBPBS의 효과 차이를 조사했다(Singh et al.,
2019a). 결과에서는 두 집단의 차이가 나타나지 않았으며 두 집단
의 어머니 모두 지각된 스트레스가 통계적으로 유의하게 감소되었
다. 또한 두 집단의 청소년 자녀는 모두 공격성과 파괴적 행동에서
유의한 감소와 순응도의 유의미한 증가를 분명하게 보여 주었다.
이 연구의 결과는 발달장애 아동이라는 특정 병리 집단에 대한 맞

춤형 마음챙김 기반 프로그램이 따로 필요하지 않을 수 있다는 사
실을 시사한다.

　대기자 명단 통제 집단 연구에서 니스(Neece, 2014)는 부모 스
트레스에 대한 표준형 MBSR 프로그램의 효과와 함께 부가적으로
부모 스트레스 감소가 발달 지연이 있는 자녀의 도전적 행동 감소
로 이어지는지 여부를 조사했다. 결과에 따르면, MBSR 프로그램
을 마친 부모는 대기자 명단에 있는 부모 집단보다 스트레스와 우
울이 유의미하게 감소했고 삶의 만족도는 더 높다고 보고했다. 또
한 MBSR 집단의 부모를 둔 자녀는 대기자 명단 통제 집단 부모의
자녀에 비해 주의력 문제와 ADHD 증상이 더 적은 것으로 보고되
었다. 니스(2014)의 부모 표본에 포함된 24개 가족의 데이터를 추
가로 분석한 결과에서는 두 가지 부모-자녀 관계 요인, 즉 애착과
훈육 절차로 인해 나타난 아동 자기통제력에서도 증가가 나타났
다(Lewallen & Neece, 2015). 니스(2014)의 연구를 표본으로 포함한
두 번의 추가 연구에서, 챈과 니스(Chan & Neece, 2018a)는 더 큰 표
본을 활용하여 니스(2014) 연구의 결과를 반복하여 보여 주었으며,
부모의 정신건강 향상과 자녀의 행동 문제 감소를 보고하고, 이러
한 변화가 6개월의 추적 관찰까지 유지되는 모습을 보여 주었다.
다른 연구에서 챈과 니스(2018b)는 양육 스트레스의 감소가 아동
의 감정 조절 장애를 예측할 수 있는 요인이라는 점을 발견했다. 동
일한 부모 집단에 대한 일련의 연구 중 마지막 연구에서는 MBSR
이 라틴게 및 비라틴게 가족의 부모와 자녀에 대한 결과 요인을 개
선하는 데 동일하게 효과적이라는 점을 보여 주었다(Neece et al.,
2019). 이러한 일련의 연구는 발달 지연이 있는 아동을 둔 가정에서
MBSR을 활용하는 데 흥미로운 자료를 제공하지만, 연구 간에 중

복되는 표본이 있다는 점을 감안하면 결과 해석이 다소 복잡할 수 있다.

보호자 마음챙김

보호자에 대한 마음챙김의 하향식 효과를 다룬 첫 번째 연구에서는 중증 지적장애 및 신체적 장애를 가진 개인과의 상호작용 관찰을 기반으로 세 쌍의 보호자로 집단을 꾸렸으며, 각 쌍에서 한 명에게는 마음챙김 훈련을 제공하고 다른 한 명은 연결된 통제 집단으로 두었다(Singh et al., 2004). ID를 가진 개인이 표현하는 행복의 수준은 기초선(훈련 없음) 기간과 8주간의 마음챙김 훈련, 16주의 추후 훈련 기간 동안 기록하였다. 결과에 따르면, 개인의 행복 수준은 마음챙김 훈련을 받은 세 명의 보호자가 있을 때에만 실질적으로 증가한 반면, 마음챙김 훈련을 받지 않은 다른 세 명의 보호자가 있을 때는 기초선 수준으로 유지되었다. 이 연구는 마음챙김 훈련으로 인해 보호자에게 발생한 개인적 변화가 직접적인 훈련을 통하지 않고도 그들이 돌보는 개인에게 연쇄적으로 발생할 수 있음을 시사하였다.

대규모 연구에서는 세 개의 지역사회 그룹홈의 보호자에게 행동 관리 교육을 제공한 후 마음챙김 교육을 받도록 했다(Singh et al., 2006a). 자주 관찰된 주요한 세 가지 변수로는 IDD가 있는 개인의 공격적 행동에 대한 직원의 개입, 개인의 공격적 행동에 대한 보호자의 물리적 구성 사용, 개인이 완수한 목표 달성의 수가 포함되었다. 결과에서는 행동 관리에 대한 보호자 훈련이 공격성 빈도를 약간 감소시켰으며 학습 목표 완수의 수에서는 최소한의 증가가 나

타났다. 공격적 행동에 대한 보호자의 신체적 구속 사용 역시 약
간의 감소가 나타났다. 보호자 훈련에 마음챙김이 도입되면서부
터는 개인의 공격적 행동이 크게 감소하고 학습 목표 완수 역시 개
선되었으며 보호자의 신체적 구속은 나타나지 않았다. 결과는 고
무적이었지만, 실험 설계가 연속적인 훈련 효과를 배제할 수 없다
는 제한점이 있었다. 그러나 추가적 연구에서는 보호자가 12주의
마음챙김 기반 프로그램에서 훈련을 받은 후 신체적 구속의 사용
을 상당히 줄일 수 있다는 점을 다시 발견할 수 있었다(Singh et al.,
2009). 보호자가 제한을 위한 중재의 사용을 줄일 수 있다는 사실은
맞춤형 직업적 마음챙김 프로그램에서 훈련을 받은 장애 지원 종
사자를 대상으로 한 연구에서도 추가로 입증되었다(Brooker et al.,
2014).

　MBPBS에서 보호자 훈련의 효과는 지역사회 그룹홈과 집단 요
양 시설에서 두루 실시된 네 개의 연구에서도 탐구되었다. 첫 번째
연구에서는 지역사회 그룹홈의 보호자가 7일간 집중 MBPBS 프로
그램에 참여했다(Singh et al., 2015). 결과에서는 IDD를 가진 개인
이 직원 및 동료에 대한 공격적 행동의 감소와 함께, 추후에는 행동
이 소거되었다는 점이 나타났으며, 이전 연구 결과와 동일하게 직
원의 신체적 구속 사용 역시 사라진 것으로 나타났다. 또한 보호자
는 심리적 스트레스 인식이 크게 감소했다고 보고했다. 두 번째 연
구에서는 더 큰 표본 크기와 추가된 결과 변수를 통해 앞선 연구 결
과를 반복해서 보여 주고 확장했다(Singh et al., 2016b). 세 번째 연
구에서는 집단 요양 시설의 보호자들이 2군 RCT 연구에 참여했으
며, 한쪽에는 MBPBS 훈련을 받은 집단을 두고, 다른 쪽에는 평소
와 같은 훈련(기존 참여 프로그램)을 받는 집단을 두었다(Singh et al.,

2016a). 결과에서는 MBPBS가 보호자와 IDD가 있는 개인 모두에게 평소와 같은 훈련보다 더 큰 효과를 보여 주었음이 드러났다. 보호자의 경우 심리적 스트레스가 크게 감소했고, 자신이 돌보는 개인의 공격적인 행동에 대한 신체적 구속 및 긴급한 약물 사용을 크게 줄일 수 있었으며, 이러한 변화는 MBPBS 후에만 나타나는 양상을 보였다. IDD를 가진 개인들은 때리기, 물기, 긁기, 주먹질하기, 발로 차기, 뺨 때리기, 재산 파괴와 같은 공격적인 행동을 상당히 줄일 수 있었다. 마지막 네 번째 연구에서는 MBPBS와 PBS 단독 적용 프로그램에서 보호자 훈련의 비교 효과를 계획한 40주간의 2군 RCT 연구가 수행되었다(Singh et al., 2020b). 결과에서는 MBPBS와 PBS 모두 효과가 있었지만, 보호자와 IDD가 있는 개인 그리고 기관이 제시한 결과는 PBS 단독 적용보다 MBPBS에서 유의미하게 우수한 개선이 있었다는 점이 나타났다. 즉, 개별 결과에서 보호자가 PBS 단독 훈련을 했을 때보다 MBPBS를 훈련했을 때 유의미하게 나은 결과를 보여 주었다.

교사 마음챙김

교사 마음챙김 훈련에 대한 강조는 증가하고 있지만, 대부분의 연구는 일반적으로 발달하는 아동이나 정신건강 문제가 있는 아동의 교사를 대상으로 하고 있다. 아마도 ID가 있는 학생의 교사에 초점을 맞춘 유일한 연구는 싱 등(2013)이 실시한 연구로, 이 연구에서는 세 명의 교사를 대상으로 대상자 간 중다 기초선 설계를 통해 8주 과정(주 2시간)의 명상을 가르쳤다. 마음챙김 훈련 프로그램에는 정좌 명상과 걷기 명상, 생각 관조, 초심자 마음, 현재 순간 자각, 자애, 연민, 평정, 집착(shenpa)과 같은 활동이 포함되었다. 교사들은 적어도 일주일에 5일 동안 약 20~30분간 정좌 명상을 실시했다. 결과에서는 경도 지적장애 수준의 기능을 가진 아동의 부적응 행동(소리 지르기, 발로 차기, 물기, 밀어 넘어뜨리기, 때리기, 물건 던져서 부수기, 손으로 음식 만지기 등으로 정의됨)이 교사의 마음챙김 훈련에 따라 현저하게 감소한 것으로 나타났다. 또한 학령전기 아동은 교사의 요청에 대한 순응도도 상당히 높일 수 있었다. 마지막으로, 또래와의 긍정적인 상호작용에는 거의 변화가 없었지만, 부정적인 상호작용은 유의미하게 감소했으며 고립된 놀이와 자기주도적 놀이 또한 유의미하게 증가했다. 이 연구는 교사와 학생 행동의 상호 의존성을 암시하고 있으며(Dalai Lama, 2002), 마음챙김 훈련을 통해 교사와 학생 간의 교류를 부정적인 흐름에서 긍정적인 흐름으로 옮길 수 있다고 제안했다(Sameroff, 1995; Singh & Singh, 2001). 연구 결과는 흥미롭지만, 데이터는 다소 예비적인 수준이며 추가 연구를 필요로 하고 있다.

요약하면, IDD를 가진 개인에 대한 부모와 보호자 그리고 교사의 마음챙김 훈련이 갖는 연쇄적 또는 파급적 효과를 입증하는 연구들은 새롭게 나타나고 있다. 부모와 보호자의 마음챙김에 관한 단일 대상 실험 설계를 통해 나타난 초기의 발견은 최근의 개념 증명 연구 및 RCT 연구를 통해 검증되고 있는 것으로 보인다. 교사의 마음챙김이 학생들에게 전달되는 내용에 관한 연구는 아직 미미한 실정이며 향후 연구가 필요하다고 할 수 있다.

ASD 자녀와 부모를 위한 마음챙김 훈련

ID 또는 ASD를 가진 개인에게 마음챙김 수행을 가르치고 동시에 부모에게도 마음챙김 양육을 가르치거나 부모 스스로 마음챙김 실천을 유창하게 수행하도록 가르친 후 부모가 자녀에게 마음챙김 훈련을 실시하도록 하는 절차의 효과를 조사한 연구도 소수 존재한다. 아동·청소년을 위한 마음챙김 훈련의 새로운 영역은 이와 같은 훈련 양식이 갖는 효과의 양방향성을 활용하고 있다.

초기 연구에서는 부모와 청소년 자녀가 동시에 마음챙김 훈련을 받았다. 즉, 부모와 자녀가 같은 시기에 교육을 받지만 따로 교육을 받는 형태였다(Bögels et al., 2008). 이를 통해 마음챙김 프로그램을 부모와 자녀에게 맞춤형으로 제공할 수 있었다. 이 예비 연구에는 ASD를 포함한 외현화 장애 아동들이 포함되었지만, 별도로 ASD 아동에 대한 자료를 조사하지는 않았다. 부모와 자녀는 MBCT(Segal et al., 2002)를 모델로 한 8주간의 마음챙김 기반 프로그램에 참여했으며 데이터는 기초선과 훈련 후 그리고 8주의 추후 기간에 수집되었다. 결과에서는 부모와 자녀 모두에게 상당한 개선이 나타났다. 아동의 경우 마음챙김 훈련을 통해 자신이 보고한 개인 목표 달성, 불만과 주의력 그리고 행복 및 마음챙김 인식을 내재화 및 외현화하는 데 상당한 개선을 보고하였다. 또한 그들은 마음챙김 훈련 전과 비교해서 지속적 주의력 검사에서 더 나은 성과를 보여 주었다. 이 연구는 마음챙김 양육의 영역을 넓히면서 부모와 자녀 모두에게 마음챙김 훈련의 유익한 효과를 동시에 전해 주었다.

또 다른 연구에서는 ASD 아동의 어머니들이 8주간의 마음챙김 프로그램에 참여하고 마음챙김 이론과 실제에 능숙해지면 아이들에게 마음챙김 활동을 가르치도록 했다(Hwang et al., 2015). 어머니들은 마음챙김 훈련을 통해서 스스로 보고한 마음챙김 수준을 향상시키면서 동시에 스트레스와 불안 그리고 사고 문제를 감소시킬 수 있었다. 자녀들을 위한 마음챙김 훈련은 불안과 사고 문제 그리고 공격적 행동의 감소로 이어졌으며, 이러한 감소는 아동에 따라 다른 수준으로 나타났다. 이 연구의 장점 중 하나는 각 모-자쌍에 대한 집중 연구를 통해 부모와 자녀의 마음챙김 훈련 중에 어떤 일이 발생했는지에 대한 귀중한 정보를 제공했다는 점이다. 작은 표본 크기, 비교 또는 통제 집단의 부족, 부모의 자기평정식 보고로 인한 일반적인 방법론적 편향은 이 연구의 제한점으로 볼 수 있다.

MBCT와 MBSR 프로그램을 기반으로 하는 MYmind는 ASD와 기타 장애(예: ADHD) 청소년을 위한 마음챙김 훈련 프로그램이다. 드브륀 등(de Bruin et al., 2015)은 반복측정 설계를 활용하여 ASD 청소년과 부모를 위한 MYmind 프로그램의 효과와 함께 병행하여 부모를 대상으로 실시하는 마음챙김 양육 프로그램의 효과까지 평가하였다. 평가는 훈련 전 1주, 훈련 후 1주, 훈련 후 9주에 실시하였다. 청소년들의 자기 평정에 따른 결과에서는 삶의 질은 증가하고 반추 행동은 감소하는 것으로 나타났다. 또한 청소년들은 걱정 수준과 ASD 핵심 증상 또는 마음챙김 자각에는 변화가 없다고 보고하였다. 그들의 부모들도 자녀의 ASD 핵심 증상에는 변화가 없다고 보고하였지만, 자녀의 사회적 반응성, 사회적 의사소통, 사회적 인지, 몰두 및 사회적 동기에서는 개선을 보고하였다. 부모의 자기 평정에서는 양육 능력, 전반적인 양육 태도 그리고 삶의 질에서 개선을 보고하였다. ASD 아동과 함께 MYmind를 활용한 이 연구의 초기 데이터는 연구에 대조군 또는 비교군을 포함하지 않고 있다는 사실을 함께 고려하여 그 효과를 평가해야 하기 때문에 긍정적 효과를 받아들이는 데 다소 신중할 필요가 있다.

MYmind에 관한 후속 연구에서 리데린코프 등(2018)도 1년의 추후 관찰을 포함한 반복 측정 설계를 활용하여 드 브뢴 등(2015)의 연구를 체계적으로 반복하고 확장했다. ASD 아동이 자기보고식으로 평정한 바에 따르면, 사회적 의사소통 문제가 감소하고 감정 및 행동 기능이 개선되었지만, 마음챙김 자각에는 거의 변화가 없었다. 아동들은 훈련 후 2개월이 지나고 대부분 개선을 나타냈지만, 이러한 개선은 1년의 추적 관찰에서는 감소했다. 대조적으로, 아동의 행동에 대한 부모의 평가는 두 번의 추후 평가 모두에서 아동의 변화가 분명하게 나타났음을 시사했다. 부모는 두 번의 추후 평가에서 자신의 정서적 및 행동적 기능과 양육 및 마음챙김 자각에 개선이 있었다고 평가했다. 이러한 평가는 개방형 질문에 기반을 둔 정성적 자료를 통해 더욱 뒷받침되었다. 이 연구는 병행해서 진행되는 회기에서 ASD 자녀와 그들의 부모에게 마음챙김을 가르치는 데 대한 긍정적인 효과를 지지하는 근거를 제공했다.

MYmind에 대한 또 다른 연구에서는 이전 연구에 참여한 적이 있는 ASD 아동 14명과 부모 31명을 대상으로(de Bruin et al., 2015; Ridderinkhof et al., 2018, 2020) MYmind 마음챙김 훈련 프로그램 참여에 따른 변화 과정에 대한 그들의 인식을 질적으로 조사하는 연구를 실시했다(Ridderinkhof et al., 2019). 아동과 그들의 부모들은 9주간의 MYmind 훈련 후 2~5개월 동안 인터뷰를 진행했다. 그들의 응답은 주요한 변화 과정 간의 관계를 이해하기 위한 구성주의 기반 이론을 통해 분석되었다. 리데린코프 등은 참가자가 식별한 변화와 변화 과정의 상호 의존성 그리고 변화의 방향을 반영하는 모델을 개발했다. 여기에서 확인된 여덟 가지 주요 변화 과정에는 동료와의 연결, 잠시 멈추고 자각하기, 지금 여기에 머무르기, 그대로 두기, 전략 결정하기, 침착하게 존재하며 반응하기, 다른 사람과 조율하기가 포함되었다. 이러한 변화 과정은 마음챙김의 작용 메커니즘과 마음챙김의 불교적 기초에 대한 현재의 개념이라는 관점에서 탐구되었다. 이 연구는 추후 연구를 통해 검증할 다양한 가설을 풍부하게 제공하고 있다.

MYmind에 대한 마지막 연구에서는, 피험자 간 반복 측정 설계 연구와 함께 10주간의 훈련 전 평가를 통제 조건으로 두는 연구를 실시하였다(Salem-Guirgis et al., 2019). 이 연구의 절차는 이전의 연구와 유사했지만 중재 전 통제 조건이 추가되었다. 결과에서는 자폐 증상과 감정 조절 그리고 적응 기술의 개선이 나타났다. 훈련 전 통제 조건의 추가를 통해 연구 설계가 강화되었지만, 훈련 프로그램의 효능 또는 효과는 프로그램에 대상 참가자를 무작위로 할당하는 RCT 연구와 대안적 활성 통제 비교 프로그램 그리고 무처치 통제 조건을 갖추어 확고하게 제시할 수 있기 때문에 여전히 이상적인 연구 설계라고 할 수는 없다.

요약하면, ID 또는 ASD를 가진 자녀와 부모를 위한 마음챙김 기반 훈련의 효과를 병행해서 또는 연속적으로 조사한 연구는 부모와 자녀 모두에 대한 긍정적인 변화를 암시하고 있다. 다만 데이터를 통해 살펴보면, 보다 확실한 결론에 도달하기 위해서는 방법론적으로 더 강력한 추후 연구가 필요하다는 점을 알 수 있다.

결론

다양한 범위에 걸쳐 제공되는 마음챙김 기반 프로그램과 실제가 IDD 분야에서 개발 및 연구되고 있다. 대다수의 연구는 ID와 ASD를 가진 개인에게 감정을 조절하는 방법을 가르치는 마음챙김 기반 절차를 개발하거나 적용하는 데 중점을 두고 있다. 개인의 분노와 공격성을 억제하도록 돕는 방법을 찾는 것이 우선순위에 있었다. 이러한 행동은 자신과 타인에게 해로울 뿐만 아니라 개인의 안녕도 위협하기 때문이다. 예를 들어, 통제되지 않은 분노와 공격성은 항상 이러한 장애를 가진 사람들이 지역사회에 배치되기 어렵게 하며, 전형적인 발달을 하고 있는 또래와의 사회적인 수용을 방해한다. 여기에서 검토된 연구들은 이와 같은 장애를 가진 개인이 분노와 공격성을 스스로 관리하기 위한 효과적인 접근 방식이 될 수 있는 특정한 마음챙김 기반 절차를 마치 그들이 쓸 수 있는 도구 상자처럼 제공할 수 있음을 시사한다. 부모와 보호자 그리고 교사의 마음챙김이 그들이 돌보는 사람들에게 연쇄적으로 미치는 긍정적인 효과에 대한 연구 기반도 점점 증가하고 있다. 또한 이는 부모와 자녀 모두에게, 동시에 마음챙김 기반 프로그램을 가르치거나 부모에게 마음챙김 수련을 가르치는 것이 가지는 이점을 입증하는, 작지만 성장하고 있는 연구 분야라고 할 수 있다. 전반적으로 여러 연구가 초기 단계에 있으며 주로 결과 면에서는 긍정적이라고 제시하고 있지만 아직 달성해야 할 것은 여전히 많이 남아 있다.

제7장

마음챙김과 정신건강

니르베이 N. 싱(Nirbhay N. Singh)
수바시니 D. 싱 조이(Subhashni D. Singh Joy)

서론

성인과 마찬가지로 많은 아동 · 청소년도 때로는 불안과 걱정 그리고 두려움을 경험한다. 이러한 경험 중 일부는 변화하는 발달적 상태와 관련이 있지만, 이에 관한 문제가 심각하고 지속적으로 가정이나 학교 또는 지역사회에서 일상 활동을 방해하는 경우 정신건강 문제 또는 장애로 진단될 수 있다. 아동 · 청소년의 정신건강 문제 유병률은 연구의 성격과 연구 대상이 되는 인구집단에 따라 다르게 나타난다. 빈도로 살펴보자면, 가장 흔하게 나타나는 정신질환으로는 주의력결핍 과잉행동장애(Attention Deficit Hyperactivity Disorder: ADHD; 9.4%), 일반적 행동 문제 또는 외현화 행동(7.4%), 불안(7.1%), 우울(3.2%)이 있다[Centers for Disease

Control and Prevention(CDC), 2013; Danielson et al., 2018]. 공병장애 또는 이러한 장애가 동시 발생하게 되는 경우는 아동ㆍ청소년에게서 상당히 자주 나타나며, 이는 그들의 삶을 훨씬 더 어렵게 만든다. 예를 들어, 우울을 주요 증상으로 진단받은 사람들 중 거의 74%가 불안을 가지고 있고, 48%는 행동 문제를 가지고 있다. 불안을 가진 사람들 중 거의 38%는 행동 문제를 가지고 있고, 33%는 우울을 앓고 있다. 행동 문제를 가진 사람들 중 거의 37%는 불안을 갖고 있고, 21%는 우울도 가진다(Danielson et al., 2018). 또한 이러한 장애의 비율은 아동이 성장함에 따라 증가한다. 아동ㆍ청소년의 정신건강 장애 유병률에 대한 대부분의 자료는 부모의 보고를 기반으로 한다. 부모가 보고한 진단과 의료 기록에 근거한 진단에는 일치하는 부분도 있지만, 부모의 보고가 자녀의 정신건강 장애 모두를 포착하지는 못할 가능성도 높다(Visser et al., 2013).

　아동ㆍ청소년의 정신건강 문제가 널리 퍼져 있는 상황에서, 특정 장애에 대한 다양한 치료적 선택지가 있으며 이러한 선택지들을 지지하는 다양한 수준의 근거도 역시 제시되고 있다. ADHD에 대한 정신약리학적 치료 측면에서 자극제(메틸페니데이트)는 ADHD의 핵심 증상 감소에 관한 최고의 연구 근거 기반을 가지고 있으며, 그다음으로는 아토목세틴, 서방형 구안파신, 서방형 클로니딘이 있다(Wolraich et al., 2019). 학령전기 ADHD 아동(즉, 6세 이하)의 치료에서는 일반적으로 행동 관리만을 위해 부모 훈련을 권장하고 있으며 6세 이상의 아동의 경우 약물치료와의 병용을 권장하고 있다. 학령기 아동을 위한 추가적 중재에는 가정과 학교에서의 특정 행동에 대한 중재가 포함될 수 있다.

　아동ㆍ청소년들은 때로는 언쟁을 벌이기도 하며 화를 내고 공격성을 보이며 파괴적인 행동을 하기도 한다. 이러한 행동이 심각해져서 가정과 학교 또는 지역사회에서 심각한 문제를 일으킬 때에는 정신장애로 진단될 수 있으며 일반적으로 외현화 행동이라고 부르는 행동 문제를 나타낼 수 있다. 이때 보편적으로 선택하는 치료는 행동 중재이며 다른 중재들만으로 특정 행동 문제(예: 신체적 공격성)를 적절하게 통제하지 못할 때 보조적인 약물치료를 활용한다.

아동 · 청소년의 불안장애로는 분리불안, 특정 공포증, 사회불안장애, 범불안장애, 공황장애, 광장공포증 등이 있다. 심리적 중재를 통해 이들의 불안장애에 대한 1차 치료를 제공할 수 있으며, 인지행동치료(Cognitive Behavior Therapy: CBT)는 이 분야에서 최고의 근거 기반을 가지고 있다. 단독으로 시행되거나 CBT와 함께 보조적으로 활용되는 기타 중재에는 사회성 기술 훈련, 이완 그리고 문제 해결 프로그램이 있다. 아동 · 청소년의 불안에 대한 정신약리학적 중재의 단기 효과는 심리치료와 동일하게 나타난다. 항우울제[특히 선택적 세로토닌 재흡수 차단제(Selective Serotonin Reuptake Inhibitors: SSRI)와 세로토닌 노르에피네프린 재흡수 억제제(Serotonin Norepinephrine Reuptake Inhibitors: SNRI)]는 불안 증상을 줄이는 데 어느 정도 효과적이지만, 삼환계 약물이나 벤조디아제핀은 이 대상 집단에서 불안 증상을 억제하는 데 그 효과가 제한적이었다(Creswell et al., 2020). 심리치료와 정신약리학적 치료에 대한 장기적 치료 효과의 유지 여부는 아직 입증되지 않았다.

약물치료는 소아 주요우울장애(Major Depressive Disorder: MDD)의 1차 치료로 활용되고 있으며, 권장되는 약물은 SSRI이다. 미국 식품의약국(The Food and Drug Administration: FDA)은 소아 MDD에 대해 두 가지 항우울제인 플루옥세틴과 에스시탈로프람만을 승인하고 있으며, 국립보건의료 우수성 지침[National Institute for Health and Care Excellence guidelines(NICE), 2019]에서는 플루옥세틴을 약물치료의 선택지로 권장하지만, 심리치료와 병행할 것을 권고하고 있다. 그러나 다른 SSRI에 비해 특정 약물이 효과가 뛰어나다는 점을 지지하는 강력한 근거는 없는 것으로 보인다(Dwyer & Bloch, 2019). 심리치료는 일반적으로 경증 소아 우울에 대해, 함께 시행하는 약물치료 없이 실시할 수 있는 치료 선택지가 될 수 있지만(National Institute for Health and Care Excellence, 2019), 소아 MDD에서는 효과가 제한적일 수 있다. CBT, 청소년을 위한 대인관계 심리치료(Interpersonal Psychotherapy for Adolescents: IPT-A), 단기 정신분석 심리치료(Short-Term Psychoanalytic Psychotherapy: STPP), 단기 심리사회적 중재를 포함한 다양한 심리치료 방식이 가벼운 소아 우울에 효과를 보이는 것으로 입증되었다(Eckshtain et al., 2019; Goodyer et al., 2017; Weersing et al., 2017). 초기 연구에서는 소아 MDD에 심리치료와 약물치료를 병행하는 것이 더 뛰어난 효과를 가진다고 보고하였지만, 최근 연구에서는 두 가지 치료의 중재량과 함께, 긍정적 효과에 가장 많이 기여하고 있는 심리치료 구성요소의 특성을 포함하는 복잡한 상호작용 변수들이 관련되어 있음을 시사하고 있다(Davey et al., 2019; Goodyer et al., 2017; Scott et al., 2019). 소아의 치료 저항성 우울(treatment-resistant depression)에 대한 근거를 살펴보면, 청소년에 대한 1차 치료와 2차 치료의 효과를 보고하지 못하고 있기 때문에 근거가 매우 희박하다고 할 수 있다(Dwyer et al., 2020).

아동·청소년은 다양한 정신건강 문제를 가지고 있지만, ADHD, 외현화 행동, 불안 그리고 우울이 가장 일반적이다. 전통적 중재는 약물치료와 다양한 심리치료를 단독 또는 병행하여 제공하고 있으며, 모두 다양한 결과를 보여 주고 있다. 최근에 마음챙김 기반 프로그램이 이들 대상 집단을 위해 특별히 개발되기도 하였으며, 정신건강 문제가 있는 성인에게 사용되는 프로그램을 바탕으로 수정되기도 하였다. 이 장에서는 이러한 연구에 대한 내러티브 검토를 제시한다. 드 브륀 등(de Bruin et al., 2021)이 제시했던, ADHD 아동을 위해 특별히 고안된 마음챙김 기반 프로그램은 이 책의 제5장에서 이미 설명했기 때문에, 여기에서는 검토하지 않을 것이다. 우리는 특히 외현화 행동, 불안, 우울, 내재화 및 외현화의 다중 조건, 물질 남용, 스트레스에 대한 검토를 제시하고자 한다.

외현화 행동에 대한 마음챙김 기반 프로그램

이미 아동 · 청소년의 외현화 행동(예: 신체적 공격성, 방해 행동, 재산 파괴, 품행 문제)의 관리를 위한 마음챙김 기반 프로그램이 소수 개발되었으며 그 효과에 대한 평가도 실시되고 있다. 초기 연구에서 뵈겔스 등(Bögels et al., 2008)은 ADHD, 반항 행동 또는 품행 장애, ASD 아동을 포함한 다양한 외현화 장애를 가지고 임상에 의뢰된 14명의 청소년에게 8주간의 집단 마음챙김 훈련을 실시했다. 동시에 그들의 부모는 마음챙김 양육에 관한 훈련을 받았다. 청소년과 그들의 부모 훈련이 실시된 후 평가에서는 개인의 목표 달성, 주의력, 알아차림(즉, 마음챙김 향상의 지표), 충동성(억제 통제력의 증가 암시), 조율하기, 사회적 문제, 그리고 행복감에서 유의한 개선을 보여 주었다. 또한 내재화 행동은 물론, 외현화 증상에서는 특히 더 통계적으로 유의한 감소가 나타났다. 이러한 결과는 8주간의 추후 관찰에서도 유지되었다. 초기 연구라는 점을 감안할 때, 몇 가지 연구의 제한점(예: 준실험 설계의 활용, 통제 조건 없음, 일반적인 방법론적 편향)이 있었지만, 그럼에도 마음챙김 훈련이 청소년의 외현화 행동에 대한 약물치료 및 심리치료를 대체할 방법이 될 수 있다는 점을 보여 주었다.

ADHD 청소년을 대상으로 한 후속 연구에서도 유사한 결과가 나타났지만, 16주간의 추후 관찰에서는 효과가 감소했다(van de Weijer-Bergsma et al., 2012). 유사한 일련의 연구 중 세 번째 연구에서 반 데르 오드 등(van der Oord et al., 2012)은 ADHD 아동에게 8주간 마음챙김 훈련을 제공하고 부모에게는 동시에 마음챙김 양육 훈련을 제공했다. 부모 평정에서는 8주간 추후 관찰에서 효과가 유지되는 동시에 마음챙김 훈련에 따른 아동의 ADHD 행동 감소가 나타났다. 그러나 독립적인 교사 평정에서는 가정에서 학교까지 아동의 행동 개선이 일반화되지 않은 것으로 나타났다. 마지막으로, 유사한 연구인 헤이딕키 등(Haydicky et al., 2015)의 연구에서는 청소년의 자기 평정이 아닌 부모 평정을 통해 마음챙김 훈련이 품행 문제와 부정적인 또래관계의 감소를 확인할 수 있었다고 보고했다.

무작위 대기자 명단 실험에서는, 셈플 등(Semple et al., 2010)이 아동을 위한 마음챙김 기반 인지치료(Mindfulness-Based Cognitive Therapy for Children: MBCT-C)가 초등학생의 사회적 회복탄력성에 미치는 영향을 평가했다. 25명의 아동을 대상으로 최대 8명으로 구성된 집단을 한두 명의 치료사가 담당하는 방식으로 90분의 회기 프로그램을 12주 동안 절차를 준수하는 프로그램인 MBCT-C를 실시했다. 또한 마음챙김 훈련의 모든 단계에서 아동들의 부모가 실제로 참여하도록 했다. 평가는 훈련 전과 후 그리고 훈련 종료 후 3개월에 수행되었다. 결과는 다소 엇갈렸지만, 가장 분명한 결과는 주의력 관련 문제의 감소였다. 임상적으로 불안 수준이 높은 아동에게 불안 증상과 행동 문제가 감소한다는 강력한 근거도 제기되었다. 이 연구는 몇 가지 제한점이 있는데, 특히 대기자 명단 통제 집단 설계를 활용함으로써 마음챙김 훈련 효과를 일반적 치료 효과와 혼동할 수 있다는 점이다. 활성 비교 집단이 없다면 치료적 동맹, 관계의 질, 공감, 비판단적 태도, 성찰적인 사람과 보낸 시간 등과 같은 비특정적 요인으로 인해 중재 효과가 발생했는지 판단하기 어렵기 때문이다. 이 연구의 강점은 아동의 사회정서적 회복탄력성을 증가시키기 위한, 절차를 준수하는 마음챙김 기반 훈련 프로그램의 가능성을 보여 주었다는 점이다.

또 다른 대기자 명단 통제 집단 연구에서, 헤이딕키 등(2012)은 학습장애 및 ADHD와 불안을 동시에 가진 청소년에 대한 마음챙김 기반 프로그램의 효과를 평가했다. 프로그램은 마음챙김 명상, 인지행동치료, 행동 수정 및 혼합 무술 수련의 요소가 포함된 다중 요소 프로그램이었다. 90분 회기로 진행되는 20주 프로그램은 청소년의 일반적인 문제행동을 관리하고 자기인식, 자기통제, 적응력, 사회적 기술 및 자기방어 기술을 향상하도록 고안되었다. 결과에서는 청소년의 하위 집단에 대한 분석이 실시되었다. 예를 들어, 대기자 명단 참가자와 비교해서 ADHD 공병을 가진 청소년은 외현화 행동, 반항 행동 및 품행 문제에서 개선을 보였다. 그러나 일반적인 대기자 명단 통제 집단 연구가 갖는 제한점 외에도, 구성요소 분석이 없다면 마음챙김 명상의 요소가 치료 결과에 미치는 영향을 판단할 방법이 없다.

학교 기반 연구에서는 파커 등(Parker et al., 2014)이 대기자 명단 통제 조건과 비교하여 맞춤형 마음챙김 기반 물질 남용 예방 프로그램(Master Mind)에 대한 학생들의 참여 효과를 평가했다. 비록 마음챙김 프로그램 집단과 대기자 명단 통제 집단 참가자들 사이에서 알코올이나 담배를 사용하려는 의도에서는 차이가 없었지만, 결과에서는 남학생과 여학생 모두에서 공격성과 사회적 문제가 통계적으로 유의하게 감소했으며, 여학생에게서는 불안도 감소한 것으로 나타났다. 브리튼 등(Britton et al., 2014)은 6학년 아동을 대상으로 교실 기반 명상과 활성 통제 조건에서의 효과를 평가했다. 아동들은 세 가지 명상 기술(즉, 호흡 알아차리기, 사고와 감정 그리고 감각 알아차리기, 바디 스캔)을 배웠고 6주간 마음챙김 프로그램의 마지막 2주 동안에는 이러한 기술 중 하나를 활용할 수 있었다. 활성 통제 조건은 마음챙김 조건에서 비특정적 효과의 통제를 위해 파라오 무덤의 3차원 실물 크기 모델 구축 활동을 포함하는 고대 아프리카의 역사에 관한 6주간의 교육과정으로 구성되었다. 여러 측정 중 청소년 자기보고 평정 척도(Youth Self-Report: YSR)에서는 측정된 외현화 행동이 두 조건 모두에서 유의미하게 감소했다고 나타났다. 그러나 마음챙김과 활성 통제 조건 사이에 차이가 나타나지 않았으며, 이는 이러한 효과가 아마도 비특정적 치료 요인으로 인한 것임을 시사하는 것으로 보인다. 이 연구의 장점은 이전 연구에서 사용된 대기자 명단 통제 조건보다 한 단계 높은 실험 설계를 활용했다는 점이다.

일련의 소규모 연구에서 단일하게 시행된 마음챙김 기반 실제는 아동·청소년의 분노와 공격성을 스스로 관리하기 위해 그들에게 자제력과 통제를 가르치는 데 활용되었다. 분노와 공격성은 다른 정신건강 문제로 이어질 수 있는 외현화 행동의 여러 유형에 포함된다. 발바닥 명상(SoF)은 사람이 부정적인 감정적 각성을 알아차리고 잠시 멈춘 후 분노를 유발할 수 있는 감정적 각성에서부터 신체의 중립적인 부분인 발바닥으로 주의를 전환할 수 있도록 하는 마음챙김 기반 실천이다. 본질적으로 발바닥 명상 실천을 숙달하면 내부 사건(예: 부정적인 생각이 일어날 때) 또는 외부 사건(예: 누군가 상처 주는 말을 할 때)에 대해 자동 반응(automatic reaction)이 아닌 숙달된 마음챙김 반응(skillful mindful response)을 하는 것으로 전환할 수 있다. 개인이 자신에게 일어나는 감정적 생각이나 사건에서 중립적인 곳으로 주의를 옮기는 데 걸리는 시간을 통해 고요한 상태에서 마음챙김 반응을 할 수 있는 일시적인 휴지를 제공할 수 있다[펠버와 싱(Felver & Singh, 2020)이 제시한 발바닥 명상을 활용한 개인 및 집단 훈련 매뉴얼 참조].

품행장애가 있는 청소년은 다른 사람을 위협하거나 신체적 상해를 입히는 공격적 행동을 보이며, 파괴적이거나 방해가 되는 행동을 불러오는 비공격적 행동을 나타내기도 한다. 한 중다 기초선 설계 연구에서는 세 명의 청소년이 학교에서 자신의 공격적 행동을 관리하기 위해 발바닥 명상 실천을 활용하도록 배웠다(Singh et al., 2007). 발바닥 명상에 대한 교육은 4주 동안 주 3회 각 15분씩 제공되었다. 훈련 후에는 그들의 공격적이고 부수적인 행동에 대해서 학기가 끝나는 시기인 25주 동안 지속적으로 관찰했다. 결과에서는 청소년들이 학교에서 분노와 신체적 공격성을 억제할 수 있다고 나타났다. 두 개의 관련 연구에서는 DSM-IV-TR(American Psychiatric Association, 2000)의 용어로 제시된 자폐(Singh et al., 2011a)와 아스퍼거 증후군(Singh et al., 2011b) 청소년을 대상으로 발바닥 명상 실천을 활용하여 신체적 공격성을 억제하고자 했다. 자폐를 가진 청소년은 신체적 공격성을 성공적으로 통제했으며 3년의 추적 관찰 기간에도 거의 문제가 나타나지 않는 수준으로 변화를 유지했다. 아스퍼거 증후군 청소년도 4년의 추적 기간에 공격성을 제거하고 행동 개선을 유지할 수 있었다.

초기 발바닥 명상 연구에서는 경험이 풍부한 마음챙김 지도자가 아동·청소년에게 훈련을 제공했다. 보다 최근 연구에서는 부모와 교사가 훈련을 제공하기 위해 직접 마음챙김을 배웠다. 예를 들어, 프래더-윌리 증후군이 있는 청소년의 부모는 발바닥 명상 실천을 활용하도록 배우고, 자신의 삶에서 이를 활용하며 여기에 숙달하게 되면 자녀에게 다시 이를 가르쳤다(Singh et al., 2017b). 부모는 발바닥 명상을 활용하여 언어적 공격성을 최소한으로 줄이고 신체적 공격성을 제거하도록 자녀에게 성공적으로 가르칠 수 있었다. 청소년들은 12개월의 추후 관찰 동안 낮은 비율로 언어적 공격성을 보였고 신체적 공격성은 전혀 나타나지 않는 수준으로 유지할 수 있었다. 유사한 연구에서는 원격 의료 교육을 통해 교사에게 발바닥 명상 실천을 활용하도록 가르친 후 이를 학급에서 IDD가 있는 학생에게 가르치도록 하였다(Singh et al., 2017a). 학생들은 발바닥 명상 활용을 배우고 실천하면서 언어적·신체적 공격성을 매우 낮은 수준으로 낮출 수 있었고 12개월의 추후 기간에 행동 개선을 유지했다. 아혜마이티지양 등(Ahemaitijiang et al., 2020)은 공격적이고 파괴적인 행동을 하는 중국 청소년에게 발바닥 명상 실천을 활용하도록 하는 연구를 체계적으로 확정하여 수행했다. 먼저, 이 연구에서는 청소년의 어머니들이 발바닥 명상 실천을 배우고 이를 유창하게 활용할 수 있게 되면 직접 자녀에게 이 활동을 가르쳤다. 결과는 청소년 전체의 점수에서 가중 평균 Tau-U 점수를 활용하여 분석되었으며, 언어적·신체적 공격성과 파괴적 행동이 거의 나타나지 않는 수준으로 현저하게 감소한 것으로 나타났다. 청소년들은 12개월의 추후 관찰 기간에도 행동 개선을 유지할 수 있었다.

두 가지 비공식적 마음챙김 기반 수련은 아동·청소년의 언어적·신체적 공격성을 스스로 관리하기 위해 그들에게 자제력과 통제를 가르치는 데 활용되었다. 한 연구에서 싱 등(Singh et al., 2018)은 자폐스펙트럼장애(Autism Spectrum Disorder: ASD) 아동에게 가정에서 SOBER 호흡 공간을 활용하여 언어적·신체적 공격성을 통제하고, 따로 훈련을 제공하지 않는 학교 환경에까지 효과가 일반화될 수 있는지 평가하였다. SOBER는 두문자어로 S는 Stop(멈춤), O는 Observe(관찰), B는 Breathe(호흡), E는 Expand(확장), R은 Respond(대응)을 뜻한다. 따라서 SOBER 호흡 공간을 활용하고자 한다면, 그 순간에 일어나는 일에 대해 멈추고 알아차린 후 신체의 감각과 감정 조절 변화를 관찰하며, 의도적으로 호흡에 주의를 기울이며, 상황에 따라 숙달된 대응과 비숙달된 대응의 잠재적 차이에 대한 자각을 확장해야 한다. 그리고 난 후에는 부정적인 감정의 각성에 주의 깊게 대응해야 한다. 결과에서는 아동들이 언어적·신체적 공격성을 거의 나타나지 않는 수준으로 감소한 것으로 나타났고 12개월의 추후 기간에 이러한 변화 수준을 유지할 수 있었다. 또한 학교 환경에서 따로 훈련을 받지 않고도 집에서 학교로 자제력의 통제가 일반화될 수 있었다.

또 다른 연구에서 싱 등(2019)은 ASD 청소년이 부정적인 내부 또는 외부 사건에 대해 분노와 공격성으로 대응하려는 충동을 극복하기 위한 비공식적 마음챙김 기반 수련인 충동의 파도타기를 활용하도록 가르쳤다. 이 활동은 관심의 초점을 충동에서 호흡으로 옮기고 자기판단 없이 그리고 충동에 대한 집착 없이 개방적이고 침착하며 호기심 어린 태도로 각 충동을 관찰함으로써 서핑 보드처럼 활용하여 충동의 파도를 타도록 하는 목적을 가지고 있다. 도피나 회피 행동 없이 충동에 마음챙김 주의를 기울이는 것은 부정적인 사건을 경험하는 또 다른 대안적 맥락을 제공하여 이를 소멸시킨다. 결과에서는 청소년들이 이 비공식적 마음챙김 기반 활동을 숙달하고 언어적·신체적 공격성을 매우 낮은 수준으로 줄일 수 있는 것으로 나타났다. 또한 그들의 정신건강의학과 의사가 통제할 수 없는 신체적 공격성이 있을 때 처방하는 향정신성 약물의 사용도 없앨 수 있었다.

요약하면, 주로 청소년을 대상으로 외현화 행동에 대한 공식적·비공식적 마음챙김 기반 중재들이 다수 연구되고 있으며 긍정적인 효과를 보일 수 있다는 암시적 근거도 제기되고 있다. 그러나 많은 연구에서 그 효과나 효능을 일반화할 수 있는 결론을 내릴 만한 방법론적으로 충분히 완성된 모습을 보여 주지는 못하고 있다. 단일 중재가 부정적인 감정 상태에 대한 반응의 자기관리에 효과적이라고 볼 근거가 명확하지 않다는 점을 감안하면, 아동·청소년에게 유사한 효과를 가진 여러 선택지를 제공하는 것이 중요하다.

불안에 대한 마음챙김 기반 프로그램

불안을 가진 아동을 위한 마음챙김 기반 훈련 프로그램의 실현 가능성과 수용 가능성에 초점을 둔 공개적인 임상 실험에서 셈

플 등(2005)은 5명의 초등학생을 대상으로 집단 훈련을 제공했
다. 훈련은 6주간 주 1회 각 45분 회기로 제공되었다. 이 프로그램
은 표준형 마음챙김 근거 스트레스 완화(Mindfulness-Based Stress
Reduction: MBSR; Kabat-Zinn, 1990)와 마음챙김 기반 인지치료
(Mindfulness-Based Cognitive Therapy: MBCT; Segal et al., 2002)에서
수정되었으며 7~8세 아동에게 발달적으로 적합하도록 구성하였
다. 결과에서는 불안을 가진 초등학생에게 마음챙김 기반 프로그
램을 활용하는 것이 가능한 것으로 나타났다. 각 아동은 학업 기능,
내재화 문제 및 외현화 문제를 포함하여 적어도 하나 이상의 영역
에서 향상을 나타냈다. 이 연구는 작은 표본크기, 사전-사후 실험
설계 활용, 그리고 통제 집단이 없는 점과 같이 사례 연구의 일반적
인 한계를 마찬가지로 가지고 있지만, 어린 아동에 대한 마음챙김
기반 훈련의 유용성을 시사했다는 의의가 있다. 또 다른 초기 연구
에서 뷰체민 등(Beauchemin et al., 2008)은 학습장애가 있는 34명의
청소년에게 5주간의 마음챙김 명상 프로그램을 제공하고 타당성
을 검증했다. 결과에서는 상태 및 특성 불안이 감소하고 사회적 기
술이 향상되었으며 프로그램의 타당성과 수용 가능성이 있는 것으
로 나타났다. 그러나 사전-사후 설계와 비통제 준실험 설계 연구
방법에 내재하는 한계로 인해 효과에 대한 어떠한 결정적인 결론
도 내리지 못한다.

　한 예비 연구에서 코튼 등(Cotton et al., 2016)은 MBCT-C(Semple
& Lee, 2011) 절차의 타당성과 수용성 그리고 예비 결과를 보고했
다. 이 훈련은 청소년에게만 제공되는 12주간의 훈련 회기였으며,
현재 순간의 생각과 감정 그리고 경험에 대한 주의 조절과 비판단
적 수용에 초점을 둔 마음챙김 훈련이었다. 임상가가 평정한 결과

에서는 불안이 유의미하게 감소하였으며 참가자의 자기 평정에서는 특성 불안이 감소하였다. 부모 평정에서는 감정 조절 능력이 증가한 것으로 나타났다. 결과를 종합해 보면, 훈련 프로그램의 타당성이 나타났으며, 부모와 자녀에 대한 MBCT-C 프로그램의 수용도와 활용성도 높게 나타났다.

램(Lam, 2016)은 대기자 명단 통제 설계를 활용하여 어린 아동(9~13세)의 내재화 문제에 대한 맞춤형 학교 기반 인지적 마음챙김 중재의 효과를 평가하는 연구를 보고하였다. 마음챙김 프로그램은 참가자의 발달과 인지 그리고 문화적 요구를 충족하기 위해 최소 네 개의 다른 프로그램으로 조정되었다. 결과에서는 걱정과 범불안장애를 포함한 내재화 문제의 감소가 나타났다. 대부분의 참가자는 프로그램이 감정 및 대인관계를 다루는 데 도움이 된다고 평가하였다.

또 다른 예비 연구에서는 11학년 학생과 교사를 대상으로 표준형 MBSR 과정(Kabat-Zinn, 1990)의 효과를 평가하였다(Gouda et al., 2016). 대기자 명단 통제 설계를 통해 세 가지 평가가 수행되었다. 아동의 경우 마음챙김과 불안 그리고 창의성에 대해서는 중간 정도 효과크기를 보고하였으며 교사도 불안과 감정 조절에 대해 비슷한 정도로 효과크기를 보고하였다. 이러한 예비 연구의 결과는 고무적이지만, 대기자 명단 설계의 한계와 활성 통제 집단 또는 비교 집단의 부재로 인해 일반적인 결론을 도출하는 데는 주의해야 한다.

크로울리 등(Crowley et al., 2018)은 소규모 공개 실험에서 불안 문제가 있는 청소년을 위한 방과 후 집단 마음챙김 치료(Group Mindfulness Therapy: GMT) 프로그램의 타당성과 수용 가능성 그리고 예비 효과를 보고했다. GMT 프로그램에는 현재 순간 알아차림, 일상에서의 마음챙김(호흡, 식사, 걷기), 바디 스캔, 자애 명상, 자기 수용이 포함되었다. 10주간의 방과후 프로그램은 일반 교실에서 매주 60분 회기로 12명의 6~7학년 청소년에게 제공되었다. 결과 에서는 불안, 내재화 문제, 스트레스, 주의력에 대해 큰 효과크기를 보여 주었다. 타당성과 수용 가능성을 보여 주었음에도, 통제 조건 또는 비교 조건을 포함하지 않은 사전-사후 준실험 설계 연구로 수행된 연구 조건으로 인해 확고하게 도출할 수 있는 결론은 거의 없다고 할 수 있다.

루 등(Lu et al., 2019)은 대기자 명단 통제 집단 연구에서 MBCT와 MBSR 절차를 기반으로 매주 1시간씩의 회기로 운영하는 맞춤형 8주 마음챙김 프로그램을 제공하고 그 효과를 평가했다. 이 집단 회기에는 마음챙김 식사, 바디 스캔, 실리퍼티(점탄성을 지닌 점토 형 장난감-역자 주)를 이용한 마음챙김 작업, 집단 토론이 포함되었 다. 또한 이 프로그램은 청소년들이 30~45분 동안의 과제도 하도 록 요구했다. 대기자 명단 통제 집단과 비교했을 때, 마음챙김 집단 참가자들은 15개 문항으로 구성된 중국어 수정판의 마음챙김 주의 자각 척도(Mindful Attention Awareness Scale: MAAS)를 통한 측정에 서 마음챙김 수준이 유의하게 증가했으며 사회적 불안과 자살 사 고는 감소했다. 이 연구는 더 나은 통제 조건을 제공하기는 했지만, 대기자 명단 설계와 일반적인 방법론적 편향(자기 평정 척도만을 활 용), 마음챙김 척도로 MAAS를 사용했다는 제한점이 있어서 여전히 연구 방법상 단점이 존재한다.

요약하면, 아동·청소년의 불안이 마음챙김 훈련에 반응할 수 있다는 낙관적인 견해에 근거를 제공하고 있지만, 데이터는 최소한의 수준이며 주로 예비 연구 또는 타당성 연구에서 제공된 자료뿐이다. 방법론적으로 튼튼한 무작위 대조 실험(RCT)이 이 연구 분야의 다음 단계에서는 시행되어야 할 것이다.

우울에 대한 마음챙김 기반 프로그램

조이스 등(Joyce et al., 2010)은 학교 기반 연구에서 10~12세 아동에게 10주간 45분 회기의 맞춤형 마음챙김 프로그램의 효과를 평가했다. 이는 통제 집단이나 비교 집단이 없는 사전−사후 연구였으며, 교사는 기존 교실 환경 내에서 가능한 최선의 방법으로 교육과정 자료를 제공하는 방식으로 프로그램을 제공했다. 결과에서는 아동 우울증 검사(Children's Depression Inventory: CDI; Kovacs, 2003)에서의 아동 자기 평정 우울 점수가 감소한 것으로 나타났다. 데이터에서는 마음챙김 프로그램의 긍정적 효과를 암시하고 있지만, 이 연구는 효과에 대한 결론을 배제해야 하는 연구 설계 측면의 제한점을 가지고 있다.

라우와 휴(Lau & Hue, 2011)는 예비 연구에서 홍콩의 14~16세 학생들을 대상으로 6주간의 마음챙김 프로그램의 효과를 평가했다. 이 프로그램은 안녕감과 스트레스 그리고 우울 증상에 목표를 두었으며 표준형 MBSR 프로그램을 바탕으로 문화적인 내용을 적용하여 수정한 프로그램이었으며 6주간 매주 2시간씩 진행되었다. 결과는 학생들의 자기 평정을 기반으로 했다. 통제 조건의 학생들과 비교했을 때, 마음챙김 훈련을 받은 학생들은 우울 증상이 유의하게 감소한 것으로 나타났다. 인지된 스트레스에서는 두 집단 사이에 유의한 차이가 없었지만, 안녕감의 일부 측면에서는 서로 다른 변화가 나타났다. 저자들은 적절한 결과 측정을 포함하고 일반적인 방법론적 편향을 피할 수 있는 엄격하게 통제된 연구를 통해 학교 환경에서 마음챙김 프로그램을 구현할 필요성을 언급했다.

쿠아켄 등(Kuyken et al., 2013)은 비무작위 타당성 연구에서 12~16세의 학생들을 대상으로 학교에서의 마음챙김 프로그램(Mindfulness in Schools Programme: MiSP)의 수용 가능성과 효과를 통제 집단의 학생들과 비교하여 평가하였다. 9주 프로그램인 MiSP는 학교의 표준 교육과정에 통합하여 보편적인 중재로 활용한 마음챙김을 가르치도록 설계되었다. 여섯 개 학교가 MiSP 교육에 참여했으며 각 학교마다 통제 집단 학교를 설정하였다. 결과에서는 MiSP의 수용 가능성이 높게 나타났다. 통제 집단과 비교했을 때, MiSP 훈련을 받은 사람들은 중재 직후 및 2개월 추후 관찰에서 우울 증상과 스트레스가 더 적었다고 보고했다. 일반적인 방법론적 편향 및 기준 편향(reference bias) 문제의 가능성은 추후 연구에서 다루어야 할 제한점이라고 할 수 있지만, 결과는 MiSP가 학생들의 내재화 문제를 줄일 수 있다는 사실을 지지하고 있다.

아메스 등(Ames et al., 2014)은 또 다른 수용 가능성 연구에서 청소년에 맞게 수정된 MBCT가 우울 증상에 미치는 영향을 평가했다. 이 연구는 참여한 11명의 청소년 중 7명만이 마음챙김 훈련을 완료한 아주 작은 규모의 연구였다. 정성적 자료에서는 프로그램이 참가자들에게 수용 가능하다는 결과가 나타났고 정량적 자료에서는 이 청소년 표본 집단을 대상으로 마음챙김 훈련이 우울 증상을 감소시킨 것으로 나타났다. 그러나 통제 조건 또는 비교 조건을 포함하지 않은 준실험 설계의 단점으로 인해 결과에는 다소 제한

점이 있다.

블루스 등(Bluth et al., 2016)은 최근 예비 연구에서 인종적으로 다양한 학생 집단에서 BREATHE 학교 기반 마음챙김 프로그램(Broderick, 2013)의 타당성과 수용 가능성을 보고했다. 마음챙김 프로그램은 14명의 학생에게 11회에 걸쳐 진행되었으며 훈련을 받지 않은 13명의 통제 집단 학생을 대상으로 프로그램의 결과를 비교하였다. 결과에서는 마음챙김 훈련을 받은 학생들의 자기보고에서만 우울의 감소가 나타났다. 결과는 고무적이며 더 큰 표본을 대상으로 연구를 반복해 볼 필요가 있다.

군집 무작위 대조 실험(cluster-randomized controlled trial) 연구를 실시한 라에스 등(Raes et al., 2014)은 학교 기반 청소년 집단을 대상으로 우울을 줄이거나 예방하기 위한 집단 마음챙김 프로그램의 효과를 평가했다. 마음챙김 프로그램은 표준형 MBCT와 MBSR 프로그램의 요소를 포함하고 있으며 과제와 함께 100분 회기를 주 1회 8주 동안 제공했다. 활성 조건 및 통제 조건의 학생들도 기초선, 마음챙김 훈련 후, 그리고 6개월의 추후 기간에 맞춰 우울에 대한 자기보고 결과를 제공하였다. 결과에서는 마음챙김 훈련을 받은 청소년 집단에서만 훈련 후 및 6개월 추후 관찰에서 우울 증상이 통계적으로 유의미하게 감소하였다. 이 연구는 우울이 있는 청소년을 위한 마음챙김 기반 훈련을 수행한 잘 통제된 실험이었다고 할 수 있다.

요약하면, 아동·청소년의 우울에 대한 마음챙김 기반 프로그램의 연구는 상당한 타당성과 수용 가능성을 보여 주고 있다. 그러나 현재의 자료는 마음챙김 훈련이 우울 증상에 대해 효과가 있다는 점은 긍정적으로 나타내고 있지만, 특히 아동·청소년 임상 집단을 대상으로 잘 통제된 연구를 진행할 필요가 있다.

다양한 조건에서의 마음챙김 기반 프로그램

청소년이 처한 다양한 조건에 대해 MBSR의 효과를 평가한 연구
도 다양하게 보고되었다. 예를 들어, 비겔 등(Biegel et al., 2009)은
수정된 MBSR 프로그램의 효과를 연구하면서 평소와 같은 치료를
받는 대기자 명단 통제 조건과 비교하여 평가하는 RCT 연구를 수행
하였다. 참가자들은 외래 소아청소년 정신건강의학과 진료소에 다
니는 14~18세의 아동·청소년이었다. 연구 시작 시기에 모든 참가
자가 정신건강의학과 치료를 받고 있었다는 점을 감안할 때, MBSR
훈련은 활성 조건에 있는 사람들에게 표준 치료에 대한 보조적 수
단으로 제공되었다고 볼 수 있다. 8주간의 MBSR 과정은 하루 종일
수행하는 명상이 아닌, 매주 20~35분의 마음챙김 활동을 총 2시간
정도 실시하는 방식이었다. 사전 검사와 사후 검사 그리고 3개월
후의 추후 관찰에서 광범위한 영역에 대한 자기보고를 통해 평가를
실시하였다. 통제 조건과 비교하였을 때 MBSR 집단의 청소년은 불
안과 우울 그리고 신체적 고통의 증상이 감소하였으며 자존감과 수
면의 질은 증가한 것으로 보고되었다. 일반적인 방법론적 편향에
대응하기 위해 조건에 관한 정보를 가지지 않은 임상가가 청소년의
상태를 평가하기도 했다. 임상가들의 평가에서 MBSR 참가자는 통
제 집단 참가자에 비해 연구가 진행되는 동안의 진단에서 더 나아
진 모습을 보인 비율이 더 높은 것으로 나타났으며 전반적인 기능
역시 유의하게 증가한 것으로 나타났다. 이 연구는 광범위한 청소

년 정신건강이라는 변수에 대해 MBSR이 유익한 효과가 있을 것이라는 근거를 제공하였다. 그러나 이러한 결과는 대기자 명단 설계의 한계와 정신건강의학과 치료 및 MBSR 훈련의 상호작용 효과의 가능성으로 인해 신중하게 해석해야 할 것이다.

시빙가 등(Sibinga et al., 2013)은 활성 비교 조건을 갖춘 소규모 RCT 연구에서 아프리카계 미국인 7학년 및 8학년 남학생 42명을 대상으로 수정된 MBSR 프로그램의 효과를 검증하였다. 활성 비교 조건에 참여한 아동들과 비교하였을 때, MBSR 집단 아동들은 마음챙김 훈련 후 불안과 반추적 사고가 감소한 것으로 나타났다. 프로그램의 사전-사후 비교에서는 타액에서 추출한 코르티솔 수치 비교에서 MBSR 조건에 참여한 아동들은 스트레스가 안정적으로 유지되었지만, 활성 비교 집단에서는 스트레스가 증가한 것으로 나타났다. 300명의 5~8학년 도시 공립학교 학생을 대상으로 대규모로 복제된 연구에서도 유사한 결과가 나타났다(Sibinga et al., 2016). 통제 집단과의 비교에서 MBSR 프로그램에 참여한 집단은 신체화, 우울, 부정적인 감정, 반추적 사고, 자기 적대감 및 외상 후 증상의 심각도 수준이 유의하게 낮아졌다. 여러 정신건강 평가 척도가 자기보고식이라는 점을 고려할 때 보고된 자료에 일반적인 방법론적 편향은 있을 수 있다.

소규모 타당성 연구에서 베넷과 도르지(Bennett & Dorjee, 2016)는 종단 비동질 집단 설계 연구에서 MBSR이 16~18세 학생의 우울과 불안 그리고 학업 성취도에 미치는 영향을 평가했다. MBSR 훈련에 대한 출석률은 높게 나타났고(94%), 이탈률은 낮았으며(11명의 참가자 중 1명 이탈), 대부분의 참가자(90%)가 자신이 경험한 과정을 다른 이들에게도 추천하고자 했다. 통제 집단과의 비교에서

MBSR 집단의 사람들은 사후 검사와 3개월 추후 관찰에서의 더 낮은 우울 점수를 보였고 불안 점수는 추후 관찰에서만 더 낮게 나타났다. MBSR 집단에서는 학업 성취도에도 중간 정도의 효과가 나타났다. 예비 연구의 결과는 긍정적이지만, 표본의 크기와 설계의 제한으로 인해 일반화할 수 있는 결론은 도출되지 않았다. 마지막으로, 심각한 정신건강 문제가 있는 청소년을 대상으로 한 정성적 연구에서도 MBSR의 유익한 효과가 보고되었다(van Vliet et al., 2017). 반구조화 면담에서 나타난 주제에는 기분 개선, 자아와의 관계 강화, 자기통제력 증가, 문제 해결 개선, 현재에 대한 인식, 대인관계 강화가 포함되었다.

MBSR 외에도 다양한 조건을 가진 아동·청소년에게 여러 마음챙김 기반 프로그램이 활용되고 있다. 비커리와 도르지(Vickery & Dorjee, 2016)는 타당성 연구를 통해 7~9세 아동을 위한 8주간의 Paws b 마음챙김 프로그램의 수용 가능성과 정서적 안녕감의 변화 결과를 연구했다. 교사는 학교의 정규 교육과정 중에 마음챙김을 제공할 수 있도록 훈련하고 프로그램을 실시하였다. 연구에는 세 학교가 참여했으며, 두 학교는 마음챙김 훈련에, 한 학교는 통제 집단에 할당되었다. 모든 집단의 아동은 간단한 인구통계학적 설문과 네 가지 결과 평가 척도 및 수용 가능성에 관한 설문을 완료했다. 부모와 교사는 모두 지난 6개월간의 아동 실행 기능을 고려하여 실행 기능에 대한 평가 척도에 응답을 완성했다. 대다수의 참여 아동이 프로그램에 높은 수용도 점수를 보였으며 학교에서 마음챙김 프로그램에 계속 참여하고 싶다고 응답했다. 통제 집단과 비교하였을 때 마음챙김 훈련을 받은 아동들은 추후 관찰에서 부정적인 감정이 유의하게 감소하였으며 메타인지가 향상되었다. 연구의 결과가 고무적이기는 하지만, 이 연구는 아동의 비무작위 할당, 특정 학교를 활성 또는 통제 조건에 할당함으로 생기는 기준 편향 그리고 마음챙김 및 정신건강 평가 척도를 학생만이 응답함으로 생기는 일반적인 방법론적 편향과 같은 제한점을 가지고 있다.

존슨 등(Johnson et al., 2016)은 RCT 연구에서 학교 기반 마음챙김 프로그램인 Dot b가 어린 청소년의 불안과 우울 그리고 섭식장애 위험 요인에 미치는 영향을 평가하였다. 각 학교의 학급에서는 무작위로, 교실에서의 마음챙김 훈련과 집에서의 연습이라는 조건을 활성 및 통제 조건으로 할당하였다. 평가는 사전 검사와 사후 검사 그리고 훈련 후 11주차에 수행하도록 계획하였다. 훈련은 35~60분의 회기를 총 8회 제공하였다. 마음챙김 프로그램은 수용 가능성이 있는 것으로 나타났지만, 사후 검사와 11주의 추후 관찰에서는 두 조건 모두에서 결과 변수의 차등 효과가 없는 것으로 나타났다.

산타 마리아 등(Santa Maria et al., 2020)은 Dot b 프로그램에 대한 또 다른 평가를 통해서, 사전-사후 검사를 수행하는 준실험 설계 연구로 노숙을 하고 있는 사회 보호 대상 청소년에게 마음챙김 훈련을 제공했다. 쉼터 환경에서 청소년이 짧은 시기만을 체류한다는 점을 감안하여, 훈련은 2.5주의 기간에 다섯 번의 회기로 전달되었다. 청소년들은 마음챙김 프로그램과 프로그램 전달 양식의 수용 가능성을 높게 평가했으며, 자기보고를 통해 좌절, 들뜸, 스트레스, 우울, 권태, 마음챙김에서 훈련 후 상당한 차이를 보여 주었다. 이 연구는 표본의 크기가 작고 준실험 설계를 활용했다는 제한점을 가지고 있다.

요컨대, 모두는 아니지만, 다수의 집단 연구는 다양한 조건의 청소년 정신건강 및 기타 상태에 대한 마음챙김 기반 프로그램의 효과에 관해 긍정적인 결과를 보고하였다. 기존 연구는 주로 타당성과 수용 가능성을 다루고 있었으며, 향후 연구에서는 RCT 연구를 통해 활성 비교 집단 또는 통제 집단을 활용하여 마음챙김 기반 프로그램의 효과를 더 나은 방식으로 평가해야 할 것이다.

물질 남용에 대한 마음챙김 기반 프로그램

키에사와 세레티(Chiesa & Serretti, 2014)는 중재 연구에 대한 체계적인 검토 연구에서 마음챙김 기반 중재가 대기자 집단, 비특정적 교육 지원 집단, 일부 특정 통제 집단과 비교하여 알코올, 코카인, 암페타민, 마리화나, 담배 및 아편제를 포함한 여러 물질의 남용을 줄이는 데 효과적이라고 결론 내렸다. 또한 일부 연구에서는 마음챙김 기반 중재가 이러한 물질에 대한 갈망을 줄이는 데에도 효과적일 수 있다는 암시가 있었다. 그러나 이러한 연구는 연구의 방법론적인 견고함이라는 측면에서 여러 요구 사항이 남아 있는 채로 결론을 제시하였다. 또한 현재 여기에서 다루고 있는 내용과 관련하여 주목할 측면은, 검토된 24개의 연구 모두가 성인 참가자를 포함했다는 점이다. 청소년을 위한 마음챙김 기반 중재는 여전히 흔하게 나타나지 않으며 바로 활용할 수 있는 프로그램도 거의 없다.

히멜스테인(Himelstein, 2011)은 초기 연구에서 48명의 수용 시설 청소년을 대상으로 한 맞춤형 8주 마음챙김 기반 물질 남용 프로그램의 공개 시험 결과를 보고했다. 마음챙김 훈련은 참가자 8~12명

으로 구성된 집단 형식으로 진행되었으며, 주 1회 90분 회기로 제
공되었다. 결과에서는 출석률(80%)과 참가자의 수용 가능성 측면
모두에서 수용 시설 청소년들에게 마음챙김 집단을 운영하는 것
이 실현 가능한 수준으로 나타났다. 충동성은 감소하였으며 물질
남용의 위험성 인지는 사전에서보다 사후에 더 증가했다. 연구 설
계의 한계와 일반적인 방법론적 편향(참가자의 자체 평가)을 감안할
때, 소년원 환경에서 마음챙김 기반 프로그램을 활용하는 것이 실
현 가능하다는 정도로 결론을 제안할 수 있지만, 이러한 발견 자체
도 상당히 유망한 것이라고 할 수 있다. 이와 같은 종류의 연구들
은 마음챙김 훈련이 심리치료에 부가적으로 활용되는 방식을 포함
하여 다양한 변형으로 보고되고 있지만(예: Himelstein et al., 2012,
2015), 청소년 시설 퇴원 후 참가자의 물질 남용에 실제로 어떤 영
향을 미치는지에 관한 자료를 포함한 연구는 나타나지 않고 있다.

　여섯 개의 학교의 여러 학급에 걸쳐 13~17세 청소년 468명 중
404명이 참가한 3군 RCT 연구를 통해 마음챙김 명상의 부가적인
효과가 평가되기도 하였다(Patton et al., 2019). 세 가지 집단에는 보
편적 인지행동치료(Cognitive-Behavioral Therapy: CBT)에 점진적
근육 이완을 통합한 중재 집단, CBT와 마음챙김 명상을 통합한 중
재 집단 그리고 평가만을 수행한 통제 집단이 포함되었다. 중재는
110~210분(평균 173분)의 회기로 구성되었으며, 훈련은 8~23명
의 학생으로 이루어진 집단에 제공되었다. 결과는 학생들이 자기
평정을 통해 완료하였으며, 응답에는 80분이 소요되었다. 평가는
훈련 전과 훈련 후 그리고 3개월과 6개월의 추후 관찰에 걸쳐 4회
로 계획되었으며 알코올 사용, 알코올 관련 인지, 충동성, 가족 화
목, 마음챙김이 포함되었다. 결과에서는 두 가지 적극적 중재가 모

두 알코올 소비율을 낮추고 알코올에 대한 기대를 부정적인 것으로 전환하는 데에 도움이 되는 데 유사한 효과를 보이기는 하였지만, 마음챙김과 음주 거부 자기효능감 또는 충동성에는 효과가 없는 것으로 나타났다. 본질적으로, 측정된 변수에 대한 마음챙김 명상의 추가 효과는 나타나지 않았다. 이 연구는 잘 통제된 연구였지만, 심리학 전공 대학원생들이 중재를 전달했으며 마음챙김 중재에 관한 기술이 충분하지 않아 연구를 복제하여 수행하기 어렵고 훈련시간이 너무 짧으며 모든 결과가 자기 평정(일반적인 방법론적 편향이 혼재 요인이 될 수 있음)이라는 점에서 제한이 있을 수 있다. 또한 이 연구에서 활용된 마음챙김 평가 척도는 마음챙김 그 자체보다는 알아차리고 행동하는 것을 측정하고자 하는 측면을 분명한 암시로 드러냈다.

요컨대, 아동 · 청소년 인구의 물질 남용 또는 중독에 대한 마음챙김 기반 프로그램 연구는 아직 거의 시작되지 않았기 때문에 현재 상태에 관해 많은 이야기를 할 수는 없다. 청소년의 흡연(Pbert et al., 2020)과 섭식장애(예: Atkinson & Wade, 2015)와 같은 영역에서 중재 연구가 산발적으로 나타나고 있지만, 현재 의미 있는 분석 연구를 수행하기에는 충분하지 않다.

스트레스에 대한 마음챙김 기반 프로그램

스트레스는 우리 삶의 평생 동안 주기적으로 발생한다. 스트레스는 어느 정도까지는 우리가 삶의 기복에 의미 있는 방식으로 대응하도록 활력을 줄 수 있지만, 만성화되면 정신건강 문제로 이어질 수 있다. 아동 · 청소년의 경우 불화나 이혼 등의 가족 문제와 학업 요구와 따돌림 그리고 학업 성취에 대한 불안 등이 만성 스트레스로 이어질 수 있다. 또한 청소년기의 발달 및 사회적 변화는 청소년들에게 만성 스트레스를 유발할 수 있다. 전국 단위의 연구에서 10대들은 짜증이나 화를 내거나, 긴장하거나, 불안해하는 것을 포함하여 스트레스의 정서적 · 신체적 증상을 경험했다고 보고했다 (American Psychological Association, 2014). 만성 스트레스가 정신건강 문제의 전조가 될 수 있다는 점을 감안할 때, 이러한 스트레스는 아동 · 청소년을 대상으로 한 마음챙김 기반 프로그램의 목표가 될 수 있다. 우리는 전반적인 문제를 다루기 위해 이러한 연구에 관해서 간략하게 언급하고자 한다.

멘델슨 등(Mendelson et al., 2010)은 타당성 연구에서 도시 공립학교의 4학년과 5학년 학생 97명을 대상으로 12주의 학교 기반 마음챙김 및 요가 프로그램을 도입했다. 결과에서는 프로그램의 타당성이 있으며 학교와 교사 그리고 학교 관리자들이 충분히 수용할 수 있는 것으로 나타났다. 또한 연구의 결과 자료에서는 학생들이 스트레스로 인한 반추적 · 침습적 사고와 정서적 각성을 줄일 수 있는 것으로 나타났다. 유사한 연구에서 화이트(White, 2012)는 공립학교의 4~5학년 여학생 155명에게 요가를 통한 마음챙김 훈련을 제공했다. 8주 프로그램은 매일 10분의 과제가 포함된 집단 형식으로 매주 1시간 동안 실시되었다. 통제 집단과의 비교에서 마음챙김 집단의 학생들은 스트레스 수준과 대처행동 빈도에서 더 나아진 모습을 보고했다. 코스텔로와 라울러(Costello & Lawler, 2014)는 탐색적 연구에서 63명의 초등학생(11~12세)을 대상으로 5주간의 맞춤형 학교 기반 마음챙김 중재의 효과를 평가했다. 지각된 스트레스 척도(Perceived Stress Scale; Cohen et al., 1983)에서 아동의 스트레스 점수가 크게 감소하였지만, 스트레스의 절대적 수준은 여전히 높았다. 반 데 웨이어-벌즈마 등(van de Weijer-Bergsma et al., 2014)은 스트레스 예방 연구에서 8~12세의 초등학생 208명을 대상으로 학교 기반 마음챙김 훈련 프로그램의 효과를 평가했다. 6주간의 마음챙김 프로그램의 30분 회기로 12회 실시되었다. 결과에서는 자기보고 및 부모 보고를 기반으로, 아동의 스트레스와 안녕감 그리고 행동 측면에서 마음챙김 프로그램이 예방적 효과가 있는 것으로 나타났다. 이 연구가 비특정적 요인에 대한 적절한 통제와 함께 강력한 RCT 연구로 재현될 수 있다면, 그 연구 결과가 아동·청소년을 위한 학교 기반 마음챙김 프로그램이 공중보건에 미치는 영향을 제안할 수 있을 것이다.

결론

우리는 현재 연구 문헌들을 통해 마음챙김 기반 프로그램이 성인의 다양한 정신건강 장애를 개선하는 데 효과적이라는 점을 이미 알고 있다. 아동·청소년을 대상으로 한 유사한 연구는 이제 막 등장하고 있다. 현존하는 연구는 이러한 모집단을 대상으로 상대적으로 빈약하게 존재하고 있으며 대부분의 연구가 예비적인 단계에서 여전히 타당성과 수용 가능성을 검증하는 단계에 있는 것으로 보인다. 불행하게도 타당성 연구조차도 연구 방법이 다소 약하고 다양한 필수 구성요소를 확실하게 평가할 수 있는 설계가 반영되지 않은 경우도 많았다. 추후 연구에서는 보웬 등(Bowen et al.,

2009)이 제안한 바와 같은 타당성 연구의 모델을 갖추고 수행되어
야 하며, 이를 통해 그 결과를 RCT 연구의 개발을 통해 더 발전시
킬 수 있을 것이다. 현재 검토 가능한 연구들 내에서는 마음챙김 기
반 프로그램이 아동 · 청소년의 정신건강에 긍정적인 영향을 미친
다는 점이 강력하게 시사되고 있다. 그러나 방법론적인 측면에서
는 소수의 RCT 연구들조차 주요한 제한점이 존재한다. 이 모든 점
을 감안하여 보면, 이 분야는 정신건강 문제가 있는 아동 · 청소년
을 대상으로 한 차세대 연구를 진행하기에 충분한 근거를 모았다
고 할 수 있다.

제3부

마음챙김의 실제

제8장   아동에게 마음챙김 가르치기

제9장   청소년에게 마음챙김 가르치기

제10장 부모, 돌봄종사자, 교사에게 마음챙김 가르치기

아동에게 마음챙김 가르치기

모니카 M. 잭맨(Monica M. Jackman)

서론

최근 학교 내 명상 프로그램이 증가되기 시작하였으며, 초기 연구는 아동을 대상으로 명상보다는 요가에 더 중점을 두었다(Erwin & Robinson, 2016). 이러한 연구에서는 아동의 집중력과 주의력 향상, 자기조절, 사회정서학습에서의 효과가 나타났다. 다만, 연구의 방법론적 한계가 있었고 이에 결과 또한 주의해서 해석해야 하지만, 분명한 것은 연구를 통해 아동도 마음챙김 요가와 기본 명상 수련을 포함한 여러 명상 수행을 배울 수 있다는 점이다(Greenberg & Harris, 2012; Razza et al., 2015).

보다 잘 통제된 최근의 연구들은 아동이 여러 마음챙김 활동을 배울 수 있음을 보여 주고 있다. 일련의 소규모 연구 중 MindUP™

(Hawn Foundation, 2011) 프로그램은 아동·청소년에게 마음챙김을 성공적으로 가르칠 수 있음을 보여 주고 있다. 예를 들어, 쇼너트-라이힐 등(Schonert-Reichl et al., 2015)의 연구에서 4학년 및 5학년 학생(연령 범위: 9~12세)을 대상으로 무작위 대조 실험을 통해 프로그램이 시행되었다. 티에리 등(Thierry et al., 2016)의 연구에서는 유치원 아동(평균 연령: 4.56세)에게 이 프로그램이 시행되었고, 티에리 등(2018)의 연구에서는 유치원 취원 전의 유아에게 더 짧은 버전의 마음챙김 프로그램이 시행되었다. 기본적으로 MindUp은 마음챙김 실천을 돕는 사회정서학습 프로그램이다. 티에리 등(2016)은 MindUp 프로그램의 15개 주제를 4개 단위로 구성하여 적용하였다. 1장('마음을 가라앉히고, 선명하게 주의 기울이기')은 뇌, 마음챙김 소개, 알아차림에 집중하기의 세 가지 활동으로 구성되어 있다. 2장('우리의 감각들')은 마음챙김 듣기, 마음챙김 보기, 마음챙김 냄새 맡기, 마음챙김 맛보기, 마음챙김 운동 1, 마음챙김 운동 2와 같은 여섯 가지 활동으로 구성되어 있다. 3장('실질적 적용: 비판적 사고 및 문제 해결을 위한 구성요소')은 조망 수용, 긍정적 관점, 행복한 경험과 같은 세 가지 활동으로 구성되어 있다. 4장('세상을 품은 마음챙김')은 감사함, 친절한 행동, 공동체 내에서의 마음챙김 행동과 같은 세 가지 활동으로 구성되어 있다. 앞의 내용에서 알 수 있듯, MindUP은 마음챙김에 기반한 여러 가지 경험적 활동으로 구성되어 있으며, 연구에 따르면 미취학 아동도 쉽게 마음챙김을 배울 수 있다.

플룩 등(Flook et al., 2010)은 2학년 및 3학년 아동(즉, 7~9세) 대상의 8주 InnerKids 프로그램을 소개하고 있다. 이 프로그램은 연령을 고려한 다양한 게임과 활동으로 구성되어 있다.

① 아동·청소년의 현재에 대한 자각 능력 및 내면의 경험(자신의 경험)과 외부 경험(다른 사람의 경험) 및 그 둘을 구분하고 자신의 경험(내면의 경험, 외부의 경험)에 대한 감각적 인식을 증가시키는 것을 목표로 한다. 그리고 ② 친절감, 연민, 균형감, 그리고 협력적 태도를 목표로 한다. (p. 84)

InnerKids는 4개의 주제로 구성된 다중 회기 프로그램으로, 1장은 호흡에 대한 주의를 통한 내적 경험의 알아차림, 2장은 감각 경험에 대한 주의를 통한 내적 경험의 알아차림, 3장은 생각과 감정에 대한 주의를 통한 내적 및 외적 경험의 알아차림, 4장은 상호 연결감 및 영향력을 중심으로 이 둘을 융합하지 않고 내적 경험 및 외적 경험을 알아차림하도록 구성되어 있다. 각 장에는 마음챙김의 자각 및 친절과 관련된 실질적 활동들이 포함되어 있으며, 1~4장 모두 차례대로 시행된다. 이 프로그램에는 많은 활동이 포함되어 있으며, 아동이 배우고 적용하기 쉬운 활동들로 구성되어 있다.

플룩 등(2015)의 무작위 대조 실험에서 공립학교 내 미취학 아동을 대상으로 한 12주 Kindness Curriculum(KC)에서도 그 효과가 검증되었다. 가장 최근 버전의 KC(Healthy Minds Innovations, 2017)는 8가지 주제 아래 24개의 활동으로 구성되어 있다. 구체적으로, 1장은 마음챙김의 신체 감각 및 친절함의 씨앗 심기, 2장은 내면의 감정 느끼기, 3장은 내면의 느낀 감정을 밖으로 표현하기, 4장은 내면과 외부의 힘든 감정 돌보기, 5장은 차분하게 문제 해결하기, 6장은 감사하기, 7장은 모든 사람, 세상과의 연결감, 8장은 세상에 대한 감사와 보살핌이다. 이 프로그램에는 아동이 단계별로 배울 수 있는 풍부하고 다양한 마음챙김 기반 활동들이 포함되어 있다. 관런 근거가 입증된 실용적인 이 프로그램은 유치원에서 아동에게 마음챙김을 가르치기 위해 필요한 모든 도구를 교사에게 제공하고 있다.

또 다른 무작위 대조 실험에서 젤라조 등(Zelazo et al., 2018)은 마음챙김 성찰 더하기(Mindfulness Plus Reflection) 프로그램의 효과를 평가하였다. 이 프로그램은 마음챙김을 훈련받은 교사들이 두 학교의 저소득 가정 미취학 아동(47~63개월)을 대상으로 진행하였다. 이들은 소집단으로 나뉘어 교실에서 매일 30회, 총 6주 동안 마음챙김 프로그램에 참여하였다. 마음챙김 프로그램의 내용은 다음 14개의 주제로, 1장은 나를 알아 가기, 나의 호흡을 알아 가기, 2장은 몸을 통한 호흡 알아차리기, 3장은 바디 스캔 소개, 소리 명상, 4장은 바디 스캔 및 마음챙김 일지, 5장은 마음챙김 움직임과 전신 바디 스캔, 6장은 전신 바디 스캔 및 마음챙김 일지, 시리얼 박스(Cheerios box), 7장은 마음챙김 보기, 8장은 마음챙김 듣기, 계란상자게임(egg carton game), 9장은 마음챙김 만지기, '내 뒤에 뭐야?' 게임, 10장은 마음챙김 냄새 맡기 및 마음챙김 일지 작성하기, 11장은 마음챙김 맛보기, 12장은 상호 연결성, 책『쿠키를 쿠키 항아리에 넣은 사람은 누구일까?(Who Put the Cookies in the Cookie Jar?)』, 13장은 베이킹 소다와 물, 책『당신은 당신의 생각이 아닙니다(You Are Not Your Thoughts)』, 14장은 스노우 글로브/글리터 볼 활동으로 구성되어 있다. 이 연구에서 미취학 아동 또한 다양한 마음챙김 활동을 통해 마음챙김을 수련할 수 있음을 보여 주었다.

이 연구에서 아동의 안녕과 삶의 질 향상을 위한 다양한 마음챙김 기반 활동과 운동을 가르칠 수 있다는 강력한 증거가 나타났다. 그동안 논의된 많은 마음챙김 프로그램은 일반적으로 각 수업처럼

다른 내용들이 순차적이며 구조화된 매뉴얼에 따라 진행되는 경향
이 있었다. 이에 많은 내용이 아동의 실질적인 일상생활에 근접한
그리고 이들의 경험과 이들에게 친숙한 언어로 학업, 대인관계, 환
경 및 사회적 문제에 대한 반응을 다루기보다 마음챙김의 개념만
을 전달하고 있다. 가난, 사회 내에서의 인종차별, 능력주의 등으
로 인해 교육 환경에 만연한 차별, 불평등, 불공정을 감안하면 언
어 능력, 실행 기능, 과거 또는 현재 진행 중인 트라우마, 학습 스타
일의 차이로 인해 전통적인 마음챙김 기반 프로그램의 이점을 놓치
는 많은 아동이 발생하게 된다. 따라서 이 장에서는 3~5세의 취학
전 아동과 5~12세의 초등학생을 대상으로 하는 포괄적인 마음챙
김 기반 사회정서학습 프로그램을 통해 마음챙김 교육의 모범적 사
례로 그 개념적 틀과 세부 내용을 제시하고자 한다. 이 모델은 아동
의 상황을 유연하게 적용한 작업 기반의 형식으로 다양한 학습, 주
의력, 자기통제, 문화와 언어의 다양성을 그 내용으로 담고 있다.

OM 프로그램

오픈 마인드(OpenMind©: OM) 유치원 프로그램과 OM 초등학교
프로그램은 각기 다른 형식을 취하지만, 개념적 기반은 동일하다.
OM 프로그램은 마음에 대한 교육을 준비하고, 자기통제 및 자기
조절, 친사회적 행동 증진을 위한 기초적 기술과 하향식(top-down)
연습을 함께 다루는 이중 프로세스 접근 방식을 취하는데, 이는 문
화 전반에 걸쳐 이점을 가져다줄 것이다.

유치원과 초등학교 OM 프로그램에서 모두 다음 다섯 가지의 기

본적인 개념적 활동인 ① 교사들이 마음챙김을 구현하고 모델링할 수 있게 하고 교수법의 신뢰성을 높일 수 있게 해 주는 교사를 위한 마음챙김 훈련, ② 자기통제, 실행 기능, 참여의 증진, 자신의 삶에서 건강하고 균형 잡힌 습관을 기르고 관리할 수 있는 방법 배우기, ③ 개인적인 문제 혹은 교실 상황에서 요구되며 겪게 되는 문제에 대한 대응 방법의 연습, ④ 학습과 마음챙김 참여를 촉진하기 위한 실습과 발판 만들기, ⑤ 도전적 행동을 학습, 성장, 자율성, 집단과 친사회적인 교실 환경을 만들기 위한 기회로 전환하는 5단계의 과정을 다루고 있다.

개념적 기초

마음챙김과 사회정서학습(Social-Emotional Learning: SEL)의 핵심 개념은 OM 프로그램과 매우 긴밀하게 연결되어 있다. 사회정서학습 학술협회(The Collaborative for Academic Social and Emotional Learning, 2013)는 SEL을 자기인식, 자기관리, 사회적 인식, 대인관계 관리 및 책임 있는 의사 결정의 다섯 가지 역량으로 정의하였다. 조기 학습을 위한 사회정서적 기초 센터(The Center on the Social and Emotional Foundations for Early Learning)는 어린 아동의 학교 및 지역사회 적응을 촉진하는 능력으로 여섯 가지 기술인 자신감, 대인관계능력, 과제에 대한 집중력 및 지속력, 효과적인 감정 전달, 집중하고 경청하는 능력, 문제를 해결하는 능력을 제시하였다(Santos et al., 2012).

마음챙김의 태도인 주의, 알아차림, 현존하기, 판단하지 않기, 열린 마음과 태도는 곧 윤리적 존재 방식을 설명한다. 이 다섯 부분을 함께 다룰 때 아동의 사회정서학습 참여 및 삶의 질을 지원할 수 있다. 그리고 관련된 문헌 검토는 사회정서학습과 마음챙김의 운용상의 정의, 그리고 그 둘 사이의 연계성을 보여 준다.

기초 1: OM 지도자 명상 수행

OM 수행을 아동에게 효과적으로 가르치기 위해서는 지도자와 보호자가 마음챙김을 진정으로 실천하는 것이 중요하다. 어린 아동은 관찰 학습, 즉 어른이 마음챙김에 진정으로 참여하는 실제 사례의 모범과 예시를 통해 배울 수 있다. 또한 지도자가 마음챙김을 지속하기 위해 노력함으로써 개인적인 판단을 하지 않는 안전한 교육 환경을 조성하게 되어 아동과 관계 형성을 촉진하는 데도 도움이 된다. 이 장에 제시된 '지도자'라는 용어는 아동을 돕고 지원하는 모든 성인을 지칭하며 교사, 치료사, 멘토, 보호자 또는 가족 구성원을 모두 포함한다.

긍정적인 지도자와 아동의 관계 및 아동의 사회적·정서적 요구에 대한 지도자의 반응은 유치원에서의 학업 성공을 예측하는 요인이자, 학업 성취도를 향상시키는 요인으로 보고되었다. 교실 환경으로 인해 때때로 스트레스가 과도해지거나 압도당할 수 있으며, 지도자가 교실 환경의 한 구성원으로서 아동에게 참여적 존재감, 자기통제, 긍정적인 태도 및 친사회적 행동을 보여 주기 위해 마음챙김을 실천할 때, 아동은 스트레스와 문제에 대한 지도자의 마음챙김 반응을 관찰하는 것만으로도 성장할 것이다. 더욱이 지도자의 이러한 세심한 태도는 의도치 않게 아동에게 피해나 감정적 문제를 초래할 수 있는 표정, 목소리 톤, 신체 언어를 덜 사용하게 만든다. 이는 "어떤 사람이나 집단이 감정 상태와 행동적 태도를 의식적 또는 무의식적으로 유도함으로써 다른 사람이나 집단의 감정이나 행동에 영향을 미치는 과정"으로도 설명될 수 있다(Schoenewolf, 1990, p. 50).

OM 프로그램 지도자 명상 수행은 주의력, 집중력, 정서적 통제 및 정신적 유연성과 같은 실행 기능 기술을 구축하고 자각의 능력을 높일 뿐만 아니라 긍정적인 감정 경험에 대한 공감을 촉진하며 긍정적인 건강 습관을 확립하고 강화하도록 만들어졌다. 종합적으로, 이러한 수행은 지도자가 마음의 평정 상태를 만드는 데 도움이 될 수 있다. 마음의 평정 상태란 어려운 상황에 직면했을 때 안정과 평온함을 유지하고 쾌락을 쫓지 않고, 고통에서 도망치지 않는 능력을 말한다. 평정심은 거센 폭풍우 속에서도 강하게 자라는 나무, 즉 폭풍우가 지나면 바람에 꺾이는 것을 알지라도 그곳에 깊게 뿌리 내리는 나무와 같다.

일곱 가지 OM 마음챙김 활동은 무지개의 각기 다른 색상에 대한 설명을 통해 지도자가 색상에 따른 마음챙김 주제를 더 잘 기억할 수 있도록 돕는다. 무지개 또한 폭풍우의 한가운데 혹은 폭풍우가 몰아친 후 우리 삶에 펼쳐질 굉장히 아름답고 놀라운 것들을 상징한다. 일곱 가지 OM 명상 수행은 ① 자애 명상(빨간색): 사랑, 친절, 용서, 포용, ② 열린 주의 명상(주황색): 현재, 개방, 비판단적, 융통성, ③ 기쁨 명상(노란색): 즐거움, ④ 체화된 명상(초록색): 근거 있는 인식과 분별력, ⑤ 사마타(samatha) 명상(파란색): 평화로운, 고요한, 인내심, ⑥ 연민 명상(남색): 연민, 공감, ⑦ 감사 명상(보라색): 고마움, 감사함과 같은 일곱 가지 건강 웰니스 상태와 일치한다.

OM 지도자 명상 프로그램은 작업 기반 관점으로 개발되었다는 점에서 그 형식이 독특하나, 이는 일상생활에서의 작업적인 참여,

즉 의미 있는 일상 활동을 지원하는 데 명상이 사용될 수 있음을 의미한다. 일곱 가지 OM 명상 수행 각각에는 공식, 비공식 및 휴지(pause) 수련이 포함되어 있다. 공식적인 마음챙김 수련은 상향식 접근으로, 의도적이며 반복적으로 수행되는 명상을 통해 주의력, 집중력, 몰입 및 알아차림을 구축하는 방법을 제공한다. 비공식적 마음챙김 수련은 공식적인 마음챙김 명상 수련을 일상생활에 적용함으로써 마음챙김을 행동으로 옮기는 수단이다. 마지막으로, 휴지 수련은 일상생활에서 멈추고, 무슨 일이 일어나고 있는지 알아차리고, 다른 사람이나 우리 자신에게 해롭지 않은 반응을 선택하고, 긍정적인 습관을 의도적으로 구축할 수 있도록 돕는 방법을 제공한다.

기초 2: 하루 일과 속 수행

OM 프로그램은 직업에 기초한 교육을 가능하게 하고, 놀이, 수업 시간, 쉬는 시간, 자기관리 활동, 사회적 상호작용, 휴식 및 협력적 집단 학습과 같은 교실 하루 일과의 맥락에서 마음챙김을 전달하고 실행할 수 있다. 하루 일과(rhythm of life)라는 용어 또한 학습을 경험할 필요성이나 그 기회가 발생되는 일상 속 자연스러운 맥락에서의 활동들을 뜻한다. 예를 들어, 지도자는 자폐아동이 외모가 달라서 또는 손을 흔드는 것과 같은 독특한 상동행동으로 인해 또래 친구들에게서 배제되는 경우, 자애 수행과 비판단을 장려하는 활동을 소개할 수 있다.

수행 일정이 무작위이고 차단되지 않을 때 언어 습득, 운동 학습과 기술의 유지 및 일반화가 증가한다는 점에서 직업 기반 형식은 맥락적 간섭의 개념과 일치한다. 과제의 모든 측면이 더 높은 수준의 맥락적 간섭(즉, 과제가 자연스러운 맥락에서 수행될 때 발생하는 간섭)으로 실행되는 무작위 수행 일정은 이를 시도하는 동안 수행을 저하시킬 수 있지만, 수행하는 동안 더 나은 과제의 유지와 결과를 가져올 수 있다.

조기 학습을 위한 사회정서적 기초 센터(The Center for the Social and Emotional Foundations on Early Learning)는 개별화, 강도, 정규적 또는 자연주의적 실천, 사용 충실도, 문화적 감수성 및 능력을 포함하는 SEL 조기 학습 프로그램 구현을 위해 다섯 가지 기본 원칙을 개괄적으로 설명하고 있다. 놀이 참여, 수업 시간 내 지속적인 연습, 많은 과제 수행이 실행 기능 및 프로그램의 향상에 영향을 미치는 것으로 나타났다. 더욱이, 교실의 자연스러운 일과 속에 마음챙김 활동을 포함시킬 때, 학업 참여에 필요한 기초 기술을 향상시키고 일상생활의 다른 영역에서도 사회적·정서적 향상의 일반화를 위한 맥락을 제공할 수 있다. OM 유치원 프로그램에는 학기 중에 수행되는 열 가지 일일 수행이 포함된다. OM 초등학교 프로그램은 OM 지도자 명상 프로그램에 사용되었던 일곱 가지의 공식·비공식 명상 수련과 휴지 수련을 동일하게 사용한다. 해당 프로그램은 연령, 발달 및 학년에 따라 수정된다.

기초 3: 요구 수용 및 교육적 의미가 담긴 계획된 활동

OM 프로그램은 유연하고 구조적으로 설계되어 있어 지도자가 다양한 개인 및 집단 요구에 맞추어 대응할 수 있다. 따라서 기술을 구축하기 위한 정기적인 마음챙김 수행 외에도 OM 프로그램은 현재 순간의 문제를 해결하고 언어 및 읽기 쓰기 활동과 같은 학업 과제에 집중할 수 있는 구조화된 활동을 시행한다. 예를 들어, OM

유치원 프로그램의 두 가지 주요 일일 활동은 감정의 알아차림을 위한 감정 찾기 활동과 친사회적 행동 및 자기통제를 위한 멋진 나 (Super Me) 활동이 있다. 만약 교실에서 문제가 발생했고, 특히 자신의 어려움을 표현하는 것이 어려운 아동이 공격성과 불편감을 드러낸다면 지도자는 그 순간 잠시 멈추어 감정의 알아차림, 관점 수용, 문제 해결, 혹은 동화책, 인형, 대화형 시각 자료 및 교구재를 사용하여 친사회적 대안을 아동에게 가르칠 수 있다. OM 초등학교 프로그램은 일곱 개의 주제 및 마음챙김 활동을 통해 자기인식 및 감찰을 가르치며, 이는 각 학년 수준에 맞는 책 또는 짧은 글을 통해 그 개념을 익히고, 요약해서 말함으로써 언어 및 문해력 능력도 향상시킬 수 있다.

기초 4: 마음챙김 참여

OM 프로그램은 수많은 이론적 관점의 영향을 받았지만 프로그램 전달을 뒷받침하는 개념적 모델은 마음챙김 작업 참여의 모델이다. '작업'이라는 용어의 대중적인 의미는 일과 소명의 의미이지만, 작업에 대한 실질적 정의는 개인의 시간을 차지하는 의미 있는 활동이나 역할을 포함한다. 작업이란 정적인 기계적 업무가 아니라 사람, 물리적 환경, 사회적 환경, 그리고 개인의 동기, 목적, 의미, 가치의 변화에 의해 지속적으로 영향을 받는 문화적 맥락 사이의 다차원적 거래이다. 그리고 참여란 개인이 작업을 수행하는 방식을 말한다. 참여는 개인이 특정 과업에 자신을 투자하는 정도로 볼 수 있다. 작업 참여의 가치는 그 목적이나 결과가 아니라 마음챙김 그 자체와 마찬가지로 참여가 가져오는 주관적인 경험에 있다 (Hasselkus, 2006).

마음챙김 작업 참여(mindful occupational engagement)란 특정 결과에 대한 기대 없이 활동에 대한 매 순간, 열린 마음의 알아차림 및 비판단적인 참여로 정의될 수 있다(Jackman, 2014, p. 244). 마음챙김 참여는 능동적인 존재로 참여하고 있는 존재 상태이다. 그러나 때로 참여는 수동적일 수 있으며 일반적으로 목표 지향적인 작업이나 불쾌한 결과를 피하는 데 중점을 두게 된다. 학습에 참여하고 연결됨을 느끼는 아동은 참여하지 않는 아동보다 학업 성취도가 더 높게 나타났다. 이렇듯 참여는 관심과 인내에 의해 영향을 받는 것으로 보인다. 관심은 비자발적이거나(예: 새로움, 관심이 높은 활동에 의해 사로잡히고 유지됨) 노력에 의해 자발적일 수 있다. OM 수행 및 활동은 처음에는 비자발적인 관심을 끌 수 있는 활동을 통해 노력이 필요한 관심 활동을 실천하기 위한 방법이며, 마음챙김 참여로 사회정서학습을 위한 기회를 만드는 것을 목표로 구성되었다. OM 수행은 흥미로운 체험에서부터 즐겁고 흥미진진한 활동에 참여하기, 비판적인 관심 갖기, 우리의 삶에 의미를 주는 활동에 참여하기에 이르기까지 아동 및 지도자에게 경험적 관심(즐겁고 신나는 활동 참여)과 비판적 관심(우리 삶에 의미 부여 활동 참여)을 탐색할 수 있는 수단을 제공한다. 또한 유아의 사회적 능력은 긍정적인 참여와 자기조절의 맥락에서 개인적 목표의 성취를 위한 아동의 사회적 상호작용을 위한 효과 측면에서 정의된다. 따라서 OM 프로그램의 수행과 수업은 동기 부여와 참여를 높이기 위해 개별화된 교실 목표와의 연결이 중요하다.

알아차림 없이 또는 목표 지향에 중점을 두고 참여하거나 수행하는 사람과 주의 깊게 참여하는 사람을 관찰하는 동안 질적인 차이가 있다. 전자의 경우, 시간의 압박이 있거나 결과가 개인에게 무의미하다면 그 결과에 대한 기대가 스트레스를 유발할 수 있다. 과제 요구와 기술 또는 자극의 수준이 일치하지 않으면 지루함이나 좌절이 발생될 수도 있다. 마음챙김 참여의 과정에서 활동에 전념하는 동안 그 행위에는 즐거움과 강화가 있다. 즉, 보상은 참여에 내재되어 있으며 활동의 결과나 목표 달성에 의존하지 않는다. 각 아동의 실행 기능, 학습, 언어, 문화 및 인지적 차이가 고려되지 않는 순서화된 획일적인 수업 방법은 아동의 참여를 이끌지 못한다는 점을 감안할 때 지도자는 문제 해결을 돕고 마음챙김 참여를 더 촉진하기 위한 새로운 형태의 체계나 틀을 적용해야 한다.

CREATE(약어)는 마음챙김 활동에 강제적으로 참여하게 하거나 어떤 규정에 따라야 하는 것으로 접근하는 것을 재조정하기 위한 실질적 활동 체계를 제공하기 위한 것이다. CREATE는 의미 있는 삶의 질과 잠재력을 경험하기 위한 전체적이며 다양한 관점에의 참여 방법을 설명하고 있으며, 이는 성인과 아동 모두에게 적용할 수 있다. 이러한 요소를 다룰 때, 교사는 OM 수행 활동을 수정하여 각 아동의 관심, 동기 및 발달 측면이 고려된 개별화된 접근을 할 수 있다.

C: 선택(choice), 통제(control), 호기심(curiousity)

선택은 특히 자율성을 발휘할 기회, 즉 자신이 선호하는 것이 무엇인지, 무엇을 원하고 무엇을 필요로 하는지를 표현하는 데 어려움을 겪는 아동을 참여시키는 핵심적 요소이다. 아동은 종종 무력감을 느낄 수 있는 상황에 놓이게 되며, 선택과 통제의 기회는 동기와 능력을 향상시킬 수 있다. 아동에게 흥미로운 새로운 것들과 여러 감각적 활동을 제공해 주는 것은 아동의 호기심을 촉진한다. 기존 활동에 새롭거나 흥미로운 요소(예: 물건, 인형, 책)를 추가하면 아동의 호기심과 참여도를 높일 수 있다.

R: 대응(response), 후회 방지(regret prevention), 강화(reinforcement)

타인의 요구에 대한 현재 순간의 마음챙김 기억을 수련하는 것은 지도자에게 자극에 대한 과도한 반응이 아닌 적절한 대응 기술이 요구되기 때문이다. 지도자가 자극과 반응 사이, 마음의 공간이 있을 때 아동이나 또래, 부모에게 가장 자비롭고, 상황에 따라 유연하게 대응할 수 있게 된다. 따라서 이 요소의 두 번째 'R'을 우리가 '후회 방지'라고 부르는 것이다. 세 번째 측면은 아동의 노력과 친사회적 행동에 대한 긍정적 강화를 제공하는 것으로 아동의 신호와 행동에 대한 지속적인 인식과 관심이 필요하다.

E: 환경(environment)

아동의 참여를 촉진하기 위한 환경 구성에 대한 내용이다. 여기에는 물리적 환경(예: 온도, 감각 속성), 사회적 환경(예: 교실에 자원봉사자의 존재), 구체화된 맥락(예: 과거 트라우마의 촉발 경험), 시간적 맥락(예: 하루 중 시간)이 포함될 수 있다. 각 아동마다 매 상황별 또는 아동의 패턴, 습관 및 경향 등의 환경이 광범위하게 고려되어야 한다. OM 수행 및 활동은 학습을 지원하는 가장 적절한 환경에서 수행되도록 설계되었다[예: 놀이터, 개별화 교실(R+I), 스낵 공간, 대규모 집단 동아리 시간].

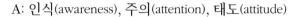

A: 인식(awareness), 주의(attention), 태도(attitude)

한 사람이 완전히 몰입하여 참여하기 위해서는 인식, 주의 및 긍정적인 열린 태도가 필요하다. 아동이 학습 활동으로 주의를 전환할 수 없거나 학습 과제의 중요한 측면을 인식하지 못하면 학습에 완전히 참여할 수 없게 된다. 열린 태도를 갖기 위해서는 유연성, 계획된 활동을 현재 순간의 필요에 맞게 조정하려는 의지, 매 순간을 성장과 참여의 기회로 볼 수 있는 능력이 필요하다. 이것은 아동에게도 적용된다. 지도자는 변화와 타협으로 고군분투하는 아동에게 유연한 태도를 보여 주고 강화할 수 있어야 한다.

T: 수행 능력(task demands)

도전과 수행 수준이 균형을 이룰 때 참여와 학습이 더 잘 일어날 수 있다. 너무 많은 도전은 불안을 유발할 수 있고 또 너무 적은 도전은 지루함을 초래할 수 있다. 마찬가지로 참여를 지원하기 위해서는 의미 있는 참여가 되게끔 아동의 능력에 적합하도록 세심한 과제 분석과 수정이 필요하다.

E: 에너지(energy)

아동의 에너지 수준을 파악하는 것은 이들의 참여를 이끄는 데 중요한 요소이다. 만약 아동이 너무 피곤해하거나 너무 흥분해서 해당 활동에 참여하지 못하면 참여를 이끌 수 없다. 지도자는 아동 또는 교실의 에너지 수준에 맞게 활동을 수정할 수 있어야 하며, 아동 또는 집단의 활동 수준에 맞게 더 주의를 기울이거나 이완되도록 지원하면서 참여가 이루어질 수 있도록 해야 한다.

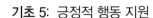

기초 5: 긍정적 행동 지원

OM 프로그램의 핵심은 문제행동을 보이는 아동의 경우 자기조절, 감정 조절, 감각 조절, 사회적 상호작용, 자기조절학습, 자기효능감, 자율성 및/또는 의사소통에 필요한 기술이 부족하거나 결핍되어 있다는 것이다. 이러한 문제는 종종 조직적 인종차별, 암묵적 편견, 능력주의에 의해 유발되는 차별, 불공평, 불평등의 문제로도 발생할 수 있다. 예를 들어, 소수 집단의 아동은 ADHD 진단을 덜 받고 흑인 아동은 백인 아동보다 트라우마, 문제행동 및 범죄 발생 비율이 높아 품행장애 진단을 받을 가능성이 더 높아진다. 미국 아동의 약 21%가 빈곤 속에 살고 있으며, 이러한 아동은 발달 지연, 스트레스 증가, 학업 성취 문제 및 자기조절 문제로 이어질 수 있다.

OM 프로그램은 아동의 도전적인 행동을 문제행동을 없애기 위한 기회로 보는 것이 아니라 성공과 삶의 질을 증가시키기 위한 기본 기술을 배울 수 있는 기회로 본다. OM 프로그램은 교실에서 이러한 어려운 상황이 발생할 때 아동을 도울 수 있도록 교사에게 5P 과정[준비(Prepare) 및 현존하기(be Present), 과정(Process), 문제해결(Problem-solve), 친사회적 활동(Prosocial Practice), 긍정적 칭찬(Positive Praise)]을 제공한다. 이 과정은 지도자가 어려움을 겪고 있는 아동이 하지 말아야 할 일 대신에 해야 할 일을 배울 수 있도록 지원한다.

종종 아동이 도전적인 행동을 하면 어른들이 불편함을 느끼고 아동의 행동과 감정을 제지시키려는 반응을 하게 된다. 아동이 공격적으로 행동하거나 누군가에게 상처를 주거나 파괴적인 행동을 할 때, 어른들은 이러한 행동을 개인적인 행동으로 간주하거나 아동의 규칙을 의도적으로 무시하거나 그 상황을 통제하려고 하기도 한다. 때로 아동이 도전적인 행동을 보일 때 어른들은 이러한 행동에 대한 반응으로 무시, 타임아웃 또는 처벌을 사용한다. 그러나 이러한 결과는 아동이 힘든 시간을 보내고 있거나 힘든 감정을 가지고 있을 때 오히려 사랑받지 못하고 수용받지 못한다는 메시지를 아동에게 보낼 수 있다. 또한 아동에게 부족한 기술을 가르쳐 문제 행동이 계속 발생하지 않도록 하는 방법을 제공하지 못하는 결과를 낳게 한다.

5P 과정은 다음 두 가지 주요 목표를 충족하기 위해 개발되었다. ① 도전적인 행동을 아동이 부족하거나, 대처 기술, 자기조절 기술 및 친사회적 기술을 아직 적절히 발달시키지 못하거나, 환경이 아동의 필요를 충분히 지원하지 못한다는 신호로 바라본다. ② 아동이 힘든 감정과 삶의 도전을 경험하고, 처리하고, 대처하고, 그들에게 발생하는 문제들을 해결할 수 있도록 지원한다.

준비(Prepare), 보호(Protect), 현존하기(be Present)

극도의 감정적 반응을 보이는, 고통 속에 있는 아동은 논리적 사고와 문제 해결을 담당하는 뇌 부분도 사용할 수 없다. 따라서 5P 개입 과정의 첫 번째 단계는 아동의 옆에 있어 주고, 평온하고 안전하며 연결되어 있다고 느낄 시간을 주는 것이다. 아동의 평온함을 돕는 전략에는 단계별로 심호흡, 위안이 되는 말이나 몸짓 제공, 조용하고 안전한 장소를 제공하는 것이며, 이는 시간과 공간에만 국한되지 않는다. 아동은 어른의 행동을 보고 따라 하듯 보호자나 교사가 먼저 자신의 상태를 인식하는 것이 중요하다. 만약 지도자가 먼저 평온한 상태에 이른다면 아동은 지도자와 같이 평온함을 느낄 가능성이 더 크다.

과정(Process)

일단 아동이 침착한 상태에 도달하면, 행동적 사건 이전, 도중, 이후의 감정에 대한 인식 과정을 도와주어야 한다. 아동이 그 상황에 관련된 다른 사람들은 어떤 관점이며, 어떻게 공감하는지를 배우기 위해 먼저 아동 스스로 자신이 어떤 감정을 느꼈는지 파악하도록 도와준다. 이것은 자기조절과 트라우마 개입의 핵심인 감정 파악(자신과 다른 사람의 감정을 확인하는 능력), 조절(어떤 것에 대한 반응을 통제하는 능력), 표현(감정을 의사소통하는 능력)을 다루는 것이다.

문제 해결(Problem-solve)

아동과 협력하여 문제행동을 유발하는 요인 및 그 행동의 결과물인 갈등을 해결하는 것이 가능한 여러 방법을 논의한다. 아동이 문제행동 대신 대안적인 방법을 배울 수 있도록 지원하고(예: 종이를 찢는 대신 도움 신호를 사용하여 도움을 요청) 아동이 이러한 행동을 교실 환경에서 일반화하도록 도움을 줄 수 있는 시각 자료, 재료 및 활동을 적용해 본다. 이 과정은 아동이 자신에게 부여된 자율성과 능력을 발달시키는 데 도움이 된다.

친사회적 실천(Prosocial practice)

이것은 아동이 실수나 상처를 주는 행동을 할 때조차, 지도자는 아동의 상처를 보듬어 주기 위해 긍정적인 행동을 할 수 있음을 가르쳐 주는 것이다. 이 과정은 아동 또한 자신의 행동으로 인해 상처 입었을 수 있는 다른 사람들에 대한 연민을 실천할 기회임을 인식하고 이를 경험하도록 지원하는 것이다.

칭찬(Praise)

아동의 긍정적인 행동에 언어적 칭찬, 감사 및 수용을 제공할 수 있다. 교사의 칭찬이 더 구체적일수록, 아동은 교실 또는 사회적 상황에서 자신이 어떤 긍정적 행동을 해야 하는지 더 정확하게 이해할 수 있음을 기억해야 한다.

OM 유치원 프로그램 구조

OM 유치원 프로그램은 미취학 아동을 위한 마음챙김 기반 사회정서학습 프로그램이다(Jackman, 2019a). OM 유치원 프로그램은 일상적인 수행과 보충 학습 활동을 통해 교실 환경을 변화시키고 학업 및 사회적 참여를 지원하기 위해 명시적 교육과 함께 일상생활에 근접한 직업 기반, 맥락적, 내포형 접근 방식을 적용한다. 충실한 이행을 위해 일일 실습 및 보충 학습 활동에 단계별 점진적으로 구축된 자세한 지침, 사례 예, 환경 및 발달적 고려 사항, 선택 활동이 포함되어 있다. OM 유치원 프로그램은 일상적인 수행 활동(Jackman, 2019a)과 보충 학습 활동(Jackman, 2019b)으로 구성되어 있다. 아동의 뇌는 많이 사용할수록 발달되며, 이에 아동의 역량과 상황을 고려한 반복적이며 경험적인 학습이 필요하다. 교사라는 직업에는 엄청난 양의 계획, 에너지 및 시간 관리가 필요하기 때문에 수업 계획과 일상적인 교실 일과를 통합할 수 있는 형식의 활동이 제공된다. 미취학 아동을 주로 가르치는 직업임을 고려했을 때, 놀이나 다양한 OM 유치원 프로그램으로 아동을 가르치기 위해서는 다감각적 실습 도구, 시각 자료, 노래, 이야기, 인형극 및 게임을 사용하여 아동에게 자기조절을 가르치고 이를 통해 사회정서적으로 향상시킬 수 있도록 해야 한다. 그리고 평소에 유치원에서 이루어지는 놀이, 사회, 수업 활동에 더해서 학업적 능력도 향상시킬 수 있도록 해 주어야 한다. 일상적인 수행 활동은 아동의 필요, 흥미, 동기를 고려하여 지도자들이 다양한 활동 중 선택할 수 있다.

구성

일일 수행 활동과 선택 활동은 매일 연습할 수 있도록 각각 열 개의 활동으로 구성되어 있다. 선택 활동은 발달 연령과 사회정서적 기술에 따라 진행된다. 그러나 이 순서는 아동이 다양하고 모든 사회정서학습 영역에 대해 동일한 발달 정도를 보이지 않기 때문에 반드시 따를 필요가 없는 단지 제안된 지침일 뿐이다. 교사는 각 교실의 아동 또는 각 아동에게 가장 적합한 옵션을 선택할 수 있다.

각 활동 설명은 구조화된 수업시간 및 일상생활에서 함께 사용할 수 있는 방법에 대한 정보와 교실에서 활동을 계획하고 수행하는 방법에 대한 지침을 모두 제공하고 있다([그림 8-1] 참조). 그 내용은 다음과 같다.

① 왜: 활동 목적 및 적용에 대한 간략한 설명
② 언제, 어디서: 활동에 도움이 되는 예시나 집단의 예(예: 대규모 집단 시간, 아동이 혼란감을 겪은 후 1:1 대면 상황), 발달적 준비 상태(예: 아동이 안절부절못할 때) 및 관련 동기 요인(예: 아동이 노래를 부르고 싶어 할 때)에 따라 유용한 활동의 제시
③ 어떻게: 아동이 활동에 참여하도록 지원하며 활동을 촉진하는

단계 제시

④ 재료: 각 활동에 필요한 용품과 재료의 제시

종소리에 주의 기울이기

왜: 이 수행 활동은 어린 아동과 명상을 처음 접하는 아동이 하나의 대상에 주의를 기울이는 경험을 할 수 있는 방법을 제공한다. 종이 울리는 첫 시작 소리와 소리가 멈출 때 소리에 초점을 두어 듣는 활동이다.

언제, 어디서: 대규모 집단, 소집단, 바깥 활동; 아동이 명상 경험이 없거나 몇 초 이상 초점을 두어 주의를 기울이는 데 어려움을 겪을 때

어떻게:

1. 종소리와 그것이 어떻게 울리기 시작했다가 서서히 사라지는지를 들려준다.
2. 아동에게 종소리에 집중하게 한 뒤 소리가 시작되면 손을 들게 하고, 종소리가 조용해지거나 소리가 멈추면 손을 내리게 한다. 이제 종소리를 들려주며 이 연습을 해 본다.
3. 아동의 흥미에 따라 이것을 반복하고 주의력이 증가됨에 따라 반복 횟수를 늘린다.
4. 변형: 종소리가 울리면 손을 들고 종소리가 멈추면 손가락을 코에 대 보라고 한다. 조금 더 어렵게 하려면 종이 울리지 않을 때 아동에게 손을 들거나 코에 손가락을 대 보도록 한다.

재료: 종

사회정서적 능력: 듣기, 알아차림, 지시 따르기, 집중, 주의, 억제 조절

[그림 8-1] 명상 연습

일일 수행 활동

일일 수행 활동은 아동이 자신과 다른 사람을 인식하고 현재 일어나고 있는 일에 주의를 기울이고 알아차리는 법을 배우는 데 도움이 된다. 사회정서적 능력이 향상될 때 우리는 친절과 연민으로 행동한다. 지도자와 아동이 일상생활의 일부로 이러한 활동을 연습할 때, 일상생활에서 마음챙김을 지원하는 습관이 될 수 있다. 일일 수행 활동이 규범적이거나 지도자가 주도하지 않고 아동 주도로 유지되도록 일부 활동은 매일 변경하거나 필요에 따라서는 교실의 하루 일과에 따라 수행되도록 계획되어야 한다. 다른 공식 활동에는 다양한 변화 양식(예: 노래 또는 시각 자료) 및 하루 일과(예: 하루 중 시간, 대규모 집단, 바깥 활동, 아동이 혼란을 겪은 이후)가 포함되어 일일 수행 활동을 계속 진행하면서도 교실의 요구 사항이 변화되는 것을 충족시킬 수 있도록 역동적인 활동들로 이루어져 있다.

지속적으로 이를 시행할 때, 매일 진행되는 공식적인 마음챙김 활동은 일상의 교실 일정에 자연스레 얽히고 지도자와 아동이 친사회적 행동을 인지하고 강화하는 환경을 구축하는 데 기여한다. 이러한 방식으로, 일일 수행 활동 구조는 상호 긍정적 행동 결과와 행위들(예: 나눔, 친절)을 낳게 한다. 즉, 공식적인 마음챙김 활동은 이기심에 따라 행동하는 인간의 경향에도 불구하고 사람들을 더 가깝게 만드는 데 도움이 되는 평정, 자애, 연민, 공감적 기쁨을 배양하는 데 기여한다. 또한 이러한 수행은 타인에게 피해를 입히거나, 남의 것을 빼앗거나, 불친절하거나 잘못된 말을 하는 등의 반사회적 행동을 감소시키는 데도 영향을 미친다.

매일의 공식적인 마음챙김 활동은 ① 명상(호흡 명상, 걷기 명상),

② 자애 명상, ③ 현재 순간의 마음챙김 알아차림과 주의 기울이기
를 위한 종소리 활동, ④ 마음챙김 요가와 신체 알아차림, ⑤ 감사와
연결감의 수행, ⑥ 친절과 연민 말하기, ⑦ 감정 찾기 활동, ⑧ 멋진
나(Super Me) 연습, ⑨ 나와 타인의 존재에 대한 인식, ⑩ 발바닥으
로 주의 옮기기 수행(Soles of the Little Feet and shifting practice)과 같
다. 이러한 활동은 모든 교실의 아동이 참여할 수 있도록 고안되었
다. 지도자는 하루 중 언제, 어디에서 아동이 마음챙김을 필요로 하
고, 수행할 수 있는지 결정할 수 있다. 〈표 8-1〉은 일상의 교실 환
경에서 발생하는 사건들이 오히려 사회정서적 기술을 실천하고 교

표 8-1　일일 수행 활동을 교실 환경에서 구현 및 통합함에 따라 증가시킬 수 있는 행동 및 사회정서적 기술의 개요

일일 수행	증가할 수 있는 아동 삶의 질 지표들	감소시킬 수 있는 도전적 문제행동들
명상 (A)	주의, 집중, 전념, 현재에 머무르기, 듣기, 몸의 움직임과 행동을 스스로 조절하기	가만히 앉아 있기 힘듦, 기다리기 어려움, 충동성, 꼼지락거리기, 쉽게 집중력이 흐트러지기, 스트레스
명상 (B): 걷기 명상과 안내된 움직임	몸의 움직임에 집중하고 알아차리기, 침착하게 몸이 움직이지 않도록 인지하기, 균형, 몸의 움직임과 속도 조절, 충동 조절하기	충동적인 움직임, 꼼지락거리기, 만족되지 않는 것을 어려워함, 몸의 움직임의 속도와 강도를 조절하기 어려움
현존해 있나요?	다른 사람들을 존중하고 다른 사람의 온전한 관심을 위해 만족을 지연시킬 수 있는 능력, '현존하기'를 이해하기	참을성 없고, 방해하고, 다른 사람의 시간을 존중하지 않은 채 관심을 요구함, 관심을 받기 위해 문제행동을 함
종소리 활동	교실의 활동들을 알아차리고, 지도자의 가르침에 집중하고, 스스로 지각하여 행동을 유발하는 요인으로부터 산만해진 주의를 전환시키기	지도자의 가르침에 집중이 저하되고, 교실에서 해서는 안 되는 행동을 하거나 소리 지르기, 부적절한 관심 또는 움직임을 추구하는 행동

마음챙김 요가	몸의 움직임과 균형, 힘, 움직임을 통제하고 있는 것을 알아차리고 집중하기	스트레스와 긴장, 꼼지락거리기, 가만히 있는 것을 어려워하고 몸의 움직임을 통제하는 것이 어려움
감정 찾기 활동	다른 사람들의 정서 인식하기, 정서적 조망하기, 정서에 대한 알아차림과 확인하기, 다른 사람들과 정서적 대화 나누기	고통감을 표현하는 데 어려워함, 다른 사람들의 감정을 인식하는 데 취약하고, 정서적 조망을 취하고 공감을 보이는 데 어려워함
멋진 나(Super Me) 연습	용서, 다른 사람들을 도와주기, 공유하고 주기, 듣기, 스스로 진정하기, 갈등을 해결하기, 친절한 말과 행동을 보이기, 다른 사람들을 편안하게 해 주기, 약속 지키기, 친구를 도와주기, 자기연민, 어려운 일의 해결을 위해 노력하기, 의미가 가득 담긴 사과하기	질투와 부러움, 거짓말, 나쁜 말 하기, 장난감을 가지고 싸우기, 투덜대기, 소리 지르기, 물리적 폭력 가하기, 이기적인 행동, 훔치기, 욱하는 행동 보이기, 스스로에게 부정적인 말 하기, 어려운 일에서 회피하기, 다른 사람에게 사과하거나 갈등을 해결하는 것을 어려워하기
자애 수행	다른 사람을 위한 조건 없는 보살핌, 다른 사람의 감정을 받아들이고, 다른 사람을 판단하지 않기	질투, 다른 사람을 용서하는 것을 어려워함, 싸우기, 다른 사람을 판단해 버리기, 다른 사람이 내 뜻에 따르지 않을 때 속상해하기
감사와 연결감 수행	감사하기(삶의 방식에), 다른 사람에게 감사하기, 내가 받은 것에 고마워하기, 삶에 대한 긍정적인 관점을 알아차리기, 사회적 연결을 알아차리기	불평불만, 다른 사람의 행동에 감사함이 부족한 것, 받은 것에 대한 감사를 표현하지 않는 것, 받을 자격이 있는 것에 대한 욕심, 이기적인 행동
친절과 연민 말하기	다른 사람의 행동에서 친절함과 인정을 알아차리기, 행동의 선택지 중에 긍정적인 것을 선택할 수 있기	고자질, 다른 사람을 향한 어른의 관심에 불평하기, 다른 사람의 부정적인 측면에 집중하기
발바닥으로 주의 옮기기 수행	감정적 충동에 반응하는 대신 힘든 감정과 도전을 긍정적인 감정으로 전환하여 고통을 줄이기	어려운 감정을 육체적 또는 언어적 폭력으로 반응하고 방해하는 행동하기

실 속에서 통합적으로 배울 수 있다는 관점을 제공한다. 이러한 행동들과 기술들은 학습과 발달을 향상시킬 뿐만 아니라 삶의 질을 향상시키는 데도 기여한다. 이 목록에는 매일의 연습을 통해 감소시킬 수 있는 문제행동들도 나열되어 있다.

OM 유치원 보충 학습 활동

지도자는 수업의 자연스러운 과정으로 OM 보충 활동을 통해 아동에게 마음챙김을 하며 사는 방법과 평정, 자애, 연민 및 기쁨으로 행동하는 방법을 가르치기 위해 일상적인 활동을 더 보완하고 향상시킬 수 있다. 이러한 활동은 아동이 개인의 안녕과 학업의 성취를 모두 얻도록 지원할 수 있는 사회정서적 기술을 구축하는 데 도움이 되며, 이는 여덟 개의 사회정서적 기술 영역으로 구성되었다. 개별 수준에서 아동을 돕는 것을 넘어 이러한 활동의 초점은 아동이 다른 사람을 돕고 다른 사람을 위해 세상을 더 나은 곳으로 만드는 방법을 배우도록 돕는 것이다. 많은 활동에는 유치원의 각 교실에서 흔히 볼 수 있는 미술, 음악 및 행동 양식이 포함된다. 또한 많은 활동이 학문적 주제 영역(예: 과학, 음운 인식, 문해력)과 지도자들에게 교수법의 전문성과 창의성을 사용할 수 있는 기회를 제공한다. OM 일일 수행 활동과 마찬가지로 각 섹션의 OM 학습 활동은 난이도에 따라 진행되도록 구성되어 있으며 지도자는 아동의 발달 수준과 흥미에 따라 활동을 배치할 수 있다. 아동의 학습, 이해, 개념의 유지를 고려한 활동은 다음과 같다. 아동은 개념이 이해, 학습될 때 성장할 수 있다는 점에서 각 영역의 친사회적 기술과 내용은 아동에게 이를 배울 수 있는 기회를 주고, 지도자에게도 이를 가르칠 수 있는 기회를 제공해 준다. 이러한 수행 활동은 교실 및 보조교사의 활동으로도 사용할 수 있다. 그들은 또한 나이가 많은 아동에게도 OM 수행을 적용하고 구현할 추가 기회를 제공할 수 있다.

OM 초등학교 프로그램

연구에 따르면 사회정서학습은 언어 및 문해력과 같은 학업 능력을 향상시킬 수 있다. 그러나 많은 SEL 프로그램은 학업 수업과 함께 비맥락화된 형식으로 제공된다. 많은 SEL 프로그램은 대개 언어가 주된 교육 형태로, 언어장애, 학습장애, 자폐스펙트럼장애 및 정서행동장애가 있는 아동의 학습을 지원해 주지는 못할 수 있다. 또한 짧은 글 읽기 프로그램은 종종 표준화된 마음챙김 지도법을 담고 있어, 그로 인해 학교 환경에서 인종 및 계급 불평등의 문제가 포함될 수 있다(Cummins, 2007; Darling-Hammond, 2007). 다양한 그림책과 같이 아동에게 친화적이고 정서적으로 참여를 이끄는 감정어휘와 친사회적 행동을 이야기의 맥락에서 가르치면 아동이 사회정서적 이야기 내에서 사회정서학습 기술을 쌓을 수 있으나, 오히려 전통적인 언어와 문해 프로그램은 대개 자연스럽게 사회정서학습을 할 수 있는 기회를 놓치게 만든다(Doyle & Bramwell, 2006).

OM 초등학교 프로그램은 일곱 개의 주제로 구성되어 있으며, 일곱 가지 사회적 특성(즉, 친절함, 개방적, 유쾌함, 근면함, 침착함, 연민, 감사함)뿐만 아니라 충동 통제, 집중 및 자기감찰 능력의 개발을 위한 일련의 교육과 활동으로 구성되어 있다. 각 구성은 모든 아동의 수준을 고려해 각 상황에 맞는 형식으로 수정되어 있으며, 어휘, 사회적 기술, 감정 인식, 스토리텔링, 쓰기 및 SEL 능력을 가르치기 위한 마음챙김 기반의 상향식 활동과 이야기 기반의 수업이 결합되어 있다. 또한 모든 장은 일반화를 위해 각 학교의 일과 동안 마음챙김 수행 기회를 제공하는 교실 속 활동이 포함되어 있다. SEL 및 어학 기술(예: 감정 인식 및 시각화, 서술적 재구성을 위한 자기참조, SEL 개념 및 활동과 관련된 어휘 II 가르치기)의 결합은 마음챙김과 관련된 활동을 주제별로 가르침으로써 집중, 주의, 참여도, 학습 준비 능력을 개발시킨다. 마지막으로, ESE(특수교육)에서의 차별적 접근 및 수정과 소그룹 수업, 치료 세션, 개별화 교실, 학습도움실 및 일반교육 교실에서의 활동을 모두 포함하고 있다.

OM 유치원 프로그램의 연구 성과

　OM 프로그램은 프로그램 시행에 대한 교사의 피드백과 실현 가능성 및 적합성에 대한 연구원들의 피드백, 그리고 지도자 및 학생의 성과들을 기반으로 계속해서 수정되고 있다. 이에 한국 유치원에서 시행한 보고를 포함하여 최신 OM 프로그램을 소개하고자 한다.

　잭맨 등(Jackman et al., 2019)은 군집 무작위 대조 실험으로 262명의 아동, 27명의 교사, 281명의 부모를 대상으로 한 OM 프로그램의 타당성, 수용 가능성 및 예비 효과를 평가했다. 아동은 교실에서 실험 집단(즉, OM 프로그램) 또는 활성 통제 집단(즉, 비교 프로그램)에 무작위로 할당되었다. 실험 집단의 교실은 Head Start 프로그램의 High Scope 커리큘럼에 포함된 OM 일일 수행 활동(Jackman, 2016a) 및 보충 학습 활동(Jackman, 2016b)을 실행하였다. 활성 통제 집단에는 신뢰 기반 관계 형성 프로그램 및 사회정서적 OM 프로그램의 비특이적 효과를 통제하기 위해 학습 개입이 시행되었다. 교사 교육은 두 집단에 걸쳐 통제되었다. 두 집단 모두 1년 동안 실시되었다. 교사들은 학교 정규 교육과정에서 OM 프로그램의 시행은 가능하지만 학교의 많은 업무로 인해 일상에서 명상 훈련의 시간을 마련하는 것에 어려움이 있다고 보고하였다. 교실의 통제 집단을 교사 평가와 비교할 때, 교실 OM 집단의 교사는 자기통제 개선, 신체 및 정서적 알아차림 향상, 자기진정의 증진, 다른 사람의 감정에 대한 공감 및 알아차림 향상 측면에서 아동의 향상을 보고하였다. 교사들이 평가한 OM 프로그램은 교육 현장에 매우 적용 가능하며 다른 유치원에 해당 프로그램을 추천할 의사가 있다고 평가하였다. 두 집단에게서 모두 긍정적인 아동의 결과는 있었으며, 특히 OM 프로그램에서 더 많은 이점을 보고하였다.

김 등(Kim et al., 2019a)은 한국 유치원에서 한국의 문화적 맥락을 고려하여 번역된 OpenMind-Korea(OM-K) 프로그램을 시행하였으며, OM 프로그램의 타당성과 수용 가능성을 평가하였다. 여섯 개 유치원이 무작위로 실험 집단(OM-K)과 통제 집단으로 나뉘어 연구에 참여하였다. OM-K 집단의 교사들은 1년 동안 OM-K 프로그램을 시행한 후 34개 항목의 타당성 설문지와 8개 항목의 수용 가능성 설문지를 완성하였다. 또한 개별 인터뷰를 통해 OM-K 프로그램에 대한 견해를 보고하였다. 교사들은 일상적인 마음챙김 활동 중 서너 가지를 규칙적으로 수행하고 가능하면 더 많은 활동을 추가적으로 시행하였다. 그들은 한국 유치원의 의무화된 누리교육과정에 OM-K 활동을 포함하여 시행하였다. 교사들은 각 교실에서 수용 가능한 공간과 아동에게 적합한 활동으로 프로그램을 시행하였다. 교사들은 OM-K 프로그램이 한국의 유치원 시스템 내에서 시행할 수 있을 만큼 적용 가능하다고 평가하였다. 모든 교사는 한결같이 이 프로그램이 교사와 아동 모두에게 긍정적인 영향을 미치기 때문에 다른 유치원 교사에게도 이 프로그램을 추천할 것이라고 보고하였다.

관련 연구에서 김 등(2019b)은 OM-K 프로그램의 사회적 타당성을 부모들이 평가하게 하였다. 사회적 타당성이란 목표에 대한 사회적 중요성, 프로그램에 대한 사회적 적절성, 교사와 아동에게 미치는 영향과 관련하여 부모의 견해를 평가하는 것을 말한다. 연구에 참여한 47명의 부모 중 40명이 일곱 개 항목의 사회적 타당도 설문지를 작성하였다. 참가자들은 OM-K 프로그램에 참석한 3, 4, 5세 아동의 부모였다. 결과는 대다수의 부모가 OM-K 프로그램이 특히 학교와 가정에서 자녀에게 유용하다는 점에서 긍정적인 것으로 평가하였다. 그들은 이 프로그램이 의도하지 않은 역효과 없이 간단하고 사용하기 쉬우며 자녀들에게 효과적이라는 것을 알게 되었다고 보고하였다. 이뿐만 아니라, 그들은 이 프로그램이 자녀들에게 적합하다고 생각했고 다른 부모들에게도 추천할 것이라고 했다. 김 등(2019a)이 보고한 결과와 함께, OM-K는 3~5세 아동의 교사와 부모 모두에게 받아들일 수 있는 프로그램으로 확인할 수 있었다.

무작위 대조 실험에서 김 등(2020)의 OM-K 프로그램은 유치원 아동의 감정 조절, 회복탄력성, 친사회적 행동에 대해 평가하였다. 네 개의 유치원 중 두 개는 실험(OM-K) 집단에 무작위로 할당되고 나머지 두 개는 통제 집단에 할당되었다. 실험 집단의 교사는 OM-K 프로그램을 실행하였고(N= 42명의 아동), 통제 집단의 교사는 평소와 같은 교육을 진행하였다(N= 41명의 아동). 분석에 따르면 통제 집단의 아동에 대한 교사 평가는 연구 시작(즉, 사전 실험 중)의 모든 변수에서 OM-K 집단 아동보다 유의하게 더 나은 결과를 나타냈다. 첫 번째 프로그램 시행 후 OM-K 집단의 아동은 모든 결과 변수에서 개선되었지만 통제 집단의 아동은 모든 변수에서 더 높은 평가 혹은 지속으로 유의미한 결과를 보였다. 그러나 두 번째 및 세 번째 프로그램 시행 후 OM-K 집단의 아동은 실시된 평가에서 통제 집단의 아동보다 유의하게 높은 점수로 평가되었다. OM-K 집단의 아동은 불안정성/부정성, 회복탄력성, 친사회적 행동에서 훨씬 더 높은 점수로 평가되었다. '적응 조절'의 경우, 통제 집단보다 OM-K 집단의 아동이 더 높게 나타났지만 통계적으로 유의한 수준은 아니었다. 이 연구는 미취학 아동 대상의 OM-K 프로그램 시행 시, 감정 조절(적응 조절, 불안정성/부정성), 회복탄력성, 친사회적 행동(다른 사람을 돕고, 공유하고, 협력하고, 위안을 줌)이 향상됨을 시사한다.

요약하면, OM 프로그램은 지도자가 3~5세 유아를 대상으로 유치원에서 시행할 수 있고, 정규 유치원 교육과정에도 포함될 수 있고, 교사와 부모 모두에게 수용 가능하며 긍정적인 결과를 낳을 뿐만 아니라, 사회정서학습의 여러 영역을 넘나들며 아동에게 긍정적인 결과를 준다는 점에서 하나의 예비 근거가 될 수 있다.

결론

아동을 위한 명상과 마음챙김 활동에 대한 연구가 증가하고 있는 가운데, 아동이 이러한 마음챙김 활동들을 배울 수 있을 뿐만 아니라, 그것을 적용하도록 지원해 줄 때 사회정서적·학습적 성장이 이루어질 수 있다는 것을 시사한다. 마음챙김과 사회정서학습이 결합된 아동을 위한 강력하고 촉망되는 프로그램이 많이 있다. OM 프로그램은 명시적 교육과 그 외 맥락 안에서의 정기적이고 지속적인 활동을 중심으로 아동의 자기조절능력의 향상을 위해 상향식, 하향식의 이중 프로세스 접근을 취하고 있다. 또한 OM 프로그램에는 모델링, 비판단적 태도 및 연결감, 변화의 틀을 위한 지도자 명상 훈련이 포함되어 있으며, 동시에 문제 및 도전 행동을 보이는 아동을 지원하기 위해 아동의 능력, 요구 및 구조적 과정을 고려한 비계설정과 마음챙김 참여를 촉진하는 활동들도 포함되어 있다. OM 프로그램은 마음챙김에 기반한 수행을 아동에게 가르쳐 학교 준비, 사회정서적 역량, 삶의 질 향상을 경험하고 이러한 이점을 다른 사람들에게 전달할 수 있도록 하는 방법을 제공하고 있다.

제9장

청소년에게 마음챙김 가르치기

니르베이 N. 싱(Nirbhay N. Singh)
수바시니 D. 싱 조이(Subhashni D. Singh Joy)

서론

많은 청소년이 급격한 발달적 변화로 불안감과 문제를 겪는다.
여기에는 부모로부터 더 많은 독립을 원하는 것, 또래의 영향과 수
용, 낭만적이고 성적인 관계, 존재에 대한 의문, 사회적ㆍ정치적 인
식 개발의 발달적 과제도 포함되어 있다. 또 어떤 청소년들은 불우
한 어린 시절의 경험, 가족 트라우마, 빈곤, 노숙, 가출 및 일반적인
방치 문제 또한 겪을 수 있다. 일상적인 삶의 번거로움 외에도 이러
한 문제는 단기적으로는 스트레스를 받게 하며, 장기적으로는 만
성 스트레스로도 이어질 수 있다. 성인과 마찬가지로 청소년의 스
트레스는 종종 정신건강 문제의 전조이기도 하다. 마음챙김 기반
개입은 청소년의 문제를 외현화 및 내재화하는 증상을 개선하는

데 도움이 되는 것으로 밝혀졌다(이 책 제7장의 Singh & Joy, 2021 참조). 비록 청소년들에게 마음챙김 수행을 가르치는 것은 가능하겠으나, 청소년에 대한 마음챙김 분야는 아직 미흡하고 가르치는 방법 또한 초기 단계에 있다.

마음챙김은 여러 방식으로 정의되었지만(이 책 제2장의 Ajahn Amaro & Singh, 2021 참조), 가장 일반적으로 카밧 진(Kabat-Zinn, 1994, p. 4)은 "독특한 방식으로 주의를 기울이기: 의도적으로, 현재 순간에, 그리고 판단 없이"라고 정의 내리고 있다. 현재의 맥락에서 청소년들이 어떻게 마음챙김을 계발할 수 있는지에 대한 것을 카밧 진(2019)은 "순간적, 비판단적, 비반응적 주의, 자각, 통찰, 의도적 수행으로부터 발생하는 잠재적 해방"으로 정의하였다(p. xi). 마음챙김의 특성적 측면에서 그 목표는 주의와 자각, 윤리적 마음챙김을 모두 포함하는, 즉 윤리적으로 조율된 마음챙김을 가르치는 것이다(Ajahn Amaro & Singh, 2021).

마음챙김에 대한 정의가 많은 것처럼 청소년들에게 마음챙김을 가르치는 방법도 다양할 수 있다. 이 장에서 우리는 ① 연구자들이 청소년들에게 마음챙김을 성공적으로 가르치는 데 사용된 공식적인 마음챙김 기반 프로그램의 개요를 설명하고, ② 청소년들의 특정 행동을 관리하는 데 사용되는 비공식적인 단일 마음챙김 기반 활동을 설명하고자 한다.

청소년 대상 공식적 마음챙김 기반 프로그램

마음챙김 근거 스트레스 완화(Mindfulness-Based Stress Reduction: MBSR; Kabat-Zinn, 1990) 및 마음챙김 기반 인지치료(Mindfulness-based Cognitive Therapy: MBCT; Segal et al., 2002)는 성인의 고통감을 줄이기 위한 마음챙김 기반 프로그램 분야의 원형이 되는 프로그램이다. 이러한 프로그램은 청소년의 발달 수준과 그들의 특수한 요구를 고려하여 적용해야 한다. 성인과 비교할 때 청소년 대상 마음챙김 기반 프로그램의 시행은 훨씬 짧았기에, 새로운 연구 데이터 및 프로그램들이 개발되고 평가되면서 계속 개선되는 실정이다. 이에 우리는 청소년 대상 마음챙김 기반 프로그램의 예시를 제시하고자 한다.

마음챙김 근거 스트레스 완화(MBSR)

최근 연구에 따르면, 회기 수, 연령에 적합한 언어, 은유 및 예시의 선택과 같이 약간만 수정하면 청소년에게 표준화된 마음챙김 근거 스트레스 완화(MBSR) 프로그램을 시행할 수 있다고 한다. 예를 들어, 베넷과 도르지(Bennett & Dorjee, 2016)는 지역사회 학교에서 평균 연령 17.7세의 청소년들에게 MBSR 프로그램을 시행하였다. 이때 마음챙김 센터에서 공인된 MBSR 시행 시 연령에 적합한 어휘 추가 및 지역적 조건을 고려한 수정만 있었을 뿐이다. 더 큰 표본 집단의 유사한 연구인 고우다 등(Gouda et al., 2016)에서는 평균 연령 16.2세의 청소년에게 표준 MBSR 프로그램을 시행하였다.

이 연구에는 정신건강(우울, 불안, 스트레스), 안녕감, 학업 성취도를 포함한 광범위한 결과가 포함되었다.

표준 MBSR 프로그램은 8주 프로그램으로, 주당 회기는 2.5~3.5시간(현지 상황에 맞게 조정 가능)이며, 주말에는 여섯 번째와 일곱 번째 주 사이에 수련이 있다. 각 회기에서 참가자들은 공식(즉, 요가, 정좌 및 걷기 명상, 바디 스캔) 및 비공식적 마음챙김 기반 수행(즉, 마음챙김 먹기, 말하기 및 듣기, 일상 활동의 마음챙김)에 참여한다. 스트레스, 반응 및 응답, 일상생활의 도전적인 요구에 대한 능숙한 대응, 자신을 돌보고 번영하는 방법, 안녕감의 향상과 같은 다양한 주제에 대한 광범위한 교육 및 토론이 있다. 참가자는 각 회기마다 오디오 녹음 또는 이메일/온라인 정보를 받고 가정에서의 수행 과제도 참여해야 한다. 전반적으로, MBSR 프로그램에는 총 31시간의

표 9-1 MBSR 8주 마음챙김 프로그램의 회기의 핵심 구성요소

1주	**자기 속에 내재되어 있는 내적인 자원에 대한 재인식** • 바디 스캔, 입식 요가 • 건포도 먹기 명상 • 바디 스캔, 이번 주에 한 끼를 마음챙김으로 먹기
2주	**지각과 경험의 창조적 대응** • 시작 명상, 정좌 명상, 입식 요가, 바디 스캔, 정좌 호흡 명상의 알아차림 • 일상 활동에 대한 마음챙김, 요가 자세들 • 바디 스캔, 정좌 호흡 명상의 알아차림
3주	**현재 이 순간의 기쁨과 힘** • 시작 명상, 누워 있는 상태에서의 마음챙김 요가, 걷기 명상, 종료 명상 • 마음챙김 듣기 및 말하기 • 누워 있는 상태에서의 마음챙김 요가, 정좌 명상과 바디 스캔의 대체

4주	빠져 있는 것 알아차리기와 빠져나오기
	• 시작 명상, 입식 요가, 정좌 명상, 종료 명상
	• 마음챙김 듣기 및 말하기
	• 누워 있는 상태에서의 마음챙김 요가, 정좌 명상을 통한 바디 스캔의 대체
5주	스트레스 자동반응과 마음챙김적 자율 반응
	• 시작 명상, 입식 요가(몇 가지 자세), 정좌 명상, 종료 명상
	• 마음챙김 듣기 및 말하기
	• 입식 요가와 바디 스캔, 누워 있는 상태에서의 마음챙김 요가를 통한 정좌 명상의 대체
6주	대인관계에서 마음 챙기기
	• 입식 요가, 정좌 명상, 종료 명상
	• 마음챙김 듣기 및 말하기
	• 바디 스캔 및 입식 또는 누워 있는 상태에서의 마음챙김 요가를 통한 정좌 명상의 대체
하루 종일	침묵 수련
	• 마음챙김 요가
	• 정좌 명상
	• 바디 스캔
	• 걷기 명상
	• 산 또는 강 명상
	• 먹기 명상(점심시간에 비공식적으로)
	• 자애 명상
	• 마음챙김 걷기 이후의 시각적 명상, 가능한 한 실외에서, 멈추고 한 가지를 알아차리기
	• 종료 명상
7주	자신과 타인에 대한 친절함의 함양
	• 정좌 명상: 산, 호수, 또는 자애
	• 마음챙김 듣기 및 말하기
	• 일정한 정좌 명상, 마음챙김 요가, 마음챙김 걷기 및/또는 바디 스캔 연습
8주	수행 계획 세우기, 8주 수업은 평생 지속됨
	• 바디 스캔, 마음챙김 요가, 정좌 명상
	• 마음챙김 듣기 및 말하기
	• 연습을 계속하고 자신의 것으로 만드세요. 당신의 삶에 존재하세요.

교육이 포함된다. 표준 MBSR 프로그램의 주요 요소는 〈표 9-1〉에 나와 있으며, 자세한 내용은 마음챙김 근거 스트레스 완화(MBSR)의 공인 커리큘럼 가이드(Center for Mindfulness, 2017)에서 확인할 수 있다.

마음챙김 기반 인지치료(MBCT)

청소년을 위한 초기 프로그램에서 뵈겔스 등(Bögels et al., 2008)은 마음챙김 기반 인지치료(MBCT; Segal et al., 2002)를 지역사회 정신건강센터에 내원한 청소년들의 발달 수준과 구체적인 문제에 맞게 조정하여 시행하였다. 주의력결핍 과잉행동장애, 반항장애, 품행장애 또는 자폐스펙트럼장애로 일차 진단을 받은 청소년들은 치료가 필요한 외현화 증상이 뚜렷하게 나타났다. 마음챙김 기반 프로그램이 정보 처리의 근본적인 결함으로 인해 발생하는 주의력 및 충동 문제를 감소시키는 것으로 보고됨을 감안할 때 뵈겔스 등의 마음챙김 훈련이 이러한 청소년들의 외현화 문제에 효과적일 수 있다고 추론된다. 대기자 명단의 통제 집단 청소년들에게는 마음챙김 훈련이 시행되었고 부모에게도 동일한 마음챙김 양육 훈련이 제공되었다. 대기자 명단 통제 집단과 비교할 때 청소년을 위한 마음챙김 훈련은 주의력, 자각능력의 향상 및 충동성을 완화하고 기타 외현화 증상을 줄이며 청소년의 삶의 질을 개선하는 것으로 나타났다.

마음챙김 훈련은 8회기 MBCT 프로그램을 기반으로 구성되며 청소년에 맞게 수정 및 보완되었다. 프로그램 구성요소의 구조는 변경되지 않았으며, 바디 스캔, 마음챙김 호흡, 호흡 공간, 생각과

소리의 마음챙김, 정좌 명상의 순서로 시행되었다. 프로그램의 주
요 내용은 〈표 9-2〉에 나와 있다. 청소년들은 일곱 명으로 구성
되어 한 회기당 1.5시간 동안 마음챙김 훈련을 받았다. 청소년들
은 각 회기의 주제를 설명하는 유인물, 수행 지침, 마음챙김 수행
CD(바디 스캔, 각 회기의 마음챙김 호흡하기, 생각과 소리에 대한 마음
챙김), 집에서 연습할 수 있는 기록지를 받았다. 이 유인물들은 회
기를 놓친 청소년들에게도 제공되어 가정에서 계속 연습할 수 있
도록 하였다. 마지막 회기에 청소년들은 공식적인 마음챙김 훈련
후 8주 동안의 수행을 지속하기 위한 자신의 일상생활에서의 마음
챙김 실행 계획을 세웠다. 마음챙김에 대한 청소년들의 참여의지
와 정기적인 수행을 강화하기 위해 보상 강화 체계가 적용되었다.
모은 포인트는 다양한 대체 강화물로 교환할 수 있게 하였다. 교육

표 9-2 뵈겔스 등(2008)의 청소년 마음챙김 8주 훈련 프로그램의 주요 내용

1주	건포도 활동, 마음챙김 실외 걷기, 일상 활동에 마음챙김 가져오기, 좋아하는 음악 주의 깊게 듣기, 마음챙김 먹기, 보상 체계 규칙
2주	바디 스캔, 마음챙김 실내 걷기, 즐거운 일 기록표, 일상 활동 마음챙김
3주	정좌 호흡, 3분 호흡 공간, 불쾌한 일 기록표
4주	소리와 생각에 대한 알아차림, 충동성 다루기, 힘든 순간의 호흡 공간으로 돌아가기 기록표
5주	요가 I, 판단하지 않고 받아들이는 경험, 힘든 순간의 호흡 공간으로 돌아가기 기록표
6주	요가 II, 수치심 다루기, 쓰기, 그리기, 마음챙김 훈련 목록표 만들기
7주	신뢰감 활동, 역할극, 힘든 순간의 호흡 공간으로 돌아가기 기록표, 솔직한 반응 일기
8주	일일 마음챙김, 2개월간의 마음챙김 계획, 훈련 중 개인적 발달 및 경험에 대한 과정 설명하기, 일상생활 먹기 명상, 돌 명상

의 세부 내용은 다음과 같다. 뵈겔스 등(2008, p. 199)이 제시한 이 프로그램은 다른 결과를 평가하는 후속 연구에도 사용되었다(van der Oord et al., 2012; van de Weijer-Bergsma et al., 2012 참조).

아동용 마음챙김 기반 인지치료(MBCT-C)

셈플 등(Semple et al., 2010)은 소규모 대기자 통제 실험에서 경도의 주의력 문제, 불안 증상 및 행동 문제를 가진 아동·청소년(즉, 9~13세)의 특성을 고려한 아동용 마음챙김 기반 인지치료(Mindfulness-Based Cognitive Therapy for Children: MBCT-C) 프로그램의 시행 및 효과성을 평가하였다. MBCT-C는 MBCT를 기반으로 하며, 비판단적인 주의를 통한 사회정서적 역량을 강화하는 것을 목표로 한다(Semple & Lee, 2011). 이 프로그램의 주요 측면은 〈표 9-3〉에 제시하고 있다. MBCT-C의 목표는 아동의 생각, 감정, 신체 감각에 대한 알아차림과 이 세 가지 경험이 분리되어 있지만 어떻게 상호 연관되어 있는지, 그리고 그것들이 일상생활에 대

표 9-3 MBCT-C 12주 교육 프로그램의 주요 구성요소

1회기	자동 조정 모드에서 깨어나기 • 나를 알아 가기, 컵에 담긴 깨달음을 발견하기, 마음챙김이 나에게 주는 의미 발견하기, 3단계 마음챙김 호흡 • 누워서 하는 마음챙김 호흡, 정좌 마음챙김 호흡, 자각하며 살아가기
2회기	마음챙김 태도 • 3단계 마음챙김 호흡, 건포도 마음챙김, 마음챙김으로 천천히 움직이기, 3단계 마음챙김 호흡 • 자각하며 살기, 마음챙김 호흡, 마음챙김 먹기

3회기	**또 하나의 존재 방식**
	• 3단계 마음챙김 호흡, 몸의 마음챙김, 생각, 감정, 그리고 감각의 연결, 3단계 마음챙김 호흡을 하며 침묵에 주의 기울이기
	• 마음챙김 호흡, 몸의 마음챙김, 유쾌한 일 알아차리기
4회기	**마음챙김 먹기**
	• 3분 호흡 공간의 소개, 마음챙김 오렌지 먹기, 마음챙김 요가, 3분 호흡 공간
	• 3분 호흡 공간, 마음챙김 요가, 마음챙김 과일 맛보기
5회기	**마음챙김 음악 듣기**
	• 3분 호흡 공간, 소리 명상, 마음챙김으로 몸 살피기, 3분 호흡 공간
	• 3분 호흡 공간, 마음챙김으로 몸 살피기, 마음챙김 듣기
6회기	**마음챙김 소리**
	• 3분 호흡 공간, 마음챙김으로 감정 떠나보내기, 마음챙김 요가, 3분 호흡 공간
	• 3분 호흡 공간, 마음챙김 요가, 불쾌한 소리 알아차리기
7회기	**마음챙김으로 보기**
	• 3분 호흡 공간, 선명하게 보기, 마음챙김 요가, 마음의 눈으로 보기, 3분 호흡 공간
	• 3분 호흡 공간, 사소한 것마저 자세하게 바라보기, 스트레스 가득한 일들
8회기	**흩어진 마음 모으기**
	• 3분 호흡 공간, 창의적으로 보기, 마음챙김으로 움직이기, 그곳에 없는 것 보기, 3분 호흡 공간
	• 3분 호흡 공간, 자각의 대상 선택하기, 새로운 다섯 가지 보기
9회기	**마음챙김의 세상 만지기**
	• 3분 호흡 공간, 마음챙김 만지기, 마음챙김으로 몸 살피기, 3분 호흡 공간
	• 3분 호흡 공간, 마음챙김으로 몸 살피기, 마음챙김 만지기
10회기	**마음챙김 냄새 맡기**
	• 3분 호흡 공간, 악취 판단! 마음챙김 요가, 3분 호흡 공간
	• 3분 호흡 공간, 마음챙김 요가, 마음챙김 냄새 맡기

11회기	나 자신을 잘 돌보기
	• 3분 호흡 공간, 생각은 사실이 아니야, 감정도 사실이 아니야, 건포도 마음챙김, 마음챙김이란……, 3분 호흡 공간
	• 3분 호흡 공간, 나 자신에게 편지 쓰기
12회기	존재, 연민, 자각으로 살기
	• 3분 호흡 공간, 일상의 마음챙김 탐구, 3분 호흡 공간
	3개월 동안 연습해 보세요.

한 그들의 인식에 어떠한 영향을 미치는지에 대한 자각능력을 높이는 것이다. MBCT-C는 매주 90분씩 진행되는 12주 프로그램으로, 약 여덟 명의 참가자와 한두 명의 마음챙김 교사로 구성된 소규모 집단 형식으로 시행된다(Semple & Lee, 2014). 부모 또한 자녀와 함께 가정에서 마음챙김을 연습하기 위해 프로그램에 참여한다.

통합 명상 교육(ICP)

통합 명상 교육(Integrative Contemplative Pedagogy: ICP)은 6학년 12세 중학생을 대상으로 예비 무작위 대조 실험을 통해 평가되었다(Britton et al., 2014). ICP 프로그램은 학교 교과 과정에 포함되도록 설계되었으며 일반 담임 교사가 6주 동안 프로그램을 시행한다. 이 프로그램의 요소는 세 가지 명상 기술, 즉 호흡 알아차림, 생각, 느낌, 감각에 대한 알아차림, 신체에 대한 알아차림(즉, 다양한 신체 부위 감각에 대한 주의 집중)이다. 학생들은 이러한 명상 기법을 배우며 이들 중 하나를 자유롭게 선택할 수 있다. 기존의 정신건강 문제를 지닌 학생에게 초점을 맞춘 다른 학교 기반 프로그램과 달리 ICP는 학교의 모든 학생에게 제공되는 공중보건 프로그램이다. 훈련을 받은 학생들에 대한 ICP의 효과는 훈련을 받지 않은 활성 통제 집단 학생들과의 비교를 통해 이루어졌다. ICP 프로그램 시행과 관련하여 비특이적인 효과 통제를 위해 활성 통제 집단 학생들은 실제 크기의 이집트 석관을 만드는 활동에 참여했다. 통제 조건과 비교할 때 ICP 프로그램의 효과는 내재화 문제(예: 불안 및 우울증 관련 증상)와 외현화 문제(즉, 문제행동 및 행동화)에서 더 큰 개선을 보이는 것으로 나타났다. ICP 프로그램에 참여함으로써 다른 기대되는 긍정적인 효과로는 주의력 문제 감소, 자살률 감소, 주의력 향상, 현재에 주의 기울이기, 알아차림, 수용 및 보다 유연한 대처 방식의 증가가 나타났다.

집단 마음챙김 치료(GMT)

집단 마음챙김 치료(Group Mindfulness Therapy: GMT)는 불안, 스트레스 및 주의력 문제가 있는 초기 청소년을 위한 학교 기반 프로그램으로 개발되었으며(McCarthy et al., 2014), 12~13세 중학생을 대상으로 한 소규모 연구에서 그 효과가 평가되었다(Crowley et al., 2018). 이 10주 프로그램은 방과 후 60분 동안 시행되며 회기 중 가정에서의 활동도 포함되어 있다. 프로그램의 주요 요소에는 현재 순간의 알아차림, 마음챙김 호흡, 마음챙김 걷기, 마음챙김 먹기, 바디 스캔, 자기친절의 수행으로 구성되어 있다. 프로그램의 이러한 구성요소는 MBSR(Kabat-Zinn, 1990), Mindful Schools(Mindful Schools, 2012), MindUP™(Hawn Foundation, 2011), MBCT-C(Semple & Lee, 2011)의 네 가지 프로그램을 기반으로 만들어졌다.

마음챙김학교 프로그램(MiSP)

마음챙김학교 프로그램(Mindfulness in Schools Programme: MiSP)
은 청소년을 위한 보편적인 학교 기반 프로그램으로 개발되었으
며, 그 효과는 12개의 학교에서 실시한 매우 큰 비무작위 연구를 통
해 평가되었다(Kuyken et al., 2013). 이 프로그램은 모든 학생, 특히
스트레스를 받고 무증상의 정신건강 문제를 경험하는 학생을 돕
기 위한 것이다. 이 프로그램은 학교 교과 과정에 포함되고 정규 학
교 교사가 가르칠 수 있도록 개발되었다. 해당 프로그램은 전통적
인 마음챙김 명상 프로그램인 MBSR, MBCT(Goldstein & Kornfield,
1987)를 기반으로, MiSP 커리큘럼을 이수한 200명의 교사가 4년에
걸쳐 2,000명 이상의 청소년들에게 시행하며 발전시켜 왔다. 이 프
로그램은 마음챙김의 기술과 태도를 명시적으로 가르치고 청소년
을 위해 특별히 조정된 짧은 마음챙김 수행을 함께 제공한다. 지침
은 연령에 적합하고 상호작용적이고 경험적이고 실질적이며, 이
프로그램의 연령 집단에 적합한 교육용 교구재(예: 마음챙김 운동의
CD와 MP3 오디오 파일)가 함께 구성되어 있다.

호흡법 배우기(L2B)

호흡법 배우기(Learning to Breathe: L2B)는 청소년의 정서 조
절 및 스트레스 관리 기술의 개발을 촉진하기 위해 잘 설계된 연
구 기반 프로그램이다(Broderick, 2013). BREATHE는 몸(Body-B)
에 주의 기울이기, 생각(Reflections-R)은 그저 생각일 뿐이다,
감정(Emotions-E)의 파도를 타기, 내면과 외면에 주의를 기울

이기(Attend-A), 친절하기(Tenderness-T)-있는 그대로 받아들이기, 건강한(Healthy-H) 몸의 습관 기르기, 내면의 힘 기르기(Empowered-E)의 약어이다. 커리큘럼은 MBSR 및 MBCT, 수용전념치료(Acceptance and Commitment Therapy: ACT; Hayes et al., 1999), 변증법적 행동치료(Dialectical Behavior Therapy: DBT; Linehan, 1993)를 포함한 마음챙김 및 기타 프로그램을 기반으로 개발되었다. 또한 L2B는 CASEL(2011)의 사회정서학습(SEL) 역량의 두 가지 주요 영역인 자기인식과 자기관리를 구체적으로 다루도록 설계되었다. 이 프로그램의 목표는 ① 정신건강과 안녕감을 증진하는 보편적이고 발달적으로 적절한 마음챙김 교육의 제공, ② 감정 조절 능력의 향상, ③ 주의력 강화 및 학업 성취도 지원, ④ 다양한 스트레스 관리 기술의 증진, ⑤ 학생들이 일상생활에 마음챙김을 통합하도록 지원하기이다(Broderick, 2013, p. 12). 커리큘럼은 두 가지 형식으로 제공된다. 하나는 초기(즉, 5학년에서 8 혹은 9학년까지) 청소년을 위한 것이고, 다른 하나는 후기(즉, 8 혹은 9학년에서 12학년까지) 청소년을 위한 것이며, 둘 다 읽기 쉽고 청소년들에게 친숙하고 매력적인 방식으로 상세히 제시된다.

MYmind

MYmind 예비 프로그램은 뵈겔스 등(2008)에 의해 외현화 장애가 있는 청소년에게 시행되었다. 수정된 버전의 MYmind 프로그램은 그 후 ADHD 아동·청소년 연구에서(van der Oord et al., 2012; van de Weijer-Bergsma et al., 2012) 및 다른 연구 집단(예: Haydicky et al., 2015; Zhang et al., 2017)에게도 시행되었다. 프로그램의 최

종 버전은 ADHD 아동·청소년, 그 부모를 위한 것이다(Bögels, in preparation). 8주간 매주 90분 동안의 회기가 청소년과 부모 모두에게 동시에 시행된다. 마지막 8주 회기가 끝난 후에도 추수 회기가 있다. 청소년들은 약 15분간 가정에서 마음챙김 수행을 한다. 청소년 프로그램은 정좌 명상, 걷기 명상, 바디 스캔, 마음챙김 요가, 호흡 공간 만들기, 다양한 운동 및 활동이 포함된 요소로 구성되었다. 프로그램의 주요 요소는 이 책의 제5장(〈표 5-2〉 참조)에 있는 드 브륀 등(de Bruin et al., 2021)을 참고하기 바란다.

요약하면, 청소년을 위한 마음챙김 기반 프로그램은 광범위한 장면에서 마음챙김 기반 수행이 이루어져야 하고, 사회정서학습 구성요소 및 긍정적 강화 원칙과 함께 사용될 수 있음을 보여 준다. 이러한 프로그램은 여러 구성요소로 이루어져 있으며 종종 표준 학교 교육과정에도 포함되어 있으며 장기적이며 지속 가능한 활동을 지원해 주기 위해 정규 학교 교사가 가르치는 경우가 많았다. 이러한 프로그램에는 일정한 공통점이 있는데, 대부분 표준화된 프로그램인 MBSR과 MBCT를 청소년에게 적용 가능한 요소로 구성하였다는 것이다. 여기에 일부 프로그램은 자애심과 같은 다른 구성요소를 추가하여 청소년에게 유익한 영향을 더 많이 미칠 수 있도록 하였다. 현재 예비 연구, 타당성 검증 연구, 초기 연구에 따르면, 청소년들은 이러한 마음챙김 프로그램의 활동을 충분히 익히고 적용할 수 있다.

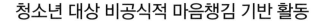

청소년 대상 비공식적 마음챙김 기반 활동

공식적 마음챙김 기반 프로그램은 청소년에게 삶의 여러 측면에서 비교적 포괄적인 일련의 마음챙김 수행을 제공한다. 이러한 접근은 특정 영역에서의 고통이나 문제를 감소시키고자 하는 개입에서도 효과적이지만, 공중보건에 대한 접근인 청소년의 건강한 생활방식을 개선하는 데도 적용될 수 있다. 그러나 때때로 청소년들이 겪는 문제 중 일부는 그들의 삶을 압도하기에 이러한 문제를 통제하기 위해서는 기본적인 마음챙김 기반의 수행이 필요할 수 있다. 우리는 청소년에게 유용한 것으로 알려진 세 가지 마음챙김 활동을 다음과 같이 소개하고자 한다.

발바닥 명상(SoF)

발바닥 명상(Soles of the Feet: SoF)은 스스로 자신의 공격적인 행동을 통제하고자 하는 청소년을 위해 처음 개발되었다. 발바닥 명상은 청소년이 간단하게 일련의 단계를 배우도록 제시되어 있다. 처음 부정적인 감정이 발생하는 순간을 인식할 때 잠시 일시 중지하고, 정서적으로 흥분되는 상황에서 신체의 중립적인 부분인 발바닥으로 주의를 옮기는 것이다(발바닥 명상 절차의 주요 요소에 대한 〈표 9-4〉 참조). 청소년이 스스로 감정적 각성이 일어나는 첫 징후에서 유창하게 발바닥 명상 수행의 시행법을 배우면, 이들은 자신의 공격적인 행동을 스스로 관리할 수 있게 된다. 발바닥 명상은 어떤 상황이나 장소에서든 사용하기 쉬우며 사회적으로 바람직하

지 않은 행동을 스스로 관리할 수 있는 마음챙김 기반 실천을 제공
한다. 청소년은 수행을 통해 자동 반응에서 내부(예: 부정적인 생각,
과거의 부정적인 사건에 대한 기억) 또는 외부 사건(예: 상처를 주는 말)
으로, 즉 마음챙김 반응으로 전환할 수 있다. 일단 청소년의 주의가
발바닥으로 옮겨지면, 마음의 안전한 공간이 생겨 적절한 대응과
그렇지 않은 대응에 대한 분별력이 생기고, 보다 적절하고 마음챙

표 9-4 분노에 대한 발바닥 명상 프로그램의 주요 훈련 단계

1단계	서 있는 경우 공격적인 자세가 아닌 자연스러운 자세로 서서 발바닥을 바닥에 붙인다.
2단계	앉았다면 발바닥을 바닥에 평평하게 놓고 편안하게 앉는다.
3단계	잠시 가만히 앉아 자연스럽게 호흡해 본다.
4단계	당신을 매우 화나게 만든 사건에 대해 다시 생각해 본다. 잠시 그 화에 머물러 본다.
5단계	당신은 현재 화라는 감정을 느끼고 있고, 화가 난 그 생각들이 머릿속을 스쳐 지나가고 있다. 그것들을 제한 없이 자연스럽게 지나가도록 내버려 둔다. 잠시 그 화에 머물러 본다. 당신의 몸은 분노의 징후(예: 빠른 호흡)를 보일 수도 있다.
6단계	이제 모든 주의를 발바닥으로 완전히 옮겨 본다.
7단계	천천히 발가락을 움직여 신발에 발이 덮여 있는 것을 느끼고 양말의 질감, 발등의 곡선, 신발 뒤쪽에 닿는 발뒤꿈치도 모두 느껴 본다. 신발을 신지 않은 경우 발바닥으로 바닥이나 카펫을 느껴 본다.
8단계	자연스럽게 호흡을 유지하고 마음이 진정될 때까지 발바닥에 초점을 둔다.
9단계	당신은 이 마음챙김 훈련을 어디에서든 사용할 수 있으며, 당신을 언어적 또는 신체적으로 공격적인 모습으로 만드는 사건이 발생할 때도 언제든 연습할 수 있다.
10단계	기억하라. 화를 조절하고 진정되었다면 당신은 언제든 웃는 얼굴로 그 사건이나 상황으로부터 빠져나올 수 있다는 사실을. 또한 필요한 경우 언어적 위협, 신체적으로 공격적인 대응은 잠시 내려 두고 차분하고 선명한 마음으로 사건이나 상황에 대응할 수 있다.

김적인 대응을 할 수 있게 된다. 이러한 연습을 통해 청소년은 정서적으로 부정적인 각성 상황을 보다 적절하고 능숙하게 대응할 수 있게 된다.

발바닥 명상은 원래 분노와 공격성에 대한 자기관리를 위해 개발되었지만, 부정적인 감정, 생각, 느낌, 인식 및 사건의 자기관리 능력을 촉진하기 위해 광범위하게 사용된다. 단일 대상 실험 설계와 무작위 대조 실험의 연구에서 프로그램에 대한 실질적인 시사점을 남겨 주었다. 예를 들어, 두 개의 관련 연구에서 발바닥 명상을 배운 ASD 청소년은 공격적인 행동을 스스로 관리할 수 있었고 프로그램 종료 후 최대 4년 후에도 행동적 변화를 유지할 수 있었다(Singh et al., 2011a, 2011b). 아헤마이티지양 등(Ahemaitijiang et al., 2020)은 청소년들의 파괴적인 행동을 통제하기 위해 발바닥 명상이 시행될 수 있음을 보고하였다. 펠버 등(Felver et al., 2014, 2017)은 발바닥 명상이 학교 환경에서 파괴적 행동의 자기관리와 학업 참여 증진을 위해 성공적으로 사용될 수 있음을 보여 주었다. 관련하여 학교 기반 교육에 이르기까지 발바닥 명상을 예방 프로그램으로 개별 학생 또는 전체 학급에서 함께 시행하기 위한 프로그램 또한 제시되었으며, 관련 정보는 펠버와 싱(Felver & Singh, 2020)을 통해 확인할 수 있다. 그리피스 등(Griffith et al., 2019)은 발바닥 명상에 참여한 청소년들이 공격적 행동 없이 분노를 조절하고, 긍정적인 기분과 사회성 또한 향상되었음을 보고하였다.

SOBER 호흡 공간

증거 기반 프로그램이 사실은 모든 각 개인에게 효과적이지 않을 수 있음을 감안할 때 실행 가능한 대안적인 다양한 프로그램에 대한 연구도 필요하다. SOBER 호흡 공간과 충동의 파도타기의 두 가지 프로그램은 이러한 대안을 잘 설명해 준다. SOBER는 중지 (Stop-S), 관찰(Observe-O), 호흡(Breathe-B), 확장(Expand-E), 대응(Respond-R)의 약어이다. SOBER 호흡 공간은 중독 행동에 대한 마음챙김 기반 재발 방지(Mindfulness-Based Relapse Prevention: MBRP) 프로그램의 일부로 적용되어 왔으며(Bowen et al., 2011), 자동적인 물리적 · 언어적 공격을 유발할 수 있는 감정적인 상황이 발생했을 때 마음챙김적으로 대응할 수 있도록 비공식적인 수행을 지원한다. 예를 들어, 싱 등(2018)은 언어적 · 신체적 공격성을 조절하기 위해 초기 청소년들에게 이 비공식적 마음챙김 기반 활동을 시행하였다. 분노 및 공격성 관리 시, 청소년들은 분노가 일어나는 첫 번째 증상에서 멈추는(stop) 법을 배우고, 그 순간에 무슨 일이 일어났는지를 인식하고, 분노가 일어남에 따라 몸에서 일어나는 신체적 감각과 감정의 변화를 관찰하고(observe), 의도를 갖고 호흡에 주의를 기울이며 숨을 쉬고(breath), 상황에 대한 조망을 확장

표 9-5 분노에 대한 SOBER 호흡 공간 연습을 위한 주요 훈련 단계

준비 단계
1. 당신은 때로 화나 공격을 유발하는 어떤 상황, 대인관계, 생각, 속상한 감정을 마주할 수도 있다.
2. 당신의 인생에서 일어나는 그 일들을 모두 통제할 수는 없지만, 당신은 분노나 공격성이 일어날 때 어떻게 반응할지는 선택할 수 있다.
3. 개인적으로 명상을 수행하면, 당신은 평정심—당신의 인생에서 사건이 일어났을 때 주의 깊게 반응할 수 있게 해 주는 마음의 고요하고 안정된 상태—을 얻을 수 있을 것이다.

4. 게다가 매일 몇 분씩 명상을 수행하면 하루 종일 SOBER와 같은 비공식적인 마음
챙김 수행을 사용하는 능력 또한 향상된다.

SOBER 호흡 공간 연습

1. 멈추기(Stop): 처음에 화가 나거나 언어적 또는 신체적으로 공격적인 생각이 들었
을 때 당신이 무엇을 하든 간에 멈추어 본다.

2. 관찰하기(Observe): 당신의 마음과 몸에서 일어나는 감각의 변화를 관찰한다. 분노,
공격성과 함께 일어나는 생각, 감정, 신체적 변화에 세심한 주의를 기울여 본다.

3. 숨쉬기(Breathe): 호흡으로 주의를 돌리고, 그 호흡에 주의가 집중될 때까지 몇 번
숨을 쉬어 본다.

4. 확장하기(Expand): 당신이 인식하고 있는 것을 확장하고 화가 나거나 공격적일 때
발생할 수 있는 결과까지 검토해 본다. 당신은 화가 났을 때 어떤 기분이 드는가?
당신은 언어적 폭력으로 다른 사람의 감정을 다치게 한 적 있는가? 당신은 신체적
폭력으로 다른 사람의 몸에 상처를 준 적 있는가? 당신이 다른 사람의 입장이라면
어떤 기분일 것 같은가?

5. 대응하기(Respond): 그 상황에 자동적으로 반응하기보다 마음챙김적으로 대응해
본다. 어떻게 대응하는지는 당신의 선택이자 유일한 선택이라는 것을 기억하라. 여
러분은 현명하게 대응할지 아니면 오래된 언어적 또는 신체적으로 공격적인 습관
을 지속할지 선택할 수 있다.

수행 강화하기

1. 당신을 화나게 하거나 공격적으로 만드는 것들과 습관적인 조건 반응 사이에 약간
의 행동 거리를 만들기 위해 SOBER 호흡 공간을 사용한다.

2. 매일 화가 나고 당신이 언어적 또는 신체적 폭력에 대한 생각이 떠오를 때마다
SOBER 호흡 공간을 사용한다.

3. 시간이 조금 걸릴 수 있지만, 계속 수행하다 보면 결과는 좋아질 것이다. 이는 체
육관에서 근육을 만드는 것과 같으며, 하루의 수행만으로는 아무 일도 일어나지는
않는다.

4. 시간은 충분하다. 특히 이 수행을 초기 단계에서 사용하는 동안에, 제때 사용하는
것을 잊어버리고 이전처럼 화를 내거나 공격적일 때가 있을 것이다. 자신에 대한
연민을 가지고 다음에는 더 잘하겠다는 다짐과 함께 인생을 살아가 보자.

하고(expand), 적절한 대응과 적절하지 않은 대응을 구분한 후, 마음챙김적으로 대응하는(respond) 것이다. 프로그램의 주요 요소는 〈표 9-5〉에 나와 있다. 일반적으로 중독 치료의 맥락에서 사용되지만, 이 비공식적 마음챙김 활동은 부정적인 결과를 야기하는 자동적인 반응의 고위험 촉발 상황에서도 활용될 수 있다. 가장 기본적인 수준에서부터 SOBER 호흡 공간 수행은 매우 빠르고 긍정적으로 청소년의 감정, 생각, 느낌과 욕구를 조절할 수 있는 효과적인 방법이다.

충동의 파도타기

충동의 파도타기(Surfing the Urge)는 정서적 각성 상태에서 부정적이며 자동적인 반응 양상으로부터 이를 관리할 수 있도록 돕는 발바닥 명상의 또 다른 프로그램이다. 초기에는 물질 남용의 청소년들에게 자기통제 행동을 증가시키기 위해 시행한 비공식적 마음챙김 기반 활동이었다. 술을 마시거나 불법 약물 사용과 같은 행동을 하려는 충동은, 처음에는 신체적 감각으로 느껴질 수 있다(Marlatt & Gordon, 1985). 이러한 충동은 파도처럼 반복적으로 발생하여 그 강도가 증가하고 최고조에 이르렀다가 개인이 충동에 참여하지 않으면 저절로 서서히 해소되거나 사라진다. 충동의 파도타기에서 청소년들은 단지 개방적이고, 침착하고, 호기심 많은 태도로, 판단 없이, 그리고 무관심한 태도로 각각의 충동을 관찰함으로써 증가하는 분노에 반응하기 위한 충동의 파도를 타고, 서핑보드를 타듯 호흡하는 법을 배울 수 있다. 소거 폭발과 마찬가지로 처음에는 충동의 발생이 증가할 수 있지만, 반복적으로 이를 수행하

표 9-6 분노에 대한 충동의 파도타기 수행을 위한 주요 훈련 단계

준비 단계
1. 충동은 습관적인(종종 중독성이 있는) 행동에 참여하려는 자극이며, 음주, 약물 사용, 운전 중 과속, 짜증 나는 상황에 반사적으로 언어적 또는 신체적 공격으로서 반응하는 것과 같다.
2. 충동은 천천히 발생하고 빠르게 성장하고 강도가 최고조에 달했다가 저절로 사라지는 일시적인 생각이나 느낌이 처음 다가온다.
3. 만약 당신이 충동을 억제하기 위해 그것에 말을 걸고, 애써서 막거나 없애려고 하면 결국 충동에 먹이를 먹이는 셈이다. 마침내 충동은 더더욱 커질 것이다.
4. 충동에 굴복하게 되면, 이는 더더욱 커져 미래에 억제하기가 훨씬 더 어려워진다.
5. 가능하다면 마음챙김 명상을 배우고 호흡에 집중해 보자. 이것은 초기 충동의 신호로 당신의 몸과 마음에서 일어나는 일을 인식하는 데 도움이 된다.
6. 매일 몇 분간 명상을 수행하는 것은 마음의 안정을 제공할 것이고, 이는 하루 동안 충동의 파도타기와 같은 비공식적 마음챙김 수행을 할 수 있는 능력을 강화해 줄 것이다.

충동의 파도타기 수행
1. 항상 충동이 일어나는 순간을 알아차리라.
2. 충동이 일어남을 알아차렸을 때, 충동이 당신의 몸 어디—입이 마르거나, 침이 흐르려 하거나, 복부의 감각, 가슴이 답답하거나 결림—에 위치해 있는지 주의를 기울여 본다. 그리고 그 정도를 알아차린다.
3. 충동을 느끼는 현재 이 순간에 존재하라.—비판단적인 마음으로 충동을 관찰하고, 집착 없이 충동을 부드럽게 다루며, 충동은 일시적인 것임을 기억하라.
4. 들숨과 날숨의 흐름, 속도 또는 길이를 바꾸지 않고 호흡에 주의를 기울여 본다.
5. 호흡은 자신에게 흐르고 있는 충동의 파도를 타는 서핑보드가 된다. 충동이 일어나면, 충동이 힘을 얻은 후 최고조에 달한 후에야 힘을 잃고 사라진다. 1~2분 동안 충동의 파도를 타 보라.
6. 충동이 처음 존재했던 신체 부위로 다시 주의를 돌리고 충동과 관련된 감정과 감각이 줄어드는지 그 변화가 일어나는 것을 관찰해 본다.
7. 호흡으로 돌아가 충동이 완전히 해소될 때까지 관찰해 본다.
8. 충동에 굴복하지 않은 지금 이 순간의 스스로에게 감사함을 표현한다. 미소를 지으며 당신이 의도를 갖고, 오래된 습관으로 돌아가 충동에 반응하지 않았다는 것을 마음에 새겨 넣으라.

제9장 청소년에게 마음챙김 가르치기

수행 강화하기

1. 충동이 일어날 때마다 충동의 파도타기를 한다.
2. 수행을 꾸준히 하되, 만약 그 충동에 굴복되었다면, 미소를 짓고, 다시 계속해서 수행하려는 의도를 갖고, 새로운 충동에 수행해 볼 수 있다.
3. 충동의 파도타기를 배우는 초기 단계에서 수행을 강화하려면 규칙적인 시간을 따로 정해 본다. 눈을 감고, 최근 언어적 또는 신체적 공격성이 느껴졌던 장면을 떠올린 후, 처음 언어적·신체적 공격이나 능동성을 알아차린 시점부터 그것들이 사라질 때까지 충동의 파도타기를 연습해 본다.

면 충동을 극복하게 된다. 즉, 도피하거나 회피하지 않고 충동에 주의를 기울이면 부정적인 사적 사건에 대한 대안적 맥락을 경험하며, 조건 자극의 크기가 줄어들고 결국에는 제거할 수 있게 된다(Levin et al., 2013). Singh 등(2019)은 ASD 청소년의 언어적·신체적 공격성을 스스로 관리하기 위해 충동의 파도타기를 성공적으로 시행하였고, 마음챙김 훈련 후 공격성 조절을 위한 약물을 중단한 연구를 보고하였다. 충동의 파도타기 활동의 주요 훈련 단계는 〈표 9-6〉에 나와 있다.

요약하면, 부정적인 감정 상태를 관리하기 위한 비공식적 마음챙김 기반 프로그램과 관련한 최신 연구들은 그 효과를 검증하였다. 특히 발바닥 명상, SOBER 호흡 공간 및 충동의 파도타기에 참여하고 이를 배운 청소년들은 프로그램 종료 후 추적연구에서도 그 효과가 유지되었으며, 특히 그 효과가 4년까지도 지속되었다. 이 맥락의 중요한 쟁점은 청소년들에게 단일 비공식적인 마음챙김 기반 수행이 수용 가능하고, 배우기 쉽고, 효과적이라는 것을 발견했다는 점이다.

결론

청소년에게 마음챙김을 가르치는 것은 성인과 비교할 때 비교적 새로운 훈련 영역이다. 그러나 청소년 대상 마음챙김 기반 훈련의 효과에 대한 첫 번째 연구가 발표된 이후 짧은 기간 동안 많은 진전이 있었다. 훈련 방식은 두 가지로 구분해 볼 수 있다.

첫째, 많은 프로그램이 성인 대상 마음챙김 기반 훈련 프로그램을 기반으로 청소년을 위해 수정 및 보완되었으며, 이때 MBSR 및 MBCT는 이러한 프로그램 개발의 기반을 제공하고 있다는 점이다. 청소년을 위한 다양한 프로그램은 마음챙김 콘텐츠, 발달적 관심과 연령 적합성, 참여 동기, 삶의 질 문제, 정신건강 문제 및 예방에 중점을 둔 프로그램이자 공중 보건 모델을 기반으로 내용 면에서 매우 중요한 시사점을 남긴다.

둘째, 청소년의 분노, 공격성, 분열, 파괴적 행동과 같은 특정 문제에 초점을 맞추는 비공식적 마음챙김 기반 프로그램들이 부상하고 있다. 청소년들은 자신들에게 중요한 발달적 문제인 자기 결정력을 행사할 수 있기 때문에 이러한 단일 마음챙김 수행에 편안함을 느끼는 것으로 보인다. 현재까지의 우리가 알고 있는 지식들을 고려할 때, 청소년에게 마음챙김을 가르치는 것은 예술과도 같으며, 이는 과학적으로 접근하기에는 너무 많이 알려진 그리고 알려지지 않은 변수들이 존재하기 때문이다.

부모, 돌봄종사자, 교사에게
마음챙김 가르치기

니르베이 N. 싱(Nirbhay N. Singh)
줄리오 E. 란치오니(Giulio E. Lancioni)
레이첼 E. 마이어스(Rachel E. Myers)

서론

아동을 둘러싼 환경과의 상호작용은 광범위하게 정의되며 그들의 발달적 보호 요인이자 동시에 발달을 저해하는 위험 요인이 되기도 한다(Sameroff, 1986; Singh & Singh, 2001). 아동의 발달은 "연속적인 역동적 과정에서 한 상태가 다른 상태, 다음 상태에 영향을 미치는 시간 경과에 따른 아동과 맥락 간의 상호작용"의 기능을 한다(Sameroff, 1993, p. 6). 이러한 처리 과정은 아동이 신체적, 사회적, 정서적 환경과 양방향 상호작용을 할 때 뇌 발달뿐만 아니라 심리적 기능에도 영향을 미친다. 예를 들어, 출산 시 경험한 문제로, 산모는 아이의 기질에 부정적인 영향을 미치는 불안을 경험할 수 있으며, 결과적으로 어머니의 회피적 태도로 인한 부가적인 교육과 개입의 부족은 아동의 언어 지연으로 이어질 수 있다(Sameroff & Fiese, 2000, p. 142). 또 다른 생태학적 시나리오에서 양육 경험이 풍부하거나 자신감이 더 높은 어머니는 출산 시 문제에 대해 불안해하지 않을 수 있으며, 이는 아이의 기질에 긍정적인 영향을 미치고, 결과적으로 어머니와 자녀가 사랑스럽고 친밀한 관계를 형성할 뿐만 아니라 아동의 전반적 발달에 영향을 미친다.

부모와 자녀 간의 양방향 상호작용 과정에는 부모와 자녀 모두에게서 관찰 가능한 일련의 상호 관련 행동 변화를 초래하는 상호 및 호혜적 교류가 포함되어 있다(Bronfenbrenner & Morris, 2006). 시간이 지남에 따라 부모와 자녀 사이의 이러한 상호 교환론적인 행동은 소위 '긍정적' 및 '부정적' 피드백 고리를 형성하게 하거나(Sameroff & Mackenzie, 2003) 또는 '악순환' 대 '순환'으로 이어질 수 있다(Lerner, 1982). 예를 들어, 패터슨(Patterson, 1982)의 대표적인 강압적 가족 모형에서, 아동의 공격적 행동 비율을 감소시키기 위한 부모의 반응(예: 언어적 질책, 제지, 체벌)은 결국 점차 덜 효과적일 수 있으며, 오히려 미래에 아동의 공격적인 행동을 증가시킬 가능성이 있다. 또는 부모가 아동의 행동을 매우 다루기 힘든 것으로 판단하여 아동의 요구를 들어줌으로써 결국 문제로부터 회피하게 되면, 일시적으로는 아동의 문제행동이 중단되나, 이는 추후에 반사회적 행동 및 품행 문제에 영향을 미치게 된다(Dishion et al., 1992). 아동의 공격적 행동 감소에 효과적인 방식으로 부모의 대응 방법을 변화시키면 악순환적인 부모-자녀 상호작용이 선순환으로 변하게 된다. 더 구체적으로 이야기하자면, 선순환의 예는 부모가 아동에게 신체적 공격성에 대한 대안으로서 사회적으로 수용되고 기능적인 반응을 가르치는 것이다. 이러한 부모-자녀 간의 양방향 상호작용 모델은 개입이 악순환에서 선순환으로 변화될 수 있도록 각 부모 수준, 자녀 수준 또는 모두에게 개입될 수 있음을 시사한다.

상관관계 및 종단 연구에 따르면, 부모의 마음챙김은 아동의 행동에 상호 관련되어 있다. 예를 들어, 패런트 등(Parent et al., 2010)은 부모의 우울 증상이 높으며 마음챙김 수준이 낮을수록 더 부정적인 양육 행동을 보이는 것으로 보고하였다. 게다가 부모의 우울 증상 수준이 높을수록 아동의 내면화 문제 또한 높았고, 긍정적 양육 수준이 높을수록 아동의 외현화 문제 수준이 낮게 나타났다. 최근 한 등(Han et al., 2021)의 연구에 따르면, 중국 부모의 마음챙김적 기질 특성이 아동의 내면화 및 외재화 행동과 간접적으로 연관되어 있다고 한다. 또 다른 연구에서는 마음챙김 양육이 더 나은 부모-자녀 의사소통과 관련이 있다고 보고하고 있다(Lippold et al., 2015, 2021). 캠벨 등(Campbell et al., 2017)은 부모의 마음챙김적 태도가 더 높은 수준의 마음챙김 양육과 관련이 있고, 이는 곧 아동의 낮은 부정적 감정과 연관되어 부모-자녀 애착을 촉진한다는 것으로 보고되었다. 이러한 연구들은 부모의 마음챙김이 아동의 긍정적인 결과와 직접적으로 연결되어 있다는 점을 시사한다.

부모-자녀 상호작용 과정을 이해하면, 마음챙김 중재가 부모 또는 자녀에게 직접적으로 향할 수 있음을 알 수 있다. 특히 흥미로운 점은 부모를 대상으로 마음챙김적 특성을 강화시키고 중재하면 부모 자신에게뿐만 아니라 자녀에게도 긍정적인 결과를 가져다준다는 점이다. 상관관계 및 종단 연구에서 이러한 긍정적인 결과를 얻을 수 있는 다양한 경로를 설명하고 있다. 부모 대상의 마음챙김 중재 효과를 살펴보는 방법은, 중재에 따른 부모의 특정 변화가 다시 복잡한 다중 경로를 거쳐 자녀의 행동 변화를 이끌었음을 설명하는 연쇄 구조(cascade framwork)를 통해서이다(Masten & Cicchetti, 2010). 행동적 측면에서 '파급' 효과는 보다 간결한 설명을 제공한다. 즉, 아동은 마음챙김 기반 중재에 따른 부모의 행동 변화를 긍정적으로 인식하면서, 결과적으로 부모-자녀 상호작용에 영향을 미치고 이를 가치 있게 여김에 따라 아동의 사회적 행동을 증진하게 된다. 부모 마음챙김이 아동의 행동에 미치는 영향의 경로 또는 영향에 대한 메커니즘을 인식하면서, 아직 완전히 확립되어 있지 않지만 행동 변화와 관련된 생태학적 과정에서 살펴보면 부모의 개입은 아동의 행동을 변화시켜 왔다. 즉, 그만큼 부모와 자녀, 전문가로서의 돌봄종사자(이하 '돌봄종사자'라고 함)와 아동, 교사와 학생 간의 양방향 상호작용은 성인의 마음챙김 수준에 따라 아동이 변화할 수 있음을 설명한다.

마음챙김 기반 중재에서 돌봄종사자의 마음챙김 향상을 통한 상호작용의 영향력을 살펴보기 위해, 먼저 이들에게 심각한 수준의 신체적, 의학적, 지적 문제에 대한 평가가 시행되었다(Singh et al., 2004). 이후 6명의 돌봄종사자 중 한 명에게 여가 활동을 하도록 하였고, 이때 관찰된 행동을 통해 행복감의 기초선을 측정하였다. 그런 다음 세 명의 돌봄종사자는 마음챙김 훈련을 받았고, 나머지 세 명은 통제 집단에 할당되었다. 행복과 관련된 행동은 이들이 16주 동안 마음챙김 훈련 시 보고한 것을 기초로 하였다. 그 결과, 마음챙김 훈련을 받은 돌봄종사자는 여가 활동을 할 때 개인이 보고하는 행복감의 수준이 통제 집단 돌봄종사자에 비해 유의하게 높은 것으로 나타났다. 이 연구에서는 돌봄종사자만 대상으로 마음챙김 교육이 시행됨으로써 상호작용의 선순환에도 영향을 미칠 수 있음을 시사한다. 연구 결과의 시사점 중 돌봄종사자에 대한 개입 효과가 이들이 돌보는 아동에게도 영향을 미치고, 이에 따라 한 사람에 대한 개입 효과가 더 큰 영향력으로 발휘될 수 있다는 점이 시사된다.

이 장에서는 아동ㆍ청소년에게 연쇄적 또는 파급 효과를 일으키는 부모, 돌봄종사자 및 교사에게 마음챙김을 가르치는 데 필요한 마음챙김 기반 프로그램들의 개요를 살펴보고자 한다. 이는 학문적, 사회적, 임상적 문제가 있는 아동ㆍ청소년뿐만 아니라 일반적으로 아동ㆍ청소년이 겪는 다양한 문제를 예방하거나 완화하고자 공중보건 프로그램의 일환으로 마음챙김 기반 프로그램이 적용될 수 있다는 연구 기반 증거를 제공한다는 점에서, 우리는 부모, 돌봄종사자, 교사에게 마음챙김을 가르친 후, 아동ㆍ청소년의 행동을 변화시킨 연구를 통해 마음챙김 기반 프로그램의 개요들을 살펴보고자 한다. 또한 전반적인 연구보다는 연구에서 시행된 프로그램을 중점적으로 살펴보고자 한다.

부모에게 마음챙김 가르치기

그동안 시행된 부모 훈련 프로그램은 일반적으로 발달 과정에 있는 아동의 문제행동을 감소시키는 데 효과적이었다. 양육 프로그램의 근본적 근거는, 부모의 양육 기술을 향상시키고 부모-자녀 상호작용에 초점을 맞추는 것이 자녀에게 긍정적인 영향을 미칠 것이라는 관점이다. 아동의 문제행동이 부모의 양육 스트레스를 악화시킨다는 점, 그리고 마음챙김 기반 프로그램은 스트레스를 완화시킨다는 점을 함께 고려할 때, 부모의 스트레스 감소에 초점을 맞추어 개발된 마음챙김 양육 프로그램은 부모-자녀 상호작용의 특성 변화를 보고하였다(Bögels & Restifo, 2014; Dykens et al., 2014; Neece, 2014; Singh et al., 2006b). 마음챙김 양육 프로그램은 부모를 훈련시키기 위해 고안되었으며, 대부분의 연구에서 이러한 훈련이 부모에게 미치는 영향을 보고하였다. 그러나 마음챙김 양육이 양방향 부모-자녀 상호작용을 변화시킨다면 부모 마음챙김을 강화하면 자녀의 행동도 변화할 것으로 예상된다. 그렇다면 어떤 마음챙김 양육 프로그램이 그런 효과를 낳을 수 있을까?

싱 등(Singh et al., 2006b)의 다중 기초선 실험 설계 연구에서 자폐스펙트럼장애(Autism Spectrum Disorder: ASD) 자녀를 둔 세 명의 부모에게 맞춤형 마음챙김 기반 훈련 12회기가 시행되었다. 각 회기당 2시간 동안 진행되었으며, 주 1회로 진행되었다. 아동 행동에 관한 행동 관찰은 80주 동안 기록되었다. 관찰된 기초선 행동과 비교할 때, 부모의 마음챙김 훈련 이후 아동의 공격성, 지시 불이행, 자해 행동의 감소가 나타났다. 12주 마음챙김 프로그램의 주요 요소는 〈표 10-1〉에 제시되어 있다. 싱 등(2007)은 동일한 마음챙김 기반 훈련 프로그램을 12주 동안 지적 및 발달 장애 아동의 부모 네 명을 대상으로 시행하였다. 사건 기록과 행동 관찰을 통해 두 가지 아동의 행동, 즉 신체적 공격성(예: 주먹으로 치기, 물기, 발로 차기, 때리기, 찌르기, 밀치기)과 형제자매와의 사회적 상호작용(즉, 긍정적, 부정적, 또는 중립적)에 대한 자료를 수집하였다. 부모의 마음챙김 훈련에 비례해 아동의 신체적 공격성은 0에 가까운 수준으로 감소하였다. 부가적으로, 기준선 행동과 비교했을 때, 아동의 형제자매와의 긍정적 사회적 상호작용의 변화는 적었지만, 중립적 사회적 상호작용(예: 아동의 형제자매와 상호작용하며 놀지 않고 혼자서 노는 아동)은 상당한 감소를 보였다. 후속 연구에서는 주의력결핍 과잉

행동장애 아동의 부모에게 동일한 12주의 마음챙김 기반 훈련을 시
행하였고, 그 결과 부모의 훈련 효과가 자녀의 지시 이행 행동 증가
에 영향을 미침을 보고하였다(Singh et al., 2010b).

또 다른 연구에서는 부모가 자녀 또는 자신의 정신병리학적 문

표 10-1 12회기의 마음챙김 부모 훈련 프로그램 개요(Singh et al., 2006b)

1. 마음챙김 부모 훈련에 대한 일반적인 소개
- 부모-자녀의 긍정적이고 부정적인 상호작용에 대한 논의
- 부모가 이전에 참여했던 부모 또는 자녀 훈련 프로그램에 대한 논의
- 부모가 이전에 경험했던 부모 훈련 프로그램들
- 부모 훈련 프로그램을 통해 기대되는 결과에 대한 논의
- 마음챙김 부모 훈련 프로그램의 목표에 대한 논의
- 프로그램에 필요한 것들에 대한 검토: 마음챙김 자료 읽기, 명상 수행, 마음챙김
  의 적용, 프로그램에 대한 정보
- 수행 일지 유지 관리
- 가정에서의 수행 과제 설정

2. 당신의 마음 알기
- 숙제 검토 및 토의
- 마음챙김과 마음이 떠난 상태(mindlessness)에 대한 논의
- 부모-자녀의 상호작용 시, 마음챙김과 마음이 떠난 상태의 예시들 확인하기
- 기본 명상으로 정좌 명상 및 걷기 명상 수행
- 마음에 대한 알아차림을 위한 명상 수행
- 부모-자녀 상호작용 중 마음 알아차림 수행에 대한 논의
- 가정에서의 수행 과제 설정

3. 주의 기울이기
- 숙제 검토
- 주의 기울이기 논의
- 호흡에 대한 주의 기울이기 및 알아차림
- 호흡 명상
- 부모-자녀 상호작용 중 호흡 명상 수행 및 논의
- 가정에서의 수행 과제 설정

4. 불편한 마음에 주의 기울이기

- 숙제 검토
- 부모-자녀 상호작용 전후의 불편한 마음 논의
- 불편한 마음 상태에서의 명상 수행
- 부모-자녀 상호작용 속 불편한 마음 상태에서의 수행에 대한 논의
- 가정에서의 수행 과제 설정

5. 현재 순간에 존재하기

- 숙제 검토
- 혼돈 속 현재 순간에 존재하기
- 현재 순간에 존재하기 명상 수행
- 부모-자녀 상호작용 속 현재 순간에 존재하기의 실천과 적용에 대한 논의
- 가정에서의 수행 과제 설정

6. 초심자의 마음

- 숙제 검토
- 선입견 검토, 한계 vs. 한계 없는 현실
- 초심자의 마음으로 명상 수행
- 부모-자녀 상호작용 속 초심자 마음의 실천과 적용에 대한 논의
- 가정에서의 수행 과제 설정

7. 자녀와 현존하기

- 숙제 검토
- 자녀와 현존하기 위한 그 순간 또는 강렬한 경험에 대한 논의
- 자녀와 현존하기 위한 명상 수행
- 부모-자녀 상호작용 속에 자녀와 현존하기의 실천과 적용에 대한 논의
- 가정에서의 수행 과제 설정

8. 비판단적 수용

- 숙제 검토
- 수용과 비판단적 태도에 대한 검토, 자녀를 향한 비판단적 수용
- 비판단적 수용 명상 수행
- 부모-자녀 상호작용 속 비판단적 수용의 실천과 적용에 대한 논의
- 가정에서의 수행 과제 설정

9. 내려놓기
- 숙제 검토
- 부모 역할을 수행하는 것과 내려놓는 것에 대한 검토
- 내려놓기 명상 수행
- 부모–자녀 상호작용 속 내려놓기의 실천과 적용에 대한 논의
- 가정에서의 수행 과제 설정

10. 자애
- 숙제 검토
- 연민의 행동 검토
- 자애 명상 수행
- 부모–자녀 상호작용 속 자애 명상의 수행과 적용에 대한 논의
- 가정에서의 수행 과제 설정

11. 문제 해결
- 숙제 검토
- 문제 및 해결 방법 검토
- 문제 해결 속 명상 수행
- 부모–자녀 상호작용에서의 문제 해결을 위한 명상 수행과 적용에 대한 논의
- 가정에서의 수행 과제 설정

12. 일상의 상호작용 속 마음챙김 적용하기
- 숙제 검토, 정보 모으기
- 총정리: 명상 수행과 적용에 대한 검토
- 마음챙김의 효과 검토: 부모–자녀 상호작용의 이전과 지금
- 일상의 상호작용 속 마음챙김에 대한 논의
- 후속 조치와 연락, 지속적인 마음챙김 수행 계획 세우기

제 혹은 부모–자녀 관계 문제로 인해 마음챙김 양육 훈련이 실시되었다(Bögels et al., 2014). 대기자 명단 설계 연구에서 부모는 8주간의 마음챙김 양육 프로그램에 참여했으며, 훈련 종료 후 8주간의 후속 회기에도 참가하였다. 8주 마음챙김 프로그램의 주요 측면은 〈표 10–2〉에 제시되었다. 연구 결과, 부모가 보고한 아동의 정신병리적 내재화 및 외현화 문제가 부모 마음챙김 훈련 종결 및 8주간

의 추적 관찰에서 모두 통계적으로 유의한 개선을 보였다. 이는 마음챙김 훈련 세션이 상대적으로 짧은 것에 비해(8주에 걸쳐 24시간) 아동의 정신건강 문제에 임상적 개입은 없었다는 점에서 마음챙김 양육의 파급 효과에 대한 중요한 발견이 아닐 수 없다. 멥피링크 등 (Meppelink et al., 2016)은 본질적으로 다중 훈련 프로그램으로 이 연구를 재구현했다. 기본 프로그램은 〈표 10-2〉와 같이 하루 최소 1시간의 명상 수행이 포함되어 있다. 또한 아동의 임상적 문제에 대한 교육이나 개입은 실시되지 않았다. 그럼에도 프로그램 종결 및 8주간의 추적 연구 결과, 아동의 임상적 문제에서 통계적으로 유의미한 감소를 보였다. 이는 심각한 정신건강 문제가 있는 아동을 위한 뵈겔스 등(Bögels et al., 2014)의 부모 마음챙김 훈련이 갖는 연쇄적 효과를 더욱 뒷받침해 주는 결과이다.

표 10-2 8회기 및 후속 회기가 포함된 마음챙김 양육 프로그램 개요(Bögels et al., 2014)

1. 자동 반응 양식 대 무대응 양육, 매 순간마다의 알아차림, '새로운' 시각으로 받아들이기
   - 서로 알아 가기
   - 참여 의도 나누기
   - 건포도 명상
   - 바디 스캔
2. 초심자의 마음으로 양육하기, 자각 및 해석, 마음챙김 수행의 장애물들
   - 바디 스캔
   - 숙제 검토 및 논의
   - 마음챙김 수행의 장애물들 논의
   - 마음챙김의 기본 태도
   - 초심자의 마음으로 자녀 바라보기
   - 호흡에 대한 10분 정좌 명상

3. 양육 스트레스 상황에서 몸에 대한 알아차림, 마음챙김 보기
- '새로운' 시각으로 보기 연습
- 호흡과 몸의 감각에 집중하며 20분 정좌 명상
- 숙제 검토(명상 수행 일지와 유쾌한 일 기록지) 및 논의
- 한계에 대한 알아차림의 마음챙김 요가(누워서)
- 3분 호흡 공간

4. 양육 스트레스에 대한 응답 및 반응
- 호흡, 몸, 소리를 알아차리며 30분 정좌 명상
- 숙제 검토 및 논의
- 부정적 사건들에 이야기 나누기
- 3분 호흡 공간
- 3분 마음의 공간; '투쟁–도피–동결'의 체계
- 균형에 대한 마음챙김 요가(앉거나 서서)

5. 상호작용 패턴 인식하기, 자신과 자녀에 대한 수용에 응답하기
- 호흡, 몸, 소리와 생각들에 대한 알아차림의 40분 정좌 명상
- 숙제 검토 및 논의
- 자녀의 스트레스 가득한 상호작용 논의; 부모와 자녀의 감정 수용에 대한 수행
- 자녀의 가장 다루기 힘든 행동을 향한 3분간의 대응 공간 만들기, 부모–자녀 패턴에 대한 상호작용 논의

6. 양육에서의 어려운 감정 다루기
- 호흡에 대한 알아차림의 40분 정좌 명상
- 몸, 소리, 그리고 생각
- 선택 없는 자각, 숙제 검토 및 논의
- 다른 참여자와 스트레스 받는 상황에 대한 논의
- 부모 자신의 어린 시절에서부터 시작된 자동 반응에 대한 경험적 인식
- 걷기 명상; 스트레스 받았던 양육 사건을 마음챙김에 적용해 보기 수행
- 3분 대응 공간; 감정이 거기에 머물도록 허락하기, '문들'

7. 결렬과 수리, 수용과 한계
- 호흡, 몸, 소리, 생각과 선택 없는 자각의 40분 정좌 명상
- 숙제 검토 및 논의
- 부모–자녀의 갈등을 위한 결렬과 수리 연습, 한계 자각하기

8. 내가 배운 것과 미래를 위한 것
- 바디 스캔, 숙제 검토, 목표와 희망의 명상, 상징적 사건이나 참여를 통한 변화 평가하기
- 앞으로 8주 동안 계속해서 마음챙김 양육 실천을 위한 계획을 세우고 의도를 가지고 연습하기

9. 후속 회기(8회기 종결 후 8주)
- 정좌 명상
- 지난 8주 동안의 가정에서의 연습에 대한 논의
- 향후 8개월간의 마음챙김 여정에 대한 의도 확인하기
- 산 명상
- 돌 명상
- 평가 결과에 대한 개인적 피드백
- 마지막 질문 또는 필요한 도움 요청 및 확인

　마음챙김 근거 스트레스 완화(Mindfulness-Based Stress Reduction: MBSR; Kabat-Zinn, 1990) 프로그램 이후 뒤따라 개발된, 마음챙김 기반 프로그램의 기초가 되는 중요한 프로그램이라는 점을 감안할 때, 아동에게 직접적인 개입 없이 부모에게 MBSR을 가르치는 것만으로, 자녀에게도 영향을 미치는지에 대한 의문이 제기된다. 니스(Neece, 2014)의 대기자 명단 통제 실험 연구에서 발달 지연 어린 자녀의 부모에게 MBSR을 시행하였다. MBSR 8주 프로그램의 주요 내용은 〈표 10-3〉에 나와 있는 것과 같다. 아동의 행동에 대한 마음챙김의 효과를 평가하기 위해 부모들은 MBSR 훈련 전후로 아동 행동 체크리스트(Child Behavior Checklist; Achenbach, 2000)를 통해 자녀의 문제행동들을 평정하였다. 그 결과, 아동의 행동 문제(즉, 주의력 문제 및 주의력결핍 과잉행동장애의 증상)에 대한 부모의 MBSR 훈련의 연쇄적 효과가 나타났다. 니스(2014)는 연구 데이터를 다양한 표본 크기와 추가 측정으로 재분석하였으며(Lewallen &

Neece, 2015; Roberts & Neece, 2015), 이 또한 유사한 결과를 보여 주었다. 예를 들어, 보조 정보 제공자인 교사는 아동의 자제력, 의사소통 능력, 책임감, 협력에서의 향상을 보고하였다. 동시에, 어머니와 교사 모두 아동의 공감 및 참여도가 향상되었다고 보고하였다.

후속 연구에서는 발달 지연 어린 아동의 부모를 대상으로 한

표 10-3 MBSR 8주 훈련 프로그램의 핵심 구성요소

1주	당신에게는 잘못된 것보다 잘된 것이 더 많다.
	• 바디 스캔, 입식 요가
	• 건포도 먹기 명상
	• 바디 스캔, 이번 주에 한 끼를 마음챙김으로 먹기
2주	지각과 창조적 대응
	• 시작 명상, 정좌 명상, 입식 요가, 바디 스캔, 정좌 호흡 명상의 알아차림
	• 일상 활동에 대한 마음챙김, 요가 자세들
	• 바디 스캔, 정좌 호흡 명상의 알아차림
3주	현재 이 순간의 기쁨과 힘
	• 시작 명상, 누워 있는 상태에서의 마음챙김 요가, 걷기 명상, 종료 명상
	• 마음챙김 듣기 및 말하기
	• 누워 있는 상태에서의 마음챙김 요가, 정좌 명상을 통한 바디 스캔 번갈아 하기
4주	우리의 경험을 형성하는 조건화와 지각
	• 시작 명상, 입식 요가, 정좌 명상, 종료 명상
	• 마음챙김 듣기 및 말하기
	• 누워 있는 상태에서의 마음챙김 요가, 정좌 명상을 통한 바디 스캔 번갈아 하기
5주	고착된 것에 대한 알아차림; 반응보다는 대응
	• 시작 명상, 입식 요가(몇 가지 자세), 정좌 명상, 종료 명상
	• 마음챙김 듣기 및 말하기
	• 입식 요가와 바디 스캔, 누워 있는 상태에서의 마음챙김 요가를 통한 정좌 명상 번갈아 하기

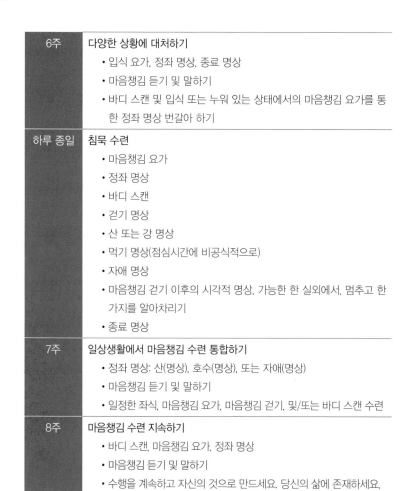

6주	다양한 상황에 대처하기
	• 입식 요가, 정좌 명상, 종료 명상
	• 마음챙김 듣기 및 말하기
	• 바디 스캔 및 입식 또는 누워 있는 상태에서의 마음챙김 요가를 통한 정좌 명상 번갈아 하기
하루 종일	침묵 수련
	• 마음챙김 요가
	• 정좌 명상
	• 바디 스캔
	• 걷기 명상
	• 산 또는 강 명상
	• 먹기 명상(점심시간에 비공식적으로)
	• 자애 명상
	• 마음챙김 걷기 이후의 시각적 명상, 가능한 한 실외에서, 멈추고 한 가지를 알아차리기
	• 종료 명상
7주	일상생활에서 마음챙김 수련 통합하기
	• 정좌 명상: 산(명상), 호수(명상), 또는 자애(명상)
	• 마음챙김 듣기 및 말하기
	• 일정한 좌식, 마음챙김 요가, 마음챙김 걷기, 및/또는 바디 스캔 수련
8주	마음챙김 수련 지속하기
	• 바디 스캔, 마음챙김 요가, 정좌 명상
	• 마음챙김 듣기 및 말하기
	• 수행을 계속하고 자신의 것으로 만드세요. 당신의 삶에 존재하세요.

MBSR 연구 2차 데이터(Chan & Neece, 2018a, 2018b; Neece et al., 2019)를 수집하고, 더 많은 데이터로 추가 분석을 하기 위해 니스 (2014)가 수집한 데이터를 결합하였다. 챈과 니스(Chan & Neece, 2018a)는 6개월의 추적 연구 기간 동안 아동의 부주의와 회피적 행동의 감소가 유지되고 있음을 보고하였다. 데이터는 라틴계 부모와 비라틴계 부모로, 인종별로 분류하여 살펴보았다(Neece et al.,

2019). 예상대로 아동의 데이터는 동일한 데이터를 분석했다는 점에서 챈과 니스(2018a)의 연구에서와 전반적으로 동일한 결과를 보여 주었다. 그러나 인종별 아동 데이터를 비교 분석한 결과, MBSR 참여 후 비라틴계 부모의 자녀에 비해 라틴계 부모의 자녀는 행동상 문제가 덜 보고되었다. 전반적으로, 이 일련의 연구들은 MBSR 프로그램이 발달 지연 자녀들에게 유의한 영향을 주며 인종에 관계없이 부모의 마음챙김 훈련이 자녀에게 영향을 미침을 보여 주고 있다.

일련의 세 연구에서 ASD 자녀를 둔 어머니를 대상으로 두 가지 증거 기반 접근 방식을 연결하여 다중 구성요소 개인 변형 프로그램인 마음챙김 기반 긍정 행동 지원(Mindfulness-Based Positive Behavior Support: MBPBS) 훈련을 시행하였다(Singh et al., 2020a 참조). 7일간의 MBPBS 프로그램의 주요 내용은 〈표 10-4〉에 제시되어 있다. 개념 증명 연구에서 ASD 청소년 자녀를 둔 어머니는 8주간의 MBPBS 프로그램에 참여하였다(Singh et al., 2014). 이때 청소년 자녀에 대한 어떠한 개입도 제공되지 않았으나, 어머니의 마음챙김 훈련에 비례하여 자녀의 문제행동이 감소하고 지시이행은 증가하였다. 두 번째 연구는 마음챙김 훈련이 ASD 자녀를 둔 어머니와 지적장애 자녀를 둔 어머니에게서 그 효과가 동등하게 나타나는지를 살펴보았다(Singh et al., 2019). 두 집단의 어머니 모두 7일간의 MBPBS 훈련의 3일 버전에 참여했으며 자녀에게는 어떠한 훈련도 시행되지 않았다. 두 집단의 자녀들 모두 MBPBS에서의 엄마의 훈련에 비례하여 공격적이고 파괴적인 행동이 크게 감소하고 지시이행이 증가하였다. 이 연구는 자녀의 자폐스펙트럼장애 및 지적장애 여부와 관계없이 어머니의 마음챙김 훈련이 자녀에게 영향을 미침을 보고하였다. 세 번째 연구는 MBPBS 프로그램 구성요소인 PBS, 마음챙김의 기여율 차등 적용을 평가하기 위해 무작위 대조 실험을 실시하였고, 실험 통제 10주 전과 프로그램 실시 3년 후 추적 연구를 실시하였다(Singh et al., 2021). ASD 자녀를 둔 어머니는 전체 MBPBS 프로그램, 단일 마음챙김 프로그램 및 단일 PBS 프로그램에 참여하였다. 각 연구 기간 동안 자녀들은 어떠한 추가적인 훈련이 시행되지 않았다. 그 결과, 어머니의 훈련이 자녀의 행동에 미치는 영향에 대한 차등적 효과가 분명하게 나타났다. 통계적으로 유의한 아동의 공격적 행동 감소와 순응적 행동 증가는 MBPBS 프로그램에 참여한 어머니의 자녀들에게서 가장 뚜렷하게 나타났고, 그다음으로는 마음챙김 단일 프로그램, 마지막으로 PBS 단일 프로그램 순으로 그 효과가 나타났다. 아동의 효과는 3년의 추적 연구에서 유지되었으며, 이는 각 시행된 프로그램 훈련의 차등 효과가 지속적으로 나타났음을 시사한다.

표 10-4 MBPBS 7일 프로그램 개요(Singh et al., 2014)

1일	MBPBS 프로그램 소개(첫 1일 훈련; 1주차) • 사마타(Samatha) 명상 • 킨힌(Kinhin) 명상 • 위빠사나(Vipassana) 명상 • 다섯 가지 장애: 감각의 욕망, 악의, 나태와 무기력, 들뜸과 후회, 의심 • 일일 기록과 일기 • 가정 명상 수행(1~4주차)
2일	사무량심(5일 집중 훈련의 첫째 날; 5주차) • 명상 수행 검토 • 사무량심 소개[브라마비하라(Brahmavihara, 네 가지 마음상태): 메타(metta)-자애, 카루나(karuna)-연민, 무디타(mudita)-인정을 베푸는 기쁨, 우페카(upekkha)-평정]

		• 평정 명상
		• 초심자의 마음
		• PBS 실습에 적용
3일	현재에 존재하기	
	• 2일차 지침과 수행 검토	
	• 사무량심에 대한 추가 지침들	
	• 평정 명상	
	• 자애 명상	
	• 현재에 존재하기	
	• PBS 실습에 적용	
4일	세 가지 독	
	• 2일차와 3일차의 지침과 수행 검토	
	• 사무량심에 대한 추가 지침	
	• 평정 명상	
	• 자애 명상	
	• 연민 명상	
	• 세 가지 독: 집착, 분노, 무지	
	• PBS 실습에 적용	
5일	애착과 분노: 셴파와 자비 명상	
	• 2일차와 4일차의 지침과 수행 검토	
	• 사무량심에 대한 추가 지침	
	• 평정 명상	
	• 자애 명상	
	• 연민 명상	
	• 기쁨 명상	
	• 집착과 분노-셴파(shenpa)[1]와 자비 명상	
	• PBS 실습에 적용	

---

1) 셴파(shenpa)는 가려운 곳을 긁는다는 뜻의 티베트어로 고통의 악순환을 말한다.
　-역자 주

6일	애착과 분노: 발바닥 명상
	• 2일차와 5일차의 지침과 수행 검토
	• 사마타, 킨힌, 위빠사나 명상 수행 검토
	• 사무량심 검토
	• 평정, 자애, 연민, 기쁨 명상 연습
	• 애착과 분노: 발바닥 명상
	• PBS 실습에 적용에 대한 검토
	• MBPBS 훈련 프로그램 검토
	• MBPBS 프로그램 실행 계속하기(6~10주차)
7일	검토 및 진행(두 번째 1일 훈련; 10주차 마지막 날)
	• 명상 지침과 수행의 검토(일일 기록)
	• 사마타, 킨힌, 위빠사나 명상 수행 검토
	• 사무량심 검토
	• 평정, 자애, 연민, 기쁨 명상 연습
	• 감정 조절과 분노: 발바닥 명상
	• 세 가지 윤리 수칙 수행을 위한 지침: ① 살아 있는 것을 해치지 않는 것, ② 주어지지 않은 것을 취하는 것, ③ 부적절한 언행을 삼가는 것
	• PBS 실습에 적용
	• 7일간의 MBPBS 훈련 프로그램 검토

요약하면, 부모 대상 마음챙김 훈련의 효과가 자녀에게 연쇄적 효과를 가져다준다는 이러한 연구 결과는 마음챙김 훈련에 대한 잠재적 가능성을 시사한다. 그리고 이러한 연쇄적 효과는 부모에게 제공되는 마음챙김 훈련의 성격, 부모와 자녀의 정신병리적 특성, 아동의 연령 또는 인지적·사회적·행동적 특성에 관계없이 분명하게 나타났다.

돌봄종사자에게 마음챙김 가르치기

돌봄종사자를 위한 마음챙김 훈련에 대한 기존의 연구 대상자에는 지적 및 발달 장애가 있는 성인 또한 포함되었다. 나이가 들어감에 따라 경험적 지식이 쌓이는 것에 동의하지만, 이 연령대에서 학습과 상관관계가 있는 것은 나이가 아니라 기능 수준이다. 따라서 아동 · 청소년을 대상으로 한 연구가 부족하다는 점을 고려하여 지적 및 발달 장애 성인의 돌봄종사자를 연구 대상에 포함시켜 왔다. 그리고 이러한 연구는 돌봄종사자의 마음챙김적 태도가 그들이 돌보는 이들에게 긍정적인 영향을 미친다는 것을 증명하였다. 예를 들어, 싱 등(2006a)은 그룹홈에 거주 중인 이들의 학업 성취도가 5일간의 마음챙김 기반 훈련에 참여한 돌봄종사자의 효과 평가에 비례하여 상당히 증가되었음을 보고하였다(〈표 10-5〉의 프로그램 주요 요소 참고). 싱 등(2009)에 따르면, 공격적인 행동으로 인해 동료 및 직원들의 부상을 보고한 돌봄종사자들이 마음챙김 훈련 프로그램에 참여한 후, 돌봄대상자의 문제행동이 강조되었다. 더욱이, 돌봄종사자도 연구가 끝날 때까지 일련의 마음챙김 훈련으로 인해 돌봄대상자들의 신체적 구속 사용을 사실상 폐지하였고, 이는 Brooker 등(2014)의 연구에서 보고한 핵심적 의미이다.

7일간의 MBPBS 프로그램의 효과(〈표 10-4〉 참조)는 돌봄종사자와 그들이 돌보는 이들에 대한 일련의 연구에서 평가되었다. 첫 번째 MBPBS 프로그램의 다중 기준선 설계 연구에서 가정형 그룹홈의 돌봄대상자에 대한 공격적 행동 통제를 위한 신체적 구속 사용 및 제거, 지시적 언어 사용에서 통계적으로 유의한 감소가 나타났다(Singh et al., 2015). 돌봄대상자의 공격적 행동이 사라지자, 차례로 직원과 다른 돌봄대상자의 부상도 사라졌다. 이러한 결과는 준실험 설계 연구에서도 증명되었다(Singh et al., 2016b). 이 연구는 TAU(Training-As-Usual)에 반해서 MBPBS 훈련으로 무작위 대조 실험(Randomized Controlled Trial: RCT) 형태로 이루어졌다(Singh et al., 2016a). 돌봄종사자는 지적 및 발달 장애의 기능이 극심하고 심각한 수준의 돌봄대상자를 위한 대규모 집단 요양시설에 근무 중인 자들이다. 돌봄종사자 및 시설 단체 외에 연구에서 살펴보고자 한 것은 돌봄종사자의 마음챙김이 돌봄대상자의 공격적 행동에 미치는 연쇄적 효과였다. 연구 결과, 돌봄대상자들의 공격적 행동이 크게 감소하여 부상과 스트레스로 인한 돌봄종사자의 이직 또한 크게 줄어들었다. 또한 돌봄대상자의 공격적 행동이 감소함에 따라 공격적인 돌봄대상자로부터 돌봄종사자와 동료의 안전, 그들의 보호에 필요한 1:1 인력도 크게 감소하였다.

　일련의 가장 최근 연구인 싱 등(2020b)에서는 돌봄종사자를 대상으로 RCT 집단에 긍정적 행동 지원(Positive Behavior Support: PBS)과 MBPBS를 실시하여 그 효과성을 평가하였다. PBS가 도전적 행동을 보이는 돌봄대상자를 관리하는 데 일반적으로 사용되는 증거 기반 개입이라는 점을 고려할 때, 이것은 40주 동안 시행된 RCT 집단에서 두 가지 적극적인 개입에 대한 전면적인 일대일 비교 평가였다. 두 중재 모두 돌봄종사자, 돌봄대상자 및 시설 단체와 관련된 변수에서 효과를 보고하였으나, MBPBS는 PBS를 단독 시행한 집단에 비해 훨씬 더 우수한 효과를 보였다. 돌봄종사자 대상 마음챙김의 연쇄 효과의 맥락에서 살펴보면, 그 결과는 기본적으로 이전의 연구 결과를 뒷받침하였다. 즉, 돌봄대상자의 공격적인 행동이

표 10-5 돌봄종사자 대상 마음챙김 5일 훈련 프로그램 개요(Singh et al., 2006a)

1. 마음챙김과 마음이 떠난 상태(mindlessness)의 개념
   • 행동 훈련과 마음챙김 훈련의 철학적 차이: 외부적 vs. 내부적
   • 다른 사람에게 긍정적인 영향을 줄 수 있도록 자신의 행동을 변화에 집중
   • 전체론적, 생태학적, 거래적 관점
   • 일상생활에서의 마음챙김 소개: 새로운 정보에 대한 개방성, 오래된 정보를 새로운 방식으로 볼 수 있는 마음, 여러 관점에서의 조망, 선입견으로부터 벗어나기, 마음챙김과 마음이 떠난 상태를 이해하기, 마음챙김의 측면에서 긍정적으로 평가하기
   • 명상 자세 소개(정좌 명상과 걷기), 마음챙김 호흡과 마음이 방황할 때 호흡에 의식적으로 주의를 되돌리는 것, 마음의 객관적인 관찰
   • 마음챙김 수행과 가정에서의 수행

2. 지혜의 전통에서 마음챙김 배우기
   • 힌두교와 불교의 지혜 전통
   • 정좌 명상과 걷기 명상 수행
   • 마음챙김 수행과 가정에서의 수행

3. 마음챙김 향상을 위한 다양한 방법의 이해 및 활용
   • 비판단, 참을성과 인내, 초심자의 마음, 신뢰, 서두르지 않기, 수용, 놓아주기, 개인적 보상에 초점을 두지 않고 하기
   • 정좌 명상과 걷기 명상 수행
   • 마음챙김 수행과 가정에서의 수행

4. 마음챙김 향상을 위한 다양한 방법의 이해 및 활용(계속 연습하기)
   • 자신, 타인, 그리고 '문제'에 대한 적극적인 관찰, 삶을 있는 그대로 받아들이기, '생각은 생각일 뿐, 내가 아니다'에 대한 이해 및 실습, 연민, 차분한 주의로 경청하기, 다른 사람의 눈을 통해 보기, 자애로 참여하기, 현재 순간에 존재하기
   • 정좌 명상과 걷기 명상 수행
   • 마음챙김 수행과 가정에서의 수행

5. 마음챙김 수행으로서의 일과 놀이(일상생활에서 모두 적용하기)
   • 가정, 직장 및 놀이 중 마음챙김 적용, 마음이 떠난(mindless) 업무 행동을 알아차리고 내면에 주의 옮기기, 현재 순간을 경험하기, 사랑하고, 친절하고, 연민을 가지며 지혜의 삶의 방식으로 상호작용하기
   • 정좌 명상과 걷기 명상 수행
   • 마음챙김 수행과 가정에서의 수행

크게 감소하여 돌봄종사자와 동료의 부상을 크게 줄였고, 이는 신체적으로 공격적인 돌봄대상자에 대한 1:1 인력 배치의 필요성을 감소시켰다는 것이다.

이러한 연구는 돌봄종사자 대상 마음챙김 훈련이 돌봄종사자의 삶의 질을 향상시키는 효과를 가져다주었다는 것을 보여 주었다. 이때 돌봄종사자 대상 마음챙김 훈련의 연쇄적 효과가 어디까지 미칠지에 대한 의문이 생긴다. 연쇄 효과가 마음챙김 훈련을 받은 돌봄종사자의 가족 구성원에게까지 전달될 수 있을까? 짧게 대답하자면, 그렇게 볼 수 있다는 것이다. 싱 등(2004)은 돌봄종사자에게 마음챙김 훈련을 실시하고, 심각한 신체적, 의학적, 지적 장애가 각 개인에게 미치는 연쇄 효과를 관찰하였다. 7회기로 구성된 마음챙김 훈련 프로그램의 주요 내용은 〈표 10-6〉과 같다. 추가 연구에서 싱 등(2010a)은 마음챙김 훈련 연쇄 효과의 일반화를 위해 가정에서 돌봄종사자와 그들 자녀 사이의 상호작용에 대한 데이터를 수집하였다. 관찰할 행동은 돌봄종사자(또는 어머니)의 지시를 따르지 않는 지시 불이행 행동이었다. 그 결과, 자녀의 연령 및 지시 불이행의 기초선의 수준에 관계없이, 어머니의 마음챙김 훈련에 비례하여 자녀의 지시 불이행 행동이 현저하게 감소하는 것으로 나타났다. 이 연구의 결과는 마음챙김을 훈련받는 사람을 넘어선, 마음챙김 훈련이 주는 광범위한 효과의 가능성을 시사한다.

요약하면, 이러한 연구는 돌봄종사자를 위한 마음챙김 훈련이 그들이 돌보는 사람들에게 연쇄적인 영향을 미치고, 결과적으로 학습과 부적응적 행동의 개선을 가져오고, 이는 결국 1:1 인력 배치, 돌봄대상자의 공격적인 행동으로 인한 돌봄종사자 및 동료의 부상, 돌봄종사자의 이직과 같은 다른 변수에도 긍정적으로 작용

표 10-6 마음챙김 7회기 훈련 개요(Singh et al., 2004)

1회기	**사전 교육** • 삶의 질에 대한 검토 및 논의 • 삶의 질의 주요 지표로서의 행복 • 중증 다발성 장애인의 행복 측정 및 증가 • 마음챙김이란 무엇인가? • 타인의 행복을 중재하는 마음챙김 • 과제 읽기: 모든 발걸음마다 평화
2회기	**마음 알기** • 1회기 연결 및 토론 • 마음챙김과 마음이 떠난 상태(mindlessness)에 대한 논의 • 직장 사람들과 상호작용할 때 마음챙김과 마음이 떠난 상태(mindlessness)의 예시, 각 행동 유형의 결과 • 마음을 관찰하는 명상 연습 • 정좌 명상과 걷기 명상의 기본적 명상 기술 소개 • 토론: 마음에 주의를 기울일 때 일상의 모든 활동이 명상이 될 수 있다.
3회기	**모든 것이 연결되어 있음에 감사하기** • 2회기 연결 및 토론 • 다양성, 이원성, 비이원성 및 단일성에 대한 논의 • 비움에 대한 명상 연습, 한 가지 대상에 주의 기울이기 • 토론: 명상 훈련 연습 계획하기, 유인물 읽기
4회기	**현재 순간에 존재하기** • 3회기 연결 및 토론 • 토론: 혼돈의 한가운데에 있는 순간 • 중증 다발성 장애인과의 생활 속 마음챙김 적용 • 현재의 순간에 존재하는 것에 대한 명상 연습 • 토론: 날뛰는 생각 속 침묵에 머물기
5회기	**초심자의 마음** • 4회기 연결 및 토론 • 토론: 선입견 다루기-제한됨 vs. 무한함의 진실 • 초심자의 마음으로 명상 연습 • 토론: 머리가 아닌 가슴으로 응답하기, 정확한 것보다 옳은 일을 행하기

6회기	일상에 머물기
	• 5회기 연결 및 토론
	• 토론: 몰입의 상태 또는 절정 경험
	• 일상적 활동에 마음챙김으로 대하기
	• 토론: 전체 정리 및 매일의 마음챙김 수행하기
7회기	검토 및 마무리
	• 6회기 연결 및 토론
	• 마음챙김 훈련 과정 되돌아보기 및 개별 후속 조치 마련하기
	• 토론: 일상생활에서의 마음챙김 훈련 실천

한다는 것이다. 그리고 이러한 긍정적인 변화의 후속 흐름은 돌봄
종사자를 위한 마음챙김 훈련에서 시작되었다는 것이다.

교사에게 마음챙김 가르치기

많은 연구에서 교사를 위한 마음챙김 기반 프로그램이 그들의
심리적 스트레스, 번아웃 및 교수법을 포함한 교사의 안녕감에 대
한 다양한 측면에서의 영향을 보고하였다(Hwang et al., 2017). 그러
나 교사 대상 마음챙김 훈련에 관한 거의 모든 연구는 교사라는 변
수만을 측정했을 뿐, 교사의 마음챙김 향상에 영향을 받았을 수 있
는 아동의 행동(예: 학업, 사회적, 정신적 건강)에 대한 측정은 포함하
지 않았다. 상호 교환론적 관점에서 교사를 위한 마음챙김 훈련은
교사-학생 간의 양방향 상호작용을 변화시켜야 한다. 이러한 맥락
에서 싱 등(2013)은 마음챙김 프로그램에 참여하는 교사와, 그 훈련
의 효과를 취학 전 학생의 행동 변화 측면에서 측정하였다. 기초선
과 비교했을 때, 교사의 마음챙김 훈련 후 학생의 비사회적 행동, 교

사 지시에 대한 이행 및 또래와의 사회적 상호작용에서 통계적으로
유의한 변화가 나타났다. 교사들은 기본 명상을 포함해 사무량심
의 설명(즉, 브라마비하라), 세 가지 독(즉, 집착, 분노, 무지), 초심자의
마음, 현재의 순간에 존재하기가 포함된 8주간의 마음챙김 프로그
램에 참여하였다. 교사 대상 마음챙김 프로그램의 주요 내용은 〈표
10-7〉과 같다.

20개 학교의 185명의 교사가 참여한 대규모 무작위 실험에서 황

표 10-7 교사 대상 마음챙김 훈련 프로그램 개요(Singh et al., 2013)

사전훈련	마음챙김 훈련 프로그램에 대한 소개
	• 마음챙김은 무엇인가?
	• 매일매일의 마음챙김
	• 마음챙김 교육
	• 교실에서의 마음챙김
	• 참여 시 지켜야 할 사항
	• 가정에서의 수행: 프로그램 참여 준비하기
1주	기본 명상
	• 사전 훈련 내용 검토 및 동의서 수집
	• 교실에서의 마음챙김과 마음이 떠난 상태(mindlessness)의 논의
	• 바디 스캔 소개
	• 기본 명상: 고요 묵상과 걷기 명상
	• 토론: 바디 스캔, 고요 묵상과 걷기 명상
	• 가정에서의 수행: 글쓰기와 명상 연습
2주	알아차림 계발하기
	• 1주차와 가정에서의 수행 검토
	• 어려운 상황을 연습의 기회로 만들기
	• 알아차림 계발에 대한 안내
	• 생각 관찰에 대한 명상
	• 토론: 교실과 일상 속 생각 관찰–숨 들이마시기, 내쉬기
	• 가정에서의 수행: 글쓰기와 명상 연습

3주	초심자의 마음
	• 2주차와 가정에서의 수행 검토
	• 선입견과 확증편향
	• 교실에서 알아차림 연습하기
	• 초심자의 마음으로 명상하기
	• 토론: 교실과 일상에서 초심자의 마음으로 살아가기
	• 가정에서의 수행: 글쓰기와 명상 연습
4주	현재의 순간에 존재하기
	• 3주차와 가정에서의 수행 검토
	• 당신의 마음은 어디에 있나요
	• 혼돈의 가운데에서 현재의 순간에 존재하기
	• 현재의 순간에 존재하기 명상
	• 토론: 교실과 일상에서 현재의 순간에 존재하기 연습
	• 가정에서의 수행: 글쓰기와 명상 연습
5주	사무량심
	• 4주차와 가정에서의 수행 검토
	• 자애와 연민
	• 사무량심 소개
	• 자애와 연민 명상
	• 토론: 교실과 일상에서 자애와 연민 연습
	• 가정에서의 수행: 글쓰기와 명상 연습
6주	사무량심
	• 5주차와 가정에서의 수행 검토
	• 기쁨과 평정심
	• 사무량심 소개
	• 평정심 명상
	• 교실과 일상에서 평정심 연습
	• 가정에서의 수행: 글쓰기와 명상 연습
7주	세 가지 독
	• 6주차와 가정에서의 수행 검토
	• 집착, 분노, 무시
	• '중독'을 받아들이기
	• 셴파 명상
	• 토론: 교실과 일상에서 셴파 적용
	• 가정에서의 수행: 글쓰기와 명상 연습

8주	검토 및 마무리
	• 7주차와 가정에서의 수행 검토
	• 종합 검토
	• 교사들의 마음챙김 커뮤니티(sangha: 승가)[2]
	• 토론: 교육과 일상에서 마음챙김의 실천
	• 마음챙김 훈련 과정 검토와 개별 후속 면담 준비
	• 프로그램 사후 면담

등(Hwang et al., 2019a, 2019b)은 8주 마음챙김 기반 프로그램이 교사의 안녕감에 미치는 영향을 평가하였다. 교사 안녕감 측정 외에도 교사는 학생과의 관계의 질을, 학생은 교사와의 유대감을 평가하였다(Hwang et al., 2019a). 또한 객관적인 관찰자에 대해 학생과의 상호작용 시 교사의 언어 또한 평가되었다(Hwang et al., 2019b). 이러한 추가적인 측정 과정은 교사-학생 상호작용에 대한 주관적(교사 및 학생의 자기보고식 평가) 및 객관적(행동 관찰) 데이터를 모두 제공하고, 이는 학생에 대한 교사 마음챙김 향상이 가져다주는 연쇄적 효과를 추론하는 데 도움이 될 수 있다. 그 결과, 교사-학생 관계에 대한 교사 평가에는 큰 변화가 없었으나, 교사와의 유대감에 대한 학생의 평가는 유의한 변화가 보고되었다. 행동 관찰에서는 교사-학생 간 언어적 상호작용에서 유의미한 긍정적인 변화를 보여 주었으며, 이러한 변화는 프로그램 종결 5개월 후의 추적 관찰에서도 지속되었다. 이 연구에서 시행된 마음챙김 프로그램의 주요 내용은 〈표 10-8〉과 같다.

---

2) 승가(sangha)는 붓다의 가르침을 함께 수련하고자 모인 모임, 커뮤니티를 지칭한다.-역자 주

표 10-8 8주간 마음챙김의 주제, 목표 및 활동(Hwang et al., 2019a)

1주	마음챙김 소개 • 몸, 호흡, 존재하기 • 몸과 호흡의 마음챙김으로 점진적인 근육 이완 • 마음의 질: 휴식
2주	감각으로 돌아오기 • 이전에 배운 활동들 • 수행 시 공통적으로 겪는 문제들 • 마음챙김 요가/걷기, 소리에 대한 마음챙김 • 감각, 존재, 정신적 안녕감 • 마음챙김의 질: 현존 • 마음챙김 먹기
3주	반응 알아차리기 • 이전에 배운 활동들 • 병 속에 든 마음 • 느낌: 느낌이 언제 스트레스 반응에 영향을 주는가? • 반응 알아차리기 • 숨 들이마시기, 내쉬기 • 마음챙김을 지속하는 법
4주	누가 주인인가? 나인가, 아니면 내 생각들인가? • 이전에 배운 활동들 • 생각을 정의하고 확인하기 • 생각이 어떻게 스트레스 반응에 영향을 미치는가? • 생각의 은유 • 생각의 마음챙김 • 친절함 기억하기 • 마음챙김을 지속하는 법
5주	감성 지능 개발하기 • 이전에 배운 활동들 • 감정이란 무엇인가? • 내가 스트레스를 받을 때 몸과 마음에서 알아차린 것은 무엇인가? • 각각 생각과 감정은 생각과 감정일 뿐 내가 아니다. • R.A.I.N (비) • 내 감정은 어떻게 변화하는가?

6주	나 자신과 친구 되기
	• 이전에 배운 활동들
	• 내 자신과 친구 되기
	• 나와 타인을 사랑하기
	• 나를 성장시키는 것, 고갈시키는 것은 무엇인가?
	• 마음챙김 듣기
	• 마음의 질: 친절
7주	행동하는 감성 지능
	• 이전에 배운 활동들
	• 공감, 연민, 감성 지능 소개
	• 나와 다른 사람들을 사랑하는 마음챙김 요가
	• 감성 지능
	• 감정 역할 놀이
	• 나처럼
8주	알아차림 지속하기
	• 이전에 배운 활동들
	• 마음의 질: 넓은 마음
	• 단순한 것에서 복잡한 것으로의 마음챙김 확장
	• 나 자신을 되돌아보기와 마음챙김 듣기
	• 감사의 마음 쌓기
	• 마음챙김을 지속하는 법

　요약하면, 이 보고서는 다소 빈약하지만, 교사의 마음챙김 훈련에 비례하여 긍정적인 교사–학생 간 양방향의 변화가 나타났다는 연구 결과를 제시하고 있다. 교사 대상 마음챙김은 각 학생에게 개별화된 행동 변화 프로그램을 시행하는 것보다 더 효율적일 수 있다.

결론

성인-아동의 상호교환론적 모델을 기반으로 부모, 돌봄종사자 및 교사를 대상으로 마음챙김을 실시한 연구에서 아동과 성인의 상호작용은 지속적으로 서로 간의 상호작용에 영향을 미칠 수 있음을 시사한다. 부모, 돌봄종사자, 교사에게 마음챙김을 실시할 때, 개인의 변화가 이들이 돌보는 아동ㆍ청소년에게 연쇄적으로 영향을 미치게 된다. 성인 마음챙김의 연쇄적 효과는 아동의 잘 정의된 행동(예: 공격성, 신체적 혼란, 부모의 지시 이행, 사회적 상호작용)을 관찰함으로써 행동 측정이 가능하다. 이러한 효과는 마음챙김 프로그램의 성격과 기간, 성인과 아동의 정신병리학적 상태, 아동ㆍ청소년의 연령, 측정되는 아동 변수의 특성과 무관하게 분명히 드러나고 있다. 비록 이러한 접근은 현재까지 한정된 연구 데이터만을 가지고 있지만, 마음챙김 연구의 새로운 영역이고 그 결과의 중요성은 아무리 강조해도 지나치지 않는다. 임상적으로는 소수의 성인에게 마음챙김을 가르치는 것이 특정 아동ㆍ청소년을 위한 개입을 실시하지 않고도 훨씬 더 많은 아동ㆍ청소년의 행동을 변화시킬 수 있음을 시사한다.

참고문헌 ✍

제1장

Abbott, R. A., Whear, R., Rodgers, L. R., Bethel, A., Thompson Coon, J., Kuyken, W., . . . Dickens, C. (2014). Effectiveness of mindfulness-based stress reduction and mindfulness based cognitive therapy in vascular disease: A systematic review and meta-analysis of randomised controlled trials. *Journal of Psychosomatic Research*, 76, 341-351.

Anālayo, B. (2020). *Introducing mindfulness: Buddhist background and practical exercises*. Cambridge, UK: Windhorse Publications.

Beauchemin, J., Hutchins, T. L., & Patterson, F. (2008). Mindfulness meditation may lessen anxiety, promote social skills, and improve academic performance among adolescents with learning disabilities. *Complementary Health Practice Review, 13*(1), 34-45.

Bishop, S. R., Lau, M., Shapiro, S., Carlson, L., Anderson, N. D., Carmody, J., . . . Devins, G. (2004). Mindfulness: A proposed operational definition. *Clinical Psychology: Science and Practice, 11*(3), 230-241.

Black, D. S., Milam, J., & Sussman, S. (2009). Sitting-meditation interventions among youth: A review of treatment efficacy. *Pediatrics, 124*(3), e532-e541.

Bögels, S. M., Hoogstad, B., van Dun, L., de Schutter, S., & Restifo, K. (2008). Mindfulness training for adolescents with externalizing disorders and their parents. *Behavioural and Cognitive Psychotherapy, 36*(2), 193-209.

Burke, C. A. (2010). Mindfulness-based approaches with children and adolescents: A preliminary review of current research in an emergent field. *Journal of Child and Family Studies, 19*(2), 133-144.

Cairncross, M., & Miller, C. J. (2016). The effectiveness of mindfulness-based therapies for ADHD: A meta-analytic review. *Journal of Attention*

Disorders, 24(5), 627–643.

Carsley, D., Khoury, B., & Heath, N. L. (2018). Effectiveness interventions for mental health in schools: A comprehensive meta–analysis. *Mindfulness, 9*, 693–707.

Cavanagh, K., Strauss, C., Forder, L., & Jones, F. (2014). Can mindfulness and acceptance be learnt by self–help? A systematic review and meta–analysis of mindfulness and acceptance–based self–help interventions. *Clinical Psychology Review, 34*, 118–129.

Chiesa, A., & Serretti, A. (2009). Mindfulness–based stress reduction for stress management in healthy people: A review and meta–analysis. *Journal of Alternative and Complementary Medicine, 15*, 593–600.

Felver, J. C., & Jennings, P. A. (2016). Applications of mindfulness–based interventions in school settings: An introduction. *Mindfulness, 7*, 1–4.

Frank, J. L., Jennings, P. A., & Greenberg, M. T. (2013). Mindfulness–based interventions in school settings: An introduction to the special issue. *Research in Human Development, 10*, 205–210.

Kabat–Zinn, J. (1994). *Wherever you go, there you are: Mindfulness meditation in everyday life.* New York, NY: Hyperion.

Kabat–Zinn, J. (2019). Seeds of a necessary global renaissance in the making: The refining of psychology's understanding of the nature of mind, self, and embodiment through the lens of mindfulness and its origins at a key inflection point for the species. *Current Opinion in Psychology, 28*, xi–xvii.

Khoury, B., Sharma, M., Rush, S. E., & Fournier, C. (2015). Mindfulness–based stress reduction for healthy individuals: A meta–analysis. *Journal of Psychosomatic Research, 78*, 519–528.

Knaster, M. (2010). *Living this life fully: Stories and teachings of Munindra.* Boston, MA: Shambhala.

Liehr, P., & Diaz, N. (2010). A pilot study examining the effect of mindfulness on depression and anxiety for minority children. *Archives of Psychiatric Nursing, 24*(1), 69–71.

Meiklejohn, J., Phillips, C., Freedman, M. L., Griffin, M. L., Biegel, G., Roach, A., . . . Saltzman, A. (2012). Integrating mindfulness training into K–12 education: Fostering the resilience of teachers and students. *Mindfulness, 3*,

291-307.

Renshaw, T. L., & Cook, C. R. (2017). Mindfulness in the schools: Historical roots, current status, and future directions. *Psychology in the Schools, 54,* 5-12.

Schonert-Reichl, K. A., & Roeser, R. W. (2016). *Handbook of mindfulness in education: Integrating theory and research into practice.* New York, NY: Springer.

Sibinga, E. M. S., Kerrigan, D., Stewart, M., Johnson, K., Magyari, T., & Ellen, J. M. (2011). Mindfulness-based stress reduction for urban youth. *Journal of Alternative and Complementary Medicine, 17*(3), 213-218.

Smith, B. H., Reid, E. K., Sajovec, P., & Namerow, L. (2019). Pharmacological treatment of attention-deficit/hyperactivity disorder. In S. M. Evans & K. M. Carpenter (Eds.), *APA handbook of psychopharmacology* (pp. 347-371). Washington, DC: American Psychological Association.

Zablotsky, B., Black, L. I., Maenner, M. J., Schieve, L. A., Danielson, M. L., Bitsko, R. H., . . . Boyle, C. A. (2019). Prevalence and trends of developmental disabilities among children in the United States: 2009-2017. *Pediatrics, 144*(4), e20190811.

Zainal, N. Z., Booth, S., & Huppert, F. A. (2013). The efficacy of mindfulness-based stress reduction on mental health of breast cancer patients: A meta-analysis. *Psycho-Oncology, 22,* 1457-1465.

Zenner, C., Hermleben-Kurz, S., & Walach, H. (2014). Mindfulness-based interventions in schools: A systematic review and meta-analysis. *Frontiers in Psychology, 5,* 603.

Zoogman, S., Goldberg, S. B., Hoyt, W. T., & Miller, L. (2015). Mindfulness interventions with youth: A meta-analysis. *Mindfulness, 6,* 290-302.

제2장

Adee, S. (2012). Zap your brain into the zone: Fast track to pure focus. *New Scientist,* 2850.

Ajahn Chah. (2002). *Food for the heart.* Somerville, MA: Wisdom.

Anālayo, B. (2003). *Satipaṭṭhāna: The direct path to realization.* Cambridge, UK: Windhorse Publications.

Bishop, S. R., Lau, M., Shapiro, S., Carlson, L., Anderson, N. D., Carmody, J., . . . Devins, G. (2004). Mindfulness: A proposed operational definition. *Clinical Psychology: Science and Practice, 11*(3), 230-241.

Bodhi, Bhikkhu. (2006). Interview with Bhikkhu Bodhi: Translator for the Buddha. *Inquiring Mind, 22*(2).

Bodhi, Bhikkhu. (2011). What does mindfulness really mean? A canonical perspective. *Contemporary Buddhism, 12*(1), 19-39.

Bodhi, Bhikkhu. (2014). War and peace: A Buddhist perspective. *Inquiring Mind, 30*(2).

Collins UK. (1998). *Collins English dictionary* (4th ed.). New York, NY: HarperCollins.

Dhammika, S. (1990). *All about Buddhism: A modern introduction to an ancient spiritual tradition.* Singapore: Buddha Dhamma Mandala Society.

Epstein, R. (1995). *Thoughts without a thinker: Psychotherapy from a Buddhist perspective.* New York, NY: Basic Books.

Frank, P., Stanszus, L., Fischer, D., Kehnel, K., & Grossman, P. (2019). Cross-fertilizing qualitative perspectives on effects of a mindfulness-based intervention: An empirical comparison of four methodical approaches. *Mindfulness, 10*, 2452-2467.

Fresco, D. M., Moore, M. T., van Dulmen, M. H., Segal, Z. V., Ma, S. H., Teasdale, J. D., & Williams, J. M. (2007). Initial psychometric properties of the Experiences Questionnaire: Validation of a self-report measure of decentering. *Behavior Therapy, 38*, 234-246.

Germer, C. (2005). Mindfulness: What is it? What does it matter? In C. K. Germer, R. D. Siegel, & P. R. Fulton (Eds.), *Mindfulness and psychotherapy* (pp. 3-27). New York, NY: Guilford Press.

Gethin, R. (2001). *The Buddhist path to awakening.* Oxford: Oneworld Publications.

Gethin, R. (2004). Can killing a living being ever be an act of compassion? The analysis of the act of killing in the Abhidhamma and Pali commentaries. *Journal of Buddhist Ethics, 11*, 167-202.

Goldstein, J., & Kornfield, J. (2001). *Seeking the heart of wisdom: The path of insight meditation.* Boston, MA: Shambala.

Grabovac, A. D., Lau, M. A., & Willett, B. R. (2011). Mechanisms of mindfulness: A Buddhist psychological model. *Mindfulness, 2*, 154–166.

Hanh, Thich Nhat (1976). *Miracle of mindfulness*. Boston, MA: Beacon.

Harvey, P. (2000). *An introduction to Buddhist ethics: Foundations, values and issues*. Cambridge, UK: Cambridge University Press.

Hölzel, B. K., Lazar, S. W., Gard, T., Schuman-Olivier, Z., Vago, D. R., & Ott, U. (2011). How does mindfulness meditation work? Proposing mechanisms of action from a conceptual and neural perspective. *Perspectives on Psychological Science, 6*, 537–559.

Kabat-Zinn, J. (1990). *Full catastrophe living: How to cope with stress, pain and illness using mindfulness meditation*. New York, NY: Delacorte.

Kabat-Zinn, J. (1994). *Wherever you go, there you are: Mindfulness meditation in everyday life*. New York, NY: Hyperion.

Kabat-Zinn, J. (2019). Seeds of a necessary global renaissance in the making: The refining of psychology's understanding of the nature of mind, self, and embodiment through the lens of mindfulness and its origins at a key inflection point for the species. *Current Opinion in Psychology, 28*, xi–xvii.

Kang, C., & Whittingham, K. (2010). Mindfulness: A dialogue between Buddhism and clinical psychology. *Mindfulness, 1*, 161–173.

Knaster, M. (2010). *Living this life fully: Stories and teachings of Munindra*. Boston, MA: Shambhala.

Lindsay, E. K., & Creswell, J. D. (2017). Mechanisms of mindfulness training: Monitor and acceptance. *Clinical Psychology Review, 51*, 48–59.

Lindsay, E. K., & Creswell, J. D. (2019). Mindfulness, acceptance, and emotion regulation: Perspectives from Monitor and Acceptance Theory (MAT). *Current Opinion in Psychology, 28*, 120–125.

Nanavira, T. (1987). *Clearing the path: Writings of Nanavira Thera (1960-1965)*. Colombo, Sri Lanka: Path Press.

Narada Maha Thera. (1987). *A manual of Abhidhamma*. Malaysia: Buddhist Missionary Society.

Nilsson, H., & Kazemi, A. (2016). Reconciling and thematizing definitions of mindfulness: The big five of mindfulness. *Review of General Psychology, 20*(2), 183–193.

Norris, N. (1997). Error, bias and validity in qualitative research. *Educational Action Research, 5*(1), 172–176.

Nyanaponika Thera. (1962). *The heart of Buddhist meditation.* London, UK: Rider.

Nyanatiloka. (1952). *Buddhist dictionary: Manual of Buddhist terms and doctrines.* Kandy, Sri Lanka: Buddhist Publication Society.

Purser, R. E., & Milillo, J. (2015). Mindfulness revisited: A Buddhist-based conceptualization. *Journal of Management Inquiry, 24*, 3–24.

Rhys Davids, T. W. (1881). *Buddhist sutras.* Oxford, UK: Clarendon Press.

Rhys Davids, T. W., & Stede, W. (2004). *The Pali–English dictionary.* New Delhi, India: Asian Educational Services.

Safran, J. D., & Segal, Z. V. (1990). *Interpersonal processes in cognitive therapy.* New York, NY: Basic Books.

Salzberg, S. (2008). Interview with Sharon Salzberg. In R. Shankman (Ed.), *The experience of samadhi: An in-depth exploration of Buddhist meditation* (pp. 130–135). Boston, MA: Shambala.

Segal, Z. V., Williams, J. M. G., & Teasdale, J. D. (2002). *Mindfulness-based cognitive therapy for depression: A new approach to preventing relapse.* New York, NY: Guilford Press.

Shapiro, S. L., & Carlson, L. E. (2009). *The art and science of mindfulness: Integrating mindfulness into psychology and the helping professions.* Washington, DC: American Psychological Association.

Shapiro, S. L., Carlson, L. E., Astin, J. A., & Freedman, B. (2006). Mechanisms of mindfulness. *Journal of Clinical Psychology, 62*, 373–386.

Stanley, S. (2013). From discourse to awareness: Rhetoric, mindfulness, and a psychology without foundations. *Theory & Psychology, 23*(1), 60–80.

Sumedho, Ajahn. (2007). *The sound of silence.* Somerville, MA: Wisdom.

Tang, Y.-Y., Hölzel, B. K., & Posner, M. I. (2015). The neuroscience of mindfulness meditation. *Nature Reviews Neuroscience, 16*, 213–225.

Tang, Y.-Y., & Leve, L. D. (2016). A translational neuroscience perspective on mindfulness meditation as a prevention strategy. *Translational Behavioral Medicine, 6*, 63–72.

Thānissaro, Bhikkhu. (2014a). War and peace, a Buddhist perspective: A letter to the editor from Thānissaro Bhikkhu. *Inquiring Mind, 30*(2).

Thānissaro, Bhikkhu. (2014b). War and peace, a Buddhist perspective: A postscript from Thānissaro Bhikkhu offering six observations on Ven. Bodhi's response. *Inquiring Mind, 30*(2).

Thondup, T. (1996). *The healing power of mind.* London, UK: Penguin.

Vago, D. R. (2014). Mapping modalities of self-awareness in mindfulness practice: A potential mechanism for clarifying habits of mind. *Annals of the New York Academy of Sciences, 1307*, 28–42.

Vago, D. R., & Silbersweig, D. A. (2012). Self-awareness, self-regulation, and self-transcendence (S–ART): A framework for understanding the neurobiological mechanisms of mindfulness. *Frontiers in Human Neuroscience, 6*, 296.

Zeidan, F. (2015). The neurobiology of mindfulness meditation. In K. W. Brown, J. D. Creswell, & R. M. Ryan (Eds.), *Handbook of mindfulness: Theory, research, and practice* (pp. 171–189). New York, NY: Guilford Press.

제3장

Andronis, P. A. (2004). *The blue books: Goldiamond and Thompson's the functional analysis of behavior.* Cambridge, MA: Cambridge Center for Behavioral Studies.

Baer, R. A., Smith, G. T., & Allen, K. B. (2004). Assessment of mindfulness by self-report the Kentucky inventory of mindfulness skills. *Assessment, 11*(3), 191–206.

Baer, R. A., Smith, G. T., Hopkins, J., Krietemeyer, J., & Toney, L. (2006). Using self-report assessment methods to explore facets of mindfulness. *Assessment, 13*(1), 27–45.

Baer, R. A., Smith, G. T., Lykins, E., Button, D., Krietemeyer, J., Sauer, S., . . . Williams, J. M. G. (2008). Construct validity of the five facet mindfulness questionnaire in meditating and nonmeditating samples. *Assessment, 15*(3), 329–342.

Barnert, E. S., Himelstein, S., Herbert, S., Garcia-Romeu, A., & Chamberlain, L. J. (2013). Exploring an intensive meditation intervention for incarcerated youth. *Child and Adolescent Mental Health, 19*(1), 69–73.

Bergomi, C., Tschacher, W., & Kupper, Z. (2015). Meditation practice and self-reported mindfulness: A cross-sectional investigation of meditators and non-meditators using the comprehensive inventory of mindfulness experiences (CHIME). *Mindfulness, 6*(6), 1411–1421.

Black, D. S., Sussman, S., Johnson, C. A., & Milam, J. (2012). Psychometric assessment of the Mindful Attention Awareness Scale (MAAS) among Chinese adolescents. *Assessment, 19*(1), 42–52.

Bögels, S. M., Hellemans, J., van Deursen, S., Römer, M., & van der Meulen, R. (2013). Mindful parenting in mental health care: Effects on parental and child psychopathology, parental stress, parenting, coparenting, and marital functioning. *Mindfulness, 5*(5), 536–551. doi:10.1007/s12671-013-0209-7

Bohlmeijer, E., Klooster, P. M., Fledderus, M., Veehof, M., & Baer, R. (2011). Psychometric properties of the Five Facet Mindfulness Questionnaire in depressed adults and development of a short form. *Assessment, 18*(3), 308–320.

Bond, F. W., Hayes, S. C., Baer, R. A., Carpenter, K. M., Guenole, N., Orcutt, H. K., . . . Zettle, R. D. (2011). Preliminary psychometric properties of the Acceptance and Action Questionnaire—II: A revised measure of psychological inflexibility and experiential avoidance. *Behavior Therapy, 42*(4), 676–688.

Brown, K. W., & Ryan, R. M. (2003). The benefits of being present: Mindfulness and its role in psychological well-being. *Journal of Personality and Social Psychology, 84*(4), 822–848.

Brown, K. W., Ryan, R. M., Loverich, T. M., Biegel, G. M., & West, A. M. (2011). Out of the armchair and into the streets: Measuring mindfulness advances knowledge and improves interventions: Reply to Grossman. *Psychological Assessment, 23*(4).

Brown, K. W., West, A. M., Loverich, T. M., & Biegel, G. M. (2011). Assessing adolescent mindfulness: Validation of an adapted Mindful Attention Awareness Scale in adolescent normative and psychiatric populations. *Psychological Assessessment, 23*(4), 1023–1033.

Burke, K., & Moore, S. (2015). Development of the parental psychological flexibility questionnaire. *Child Psychiatry & Human Development, 46*(4), 548–557.

Cheron, D. M., Ehrenreich, J. T., & Pincus, D. B. (2009). Assessment of parental experiential avoidance in a clinical sample of children with anxiety disorders. *Child Psychiatry and Human Development, 40*(3), 383–403.

Ciarrochi, J., Kashdan, T. B., Leeson, P., Heaven, P., & Jordan, C. (2011). On being aware and accepting: A one-year longitudinal study into adolescent well-being. *Journal of Adolescence, 34*(4), 695–703.

Ciesla, J. A., Reilly, L. C., Dickson, K. S., Emanuel, A. S., & Updegraff, J. A. (2012). Dispositional mindfulness moderates the effects of stress among adolescents: Rumination as a mediator. *Journal of Clinical Child and Adolescent Psychology, 41*(6), 760–770.

Cooper, J. O., Heron, T. E., & Heward, W. L. (2019). *Applied behavior analysis* (3rd ed.). Upper Saddle River, NJ: Pearson.

Cortazar, N., Calvete, E., Fernández-González, L., & Orue, I. (2019). Development of a Short form of the five facet mindfulness questionnaire— Adolescents for children and adolescents. *Journal of Personality Assessment*, Online ahead of print.

de Bruin, E. I., Zijlstra, B. J., & Bögels, S. M. (2014). The meaning of mindfulness in children and adolescents: Further validation of the Child and Adolescent Mindfulness Measure (CAMM) in two independent samples from the Netherlands. *Mindfulness, 5*(4), 422–430.

Droutman, V., Golub, I., Oganesyan, A., & Read, S. (2018). Development and initial validation of the Adolescent and Adult Mindfulness Scale (AAMS). *Personality and Individual Differences, 123*, 34–43.

Edwards, M., Adams, E. M., Waldo, M., Hadfield, O. D., & Biegel, G. M. (2014). Effects of a mindfulness group on Latino adolescent students: Examining levels of perceived stress, mindfulness, self-compassion, and psychological symptoms. *The Journal for Specialists in Group Work, 39*(2), 145–163.

Felver, J. C., Celis-de Hoyos, C. E., Tezanos, K., & Singh, N. N. (2016). A systematic review of mindfulness-based interventions for youth in school settings. *Mindfulness, 7*(1), 34–45.

Flesch, R. (1948). A new readability yardstick. *Journal of Applied Psychology, 32*, 221–233.

Fletcher, L., & Hayes, S. C. (2005). Relational frame theory, acceptance and commitment therapy, and a functional analytic definition of mindfulness. *Journal of Rational–Emotive and Cognitive–Behavior Therapy, 23*(4), 315–336.

Goodman, M. S., Madni, L. A., & Semple, R. J. (2017). Measuring mindfulness in youth: Review of current assessments, challenges, and future directions. *Mindfulness, 8*(6), 1409–1420.

Greco, L. A., Baer, R., & Smith, G. T. (2011a). Supplemental material for assessing mindfulness in children and adolescents: Development and validation of the Child and Adolescent Mindfulness Measure (CAMM). *Psychological Assessment, 21*(3), 606–614.

Greco, L. A., Baer, R. A., & Smith, G. T. (2011b). Assessing mindfulness in children and adolescents: Development and validation of the Child and Adolescent Mindfulness Measure (CAMM). *Psychological Assessment, 23*(3), 606–614.

Greco, L. A., Lambert, W., & Baer, R. A. (2008). Psychological inflexibility in childhood and adolescence: Development and evaluation of the avoidance and fusion questionnaire for youth. *Psychological Assessment, 20*(2), 93–102.

Greene, R. L., Field, C. E., Fargo, J. D., & Twohig, M. P. (2015). Development and validation of the parental acceptance questionnaire (6–PAQ). *Journal of Contextual Behavioral Science, 4*(3), 170–175.

Hall, H. R., & Graff, J. C. (2012). Maladaptive behaviors of children with autism: Parent support, stress, and coping. *Issues in Comprehensive Pediatric Nursing, 35*(3–4), 194–214.

Haydicky, J., Shecter, C., Wiener, J., & Ducharme, J. M. (2013). Evaluation of MBCT for adolescents with ADHD and their parents: Impact on individual and family functioning. *Journal of Child and Family Studies, 24*(1), 76–94.

Hayes, S. C., Strosahl, K. D., & Wilson, K. G. (2012). *Acceptance and commitment therapy: An experiential approach to behavior change* (2nd ed.). New York, NY: Guilford Press.

Hofmann, S. G., Sawyer, A. T., Witt, A. A., & Oh, D. (2010). The effect of mindfulness–based therapy on anxiety and depression: A meta–analytic review. *Journal of Consulting and Clinical Psychology, 78*(2), 169.

Humphreys, K. L., Mehta, N., & Lee, S. S. (2012). Association of parental ADHD and depression with externalizing and internalizing dimensions of child psychopathology. *Journal of Attention Disorders, 16*(4), 267–275.

Johnson, C., Burke, C., Brinkman, S., & Wade, T. (2017). Development and validation of a multifactor mindfulness scale in youth: The Comprehensive Inventory of Mindfulness Experiences—Adolescents (CHIME–A). *Psychological Assessment, 29*(3), 264–281.

Johnson, W., Logie, R. H., & Brockmole, J. R. (2010). Working memory tasks differ in factor structure across age cohorts: Implications for dedifferentiation. *Intelligence, 38*(5), 513–528.

Keating, D. P. (2004). Cognitive and brain development. In R. M. Lerner & L. Steinberg (Eds.), *Handbook of adolescent psychology* (pp. 45–84). Hoboken, NJ: John Wiley.

Kuby, A. K., McLean, N., & Allen, K. (2015). Validation of the Child and Adolescent Mindfulness Measure (CAMM) with non–clinical adolescents. *Mindfulness, 6*(6), 1448–1455.

Lau, N., & Hue, M. (2011). Preliminary outcomes of a mindfulness–based programme for Hong Kong adolescents in schools: Well–being, stress and depressive symptoms. *International Journal of Children's Spirituality, 16*(4), 315–330.

Lawlor, M. S., Schonert–Reichl, K. A., Gadermann, A. M., & Zumbo, B. D. (2014). A validation study of the mindful attention awareness scale adapted for children. *Mindfulness, 5*(6), 730–741.

Lemberger–Truelove, M. E., Carbonneau, K. J., Zieher, A. K., & Atencio, D. J. (2019). Support for the development and use of the Child Observation of Mindfulness Measure (C–OMM). *Mindfulness, 10,* 1406–1416.

Levin, M. E., Hildebrandt, M. J., Lillis, J., & Hayes, S. C. (2012). The impact of treatment components suggested by the psychological flexibility model: A meta–analysis of laboratory–based component studies. *Behavior Therapy, 43*(4), 741–756.

Marks, A. D. G., Sobanski, D. J., & Hine, D. W. (2010). Do dispositional rumination and/or mindfulness moderate the relationship between life hassles and psychological dysfunction in adolescents? *Australian & New Zealand Journal of Psychiatry, 44*(9), 831–838.

McCracken, L. M., & Gauntlett–Gilbert, J. (2011). Role of psychological flexibility in parents of adolescents with chronic pain: Development of a measure and preliminary correlation analyses. *PAIN, 152*(4), 780–785.

McHugh, R. K., & Behar, E. (2009). Readability of self–report measures of depression and anxiety. *Journal of Consulting and Clinical Psychology, 77*(6), 1100–1112.

Miller, S. D., Duncan, B. L., Brown, J., Sorell, R., & Chalk, M. B. (2006). Using formal client feedback to improve retention and outcome: Making ongoing, real–time assessment feasible. *Journal of Brief Therapy, 5*(1), 5–22.

Oberle, E., Schonert–Reichl, K. A., Lawlor, M. S., & Thomson, K. C. (2011). Mindfulness and inhibitory control in early adolescence. *The Journal of Early Adolescence, 32*(4), 565–588.

Pallozzi, R., Wertheim, E., Paxton, S., & Ong, B. (2017). Trait mindfulness measures for use with adolescents: A systematic review. *Mindfulness, 8*, 110–125.

Parent, J., McKee, L. G., Rough, J. N., & Forehand, R. (2016). The association of parent mindfulness with parenting and youth psychopathology across three developmental stages. *Journal of Abnormal Child Psychology, 44*(1), 191–202.

Petter, M., Chambers, C. T., McGrath, P. J., & Dick, B. D. (2013). The role of trait mindfulness in the pain experience of adolescents. *Journal of Pain, 14*(12), 1709–1718.

Pilowsky, D. J., Wickramaratne, P., Poh, E., Hernandez, M., Batten, L. A., Flament, M. F., . . . Weissman, M. M. (2014). Psychopathology and functioning among children of treated depressed fathers and mothers. *Journal of Affective Disorders, 164*, 107–111.

Racine, N. M., Riddell, R. R. P., Khan, M., Calic, M., Taddio, A., & Tablon, P. (2016). Predisposing, precipitating, perpetuating, and present factors predicting anticipatory distress to painful medical procedures in children. *Journal of Pediatric Psychology, 41*(2), 159-181.

Sadoski, M., Goetz, E. T., & Rodriguez, M. (2000). Engaging texts: Effects of concreteness on comprehensibility, interest, and recall in four text types. *Journal of Educational Psychology, 92*(1), 85-95.

Shapiro, D. H., & Walsh, R. N. (1984). *Meditation: Classic and contemporary perspectives.* Chicago, IL: Aldine Transaction.

Shapiro, S. L., Oman, D., Thoresen, C. E., Plante, T. G., & Flinders, T. (2008). Cultivating mindfulness: Effects on well-being. *Journal of Clinical Psychology, 64*(7), 840-862.

제4장

★ 표로 표시된 참고문헌은 현재 연구의 분석대상으로 선정된 문헌을 나타냄.

Baer, R. A. (2014). *Mindfulness-based treatment approaches: Clinician's guide to evidence base and applications.* San Diego, CA: Elsevier.

★ Bakosh, L. S., Snow, R. M., Tobias, J. M., Houlihan, J. L., & Barbosa-Leiker, C. (2016). Maximizing mindful learning: Mindful awareness intervention improves elementary school students' quarterly grades. *Mindfulness, 7*, 59-67.

★ Bazzano, A. N., Anderson, C. E., Hylton, C., & Gustat, J. (2018). Effect of mindfulness and yoga on quality of life for elementary school students and teachers: Results of a randomized controlled school-based study. *Psychology Research and Behavior Management, 11*, 81-89.

Brown, K. W., Creswell, J. D., & Ryan, R. M. (2015). *Handbook of mindfulness: Theory, research, and practice.* New York, NY: Guilford Press.

Burke, C. A. (2010). Mindfulness-based approaches with children and adolescents: A preliminary review of current research in an emergent field. *Journal of Child and Family Studies, 19*, 133-144.

Chambless, D. L., Baker, M. J., Baucom, D. H., Beutler, L. E., Calhoun, K. S., Crits-Christoph, P., . . . Woody, S. R. (1998). Update on empirically validated therapies, II. *The Clinical Psychologist, 51*, 3-16.

Cohen, J. (1977). *Statistical power analysis for the behavioral sciences* (2nd ed.). New York, NY: Academic Press.

Cook, D. T. (2002). Randomized experiments in educational policy research: A critical examination of the reasons the educational evaluation community has offered for not doing them. *Educational Evaluation and Policy Analysis, 24*, 175–199.

Dane, A. V., & Schneider, B. H. (1998). Program integrity in primary and early secondary prevention: Are implementation effects out of control? *Clinical Psychology Review, 18*, 23–45.

★ de Carvalho, J. S., Pinto, A. M., & Marôco, J. (2017). Results of a mindfulness–based social–emotional learning program on Portuguese elementary students and teachers: A quasi–experimental study. *Mindfulness, 8*(2), 337–350.

Dunning, D. L., Griffiths, K., Kuyken, W., Crane, C., Foulkes, L., Parker, J., & Dalgleish, T. (2019). The effects of mindfulness–based interventions on cognition and mental health in children and adolescents: A meta–analysis of randomized controlled trials. *Journal of Child Psychology and Psychiatry, 60*, 244–258.

★ Edwards, M., Adams, E. M., Waldo, M., Hadfield, O. D., & Biegel, G. M. (2014). Effects of a mindfulness group on Latino adolescent students: Examining levels of perceived stress, mindfulness, self–compassion, and psychological symptoms. *The Journal for Specialists in Group Work, 39*, 145–163.

★ Felver, J. C., Butzer, B., Olson, K. J., Smith, I. M., & Khalsa, S. B. S. (2015). Yoga in public school improves adolescent mood and affect. *Contemporary School Psychology, 19*, 184–192.

Felver, J. C., Celis–de Hoyos, C. E., Tezanos, K., & Singh, N. N. (2016). A systematic review of mindfulness–based interventions for youth in school settings. *Mindfulness, 7*, 34–45.

Felver, J. C., Doerner, E., Jones, J., Kaye, N. C., & Merrell, K. W. (2013). Mindfulness in school psychology: Applications for intervention and professional practice. *Psychology in the Schools, 50*, 531–547.

★ Felver, J. C., Felver, S. L., Margolis, K. L., Ravitch, N. K., Romer, N., & Horner, R. H. (2017). Effectiveness and social validity of the Soles of the Feet mindfulness–based intervention with special education students.

Contemporary School Psychology, 21, 358–368.

Felver, J. C., & Jennings, P. A. (2016). Applications of mindfulness–based interventions in school settings: An introduction. *Mindfulness, 7*, 1–4.

Felver, J. C., & Singh, N. N. (2020). *Mindfulness in the classroom: An evidence–based program to reduce disruptive behavior and increase academic engagement.* Oakland, CA: New Harbinger Publications.

★ Franco, C., Amutio, A., López–González, L., Oriol, X., & Martínez–Taboada, C. (2016). Effect of a mindfulness training program on the impulsivity and aggression levels of adolescents with behavioral problems in the classroom. *Frontiers in Psychology, 7*, 1385.

Frank, J. L., Jennings, P. A., & Greenberg, M. T. (2013). Mindfulness–based interventions in school settings: An introduction to the special issue. *Research in Human Development, 10*, 205–210.

★ Frank, J. L., Kohler, K., Peal, A., & Bose, B. (2017). Effectiveness of a school–based yoga program on adolescent mental health and school performance: Findings from a randomized controlled trial. *Mindfulness, 8*, 544–553.

Gould, L. F., Dariotis, J. K., Greenberg, M. T., & Mendelson, T. (2016). Assessing fidelity of implementation (FOI) for school–based mindfulness and yoga interventions: A systematic review. *Mindfulness, 7*, 5–33.

Greenberg, M. T., & Harris, A. R. (2012). Nurturing mindfulness in children and youth: Current state of research. *Child Development Perspectives, 6*, 161–166.

Hayes, S. C., Strosahl, K. D., & Wilson, K. G. (2011). *Acceptance and commitment therapy: The process and practice of mindful change.* Guilford Press.

Ivtzan, I. (2020). *Handbook of mindfulness–based programmes: Mindfulness interventions from education to health and therapy.* London, UK: Routledge.

Jha, A. P. (2005). *Garrison institute report: Contemplation and education: Scientific research issues relevant to school–based contemplative programs: A supplement.* New York, NY: Garrison Institute.

★ Johnson, C., Burke, C., Brinkman, S., & Wade, T. (2016). Effectiveness of a school–based mindfulness program for transdiagnostic prevention in young adolescents. *Behaviour Research and Therapy, 81,* 1–11.

★ Johnson, C., Burke, C., Brinkman, S., & Wade, T. (2017). A randomized controlled evaluation of a secondary school mindfulness program for early adolescents: Do we have the recipe right yet? *Behaviour Research and Therapy, 99,* 37–46.

Kabat-Zinn, J. (1990). *Full catastrophe living: Using the wisdom of your body and mind to face stress, pain, and illness.* New York, NY: Dell.

Kallapiran, K., Koo, S., Kirubakaran, R., & Hancock, K. (2015). Effectiveness of mindfulness in improving mental health symptoms of children and adolescents: A meta-analysis. *Child and Adolescent Mental Health, 20,* 182–194.

Khoury, B., Sharma, M., Rush, S. E., & Fournier, C. (2015). Mindfulness-based stress reduction for healthy individuals: A meta-analysis. *Journal of Psychosomatic Research, 78,* 519–528.

★ Kielty, M., Gilligan, T., Staton, R., & Curtis, N. (2017). Cultivating mindfulness with third grade students via classroom-based interventions. *Contemporary School Psychology, 21,* 317–322.

Klingbeil, D. A., Renshaw, T. L., Willenbrink, J. B., Copek, R. A., Chan, K. T., Haddock, A., . . . Clifton, J. (2017). Mindfulness-based interventions with youth: A comprehensive meta-analysis of group-design studies. *Journal of School Psychology, 63,* 77–103.

Linehan, M. (1993). *Cognitive-behavioral treatment of borderline personality disorder.* New York, NY: Guilford Press.

★ Luiselli, J. K., Worthen, D., Carbonell, L., & Queen, A. H. (2017). Social validity assessment of mindfulness education and practices among high school students. *Journal of Applied School Psychology, 33,* 124–135.

McKeering, P., & Hwang, Y. S. (2019). A systematic review of mindfulness-based school interventions with early adolescents. *Mindfulness, 10,* 593–610.

★ Mendelson, T., Tandon, S. D., O'Brennan, L., Leaf, P. J., & Ialongo, N. S. (2015). Moving prevention into schools: The impact of a trauma-informed school-based intervention. *Journal of Adolescence, 43,* 142–147.

★ Parker, A. E., Kupersmidt, J. B., Mathis, E. T., Scull, T. M., & Sims, C.

(2014). The impact of mindfulness education on elementary school students: Evaluation of the master mind program. *Advances in School Mental Health Promotion, 7*, 184–204.

Renshaw, T. L., & Cook, C. R. (2017). Mindfulness in the schools: Historical roots, current status, and future directions. *Psychology in the Schools, 54*, 5–12.

★ Ricarte, J. J., Ros, L., Latorre, J. M., & Beltrán, M. T. (2015). Mindfulness-based intervention in a rural primary school: Effects on attention, concentration and mood. *International Journal of Cognitive Therapy, 8*, 258–270.

Schoeberlein, D., & Koffler, T. (2005). *Garrison Institute report: Contemplation and education: A survey of programs using contemplative techniques in K—12 educational settings: A mapping report.* New York, NY: Garrison Institute.

Schonert-Reichl, K. A., & Roeser, R. W. (2016). *Handbook of mindfulness in education: Integrating theory and research into practice.* New York, NY: Springer.

★ Singh, N. N., Lancioni, G. E., Karazsia, B. T., Felver, J. C., Myers, R. E., & Nugent, K. (2016). Effects of Samatha meditation on active academic engagement and math performance of students with attention deficit/hyperactivity disorder. *Mindfulness, 7*, 68–75.

Thompson, M., & Gauntlett-Gilbert, J. (2008). Mindfulness with children and adolescents: Effective clinical application. *Clinical Child Psychology and Psychiatry, 13*, 395–407.

★ van de Weijer-Bergsma, E., Langenberg, G., Brandsma, R., Oort, F. J., & Bögels, S. M. (2014). The effectiveness of a school-based mindfulness training as a program to prevent stress in elementary school children. *Mindfulness, 5*, 238–248.

Zenner, C., Herrnleben-Kurz, S., & Walach, H. (2014). Mindfulness-based interventions in schools—a systematic review and meta-analysis. *Frontiers in Psychology, 5*, 603.

Zoogman, S., Goldberg, S. B., Hoyt, W. T., & Miller, L. (2015). Mindfulness interventions with youth: A meta-analysis. *Mindfulness, 6*, 290–302.

제5장

Adler, L. D., & Nierenberg, A. A. (2010). Review of medication adherence in children and adults with ADHD. *Postgraduate Medicinal Journal, 122*, 184–191.

American Psychiatric Association. (2013). *Diagnostic and statistical manual of mental disorders* (DSM-5). Arlington: American Psychiatric Pub.

Bögels, S. M. (2020). MYmind mindfulness voor kinderen en adolescenten met ADHD en hun ouders: Trainershandleiding [*MYmind mindfulness for children and adolescents with ADHD and their parents: Manual for professionals*]. Houten, the Netherlands: Lannoo Campus.

Bögels, S. M., Hoogstad, B., van Dun, L., de Schutter, S., & Restifo, K. (2008). Mindfulness training for adolescents with externalizing disorders and their parents. *Behavioral Cognitive Psychotherapy, 36*, 193–209.

Bögels, S. M., Potharst, E., Formsma, A. R., Oort, F. J., van Roosmalen, R., Williams, J. M. G., et al. (in preparation). Mindfulness for children and adolescents with ADHD and parallel mindful parenting for their parents ("MYmind") reduces child, paternal and maternal attention- and hyperactivity/impulsivity problems up to 1 year after training.

Bögels, S. M., & Restifo, K. (2014). *Mindful parenting: A guide for mental health practitioners.* New York, NY: Springer.

Brefczynski-Lewis, J. A., Lutz, A., Schaefer, H. S., Levinson, D. B., & Davidson, R. J. (2007). Neural correlates of attentional expertise in long-term meditation practitioners. *Proceedings of the National Academy of Sciences (USA), 104*, 11483–11488.

Buitelaar, J. K., van der Gaag, R. J., Swaab-Barneveld, H., & Kuiper, M. (1995). Prediction of clinical response to methylphenidate in children with attention deficit hyperactivity disorders. *Journal of American Child and Adolescent Psychiatry, 34*, 1025–1032.

Cairncross, M., & Miller, C. J. (2016). The effectiveness of mindfulness-based therapies for ADHD: A meta-analytic review. *Journal of Attention Disorders, 20*, 1–17.

Cassone, A. R. (2015). Mindfulness training as an adjunct to evidence-based treatment for ADHD within families. *Journal of Attention Disorders, 19*,

147–157.

Chan, S. K. C., Zhang, D., Bögels, S. M., Chan, C. S., Lai, K. Y. C., Lo, H. H. M., . . . Wong, S. Y. S. (2018). Effects of a mindfulness-based intervention (MYmind) for children with ADHD and their parents: Protocol for a randomized controlled trial. *BMJ Open, 8*, e022514.

Charach, A., Ickowicz, A., & Schachar, R. (2004). Stimulant treatment over five years: Adherence, effectiveness, and adverse effects. *Journal of American Academy of Child and Adolescent Psychiatry, 43*, 559–567.

Chiesa, A., Calati, R., & Serretti, A. (2011). Does mindfulness training improve cognitive abilities? A systematic review of neuropsychological findings. *Clinical Psychology Review, 31*, 449–464.

Chimiklis, A. L., Dahl, V., Spears, A. P., Goss, K., Fogarty, K., & Chacko, A. (2018). Yoga, mindfulness, and meditation interventions for youth with ADHD: Systematic review and meta-analysis. *Journal of Child and Family Studies, 19*(2), 133–144.

Coronado-Montoya, S., Levis, A. W., Kwakkenbos, L., Steele, R., Turner, E. H., & Thombs, B. D. (2016). Reporting of positive results in randomized controlled trials of mindfulness-based mental health interventions. *PloS ONE, 11*, 1–18.

De Loo-Neus, V., Gigi, H. H., Rommelse, N., & Buitelaar, J. K. (2011). To stop or not to stop? How long should medication treatment of attention deficit hyperactivity disorder be extended? *European Neuropsychopharmacology, 21*, 584–599.

Dieltjens, K., & Klompmaker, M. (2006). Er zit een leeuw in mij. [*There is a lion inside me*]. Hasselt/Amsterdam, The Netherlands: Clavis Publisher.

Doshi, J. A., Hodgkins, P., Kahle, J., Sikirica, V., Cangelosi, M. J., Setyawan, J., . . . Neumann, P. J. (2012). Economic impact of childhood and adult attention deficit hyperactivity disorder in the United States. *Journal of the American Academy of Child & Adolescent Psychiatry, 51*, 990–1002.

Epstein, J. N., Conners, C. K., Erhardt, D., Arnold, L. E., Hechtman, L., Hinshaw, S. P., . . . Vitiello, B. (2000). Familial aggregation of ADHD characteristics. *Journal of Abnormal Child Psychology, 28*, 585–594.

Evans, S., Ling, M., Hill, B., Rinehart, N., Austin, D., & Sciberras, A. (2018).

Systematic review of meditation-based interventions for children with ADHD. *European Child and Adolescent Psychiatry, 27*, 9-27.

Faraone, S. V., Biederman, J., Morley, C. P., & Spencer, T. J. (2008). Effect of stimulants on height and weight: A review of the literature. *Journal of American Academy of Child and Adolescent Psychiatry, 47*, 994-1009.

Gillberg, C., Gillberg, I. C., Rasmussen, P., Kadesjö, B., Söderström, H., Råstam, M., . . . Niklasson, L. (2004). Co-existing disorders in ADHD: Implications for diagnosis and intervention. *European Child and Adolescent Psychiatry, 13*, 80-92.

Gilmore, A., & Milne, R. (2001). Methylphenidate in children with hyperactivity: Review and cost-utility analysis. *Pharmacoepidemiology and Drug Safety, 10*, 85-94.

Graham, J., Banaschewski, T. Buitelaar, J., Coghill, D., Danckaerts, M., Dittmann, R., . . . Taylor, E. (2011). European guidelines on managing adverse effects of medication for ADHD. *European Child and Adolescent Psychiatry, 20*, 17-37.

Grosswald, S. J., Stixrud, W. R., Travis, F., & Bateh, M. A. (2008). Use of the transcendental meditation technique to reduce symptoms of Attention Deficit Hyperactivity Disorder (ADHD) by reducing stress and anxiety: An exploratory study. *Current Issues in Education, 10*(2).

Harpin, V. A. (2005). The effect of ADHD on the life of an individual, their family, and community from preschool to adult life. *Archives of Diseases in Childhood, 90*(Suppl), 2-7.

Haydicky, J., Shecter, C., Wiener, J., & Ducharme, J. M. (2015). Evaluation of MBCT for adolescents with ADHD and their parents: Impact on individual and family functioning. *Journal of Child and Family Studies, 24*, 76-94.

Haydicky, J., Wiener, J., Badali, P., Milligan, K., & Ducharme, J. M. (2012). Evaluation of a mindfulness-based intervention for adolescents with learning disabilities and co-occurring ADHD and anxiety. *Mindfulness, 3*, 151-164.

International Narcotics Control Board. (2015). *Annual report 2014.* New York, NY: United Nations.

Le, H. H., Hodgkins, P., Postma, M. J., Kahle, J., Sikirica, V., Setyawan, J., &

Doshi, J. A. (2014). Economic impact of childhood/adolescent ADHD in a European setting: The Netherlands as a reference case. *European Child and Adolescent Psychiatry, 23*, 587-598.

Liotti, M., Pliszka, S. R., Perez, R., Kothmann, D., & Woldorff, M. G. (2005). Abnormal brain activity related to performance monitoring and error detection in children with ADHD. *Cortex, 41*, 377-388.

Lo, H. H. M., Wong, S. Y. S., Wong, J. Y. H., Wong, S. W. L., & Yeung, J. W. K. (2016). The effect of a family-based mindfulness intervention on children with attention deficit and hyperactivity symptoms and their parents: Design and rationale for a randomized, controlled clinical trial (Study protocol). *BMC Psychiatry, 16*, 65-74.

Lo, H. H. M., Wong, S. W. L., Wong, J. Y. H., Yeung, J. W. K., Snel, E., & Wong, S. Y. S. (2017). The effects of a family-based mindfulness intervention on ADHD symptomology in young children and their parents: A randomized control trial. *Journal of Attention Disorders, 21*, 1-14.

Mak, C., Whittingham, K., Cunnington, R., & Boyd, R. N. (2018). Efficacy of mindfulness-based interventions for attention and executive function in children and adolescents: A systematic review. *Mindfulness, 9*, 59-78.

Meppelink, R., de Bruin, E. I., & Bögels, S. M. (2016a). Meditation or medication? Mindfulness training versus medication in the treatment of childhood ADHD: A randomized controlled trial. *BMC Psychiatry, 16*, 267-283.

Meppelink, R., de Bruin, E. I., & Bögels, S. M. (2016b). Mindfulness training for childhood ADHD: A promising and innovative treatment. *ADHD in Practice, 8*, 33-36.

MTA Cooperative Group. (1999). A 14-month randomized clinical trial of treatment strategies for attention deficit hyperactivity disorder. *Archives of General Psychiatry, 56*, 1073-1086.

MTA Cooperative Group. (2004). National Institute of Mental Health Multimodal Treatment Study of ADHD follow-up: 24-month outcomes of treatment strategies for attention deficit hyperactivity disorder. *Pediatrics, 113*, 754-761.

National Institute for Health and Clinical Excellence (NICE). (2018). *Attention deficit hyperactivity disorder—diagnosis and management.* NICE Guideline 87. Available from: www.nice.org.uk/ng87

Piper, B. J., Ogden, C. L., Simoyan, O. M., Chung, D. Y., Caggiano, J. F., Nichols, S. D., & McCall, K. (2018). Trends in use of prescription stimulants in the United States and Territories, 2006 to 2016. *PLoS ONE, 13*, Article e0206100.

Pliszka, S. (2007). AACAP Work group on quality issues: Practice parameter for the assessment and treatment of children and adolescents with attention deficit hyperactivity disorder. *Journal of the American Academy of Child and Adolescent Psychiatry, 46*, 894–921.

Schachter, H. M., Pham, B., King, J., Langford, S., & Moher, D. (2001). How efficacious and safe is short-acting methylphenidate for the treatment of attention deficit hyperactivity disorders in children and adolescents? A meta-analysis. *Canadian Medical Association Journal, 165*, 475–488.

Schrantee, A., Tamminga, H. G., Bouziane, C., Bottelier, M. A., Bron, E. E., Mutsaerts, H. J. M., . . . Reneman, L. (2016). Age-dependent effects of methylphenidate on the human dopaminergic system in young vs adult patients with attention deficit hyperactivity disorder: A randomized clinical trial. *JAMA Psychiatry, 73*, 955–962.

Semple, R. J., Lee, J., Rosa, D., & Miller, L. F. (2010). A randomized trial of mindfulness-based cognitive therapy for children: Promoting mindful attention to enhance social-emotional resiliency in children. *Journal of Child and Family Studies, 19*, 218–229.

Shecter, C. (2013). *Mindfulness training for adolescents with ADHD and their families: A time-series evaluation.* Toronto: University of Toronto.

Shekelle, P., Woolf, S., Eccles, M., & Grimshaw, J. (2000). Developing guidelines. In M. Eccles & J. M. Grimshaw (Eds.), *Clinical guidelines: From conception to use.* Abingdon: Radcliffe Medical.

Siebelink, N. M., Bögels, S. M., Boerboom, L. M., de Waal, N., Buitelaar, J. K., Speckens, A. E., & Greven, U. C. (2018). Mindfulness for children with ADHD and Mindful Parenting (MindChamp): Protocol of a randomised controlled trial comparing a family mindfulness-based intervention as add-on to care-as-usual with care-as-usual only. *BMC Psychiatry, 18*,

237–256.

Singh, N. N., Singh, A. N., Lancioni, G. E., Singh, J., Winton, A. S., & Adkins, A. D. (2010). Mindfulness training for parents and their children with ADHD increases the children's compliance. *Journal of Child and Family Studies, 19*, 157–166.

Snel, E. (2014). Mindfulness matters: Mindfulness for children, ages 5–8. In *Trainer's handbook 1*. Amsterdam, The Netherlands: Author.

Sonuga–Barke, E. J. S., Daley, D., & Thompson, M. (2002). Does maternal ADHD reduce the effectiveness of parent training for preschool children's ADHD? *Journal of the American Academy of Child & Adolescent Psychiatry, 41*, 696–702.

Stichting Farmaceutische Kengetallen [Association of Pharmaceutical Statistics]. (2016). Gebruik methylphenidaat groeit steeds minder sterk [*Use of methylphenidate increases less strongly*]. Retrieved from https://www.sfk. nl/publicaties/PW/2016/gebruik–methylfenidaat–groeit–steeds–minder–sterk

Storebø, O. J., Krogh, H. B., Ramstad, E., Moreira–Maia, C. R., Holmskov, M., Skoog, M., . . . Gluud, C. (2015). Methylphenidate for attention deficit hyperactivity disorder in children and adolescents: Cochrane systematic review with meta–analyses and trial sequential analyses of randomized clinical trials. *British Medical Journal, 351*, 1–14.

Storebø, O. J., Simonsen, E., & Gluud, C. (2016). Methylphenidate for attention deficit hyperactivity disorder in children and adolescents. *JAMA, 315*, 2009–2010.

Swanson, J. (2003). Compliance with stimulants for attention deficit hyperactivity disorder. *CNS Drugs, 17*, 117–131.

Taylor, E., Döpfner, M., Sergeant, J., Asherson, P., Banaschewski, T. Buitelaar, J. K., . . . Zuddas, A. (2004). European clinical guidelines for hyperkinetic disorder–first upgrade. *European Child and Adolescent Psychiatry, 13*, 7–30.

Telman, L. G. E., van Steensel, F. J. A., Maric, M., & Bögels, S. M. (2017). Are anxiety disorders in children and adolescents less impairing than ADHD and Autism Spectrum Disorders? Associations with child quality of life and parental stress and psychopathology. *Child Psychiatry and Human Development, 48*, 891–902.

Tercelli, I., & Ferreira, N. (2019). A systematic review of mindfulness–based interventions for children and young people with ADHD and their parents. *Global Psychiatry, 2*, 1–17.

Thapar, A., Langley, K., Asherson, P., & Gill, M. (2007). Gene—environment interplay in Attention Deficit Hyperactivity Disorder and the importance of a developmental perspective. *British Journal of Psychiatry, 190*, 1–3.

Theule, J., Wiener, J., Rogers, M. A., & Marton, I. (2011). Predicting parenting stress in families of children with ADHD: Parent and contextual factors. *Journal of Child and Family Studies, 20*, 640–647.

Theule, J., Wiener, J., Tannock, R., & Jenkins, J. M. (2013). Parenting stress in families of children with ADHD: A meta–analysis. *Journal of Emotional and Behavioral Disorders, 21*, 3–17.

van de Weijer–Bergsma, E., Formsma, A. R., de Bruin, E. I., & Bögels, S. M. (2012). The effectiveness of mindfulness training on behavioral problems and attentional functioning in adolescents with ADHD. *Journal of Child and Family Studies, 21*, 775–787.

van der Oord, S., Bögels, S. M., & Peijnenburg, D. (2012). The effectiveness of mindfulness training for children with ADHD and mindful parenting for their parents. *Journal of Child and Family Studies, 21*, 139–147.

van der Oord, S., Prins, P. J., Oosterlaan, J., & Emmelkamp, P. M. (2008). Efficacy of methylphenidate, psychosocial treatments and their combination in school–aged children with ADHD: A meta–analysis. *Clinical Psychological Review, 28*, 783–800.

Visser, S. N., Danielson, M. L., Bitsko, R. H., Holbrook, J. R., Kogan, M. D., Ghandour, R. M., . . . Blumberg, S. J. (2014). Trends in the parent–report of health care provider diagnosed and medicated attention deficit hyperactivity disorder: United States, 2003–2011. *Journal of the American Academy of Child & Adolescent Psychiatry, 53*, 34–46.

Wolpert, M., Fuggle, P., Cottrell, P., Fonagy, P., Phillips, J., Pilling, S., & Target, M. (2006). *Drawing on the evidence: Advice for mental health professionals working with children and adolescents.* London, UK: CAMHS

Publications.

Zhang, D., Chan, S. K. C., Lo, H. H. M., Chan, C. Y. H., Chan, J. C. Y., Ting, K. T., . . . Wong, S. Y. S. (2017). Mindfulness-based intervention for Chinese children with ADHD and their parents: A pilot mixed method study. *Mindfulness, 8*, 859-872.

Zylowska, L., Ackerman, D. L., Yang, M. H., Futrell, J. L., Horton, N. L., Hale, T. S., . . . Smalley, L. S. (2008). Mindfulness meditation training in adults and adolescents with ADHD: A feasibility study. *Journal of Attention Disorders, 11*, 737-746.

제6장

Adkins, A. D., Singh, A. N., Winton, A. S. W., McKeegan, G. F., & Singh, J. (2010). Using a mindfulness-based procedure in the community: Translating research to practice. *Journal of Child and Family Studies, 19*, 175-183.

Ahemaitijiang, N., Hu, X., Yang, X., & Han, Z. H. (2020). Effects of Meditation on the Soles of the Feet on aggressive and destructive behaviors of Chinese adolescents with autism spectrum disorders. *Mindfulness, 11*, 230-240.

Anderson, R., McKenzie, K., & Noone, S. (2019). Effects of a mindfulness-based stress reduction course on the psychological well-being of individuals with an intellectual disability. *Learning Disability Practice, 22*(2), 20-25.

Barlow, D. H., Nock, M. K., & Hersen, M. (2009). *Single case experimental designs: Strategies for studying behavior change* (3rd ed.). Boston, MA: Allyn and Bacon.

Beck, K. B., Greco, C. M., Terhorst, L. A., Skidmore, E. R., Kulzer, J. L., & McCue, M. P. (2020). Mindfulness-based stress reduction for adults with autism spectrum disorder: Feasibility and estimated effects. *Mindfulness, 11*, 1286-1297.

Bögels, S. M., Hoogstad, B., van Dun, L., de Schutter, S., & Restifo, K. (2008). Mindfulness training for adolescents with externalizing disorders and their parents. *Behavioural and Cognitive Psychotherapy, 36*, 193-209.

Brooker, J. E., Webber, L., Julian, J., Shawyer, F., Graham, A. L., Chan, J.,

& Meadows, G. (2014). Mindfulness-based training shows promise in assisting staff to reduce their use of restrictive interventions in residential services. *Mindfulness, 5*, 598-603.

Chan, N., & Neece, C. L. (2018a). Mindfulness-based stress reduction for parents of children with developmental delays: A follow-up study. *Evidence-Based Practice in Child and Adolescent Mental Health, 3*(1), 16-29.

Chan, N., & Neece, C. L. (2018b). Parenting stress and emotional dysregulation among children with developmental delays: The role of parenting behaviors. *Journal of Child and Family Studies, 27*, 4071-4082.

Chapman, M. J., & Mitchell, D. (2013). Mindfully valuing people now: An evaluation of introduction to mindfulness workshops for people with intellectual disabilities. *Mindfulness, 4*(2), 168-178.

Chiesa, A., & Serretti, A. (2013). Are mindfulness-based interventions effective for substance use disorders? A systematic review of the evidence. *Substance Use & Misuse, 49*(5), 492-512.

Conner, C. M., & White, S. W. (2018). Feasibility and preliminary efficacy of individual mindfulness therapy for adults with autism spectrum disorder. *Journal of Autism and Developmental Disorders, 48*, 290-300.

Currie, T. L., McKenzie, K., & Noone, S. (2019). The experiences of people with an intellectual disability of a mindfulness-based program. *Mindfulness, 10*, 1304-1314.

Dalai Lama. (2002). *How to practice: The way to a meaningful life.* New York, NY: Atria Books.

De Bruin, E. I., Blom, R., Smit, F. M., van Steensel, F. J., & Bögels, S. M. (2015). MYmind: Mindfulness training for youngsters with autism spectrum disorders and their parents. *Autism, 19*, 906-914.

Dillon, A., Wilson, C., & Jackman, C. (2018). Be here now: Service users' experiences of a mindfulness group intervention. *Advances in Mental Health and Intellectual Disabilities, 12*(2), 77-87.

Dykens, E. M. (2004). Maladaptive and compulsive behavior in Prader-Willi syndrome: New insights from older adults. *American Journal on Mental Retardation, 109*, 142-153.

Dykens, E. M., Hodapp, R. M., Walsh, K., & Nash, L. J. (1992). Profiles, correlates, and trajectories of intelligence in Prader-Willi syndrome. *Journal of the American Academy of Child and Adolescent Psychiatry, 31*, 1125-1130.

Felver, J. C., & Singh, N. N. (2020). *Mindfulness in the classroom: An evidence-based program to reduce disruptive behavior and increase academic achievement.* Oakland, CA: New Harbinger Publications.

Frank, P., Stanszus, L., Fischer, D., Kehnel, K., & Grossman, P. (2019). Cross-fertilizing qualitative perspectives on effects of a mindfulness-based intervention: An empirical comparison of four methodical approaches. *Mindfulness, 10*, 2452-2467.

Griffith, G. M., Hastings, R. P., Williams, J., Jones, R. S. P., Roberts, J., Crane, R. S., . . . Edwards, R. T. (2019). Mixed experiences of a mindfulness-informed intervention: Voices from people with intellectual disabilities, their supporters, and therapists. *Mindfulness, 10*, 1828-1841.

Heifetz, M., & Dyson, A. (2017). Mindfulness-based group for teens with developmental disabilities and their parents: A pilot study. *Mindfulness, 8(2)*, 444-453.

Hinton, E. C., Holland, A. J., Gellatly, M. S. N., Soni, S., Patterson, M., Ghatei, M. A., & Owen, A. M. (2006). Neural representations of hunger and satiety in Prader-Willi syndrome. *International Journal of Obesity, 30*, 313-321.

Holland, A. J., Treasure, J., Coskeran, P., Dallow, J., Milton, N., & Hillhouse, E. (1993). Measurement of excessive appetite and metabolic changes in Prader-Willi syndrome. *International Journal of Obesity and Related Metabolic Disorders, 17*, 527-532.

Hölzel, B. K., Lazar, S. W., Gard, T., Schuman-Olivier, Z., Vago, D. R., & Ott, U. (2011). How does mindfulness meditation work? Proposing mechanisms of action from a conceptual and neural perspective. *Perspectives on Psychological Science, 6*, 537-559.

Hwang, Y. S., Kearney, P., Klieve, H., Lang, W., & Roberts, J. (2015). Cultivating mind: Mindfulness interventions for children with autism spectrum disorder and problem behaviors, and their mothers. *Journal of Child and Family Studies, 24*, 3093-3106.

Idusohan-Moizer, H., Sawicka, A., Dendle, J., & Albany, M. (2015). Mindfulness-based cognitive therapy for adults with intellectual disabilities:

An evaluation of the effectiveness of mindfulness in reducing symptoms of depression and anxiety. *Journal of Intellectual Disability Research, 59*(2), 93–104.

Kabat-Zinn, J. (1990). *Full catastrophe living: Using the wisdom of your body and mind to face stress, pain, and illness.* New York, NY: Delta.

Kalyva, E. (2007). Prevalence and influences on self-reported smoking among adolescents with mild learning disabilities, attention deficit hyperactivity disorder, and their typically developing peers. *Journal of Intellectual Disabilities, 11,* 267–279.

Kiep, M., Spek, A. A., & Hoeben, L. (2015). Mindfulness-based therapy in adults with an autism spectrum disorder: Do treatment effects last? *Mindfulness, 5,* 637–644.

Lewallen, A. C., & Neece, C. L. (2015). Improved social skills in children with developmental delays after parent participation in MBSR: The role of parent-child relational factors. *Journal of Child and Family Studies, 24,* 3117–3129.

Myers, R. E., Karazsia, B. T., Kim, E., Jackman, M. M., McPherson, C. L., & Singh, N. N. (2018). A telehealth parent-mediated mindfulness-based health wellness intervention for adolescents and young adults with intellectual and developmental disabilities. *Advances in Neurodevelopmental Disorders, 2,* 241–252.

Myers, R. E., Winton, A. S. W., Lancioni, G. E., & Singh, N. N. (2014). Mindfulness in developmental disabilities (pp. 209–240). In N. N. Singh (Ed.), *Psychology of meditation.* New York, NY: Nova Science.

Neece, C. L. (2014). Mindfulness-based stress reduction for parents of young children with developmental delays: Implications for parental mental health and child behavior problems. *Journal of Applied Research in Intellectual Disabilities, 27,* 174–186.

Neece, C. L., Chan, N., Klein, K., Roberts, L., & Fenning, R. M. (2019). Mindfulness-based stress reduction for parents of children with developmental delays: Understanding the experiences of Latino families. *Mindfulness, 10,* 1017–1030.

Ridderinkhof, A., de Bruin, E. I., Blom, R., & Bögels, S. M. (2018).

Mindfulness-based program for children with autism spectrum disorder and their parents: Direct and long-term improvements. *Mindfulness, 9*(3), 773-791.

Ridderinkhof, A., de Bruin, E. I., Blom, R., Singh, N. N., & Bögels, S. M. (2019). Mindfulness-based program for autism spectrum disorder: A qualitative study of the experiences of children and parents. *Mindfulness, 10*, 1936-1951.

Ridderinkhof, A., de Bruin, E. I., van den Driesschen, S., & Bögels, S. M. (2020). Attention in children with autism spectrum disorder and the effects of a mindfulness-based program. *Journal of Attention Disorders, 24*(5), 681-692.

Salem-Guirgis, S., Albaum, C., Tablon, P., Riosa, P. B., Nicholas, D. B., Drmic, I. E., & Weiss, J. A. (2019). MYmind: A concurrent group-based mindfulness intervention for youth with autism and their parents. *Mindfulness, 10*, 1730-1743.

Sameroff, A. J. (1995). General systems theories and developmental psychopathology. In D. Cicchetti & D. J. Cohen (Eds.), *Developmental psychopathology. Vol. 1: Theory and methods* (pp. 659-695). New York, NY: John Wiley.

Segal, Z. V., Williams, J. M. G., & Teasdale, J. D. (2002). *Mindfulness-based cognitive therapy for depression: A new approach to preventing relapse.* New York, NY: Guilford Press.

Singh, N. N., Chan, J., Karazsia, B. T., McPherson, C. L., & Jackman, M. M. (2017a). Telehealth training of teachers to teach a mindfulness-based procedure for self-management of aggressive behavior to students with intellectual and developmental disabilities. *International Journal of Developmental Disabilities, 63*(4), 195-203.

Singh, N. N., & Hwang, Y.-S. (2020). Mindfulness-based programs and practices for people with intellectual and developmental disability. *Current Opinion in Psychiatry, 33*(2), 88-91.

Singh, N. N., Lancioni, G. E., Chan, J., Jackman, M. M., & McPherson, C. L. (2020a). Mindfulness-based positive behavior support. In I. Ivtzan (Ed.), *Handbook of mindfulness-based programmes: Mindfulness interventions* from education to health and therapy (pp. 42–52). London, UK: Routledge.

Singh, N. N., Lancioni, G. E., Joy, S. D. S., Winton, A. S. W., Sabaawi, M., Wahler, R. G., & Singh, J. (2007a). Adolescents with conduct disorder can be mindful of their aggressive behavior. *Journal of Emotional and Behavioral Disorders, 15*, 56–63.

Singh, N. N., Lancioni, G. E., Karazsia, B. T., Chan, J., & Winton, A. S. W. (2016a). Effectiveness of caregiver training in mindfulness–based positive behavior support (MBPBS): A randomized controlled trial. *Frontiers in Psychology, 7*, 1549.

Singh, N. N., Lancioni, G. E., Karazsia, B. T., & Myers, R. E. (2016b). Caregiver training in mindfulness–based positive behavior support (MBPBS): Effects on caregivers and adults with intellectual and developmental disabilities. *Frontiers in Psychology, 7*, 98.

Singh, N. N., Lancioni, G. E., Karazsia, B. T., Myers, R. E., Hwang, Y.–S., & Bhikkhu Anālayo. (2019a). Effects of Mindfulness–Based Positive Behavior Support (MBPBS) training are equally beneficial for mothers and their children with autism spectrum disorder or with intellectual disabilities. *Frontiers in Psychology, 10*, 385.

Singh, N. N., Lancioni, G. E., Karazsia, B. T., Myers, R. E., Kim, E., Chan, J., . . . Janson, M. (2019b). Surfing the urge: An informal mindfulness practice for the self–management of aggression by adolescents with autism spectrum disorder. *Journal of Contextual Behavioral Science, 12*, 170–177.

Singh, N. N., Lancioni, G. E., Karazsia, B. T., Myers, R. E., Winton, A. A. W., Latham, L. L., & Nugent, K. (2015). Effects of training staff in MBPBS on the use of physical restraints, staff stress and turnover, staff and peer injuries, and cost effectiveness in developmental disabilities. *Mindfulness, 6*, 926–937.

Singh, N. N., Lancioni, G. E., Karazsia, B. T., Winton, A. S. W., Myers, R. E., Singh, A. N. A., . . . Singh, J. (2013a). Mindfulness–based treatment of aggression in individuals with intellectual disabilities: A waiting list control study. *Mindfulness, 4*, 158–167.

Singh, N. N., Lancioni, G. E., Manikam, R. Winton, A. S. W., Singh, A. N. A., Singh, J., & Singh, A. D. A. (2011a). A mindfulness–based strategy for self–

management of aggressive behavior in adolescents with autism. *Research in Autism Spectrum Disorders, 5*, 1153–1158.

Singh, N. N., Lancioni, G. E., Medvedev, O. N., Myers, R. E., Chan, J., McPherson, C. L., . . . Kim, E. (2020b). Comparative effectiveness of caregiver training in mindfulness–based positive behavior support (MBPBS) and positive behavior support (PBS) in a randomized controlled trial. *Mindfulness, 11*, 99–111.

Singh, N. N., Lancioni, G. E., Myers, R. M., Karazsia, B. T., Courtney, T. M., & Nugent, K. (2017b). A mindfulness–based intervention for self-management of verbal and physical aggression by adolescents with Prader–Willi syndrome. *Developmental Neurorehabilitation, 20*(5), 253–260.

Singh, N. N., Lancioni, G. E., Myers, R. M., Karazsia, B. T., McPherson, C. L., Jackman, M. M., . . . Thompson, T. (2018). Effects of SOBER Breathing Space on aggression in children with autism spectrum disorder and collateral effects on parental use of physical restraints. *Advances in Neurodevelopmental Disorders, 2*, 362–374.

Singh, N. N., Lancioni, G. E., Myers, R. M., Karazsia, B. T., Winton, A. S. W., & Singh, J. (2014a). A randomized controlled trial of a mindfulness–based smoking cessation program for individuals with mild intellectual disability. *International Journal of Mental Health and Addictions, 12*, 153–168.

Singh, N. N., Lancioni, G. E., Singh, A. D. A., Winton, A. S. W., Singh, A. N. A., & Singh, J. (2011b). Adolescents with Asperger Syndrome can use a mindfulness–based strategy to control their aggressive behavior. *Research in Autism Spectrum Disorders, 5*, 1103–1109.

Singh, N. N., Lancioni, G. E., Singh, A. N. A., Winton, A. S. W., Singh, A. D. A., & Singh, J. (2011c). A mindfulness–based health wellness program for individuals with Prader–Willi Syndrome. *Journal of Mental Health Research in Intellectual Disabilities, 4*, 90–106.

Singh, N. N., Lancioni, G. E., Singh, A. N. A., Winton, A. S. W., Singh, J., McAleavey, K. M., & Adkins, A. D. (2008a). A mindfulness–based health wellness program for an adolescent with Prader–Willi Syndrome. *Behavior Modification, 32*(2), 176–181.

Singh, N. N., Lancioni, G. E., Winton, A. S. W., Adkins, A. D., Singh, J., & Singh, A. N. (2007b). Mindfulness training assists individuals with moderate mental retardation to maintain their community placements. *Behavior Modification, 31*, 800–814.

Singh, N. N., Lancioni, G. E., Winton, A. S. W., Adkins, A. D., Wahler, R. G., Sabaawi, M., & Singh, J. (2007c). Individuals with mental illness can control their aggressive behavior through mindfulness training. *Behavior Modification, 31*, 313–328.

Singh, N. N., Lancioni, G. E., Winton, A. S. W., Curtis, W. J., Wahler, R. G., Sabaawi, M., . . . McAleavey, K. (2006a). Mindful staff increase learning and reduce aggression in adults with developmental disabilities. *Research in Developmental Disabilities, 27*, 545–558.

Singh, N. N., Lancioni, G. E., Winton, A. S. W., Fisher, B. C., Wahler, R. G., McAleavey, K., Singh, J., & Sabaawi, M. (2006b). Mindful parenting decreases aggression, noncompliance, and self–injury in children with autism. *Journal of Emotional and Behavioral Disorder, 14*(3), 169–177.

Singh, N. N., Lancioni, G. E., Winton, A. S. W., Karazsia, B. T., Myers, R. E., Latham, L. L., & Singh, J. S. (2014b). Mindfulness–based positive behavior support (MBPBS) for mothers of adolescents with autism spectrum disorder: Effects on adolescents' behavior and parental stress. *Mindfulness, 5*, 646–657.

Singh, N. N., Lancioni, G. E., Winton, A. S. W., Karazsia, B. T., Singh, A. D. A., Singh, A. N. A., & Singh, J. (2013b). A mindfulness–based smoking cessation program for individuals with mild intellectual disability. *Mindfulness, 4*, 148–157.

Singh, N. N., Lancioni, G. E., Winton, A. S. W., Karazsia, B. T., & Singh, J. (2013). Mindfulness training for teachers changes the behavior of their preschool students. *Research in Human Development, 10*(3), 211–233.

Singh, N. N., Lancioni, G. E., Winton, A. S. W., Singh, A. N., Adkins, A. D., & Singh, J. (2008b). Clinical and benefit–cost outcomes of teaching a mindfulness–based procedure to adult offenders with intellectual disabilities. *Behavior Modification, 32*, 622–637.

Singh, N. N., Lancioni, G. E., Winton, A. S. W., Singh, A. N., Adkins, A. D.,

& Singh, J. (2009). Mindful staff can reduce the use of physical restraints when providing care to individuals with intellectual disabilities. *Journal of Applied Research in Intellectual Disabilities, 22*, 194–202.

Singh, N. N., Lancioni, G. E., Winton, A. S. W., Singh, A. N., Singh, J., & Singh, A. D. A. (2011d). Effects of a mindfulness–based smoking cessation program for an adult with mild intellectual disability. *Research in Developmental Disabilities, 32*, 1180–1185.

Singh, N. N., Lancioni, G. E., Winton, A. S. W., Singh, J., Curtis, W. J., Wahler, R. G., & McAleavey, K. M. (2007d). Mindful parenting decreases aggression and increases social behavior in children with developmental disabilities. *Behavior Modification, 31*(6), 749–771.

Singh, N. N., Lancioni, G. E., Winton, A. S. W., Singh, J., Singh, A. N. A., & Singh, A. D. A. (2011e). Peer with intellectual disabilities as a mindfulness–based anger and aggression management therapist. *Research in Developmental Disabilities, 32*, 2690–2696.

Singh, N. N., Lancioni, G. E., Winton, A. S. W., Wahler, R. G., Singh, J., & Sage, M. (2004). Mindful caregiving increases happiness among individuals with profound multiple disabilities. *Research in Developmental Disabilities, 25*, 207–218.

Singh, N. N., & Singh, S. D. (2001). Developmental considerations in treatment. In H. Orvaschel, J. Faust, & M. Hersen (Eds.), *Handbook of conceptualization and treatment of child psychopathology* (pp. 9–38). Amsterdam, The Netherlands: Pergamon.

Singh, N. N., Wahler, R. G., Adkins, A. D., & Myers, R. E. (2003). Soles of the feet: A mindfulness–based self–control intervention for aggression by an individual with mild mental retardation and mental illness. *Research in Developmental Disabilities, 24*, 158–169.

Spek, A. A., van Ham, N., & Nyklíček, I. (2013). Mindfulness–based therapy in adults with an autism disorder: A randomized controlled trial. *Research in Developmental Disabilities, 34*, 246–253.

Tang, Y. Y., Hölzel, B. K., & Posner, M. I. (2015). The neuroscience of mindfulness meditation. *Nature Reviews Neuroscience, 16*(4), 213–215.

Tracy, J., & Hosken, R. (1997). The importance of smoking education and preventive health strategies for people with intellectual disability. *Journal of Intellectual Disability Research, 41*, 416–421.

van Houten, R., & Rolider, A. (1988). Recreating the scene: An effective way to provide delayed punishment for inappropriate motor behavior. *Journal of Applied Behavior Analysis, 21*, 187–192.

Yildiran, H., & Holt, R. R. (2014). Thematic analysis of the effectiveness of an inpatient mindfulness group for adults with intellectual disabilities. *British Journal of Learning Disabilities, 43*, 49–54.

제7장

Ahemaitijiang, N., Hu, X., Yang, X., & Han, Z. H. (2020). Effects of meditation on the soles of the feet on aggressive and destructive behaviors of Chinese adolescents with autism spectrum disorders. *Mindfulness, 11*, 230–240.

American Psychiatric Association. (2000). *Diagnostic and statistical manual of mental disorders* (4th ed., text rev.). Washington, DC: Author.

American Psychological Association. (2014). *Stress in America: Are teens adopting adults' stress habits?* Washington, DC: Author.

Ames, C. S., Richardson, J., Payne, S., Smith, P., & Leigh, E. (2014). Innovations in practice: Mindfulness–based cognitive therapy for depression in adolescents. *Child and Adolescent Mental Health, 19*(1), 74–78.

Atkinson, M. J., & Wade, T. D. (2015). Mindfulness–based prevention for eating disorders: A school–based cluster randomized controlled study. *International Journal of Eating Disorders, 48*(7), 1024–1037.

Beauchemin, J., Hutchins, T. L., & Patterson, F. (2008). Mindfulness meditation may lessen anxiety, promote social skills, and improve academic performance among adolescents with learning disabilities. *Complementary Health Practice Review, 13*(1), 34–45.

Bennett, K., & Dorjee, D. (2016). The impact of a mindfulness–based stress reduction course (MBSR) on well–being and academic attainment of sixth–form students. *Mindfulness, 7*, 105–114.

Biegel, G. M., Brown, K. W., Shapiro, S. L., & Schubert, C. M. (2009). Mindfulness–based stress reduction for the treatment of adolescent psychiatric outpatients: A randomized clinical trial. *Journal of Consulting and Clinical Psychology, 77*(5), 855–866.

Bluth, K., Campo, R. A., Pruteanu-Malinici, S., Reams, A., Mullarkey, M., & Broderick, P. C. (2016). A school-based mindfulness pilot study for ethnically diverse at-risk adolescents. *Mindfulness, 7*, 90–104.

Bögels, S. M., Hoogstad, B., van Dun, L., de Schutter, S., & Restifo, K. (2008). Mindfulness training for adolescents with externalizing disorders and their parents. *Behavioural and Cognitive Psychotherapy, 36*(2), 193–209.

Bowen, D. J., Kreuter, M., Spring, B., Cofta-Woerpel, L., Linnan, L., Weiner, D., . . . Fernandez, M. (2009). How we design feasibility studies. *American Journal of Preventive Medicine, 36*(5), 452–457.

Britton, W. B., Lepp, N. E., Niles, H. F., Rocha, T., Fisher, N. E., & Gold, J. S. (2014). A randomized controlled pilot trial of classroom-based mindfulness meditation compared to an active control condition in sixth-grade children. *Journal of School Psychology, 52*, 263–278.

Broderick, P. (2013). *Learning to BREATHE: A mindfulness curriculum for adolescents to cultivate emotion regulation, attention, and performance.* Oakland, CA: New Harbinger Publications.

Centers for Disease Control and Prevention. (2013). Mental health surveillance among children—United States, 2005–2011. *Morbidity and Mortality Weekly Report, 62*(Suppl; May 16), 1–35.

Chiesa, A., & Serretti, A. (2014). Are mindfulness-based interventions effective for substance abuse disorders? A systematic review of the evidence. *Substance Use & Misuse, 49*, 492–512.

Cohen, S., Kamarck, T., & Mermelstein, R. (1983). A global measure of perceived stress. *Journal of Health and Social Behavior, 24*(4), 385–396.

Costello, E., & Lawler, M. (2014). An exploratory study of the effects of mindfulness on perceived levels of stress among school children from lower socioeconomic backgrounds. *International Journal of Emotional Education, 6*(2), 21–39.

Cotton, S., Luberto, C. M., Sears, R. W., Strawn, J. R., Stahl, L., Wasson, R. S., & Delbello, M. P. (2016). Mindfulness-based cognitive therapy for youth with anxiety disorders at risk for bipolar disorder: A pilot trial. *Early Intervention in Psychiatry, 10*(5), 426–434.

Creswell, C., Waite, P., & Hudson, J. (2020). Anxiety disorders in children and young people—assessment and treatment. *Journal of Child Psychology and Psychiatry, 61*(6), 628–643.

Crowley, M. J., Nicholls, S. S., McCarthy, D., Greatorex, K., Wu, J., & Mayes, L. C. (2018). Group mindfulness for adolescent anxiety: Results of an open trial. *Child and Adolescent Mental Health, 23*(2), 130–133.

Danielson, M. L., Bitsko, R. H., Ghandour, R. M., Holbrook, J. R., & Blumberg, S. J. (2018). Prevalence of parent-reported ADHD diagnosis and associated treatment among U.S. children and adolescents, 2016. *Journal of Clinical Child and Adolescent Psychology, 47*, 199–212.

Davey, C. G., Chanen, A. M., Hetrick, S. E., Cotton, S. M., Ratheesh, A., Amminger, G. P., . . . Berk, M. (2019). The addition of fluoxetine to cognitive behavioural therapy for youth depression (YoDA–C): A randomised, double-blind, placebo-controlled, multicentre clinical trial. *Lancet Psychiatry, 6*, 735–744.

de Bruin, E. I., Meppelink, R., & Bögels, S. (2021). Mindfulness in attention-deficit hyperactivity disorder. In N. N. Singh & S. D. Singh Joy (Eds.), *Mindfulness-based interventions with children and adolescents: Research and practice* (pp. 74–95). London, UK: Routledge.

Dwyer, J. B., & Bloch, M. H. (2019). Antidepressants for pediatric patients. *Current Psychiatry, 18*, 26–42.

Dwyer, J. B., Stringaris, A., Brent, D. A., & Bloch, M. H. (2020). Defining and treating pediatric treatment-resistant depression. *Journal of Child Psychology and Psychiatry, 61*(3), 312–332.

Eckshtain, D., Kuppens, S., Ugueto, A., Ng, M. Y., Vaughn-Coaxum, R., Corteselli, K., & Weisz, J. R. (2019). Meta-analysis: 13-Year follow-up of psychotherapy effects on youth depression. *Journal of the American Academy of Child and Adolescent Psychiatry, 59*, 45–63.

Felver, J. C., & Singh, N. N. (2020). *Mindfulness in the classroom: An evidenced-based program to reduce disruptive behavior and increase academic engagement.* Oakland, CA: New Harbinger Publications.

Goodyer, I. M., Reynolds, S., Barrett, B., Byford, S., Dubicka, B., Hill, J., . . . Fonagy, P. (2017). Cognitive behavioural therapy and short-term psychoanalytical psychotherapy versus a brief psychosocial intervention in adolescents with unipolar major depressive disorder (IMPACT): A multicentre, pragmatic, observer–blind, randomised controlled superiority trial. *Lancet Psychiatry, 4*, 109–119.

Gouda, S., Luong, M. T., Schmidt, S., & Bauer, J. (2016). Students and teachers benefit from mindfulness–based stress reduction in a school–embedded pilot study. *Frontiers in Psychology, 7*(590), 1–18.

Haydicky, J., Shecter, C., Wiener, J., & Ducharme, J. M. (2015). Evaluation of MBCT for adolescents with ADHD and their parents: Impact on individual and family functioning. *Journal of Child and Family Studies, 24*(1), 76–94.

Haydicky, J., Wiener, J., Badali, P., Milligan, K., & Ducharme, J. M. (2012). Evaluation of a mindfulness–based intervention for adolescents with learning disabilities and co–occurring ADHD and anxiety. *Mindfulness, 3*, 151–164.

Himelstein, S. (2011). Mindfulness–based substance abuse treatment for incarcerated youth: A mixed method pilot study. *International Journal of Transpersonal Studies, 30*(1 & 2), 1–10.

Himelstein, S., Hastings, A., Shapiro, S., & Heery, M. (2012). A qualitative investigation of the experience of a mindfulness–based intervention with incarcerated adolescents. *Child and Adolescent Mental Health, 17*(4), 231–237.

Himelstein, S., Saul, S., & Garcia–Romeu, A. (2015). Does mindfulness meditation increase effectiveness of substance abuse treatment with incarcerated youth? A pilot randomized controlled trial. *Mindfulness, 6*(6), 1472–1480.

Johnson, C., Burke, C., Brinkman, S., & Wade, T. (2016). Effectiveness of a school–based mindfulness program for transdiagnostic prevention in young adolescents. *Behaviour Research and Therapy, 81*, 1–11.

Joyce, A., Etty–Leal, J., Zazryn, T., Hamilton, A., & Hassed, C. (2010). Exploring a mindfulness meditation program on the mental health of upper primary children: A pilot study. *Advances in School Mental Health Promotion, 3*(2), 17–25.

Kabat–Zinn, J. (1990). *Full catastrophe living: Using the wisdom of your body and mind to face stress, pain, and illness.* New York, NY: Delta.

Kovacs, M. (2003). *Children's depression inventory* (CDI). Toronto: Multi-Health Systems.

Kuyken, W., Weare, K., Ukoumunne, O. C., Vicary, R., Morton, N., Burnett, R., . . . Huppert, F. (2013). Effectiveness of the mindfulness in schools programme: Non-randomised controlled feasibility study. *British Journal of Psychiatry, 203,* 126–131.

Lam, K. (2016). School-based cognitive mindfulness intervention for internalizing problems: Pilot study with Hong Kong elementary students. *Journal of Child and Family Studies, 25,* 3293–3308.

Lau, N.-S., & Hue, M.-T. (2011). Preliminary outcomes of a mindfulness-based programme for Hong Kong adolescents in schools: Well-being, stress and depressive symptoms. *International Journal of Children's Spirituality, 16*(4), 315–330.

Lu, R., Zhou, Y., Wu, Q., Peng, X., Dong, J., Zhu, Z., & Xu, W. (2019). The effects of mindfulness training on suicide ideation among left-behind children in China: A randomized controlled trial. *Child: Care, Health, and Development, 45*(3), 371–379.

Mendelson, T., Greenberg, M. T., Dariotis, J. K., Feagans Gould, L., Rhodas, B. L., & Lead, P. J. (2010). Feasibility and preliminary outcomes of a school-based mindfulness intervention for urban youth. *Journal of Abnormal Child Psychology, 38*(7), 985–994.

National Institute for Health and Care Excellence. (2019). *Depression in children and young people: Identification and management.* NICE Guidelines. Available from: www.nice.org.uk/guidance/ng134/chapter/Recommendations-step-3-managing-mild-depression.

Parker, A. E., Kupersmidt, J. B., Mathis, E. T., Scull, T. M., & Sims, C. (2014). The impact of mindfulness education on elementary school students: Evaluation of the master mind programme. *Advances in School Mental Health Promotion, 7*(3), 184–204.

Patton, K. A., Connor, J. P., Sheffield, J., Wood, A., & Gullo, M. J. (2019). Additive effectiveness of mindfulness meditation to a school-based brief cognitive—behavioral alcohol intervention for adolescents. *Journal of*

Consulting and Clinical Psychology, 87(5), 407–421.

Pbert, L., Druker, S., Crawford, S., Frisard, C., Trivedi, M., Osganian, S. K., & Brewer, J. (2020). Feasibility of a smartphone app with mindfulness training for adolescent smoking cessation: Craving to Quit (C2Q)–Teen. *Mindfulness, 11*, 720–733.

Raes, F., Griffith, J. W., van der Gucht, K., & Williams, J. M. G. (2014). School–based prevention and reduction of depression in adolescents: A cluster–randomized controlled trial of a mindfulness group program. *Mindfulness, 5*, 477–486.

Santa Maria, D., Cuccaro, P., Bender, K., Cron, S., Fine, M., & Sibinga, E. (2020). Feasibility of a mindfulness–based intervention with sheltered youth experiencing homelessness. *Journal of Child and Family Studies, 29*, 261–272.

Scott, K., Lewis, C. C., & Marti, C. N. (2019). Trajectories of symptom change in the treatment for adolescents with depression study. *Journal of the American Academy of Child and Adolescent Psychiatry, 58*, 319–328.

Segal, Z. V., Williams, J. M. G., & Teasdale, J. D. (2002). *Mindfulness–based cognitive therapy for depression*. New York, NY: Guilford Press.

Semple, R. J., & Lee, J. (2011). *Mindfulness–based cognitive therapy for anxious children: A manual for treating childhood anxiety*. Oakland, CA: New Harbinger Publications.

Semple, R. J., Lee, J., Rosa, D., & Miller, L. F. (2010). A randomised trial of mindfulness–based cognitive therapy for children: Promoting mindful attention to enhance social–emotional resiliency in children. *Journal of Child and Family Studies, 19*, 218–229.

Semple, R. J., Reid, E. F. G., & Miller, L. (2005). Treating anxiety with mindfulness: An open trial of mindfulness training for anxious children. *Journal of Cognitive Psychotherapy: An International Quarterly, 19*(4), 379–392.

Sibinga, E. M. S., Perry–Parrish, C., Chung, S.–E., Johnson, S. B., Smith, M., & Ellen, J. M. (2013). School–based mindfulness instruction for urban male youth: A small randomized controlled trial. *Preventive Medicine, 57*, 799–801.

Sibinga, E. M. S., Webb, L., Ghazarian, S. R., & Ellen, J. M. (2016). School-based mindfulness instruction: An RCT. *Pediatrics, 137*(1), Article e20152532.

Singh, N. N., Chan, J., Karazsia, B. T., McPherson, C. L., & Jackman, M. M. (2017a). Telehealth training of teachers to teach a mindfulness-based procedure for self-management of aggressive behavior to students with intellectual and developmental disabilities. *International Journal of Developmental Disabilities, 63*(4), 195-203.

Singh, N. N., Lancioni, G. E., Joy, S. D., Winton, A. S., Sabaawi, M., Wahler, R. G., & Singh, J. (2007). Adolescents with conduct disorder can be mindful of their aggressive behavior. *Journal of Emotional and Behavioral Disorders, 15*(1), 56-63.

Singh, N. N., Lancioni, G. E., Karazsia, B. T., Myers, R. E., Kim, E., Chan, J., . . . Janson, M. (2019). Surfing the Urge: An informal mindfulness practice for the self-management of aggression by adolescents with autism spectrum disorder. *Journal of Contextual Behavioral Science, 12*, 170-177.

Singh, N. N., Lancioni, G. E., Manikam, R., Winton, A. S., Singh, A. N., Singh, J., & Singh, A. D. (2011a). A mindfulness-based strategy for self-management of aggressive behavior in adolescents with autism. *Research in Autism Spectrum Disorders, 5*(3), 1153-1158.

Singh, N. N., Lancioni, G. E., Myers, R. M., Karazsia, B. T., Courtney, T. M., & Nugent, K. (2017b). A mindfulness-based intervention for self-management of verbal and physical aggression by adolescents with Prader-Willi syndrome. *Developmental Neurorehabilitation, 20*(5), 253-260.

Singh, N. N., Lancioni, G. E., Myers, R. M., Karazsia, B. T., McPherson, C. L., Jackman, M. M., . . . Thompson, T. (2018). Effects of SOBER breathing space on aggression in children with autism spectrum disorder and collateral effects on parental use of physical restraints. *Advances in Neurodevelopmental Disorders, 2*, 362-374.

Singh, N. N., Lancioni, G. E., Singh, A. D., Winton, A. S., Singh, A. N., & Singh, J. (2011b). Adolescents with Asperger syndrome can use a mindfulness-based strategy to control their aggressive behavior. *Research in Autism Spectrum Disorders, 5*(3), 1103–1109.

van de Weijer–Bergsma, E., Formsma, A. R., Bruin, E. I., & Bögels, S. M. (2012). The effectiveness of mindfulness training on behavioral problems and attentional functioning in adolescents with ADHD. *Journal of Child and Family Studies, 21*(5), 775–787.

van de Weijer–Bergsma, E., Langenberg, G., Brandsma, R., Oort, F. J., & Bögels, S. M. (2014). The effectiveness of a school–based mindfulness training as a programme to prevent stress in elementary school children. *Mindfulness, 5*, 238–248.

van der Oord, S., Bögels, S. M., & Peijnenburg, D. (2012). The effectiveness of mindfulness training for children with ADHD and mindful parenting for their parents. *Journal of Child and Family Studies, 21*, 139–147.

van Vliet, K. J., Foskett, A. J., Williams, J. L., Singhal, A., Dolcos, F., & Vohra, S. (2017). Impact of a mindfulness–based stress reduction program from the perspective of adolescents with serious mental health concerns. *Child and Adolescent Mental Health, 22*(1), 16–22.

Vickery, C., & Dorjee, D. (2016). Mindfulness training in primary schools decreases negative affect and increases meta–cognition in children. *Frontiers in Psychology, 6*, 2025.

Visser, S. N., Danielson, M. L., Bitsko, R. H., Perou, R., & Blumberg, S. J. (2013). Convergent validity of parent–reported attention–deficit/ hyperactivity disorder diagnosis: A cross–study comparison. *JAMA Pediatrics, 167*(7), 674–675.

Weersing, V. R., Jeffreys, M., Do, M. T., Schwartz, K. T., & Bolano, C. (2017). Evidence base update of psychosocial treatments for child and adolescent depression. *Journal of Clinical Child & Adolescent Psychology, 46*, 11–43.

White, L. S. (2012). Reducing stress in school–age girls through mindful yoga. *Journal of Pediatric Health Care, 26*(1), 45–56.

Wolraich, M. L., Hagan, J. F., Allan, C., Chan, E., Davison, D., Earls, M., . . . Zurhellen, W. (2019). Clinical practice guideline for the diagnosis, evaluation, and treatment of attention–deficit/hyperactivity disorder in children and adolescents. *Pediatrics, 144*(4), Article e20192528.

제8장

Collaborative for Academic, Social, and Emotional Learning. (2013). *Effective social and emotional learning programs: Preschool and elementary school edition.* Chicago, IL: Author.

Cummins, J. (2007). Pedagogies for the poor? Realigning reading instruction for low-income students with scientifically based reading research. *Educational Research, 36*(9), 564-572.

Darling-Hammond, L. (2007). Race, inequality and educational accountability: The irony of 'No Child Left Behind'. *Race, Ethnicity, and Education, 10*(3), 245-260.

Doyle, B. G., & Bramwell, W. (2006). Promoting emergent literacy and social—emotional learning through dialogic reading. *The Reading Teacher, 59*(6), 554-564.

Erwin, E. J., & Robinson, K. A. (2016). The joy of being: Making way for young children's natural mindfulness. *Early Child Development and Care, 186*(2), 268-286.

Flook, L., Goldberg, S. B., Pinger, L., & Davidson, R. J. (2015). Promoting prosocial behavior and self-regulatory skills in preschool children through a mindfulness-based kindness curriculum. *Developmental Psychology, 51*, 44-51.

Flook, L., Smalley, S. L., Kitil, M. J., Galla, B. M., Kaiser-Greenland, S., Locke, J., . . . Kasari, C. (2010). Effects of mindful awareness practices on executive functions in elementary school children. *Journal of Applied School Psychology, 26*, 70-95.

Greenberg, M. T., & Harris, A. R. (2012). Nurturing mindfulness in children and youth: Current state of research. *Child Development Perspectives, 6*(2), 161-166.

Hasselkus, B. R. (2006). The world of everyday occupation: Real people, real lives. *American Journal of Occupational Therapy, 60*, 627-640.

Hawn Foundation. (2011). *The MindUP curriculum: Grades 6-: Brain-focused strategies for learning—and living.* Scholastic Teaching Resources. Available from: http://thehawnfoundation.org/mindup/

Healthy Minds Innovations. (2017). *The kindness curriculum—keys to kindness and well-being*. Madison, WI: Center for Healthy Minds, University of Wisconsin-Madison.

Jackman, M. M. (2014). Mindful occupational engagement. In N. N. Singh (Ed.), *Psychology of meditation* (pp. 241-277). New York, NY: Nova Publishers.

Jackman, M. M. (2016a). *OpenMind—a mindfulness-based social emotional learning program for pre-K children: Daily practice activities*. Port St. Lucie: Little Lotus Therapy and Consulting.

Jackman, M. M. (2016b). *OpenMind—a mindfulness-based social emotional learning curriculum for pre-K children: Learning activities*. Port St. Lucie, FL: Little Lotus Therapy and Consulting.

Jackman, M. M. (2019a). *OpenMind—a mindfulness-based social emotional learning program for pre-K children: Daily practice activities* (4th ed.). Port St. Lucie: Little Lotus Therapy and Consulting.

Jackman, M. M. (2019b). *OpenMind—a mindfulness-based social emotional learning curriculum for pre-K children: Learning activities* (4th ed.). Port St. Lucie, FL: Little Lotus Therapy and Consulting.

Jackman, M. M., Nabors, L. A., McPherson, C. L., Quaid, J. D., & Singh, N. N. (2019). Feasibility, acceptability, and preliminary effectiveness of the OpenMind (OM) program for pre-school children. *Journal of Child and Family Studies, 28*, 2910-2921.

Kim, E., Jackman, M. M., Jo, S.-H., Oh, J., Ko, S.-Y., McPherson, C. L., & Singh, N. N. (2019a). Feasibility and acceptability of the mindfulness-based OpenMind-Korea (OMK) preschool program. *Journal of Child and Family Studies, 28*, 2187-2198.

Kim, E., Jackman, M. M., Jo, S.-H., Oh, J., Ko, S.-Y., McPherson, C. L., & Singh, N. N. (2019b). Parental social validity of the mindfulness-based OpenMind-Korea (OM-K) preschool program. *Journal of Child and Family Studies, 28*, 2922-2926.

Kim, E., Jackman, M. M., Jo, S.-H., Oh, J., Ko, S.-Y., McPherson, C. L., . . . Singh, N. N. (2020). Effectiveness of the mindfulness-based OpenMind-Korea (OM-K) preschool program. *Mindfulness, 11*, 1062-1072.

Razza, R. A., Bergen-Cico, D., & Raymond, K. (2015). Enhancing preschoolers' self-regulation via mindful yoga. *Journal of Child and Family Studies, 24,* 372-385.

Santos, R. M., Fettig, A., & Shaffer, L. (2012). Helping families connect early literacy with social emotional development. *Young Children, 67*(2), 88-93.

Schoenewolf, G. (1990). Emotional contagion: Behavioral induction in individuals and groups. *Modern Psychoanalysis, 15,* 49-61.

Schonert-Reichl, K. A., Oberle, E., Lawlor, M. S., Abbott, D., Thomson, K., Oberlander, T. F., & Diamond, A. (2015). Enhancing cognitive and social-emotional development through a simple-to-administer mindfulness-based school program for elementary school children: A randomized controlled trial. *Developmental Psychology, 51,* 52-66.

Thierry, K. L., Bryant, H. L., Nobles, S. S., & Norris, K. S. (2016). Two-year impact of a mindfulness-based program on preschoolers' self-regulation and academic performance. *Early Education and Development, 27*(6), 805-821.

Thierry, K. L., Vincent, R. L., Bryant, H., Kinder, M. B., & Wise, C. L. (2018). A self-oriented mindfulness-based curriculum improves prekindergarten student's executive functions. *Journal of Child and Family Studies, 9,* 1443-1456.

Zelazo, P. D., Forston, J. L., Masten, A. S., & Carlson, S. M. (2018). Mindfulness plus reflection training: Effects on executive function in early childhood. *Frontiers in Psychology, 9,* 208.

제9장

Ahemaitijiang, N., Hu, X., Yang, X., & Han, Z. H. (2020). Effects of meditation on the soles of the feet on aggressive and destructive behaviors of Chinese adolescents with autism spectrum disorders. *Mindfulness, 11,* 230-240.

Amaro, A., & Singh, N. N. (2021). Mindfulness: Definitions, attributes, and mechanisms. In N. N. Singh & S. D. Singh Joy (Eds.), *Mindfulness-based interventions with children and adolescents: Research and practice.* London, UK: Routledge.

Bennet, K., & Dorjee, D. (2016). The impact of a mindfulness-based stress reduction course (MBSR) on well-being and academic attainment of sixth-form students. *Mindfulness, 7*, 105–114.

Bögels, S. M. (in preparation). MYmind mindfulness voor kinderen en adolescenten met ADHD en hun ouders: Trainershandleiding [*MYmind mindfulness for children and adolescents with ADHD and their parents: Manual for professionals*]. Houten, the Netherlands: Lannoo Campus.

Bögels, S. M., Hoogstad, B., van Dun, L., de Schutter, S., & Restifo, K. (2008). Mindfulness training for adolescents with externalizing disorders and their parents. *Behavioural and Cognitive Psychotherapy, 36*(2), 193–209.

Bowen, S., Chawla, N., & Marlatt, G. A. (2011). *Mindfulness–based relapse prevention for additive behaviors: A clinician's guide.* New York, NY: Guilford Press.

Britton, W. B., Lepp, N. E., Niles, H. F., Rocha, T., Fisher, N. E., & Gold, J. S. (2014). A randomized controlled pilot trial of classroom–based mindfulness meditation compared to an active control condition in sixth–grade children. *Journal of School Psychology, 52*, 263–278.

Broderick, P. C. (2013). *Learning to breathe: A mindfulness curriculum for adolescents to cultivate emotion regulation, attention, and performance.* Oakland, CA: New Harbinger Publications.

CASEL. (2011). *What is SEL? Skill competencies.* Chicago, IL: Collaborative for Academic, Social, and Emotional Learning.

Center for Mindfulness. (2017). *Mindfulness–based stress reduction (MBSR) authorized curriculum guide.* Worcester, MA: University of Massachusetts Medical School.

Crowley, M. J., Nicholls, S. S., McCarthy, D., Greatorex, K., Wu, J., & Mayes, L. C. (2018). Innovations in practice: Group mindfulness for adolescent anxiety—results of an open trial. *Child and Adolescent Mental Health, 23*(2), 130–133.

de Bruin, E. I., Meppelink, R., & Bögels, S. M. (2021). Mindfulness in attention deficit hyperactivity disorder. In N. N. Singh & S. D. Singh Joy (Eds.), *Mindfulness–based interventions with children and adolescents: Research and practice.* London, UK: Routledge.

Felver, J. C., Felver, S. L., Margolis, K. L., Ravitch, N. K., Romer, N., & Horner, R. H. (2017). Effectiveness and social validity of the Soles of the

Feet mindfulness-based intervention with special education students. *Contemporary School Psychology, 21*, 358-368.

Felver, J. C., Frank, J. L., & McEachern, A. D. (2014). Effectiveness, acceptability, and feasibility of the Soles of the Feet mindfulness-based intervention with elementary school students. *Mindfulness, 5*, 589-597.

Felver, J. C., & Singh, N. N. (2020). *Mindfulness in the classroom: An evidence-based program to reduce disruptive behavior and increase academic engagement.* Oakland, CA: New Harbinger Publications.

Goldstein, J., & Kornfield, J. (1987). *Seeking the heart of wisdom.* Boston, MA: Shambhala Publications.

Gouda, S., Luong, M. T., Schmidt, S., & Bauer, J. (2016). Students and teachers benefit from mindfulness-based stress reduction in a school-embedded pilot study. *Frontiers in Psychology, 7*, 590.

Griffith, G. M., Hastings, R. P., Williams, J., Jones, R. S. P., Roberts, J., Crane, R. S., . . . Edwards, R. T. (2019). Mixed experiences of a mindfulness-informed intervention: Voices from people with intellectual disabilities, their supporters, and therapists. *Mindfulness, 10*, 1828-1841.

Hawn Foundation. (2011). *The MindUP curriculum: Grades 6-: Brain-focused strategies for learning—and living.* Scholastic Teaching Resources. Available from: http://thehawnfoundation.org/mindup/

Haydicky, J., Shecter, C., Wiener, J., & Ducharme, J. M. (2015). Evaluation of MBCT for adolescents with ADHD and their parents: Impact on individual and family functioning. *Journal of Child and Family Studies, 24*(1), 76-94.

Hayes, S. C., Strosahl, K. D., & Wilson, K. G. (1999). *Acceptance and commitment therapy: An experiential approach to behavior change.* New York, NY: Guilford Press.

Kabat-Zinn, J. (1990). *Full catastrophe living: Using the wisdom of your body and mind to face stress, pain, and illness.* New York, NY: Delta.

Kabat-Zinn, J. (1994). *Wherever you go, there you are: Mindfulness meditation in everyday life.* New York, NY: Hyperion.

Kabat-Zinn, J. (2019). Seeds of a necessary global renaissance in the making: The refining of psychology's understanding of the nature of mind, self, and embodiment through the lens of mindfulness and its origins at a key inflection point for the species. *Current Opinion in Psychology, 28,* xi–xvii.

Kuyken, W., Weare, K., Ukoumunne, O. C., Vicary, R., Morton, N., Burnett, R., . . . Huppert, F. (2013). Effectiveness of the mindfulness in schools programme: Nonrandomised controlled feasibility study. *The British Journal of Psychiatry, 203,* 126–131.

Levin, M. E., Hayes, S. C., & Vilardaga, R. (2013). Acceptance and commitment therapy: Applying an iterative translational research strategy in behavior analysis. In G. J. Madden, W. V. Dube, T. D. Hackenberg, G. P. Hanley, & K. A. Lattal (Eds.), *APA handbook of behavior analysis* (Vol. 2, pp. 455–479). Washington, DC: American Psychological Association.

Linehan, M. (1993). *Cognitive–behavioral treatment of borderline personality disorder.* New York, NY: Guilford Press.

Marlatt, G. A., & Gordon, J. R. (1985). *Relapse prevention: Maintenance strategies in the treatment of addictive behaviors.* New York, NY: Guilford Press.

McCarthy, D., Nicholls, S., & Crowley, M. J. (2014). *Group mindfulness therapy (GMT) for anxiety.* New Haven, CT: Yale Child Study Center.

Mindful Schools. (2012). *Mindful schools curriculum.* Available from: www.mindfulschools.org/

Segal, Z. V., Williams, J. M. G., & Teasdale, J. D. (2002). *Mindfulness–based cognitive therapy for depression.* New York, NY: Guilford Press.

Semple, R. J., & Lee, J. (2011). *Mindfulness–based cognitive therapy for anxious children: A manual for treating childhood anxiety.* Oakland, CA: New Harbinger Publications.

Semple, R. J., & Lee, J. (2014). Mindfulness–based cognitive therapy for children. In R. A. Baer (Ed.), *Mindfulness–based treatment approaches: Clinician' guide to evidence base and applications* (pp. 161–188). Waltham, MA: Academic Press.

Semple, R. J., Lee, J., Rosa, D., & Miller, L. F. (2010). A randomised trial of mindfulness–based cognitive therapy for children: Promoting mindful attention to enhance social–emotional resiliency in children. *Journal of Child Family Studies, 19,* 218–229.

Singh, N. N., & Joy, S. D. S. (2021). Mindfulness in mental health. In N. N.

Singh & S. D. Singh Joy (Eds.), *Mindfulness-based interventions with children and adolescents: Research and practice*. London, UK: Routledge.

Singh, N. N., Lancioni, G. E., Karazsia, B. T., Myers, R. E., Kim, E., Chan, J., . . . Janson, M. (2019). Surfing the Urge: An informal mindfulness practice for the self-management of aggression by adolescents with autism spectrum disorder. *Journal of Contextual Behavioral Science, 12*, 170–177.

Singh, N. N., Lancioni, G. E., Manikam, R., Winton, A. S., Singh, A. N., Singh, J., & Singh, A. D. (2011a). A mindfulness-based strategy for self-management of aggressive behavior in adolescents with autism. *Research in Autism Spectrum Disorders, 5*(3), 1153–1158.

Singh, N. N., Lancioni, G. E., Myers, R. M., Karazsia, B. T., McPherson, C. L., Jackman, M. M., . . . Thompson, T. (2018). Effects of SOBER breathing space on aggression in children with autism spectrum disorder and collateral effects on parental use of physical restraints. *Advances in Neurodevelopmental Disorders, 2*, 362–374.

Singh, N. N., Lancioni, G. E., Singh, A. D., Winton, A. S., Singh, A. N., & Singh, J. (2011b). Adolescents with Asperger syndrome can use a mindfulness-based strategy to control their aggressive behavior. *Research in Autism Spectrum Disorders, 5*(3), 1103–1109.

van de Weijer-Bergsma, E., Formsma, A. R., Bruin, E. I., & Bögels, S. M. (2012). The effectiveness of mindfulness training on behavioral problems and attentional functioning in adolescents with ADHD. *Journal of Child and Family Studies, 21*(5), 775–787.

van der Oord, S., Bögels, S. M., & Peijnenburg, D. (2012). The effectiveness of mindfulness training for children with ADHD and mindful parenting for their parents. *Journal of Child and Family Studies, 21*, 139–147.

Zhang, D., Chan, S. K. C., Lo, H. H. M., Chan, C. Y. H., Chan, J. C. Y., Ting, K. T., . . . Wong, S. Y. S. (2017). Mindfulness-based intervention for Chinese children with ADHD and their parents: A pilot mixed-method study. *Mindfulness, 8*, 859–872.

제10장

Achenbach, T. M. (2000). *Manual for the child behavior checklist 1.5–5.*

Burlington, VT: University of Vermont, Department of Psychiatry.

Bögels, S. M., Hellemans, J., van Deursen, S., Römer, M., & van der Meulen, R. (2014). Mindful parenting in mental health care: Effects on parental and child psychopathology, parental stress, parenting, co-parenting, and marital functioning. *Mindfulness, 5*, 536-551.

Bögels, S. M., & Restifo, K. (2014). *Mindful parenting: A guide for mental health practitioners.* New York, NY: Springer.

Bronfenbrenner, U., & Morris, P. A. (2006). The bioecological model of human development. In R. M. Lerner & W. Damon (Eds.), *Handbook of child psychology: Vol. 1. Theoretical models of human development* (6th ed., pp. 793-828). Hoboken, NJ: Wiley.

Brooker, J. E., Webber, L., Julian, J., Shawyer, F., Graham, A. L., Chan, J., & Meadows, G. (2014). Mindfulness-based training shows promise in assisting staff to reduce their use of restrictive interventions in residential services. *Mindfulness, 5*, 598-603.

Campbell, K., Thoburn, J. W., & Leonard, H. D. (2017). The mediating effects of stress on the relationship between mindfulness and parental responses. *Couple and Family Psychology: Research and Practice, 6*(1), 48-59.

Chan, N., & Neece, C. L. (2018a). Mindfulness-based stress reduction for parents of children with developmental delays: A follow-up study. *Evidence-Based Practice in Child and Adolescent Mental Health, 3*(1), 16-29.

Chan, N., & Neece, C. L. (2018b). Parenting stress and emotion dysregulation among children with developmental delays: The role of parenting behaviors. *Journal of Child and Family Studies, 27*, 4071-4082.

Dishion, T. J., Patterson, G. R., & Kavanagh, K. A. (1992). An experimental test of the coercion model: Linking theory, measurement, and intervention. In J. McCord & R. E. Tremblay (Eds.), *Preventing antisocial behavior: Interventions from birth through adolescence* (pp. 253-282). New York, NY: Guilford Press.

Dykens, E. M., Fisher, M. H., Taylor, J. L., Lambert, W., & Miodrag, N. (2014). Reducing distress in mothers of children with autism and other disabilities: A randomized trial. *Pediatrics, 134*, 454-463.

Han, Z. R., Ahemaitijiang, N., Yan, J., Hu, X., Parent, J., Dale, C., . . . Singh,

N. N. (2021). Parent mindfulness, parenting, and child psychopathology in China. *Mindfulness, 12*(1), Advance of Print.

Hwang, Y.-S., Bartlett, B., Greben, M., & Hand, K. (2017). A systematic review of mindfulness interventions for in-service teachers: A tool to enhance teacher wellbeing and performance. *Teaching and Teacher Education, 64*, 26–42.

Hwang, Y.-S., Goldstein, H., Medvedev, O. N., Singh, N. N., Noh, J.-E., & Hand, K. (2019a). Mindfulness-based intervention for educators: Effects of a school-based cluster randomized controlled study. *Mindfulness, 10*, 1417–1436.

Hwang, Y.-S., Noh, J.-E., Medvedev, O. N., & Singh, N. N. (2019b). Effects of a mindfulness-based program for teachers on teacher wellbeing and person-centered teaching practices. *Mindfulness, 10*, 2385–2402.

Kabat-Zinn, J. (1990). *Full catastrophe living: Using the wisdom of your body and mind to face stress, pain, and illness.* New York, NY: Delta.

Lerner, R. M. (1982). Children and adolescents as producers of their own development. *Developmental Review, 2*, 342–370.

Lewallen, A. C., & Neece, C. L. (2015). Improved social skills in children with developmental delays after parent participation in MBSR: The role of parent-child relational factors. *Journal of Child and Family Studies, 24*, 3117–3129.

Lippold, M. A., Duncan, L. G., Coatsworth, J. D., Nix, R. L., & Greenberg, M. G. (2015). Understanding how mindful parenting may promote mother-youth communication. *The Journal of Youth and Adolescence, 44*, 1663–1673.

Lippold, M. A., Jensen, T. M., Duncan, L. G., Nix, R. L., Coatsworth, J. D., & Greenberg, M. T. (2021). Mindful parenting, parenting cognitions, and parent-youth communication: Bidirectional linkages and mediation processes. *Mindfulness, 12*(1), Advance of Print.

Masten, A. S., & Cicchetti, D. (2010). Developmental cascades. *Development Psychopathology, 22*, 491–495.

Meppelink, R., de Bruin, E. I., Wanders-Mulder, F. H., Vennik, C. J., & Bögels, S. M. (2016). Mindful parenting training in child psychiatric settings: Heightened parental mindfulness reduces parents' and children's psychopathology. *Mindfulness, 7*, 680–689.

Neece, C. L. (2014). Mindfulness–based stress reduction for parents of young children with developmental delays: Implications for parental mental health and child behavior problems. *Journal of Applied Research on Intellectual Disabilities, 27*(2), 174–186.

Neece, C. L., Chan, N., Klein, K., Roberts, L., & Fenning, R. M. (2019). Mindfulness–based stress reduction for parents of children with developmental delays: Understanding the experiences of Latino families. *Mindfulness, 10*, 1017–1030.

Parent, J., Garai, E., Forehand, R., Roland, E., Champion, J. E., Haker, K., . . . Compas, B. E. (2010). Parent mindfulness and child outcome: The roles of parent depressive symptoms and parenting. *Mindfulness, 1*, 254–264.

Patterson, G. R. (1982). *Coercive family processes.* Eugene, OR: Castalia.

Roberts, L. R., & Neece, C. L. (2015). Feasibility of mindfulness–based stress reduction intervention for parents of children with developmental delays. *Issues in Mental Health Nursing, 36*, 592–602.

Sameroff, A. J. (1986). Environmental context of child development. *Journal of Pediatrics, 109*, 192–200.

Sameroff, A. J. (1993). Models of development and developmental risk. In C. H. Zeanah, Jr. (Ed.), *Handbook of infant mental health* (pp. 3–13). New York, NY: Guilford Press.

Sameroff, A. J., & Fiese, B. H. (2000). Transactional regulation: The developmental ecology of early intervention. In J. P. Shonkoff & S. J. Meisels (Eds.), *Handbook of early intervention* (pp. 135–159). Cambridge, UK: Cambridge University Press.

Sameroff, A. J., & MacKenzie, M. J. (2003). Research strategies for capturing transactional models of development: The limits of the possible. *Development and Psychopathology, 15*, 613–640.

Singh, N. N., Lancioni, G. E., Chan, J., McPherson, C. L., & Jackman, M. M. (2020a). Mindfulness–based positive behavior support. In I. Ivtzan (Ed.), *Handbook of mindfulness–based programs: Mindfulness interventions from education to health and therapy* (pp. 42–52). London, UK: Routledge.

Singh, N. N., Lancioni, G. E., Karazsia, B. T., Chan, J., & Winton, A. S. W. (2016a). Effectiveness of caregiver training in mindfulness-based positive behavior support (MBPBS): A randomized controlled trial. *Frontiers in Psychology, 7*, 1549.

Singh, N. N., Lancioni, G. E., Karazsia, B. T., & Myers, R. E. (2016b). Caregiver training in mindfulness-based positive behavior support (MBPBS): Effects on caregivers and adults with intellectual and developmental disabilities. *Frontiers in Psychology, 7*, 98.

Singh, N. N., Lancioni, G. E., Karazsia, B. T., Myers, R. E., Hwang, Y.-S., & Anālayo, B. (2019). Effects of mindfulness-based positive behavior support (MBPBS) training are equally beneficial for mothers and their children with autism spectrum disorder or with intellectual disabilities. *Frontiers in Psychology, 10*, 385.

Singh, N. N., Lancioni, G. E., Karazsia, B. T., Myers, R. E., Winton, A. A. W., Latham, L. L., & Nugent, K. (2015). Effects of training staff in MBPBS on the use of physical restraints, staff stress and turnover, staff and peer injuries, and cost effectiveness in developmental disabilities. *Mindfulness, 6*, 926-937.

Singh, N. N., Lancioni, G. E., Medvedev, O. N., Hwang, Y.-S., & Myers, R. E. (2021). A component analysis of the mindfulness-based positive behavior support (MBPBS) program for mindful parenting by mothers of children with autism spectrum disorder. *Mindfulness, 12*(1), Advance of Print.

Singh, N. N., Lancioni, G. E., Medvedev, O. N., Myers, R. E., Chan, J., McPherson, C. L., . . . Kim, E. (2020b). Comparative effectiveness of caregiver training in mindfulness-based positive behavior support (MBPBS) and positive behavior support (PBS) in a randomized controlled trial. *Mindfulness, 11*, 99-111.

Singh, N. N., Lancioni, G. E., Winton, A. S. W., Curtis, W. J., Wahler, R. G., Sabaawi, M., . . . McAleavey, K. (2006a). Mindful staff increase learning and reduce aggression in adults with developmental disabilities. *Research in Developmental Disabilities, 27*, 545-558.

Singh, N. N., Lancioni, G. E., Winton, A. S. W., Fisher, B. C., Wahler, R. G., McAleavey, K., . . . Sabaawi, M. (2006b). Mindful parenting decreases aggression, noncompliance, and self-injury in children with autism. *Journal of Emotional and Behavioral Disorders, 14,* 169-177.

Singh, N. N., Lancioni, G. E., Winton, A. S. W., Karazsia, B. T., Myers, R. E., Latham, L. L., & Singh, J. (2014). Mindfulness-based positive behavior support (MBPBS) for mothers of adolescents with autism spectrum disorder: Effects on adolescents' behavior and parental stress. *Mindfulness, 5,* 646-657.

Singh, N. N., Lancioni, G. E., Winton, A. S. W., Karazsia, B. T., & Singh, J. (2013). Mindfulness training for teachers changes the behavior of their preschool children. *Research in Human Development, 10*(3), 211-233.

Singh, N. N., Lancioni, G. E., Winton, A. S. W., Singh, A. N., Adkins, A. D., & Singh, J. (2009). Mindful staff can reduce the use of physical restraints when providing care to individuals with intellectual disabilities. *Journal of Applied Research in Intellectual Disabilities, 22,* 194-202.

Singh, N. N., Lancioni, G. E., Winton, A. S. W., Singh, J., Curtis, W. J., Wahler, R. G., & McAleavey, K. M. (2007). Mindful parenting decreases aggression and increases social behavior in children with developmental disabilities. *Behavior Modification, 31*(6), 749-771.

Singh, N. N., Lancioni, G. E., Winton, A. S. W., Singh, J., Singh, A. N., Adkins, A. D., & Wahler, R. G. (2010a). Training in mindful caregiving transfers to parent-child interactions. *Journal of Child and Family Studies, 19,* 167-174.

Singh, N. N., Lancioni, G. E., Winton, A. S. W., Wahler, R. G., Singh, J., & Sage, M. (2004). Mindful caregiving increases happiness among individuals with profound multiple disabilities. *Research in Developmental Disabilities, 25,* 207-218.

Singh, N. N., Singh, A. N., Lancioni, G. E., Singh, J., Winton, A. S. W., & Adkins, A. D. (2010b). Mindfulness training for parents and their children with ADHD increases the children's compliance. *Journal of Child and Family Studies, 19,* 157-166.

Singh, N. N., & Singh, D. S. (2001). Developmental considerations in treatment. In H. Orvaschel, J. Faust, & M. Hersen (Eds.), *Handbook of conceptualization and treatment of child psychopathology* (pp. 9-38). New

York, NY: Pergamon.

Zhang, W., Wang, M., & Ying, L. (2019). Parent mindfulness and preschool children's emotion regulation: The role of mindful parenting and secure parent–child attachment. *Mindfulness, 10*, 2481–2491.

찾아보기 🌱

인명

Abbott, R. A. 23

Abhidhamma, P. 57

Achenbach, T. M. 286

Adee, S. 55, 56

Adkins, A. D. 161

Adler, L. D. 129

Ahemaitijiang, N. 163, 198, 267

Ajahn Amaro 25, 33, 252

Ajahn Chah 40

Ames, C. S. 205

Anālayo, B. 22, 55

Andronis, P. A. 88

Atkinson, M. J. 213

Baer, R. A. 76, 92, 94, 101

Bakosh, L. S. 119

Barlow, D. H. 163, 168, 170

Barnert, E. S. 80, 86

Beauchemin, J. 24, 201

Beck, K. B. 172

Bennett, K. 208, 253

Bergomi, C. 81

Bodhi, B. 41

Bishop, S. R. 22, 42, 66

Black, D. S. 23, 79, 80, 83

Bluth, K. 206

Bögels, S. M. 24, 28, 86, 125, 132, 143, 145, 147, 149, 183, 193, 256, 263, 264, 280, 283, 284

Bohlmeijer, E. 95

Bond, F. W. 92

Bowen, D. J. 215

Brefczynski-Lewis, J. A. 131

Britton, W. B. 196, 260

Broderick, P. C. 262, 263

Bronfenbrenner, U. 276

Brooker, J. E. 180, 293

Brown, K. W. 74, 75, 78, 79, 80, 83, 86, 94, 95, 101

Buitelaar, J. K. 127

Burke, C. 23, 95, 104
Butcher, G. M. 26, 69

Cairncross, M. 24
Campbell, K. 277
Carlson, L. 65, 67
Carsley, D. 24
Cassone, A. R. 135
Cavanagh, K. 23
Chambless, D. L. 123
Chan, K. T. 135, 147, 178, 288, 289
Chapman, M. J. 174
Charach, A. 129
Cheron, D. M. 95
Chiesa, A. 23, 130, 158, 211
Chimiklis, A. L. 134
Ciarrochi, J. 77, 83
Cicchetti, D. 278
Ciesla, J. A. 83, 87
Cohen, J. 104
Cook, D. T. 122
Cooper, J. O. 91
Coronado-Montoya, S. 145
Cortazar, N. 94
Costello, E. 214
Cotton, S. 201
Creswell, C. 67, 68, 191
Crowley, M. J. 202, 261
Currie, T. L. 174

Dalai Lama 182
Dane, A. V. 111
Danielson, M. L. 190
Davey, C. G. 192
de Bruin, E. I. 28, 77, 83, 125, 184, 185, 193, 264
De Loo-Neus, V. 129
Dhammika, S. 58
Diaz, N. 24
Dieltjens, K. 131
Dillon, A. 174
Dishion, T. J. 276
Dorjee, D. 208, 253
Doshi, J. A. 127
Droutman, V. 75, 82
Dunning, D. L. 110
Dwyer, J. B. 192
Dykens, E. M. 169, 280
Dyson, A. 173

Eckshtain, D. 192
Edwards, R. T. 79
Epstein, R. 40, 132
Erwin, E. J. 219
Evans, S. 133

Faraone, S. V. 129
Felver, J. C. 27, 70, 101, 102, 112, 113, 114, 115, 116, 117, 119, 121, 159, 197, 267

Ferreira, N. 134

Fiese, B. H. 276

Flesch, R. 80, 84

Fletcher, L. 92

Flook, L. 220, 221

Frank, J. L. 65, 101, 174

Fresco, D. M. 67

Gauntlett-Gilbert, J. 95, 104, 106

Germer, C. 41

Gethin, R. 40

Gillberg, C. 127

Gilmore, A. 127

Goldiamond, I. 88

Goldstein, J. 40, 262

Goodman, M. S. 78, 80, 81

Goodyer, I. M. 192

Gordon, J. R. 270

Gouda, S. 202, 253

Gould, L. F. 111

Grabovac, A. D. 65

Graff, J. C. 93

Graham, J. 129

Greco, C. M. 70, 71, 76, 77, 78, 83, 92

Greenberg, M. T. 105, 219

Greene, R. L. 95

Griffith, G. M. 164, 267

Grosswald, S. J. 141

Hall, H. R. 93

Hanh, T. N. 39

Harris, A. R. 105, 219

Harvey, P. 40

Haydicky, J. 95, 142, 144, 146, 194, 263

Hayes, S. C. 92, 108, 263

Heifetz, M. 173

Himelstein, S. 211, 212

Hofmann, S. G. 70

Holt, R. R. 174

Hölzel, B. K. 66, 158

Hosken, R. 167

Hue, M. 79, 87, 204

Hugo, V. 21

Humphreys, K. L. 93

Hwang, Y. S. 112, 155, 175, 184, 298, 301, 302

Idusohan-Moizer, H. 174

Ivtzan, I. 101

Jackman, M. M. 31, 219

Jennings, P. A. 102

Jha, A. P. 103, 106

Johnson, C. 73, 75, 81, 82, 85, 118, 210

Joy, S. D. S. 21, 32, 189, 251, 252

Joyce, A. 204

Kabat-Zinn, J. 22, 42, 64, 66, 171, 201, 202, 252, 253, 261, 286

Kallapiran, K. 108

Kazemi, A. 41, 58, 63

Keating, D. P. 72

Khoury, B. 23, 101

Klingbeil, D. A. 109

Klompmaker, M. 131

Knaster, M. 23, 43

Koffler, T. 103, 106

Kornfield, J. 40, 262

Kuby, A. K. 77

Kuyken, W. 205, 262

Lam, K. 202

Lancioni, G. E. 32, 275

Lau, N. 79, 87, 204

Lawler, M. 214

Lawlor, M. S. 72, 79, 80, 83

Le, H. H. 127

Lee, J. 260, 261

Lemberger-Truelove, M. E. 90

Lerner, R. M. 276

Leve, L. D. 68

Levin, M. E. 26, 69, 92, 272

Lewallen, A. C. 286

Liehr, P. 24

Lindsay, E. K. 67, 68

Linehan, M. 108, 263

Liotti, M. 131

Lippold, M. A. 277

Lo, H. H. 135, 146

Lu, R. 203

Mackenzie, M. J. 276

Mak, C. 133

Marks, A. D. G. 79, 95

Marlatt, G. A. 270

Masten, A. S. 278

McCarthy, D. 261

McCracken, L. M. 95

McKeering, P. 112

Mendelson, T. 214

Meppelink, R. 28, 125, 135, 147, 284

Miller, C. J. 24

Miller, S. D. 97

Milne, R. 127

Mitchell, D. 174

Moore, S. 95

Morris, P. A. 276

Munindra, A. 22

Myers, R. E. 32, 170, 175, 275

Nanavira, T. 39

Neece, C. L. 178, 280, 286, 287, 288, 289

Nierenberg, A. A. 129

Nilsson, H. 41, 58, 63

Norris, N. 65

Nyanaponika Thera 35, 39

Nyanatiloka 39

Oberle, E. 79

Pallozzi, R. 70, 71, 72, 73, 77, 78, 80, 83, 84, 97

Parent, J. 93, 277

Parker, A. E. 196

Patterson, G. R. 276

Patton, K. A. 212

Pbert, L. 213

Petter, M. 83

Pilowsky, D. J. 93

Piper, B. J. 125

Pliszka, S. 128

Potts, S. A. 26, 69

Racine, N. M. 93

Razza, R. A. 219

Restifo, K. 149, 280

Rhys Davids, T. W. 34, 41

Ridderinkhof, A. 173, 185

Roberts, L. R. 287

Robinson, K. A. 219

Roeser, R. W. 102

Rolider, A. 160

Ryan, R. M. 74, 75, 78, 83, 94, 95

Safran, J. D. 67

Salem-Guirgis, S. 186

Salzberg, S. 41

Sameroff, A. J. 182, 275, 276

Santos, R. M. 224

Schachter, H. M. 127

Schneider, B. H. 112

Schoeberlein, D. 103, 106

Schoenewolf, G. 226

Schonert-Reichl, K. A. 102, 220

Schrantee, A. 129

Schutt, M. K. A. 27, 101

Scott, K. 192

Segal, Z. V. 41, 64, 67, 171, 183, 201, 253, 256

Semple, R. J. 141, 194, 200, 260, 261

Serretti, A. 23, 158, 211

Shakespeare, W. 21

Shapiro, S. L. 65, 67, 94

Shecter, C. 140, 146

Shekelle, P. 128, 146

Sibinga, E. M. S. 24, 208

Siebelink, N. M. 135, 147

Silbersweig, D. A. 68

Singh, N. N. 21, 25, 29, 32, 33, 102, 118, 140, 155, 159, 160, 161, 162, 163, 165, 166, 168, 170, 175, 176, 177, 179, 180, 181, 182, 189, 197, 199, 251, 252, 267, 272, 275, 278, 280, 281, 289, 290, 293, 294, 298, 299

Snel, E. 146

Sonuga-Barke, E. J. S. 132

Stanley, S. 41

Storebø, O. J. 127, 129

Sumedho, A. 59

Swanson, J. 129

Tang, Y. Y. 68, 158

Taylor, E. 127

Telman, L. G. E. 127

Tercelli, I. 134

Thapar, A. 132

Theule, J. 127

Thierry, K. L. 220

Thompson, M. 104, 106

Thondup, T. 40

Tracy, J. 167

Twohig, M. P. 26, 69

Vago, D. R. 68

van de Weijer-Bergsma, E. 144, 146, 194, 215, 263

van der Oord, S. 128, 143, 146, 194, 263

van Houten, R. 160

van Vliet, K. J. 209

Visser, S. N. 125, 190

Wade, T. 213

Walsh, R. N. 94

Weersing, V. R. 192

West, A. M. 75, 79, 80, 86

White, L. S. 214

Wolpert, M. 128

Wolraich, M. L. 190

Yildiran, H. 174

Zablotsky, B. 29

Zainal, N. Z. 23

Zelazo, P. D. 222

Zenner, C. 24, 110, 111

Zhang, D. 144, 147, 263

Zoogman, S. 24, 108, 110

Zylowska, L. 141

내용

5요인 마음챙김 척도 73

AAMS 81

AAQ-II 92

ABC 분석 90

ACT 91, 263

ADHD 28, 125, 126, 127, 128, 130, 131, 132, 133, 134, 141, 143, 190, 192, 194, 264

ADHD 증상 및 정상 행동 평가의 강점과 약점 척도 139

AFQ-Y 92

ASD 30, 157, 161, 172, 173, 177, 183, 184, 185, 187, 199, 289

CAMM 76
CBT 192, 212
CHIME-A 81
C-OMM 90
CREATE 231

DBT 263
Dot b 210

FFMQ 94
Flesch-Kincaid 방법 78, 80, 84

Group Mindfulness Therapy(GMT) 202, 261

Hawn Foundation 220, 261
Head Start 245
Healthy Minds Innovations 221
HIV 24

ICP 260
ID 183, 186
IDD 30, 157, 160, 164, 167, 174, 179, 181, 182, 187, 198
InnerKids 221

Kindness Curriculum(KC) 221

L2B 262

MAAS 78
MAAS-A 79
MAAS-C 79
MAPs 141
MBI 29
MBP 146
MBPs 102, 104, 105, 106, 108, 109, 110, 111, 112, 113, 116, 117, 119, 120, 122
MBRP 268
MBT-AS 171
MindChamp 147
Mindful Schools 261
Mindfulness in Schools Programme (MiSP) 205, 262
Mindfulness Plus Reflection 222
Mindfulness-and Acceptance-Based Intervention(MABI) 173
Mindfulness-Based Cognitive Therapy(MBCT) 158, 171, 173, 183, 184, 201, 203, 206, 253, 256, 262, 263, 264, 273
Mindfulness-Based Cognitive Therapy for Children(MBCT-C) 141, 194, 201, 258, 261
Mindfulness-Based Health Wellness program(MBHW) 158
Mindfulness-Based Interventions (MBIs) 23, 24, 26, 27, 31

Mindfulness-Based Positive Behavior
    Support(MBPBS) 177, 180, 181,
    289, 290, 293, 294
mindfulness-based smoking cessation
    program 158
Mindfulness-Based Stress Reduction
    (MBSR) 158, 171, 172, 178, 184,
    201, 202, 203, 204, 206, 207, 208,
    209, 253, 254, 261, 262, 263, 264,
    273, 286, 288, 289
MindUP 219, 220, 261
MYmind 29, 140, 142, 143, 144, 145,
    148, 149, 185, 186, 263

National Institute for Health and Care
    Excellence 127

OpenMind(OM) 31, 223, 225, 226, 227,
    228, 234, 237, 243, 244, 245, 246
OpenMind-Korea(OM-K) 246, 247

Sati 34, 35
SOBER 268
SOBER 호흡 공간 158, 164, 167, 267,
    268, 270, 272
SSRI 191
Surfing the Urge 158

가족 평가 도구 139
가치 명료화 65

감정 조절 173, 248
개리슨 보고서 103
개리슨 연구소 103
고(苦) 66
과잉행동 127
관찰 수용 이론 67
교사 24, 30, 32
교사 대상 마음챙김 훈련 프로그램 299
교육에서의 마음챙김 27
기계적 마음챙김 57
깔라냐밋따 61

내면화 30
내재화 143, 193
노출 65, 66
논장 65

다르마 39
단기 정신분석 심리치료 192
담마 62
대인관계 관리 224
대인관계 마음챙김 양육 척도 139
두통 129
따돌림 214

마나시까라 54
마음챙김 경험 포괄 문항-청소년용
    75, 81
마음챙김 근거 스트레스 완화 64, 158,
    171, 201, 253, 286

마음챙김 기반 건강 웰니스 프로그램 158, 169

마음챙김 기반 금연 프로그램 158, 167

마음챙김 기반 긍정적 행동 지원 177

마음챙김 기반 인지치료 64, 158, 171, 194, 201, 253, 256

마음챙김 기반 인지치료-아동 수정판 139

마음챙김 기반 재발 방지 268

마음챙김 기반 중재 23, 278

마음챙김 기반 프로그램 64, 101, 133, 139, 171, 207

마음챙김 무술 139

마음챙김 및 수용 기반 중재 173

마음챙김 부모 훈련 프로그램 132

마음챙김 성찰 더하기 222

마음챙김 양육 194

마음챙김 양육 프로그램 133, 284

마음챙김 자각 수련 139

마음챙김 주의 자각 척도 74, 78, 94, 139, 203

마음챙김의 네 가지 기초 25

마음챙김의 속성 25, 43

마음챙김의 정의 34

마음챙김학교 프로그램 262

만성 스트레스 214

메커니즘 33, 64, 65

메틸페니데이트 128, 129

무명 62

무상 66

무소유 44

무아 66

무위 38

문제 해결 191, 236

물질 남용 11, 126, 193, 211, 212

미(味) 36

미국 아동·청소년 정신의학회 128

반항 127

발달장애 29, 176

발바닥 명상(SoF) 157, 158, 159, 160, 161, 162, 163, 167, 168, 197, 265, 267

밧데까랏따 수따 36

법(法) 25, 35, 39

변연계 131

변증법적 행동치료 108, 263

보호자 24, 29, 30, 32

복통 129

부모 24, 30, 32, 125, 127, 134, 144, 190

부모-자녀 관계 134

부주의 23, 127

부진 129

불면증 129

불사 38

불선근 43

불안 11, 23, 24, 27, 30, 31, 109, 129, 189, 190, 191, 214, 254

불안 및 스트레스 110

불안장애 127

비반응성 69

비판단성 69

빤냐 60

사띠 25, 35, 37, 39, 40, 41, 54, 55, 56, 57, 58, 60

사띠빠따나 25, 35

사띠-빤냐 60

사띠-삼빠잔냐 59, 60

사마디 54, 55

사성제 43

사회성 191

사회성 향상 24

사회적 기술 27

사회적 인식 224

사회적 행동 110

사회정서적 기초 센터 228

삶의 질-부모 139

삶의 질-아동 139

삼마 56, 57, 60

삼매 40, 54

삼법인 66

삼업 62

상향식 158

색(色) 36

색성향미촉법(色聖香味觸法) 60

서방형 구안파신 190

서방형 클로니딘 190

선택 231

섭식장애 213

성(聖) 36

성인 자기보고 139

세계보건기구 웰빙 지수 139

세로토닌 191

소거 66

속성 33

수(受) 25, 35, 39

수용 68, 69

수용 및 행동 질문지-Ⅱ 92

수용전념치료 91, 108, 263

수정된 아동 불안 및 우울 척도 139

수정된 아동 표현 불안 척도 139

스트레스 11, 23, 27, 31, 134, 144, 193, 214, 254

스트룹 색상 단어 테스트 139

신(身) 25, 35, 39

신경과민 129

신체 자각 66

신체화 23

실행 기능 110, 134, 141, 144, 147

실행 기능 행동 평가 목록 139

심(心) 25, 35, 39

심리적 유연성 26

아동 마음챙김 관찰 측정 90

아동 사회적 행동 설문지 139

아동 행동 체크리스트 139, 286

아동 · 청소년 마음챙김 측정 75, 76

아동용 마음챙김 기반 인지치료 258

아동용 일상적인 주의력 검사 139

아토목세틴 190

암스테르담 신경심리 검사 139

압빠마다 37

양육 스트레스 127

양육 스트레스 지수 139

에스시탈로프람만 191

연민피로 64

오개 43

오근 34

오력 34

온전히 이해하는 마음챙김 59

외현화 11, 30, 143, 189, 191, 192, 193, 256

외현화 장애 24

우울 11, 23, 24, 31, 110, 127, 189, 190, 192, 206, 254

위빠사나 66

유연성 65, 69

육근 62

윤리 224

윤리적 57

윤리적 마음챙김 252

이완 191

인지 기능 28

인지 평가 체계 139

인지행동치료 191

자기감찰 244

자기관리 65, 141, 224

자기성찰 26, 71

자기인식 68, 224

자기조절 29, 65, 68, 238

자기초월 68

자기통제 223

자기통제 평정 척도 139

자존감 27, 126

자폐스펙트럼장애 28, 280

작업 기억 27

재지각 67

재통합 66

재평가 66

전대상피질 131

정념 54

정서 조절 27, 30, 66

정서적 수용 173

정신건강 23, 254

정의 33

주관적인 행복 척도 139

주요우울장애 191

주의 54, 233, 252

주의 네트워크 테스트 139

주의 전환 141

주의 조절 66

주의력 27, 110, 141, 143

주의력결핍 과잉행동장애 11, 23, 28, 125, 126, 189

주의력결핍 과잉행동장애 아동 280

지각된 스트레스 척도 214

지적장애 161

지적장애 및 발달장애 11, 29

진정한 마음챙김 55, 58
집단 마음챙김 치료 202, 261

청소년 마음챙김 주의 자각 척도 75
청소년 및 성인을 위한 마음챙김 척도 75, 81
청소년 부모 스트레스 지수 139
청소년 자기보고 139
청소년 자기보고 평정 척도 196
청소년용 회피-융합 척도 92
청소년을 위한 대인관계 심리치료 192
초인지 71
촉(觸) 36
충동 127
충동 조절 173
충동의 파도타기 158, 165, 166, 270, 271, 272
친사회적 224, 236, 248
칠각지 34, 43, 63
칭찬 237

켄터키 마음챙김 기술 문항 76
코너 지속 수행 검사 139
클로르프로마진 155

탈중심화 67
통제 231
통합 명상 교육 260

통합적 마음챙김 60
트레일메이킹 테스트 139
티오리다진 155

파괴적 행동 장애 평가 척도 139
팔정도 43
페노티아진 155
품행장애 127
프래더-윌리 증후군 162
프로그램의 사전-사후 비교 208
플루옥세틴 191
피로 27

하향식 158
학교 기반 MBPs 112, 113
학교 기반 마음챙김 214
학교 기반 마음챙김 프로그램 206
학교에서의 마음챙김 프로그램 205
학업 기술 27
한국어
항우울제 191
행동 문제 189, 190
행복감 193
향(香) 36
호기심 231
호흡법 배우기 262
회복탄력성 111, 248
흡연 213

편저자 소개

이 책은 새로운 통찰과 관점을 통해 아동·청소년의 특정 기능 영역에서 활용할 수 있는 마음챙김 기반 중재를 종합적으로 검토한다. 이 책은 탄탄한 연구와 실천의 토대를 바탕으로 마음챙김의 본질을 제시하고 마음챙김의 기반이 될 수 있는 심리적 과정을 조사하며 이를 평가하는 방법을 탐구한다.

마음챙김은 일상에서 일어나는 모든 일에 어떻게 주의를 기울이고 현재에 머무를 수 있는지에 관한 것이다. 이 책은 아동·청소년에게 마음챙김을 가르치는 토대, 교육 장면에서 마음챙김의 활용, 물질 남용과 과잉행동 그리고 지적발달 및 발달장애를 포함한 정신건강 분야에서의 임상적 적용과 같은 주제를 탐구하기 위해 해당 분야의 현재 연구를 활용했다. 국제적으로 저명한 임상가와 연구자들의 기여를 바탕으로, 이 책은 현재 연구의 강점과 약점과 함께 마음챙김 기반 프로그램이 안녕감을 향상하고 고통을 줄이는 데 어떻게 활용될 수 있는지에 관한 균형 잡힌 설명을 제공한다.

이 책은 아동·청소년의 정신건강 연구에 참여하고 있는 학자, 연구자, 대학원생에게 큰 관심을 끌 수 있을 것이다. 또한 심리학자, 정신건강의학과 의사, 간호사, 사회복지사, 재활치료사, 아동·청소년에게 임상적 치료를 제공하는 학교 상담사 및 기타 관계자들에게도 도움을 제공할 수 있을 것이다.

니르베이 N. 싱(Nirbhay N. Singh)은 오거스타 대학교 조지아 의과대학의 정신건강의학과 및 건강 행동 임상 교수이며 인증된 행동분석가이자 마음챙김 기반 긍정 행동 지원(Mindfulness–Based Positive Behavior Support: MBPBS) 및 발바닥 명상(Soles of the Feet) 프로그램 개발자이다.

수바시니 D. 싱 조이(Subhashni D. Singh Joy)는 버지니아 대학교와 채플힐에 있는 노스캐롤라이나 대학교를 졸업했다. 그녀는 마음챙김과 청소년 정신건강을 포함한 광범위한 건강관리 관련 주제의 출판물을 저술했다.

집필자 소개

아잔 아마로(Ajahn Amaro)는 런던 대학교에서 심리학 및 생리학 학사 학위를 받았다. 영적 탐구 과정에서 태국에 도착했고, 거기에서 그는 태국의 명상 스승 아잔 차(Ajahn Chah)를 따르며 서양인 제자들을 위해 설립된 삼림 전통(Forest Tradition) 계통의 수도원인 왓 파 나나차(Wat Pah Nanachat)에 들어가 1979년에 승려로 서품했다. 영국으로 돌아온 직후에는 새로 설립된 치트허스트 수도원의 아잔 서메도(Ajahn Sumedho)와 함께하였다. 1983년에 그는 도보로 830마일을 걷는 순례를 했고, 1985년에는 새로 문을 연 아마라바티 수도원(Amaravati Monastery) 공동체에 초대받고 합류하였다. 그는 아마라바티에서 10년 동안 거주했으며, 1990년대 초에는 그곳에 기반을 둔 아잔 서메도의 학생들이 초대하여 매년 캘리포니아로 여행을 떠났다. 아마라바티에서 일하는 동안 아잔 아마로는 최근 2년 동안 부수도원장으로 봉사하며 교육과 행정을 담당했다. 1996년 6월에 그는 캘리포니아 레드우드 밸리에 아바야지리 수도원(Abhayagiri Monastery)을 설립하여 2010년까지 아잔 파사노(Ajahn Pasanno)와 공동 수도원장으로 있었다. 2010년 7월에 그는 아잔 서메도의 후계자로 더 큰 수도원 공동체로 돌아올 것을 초청받았다. 그는 2011년에 승려 서품의 자격을 허가받았으며, 그 이후 9명의 비구니와 37명의 비구의 서품을 주재했다. 그는 약 25권의 책을 저술 또는 공동저술했으며, 이 책은 모두 무료로 배포되었다. 그중에는 『잃어버린 평화를 찾아서(Finding the Missing Peace)』(2011), 『뿌리와 흐름: 에세이와 기사들(Roots and Currents: Collected Essays and Articles, 1991~2014)』(2017), 『돌파구: 해방 수단으로서의 불교 명상(The Breakthrough: Buddhist Meditation as a Means of Liberation)』(2016)이 있다. 그의 저술은 종종 학술지 『마음챙김(Mindfulness)』에 실리기도 한다.

수잔 뵈겔스(Susan Bögels)는 임상심리학자이자 마음챙김 양육법의 창시자이다. 그녀는 암스테르담 대학교에서 가족 정신건강, 특히 마음챙김의 역할에 초점을 두고 교육하고 있는 교수이며, 아동과 부모를 위한 전문적 훈련과 치료를 위한 센터인 UvA Minds의 설립자이다. 그녀는 200개 이상의 학술지 논문을 발표했으며, 학술지『마음챙김(Mindfulness)』의 부편집장으로 일하고 있다. 그녀는 학술 서적인『마음챙김 양육: 정신건강 전문가를 위한 지침(Mindful Parenting: A Guide for Mental Health Professionals)』(2014), 『마음챙김 양육: 바쁜 세상에서 여유 공간 찾기(Mindful Parenting: Finding Space to Be-In a World of To Do)』(2020)의 저자이다.

그레이슨 M. 부쳐(Grayson M. Butcher)는 노스텍사스 대학교의 박사과정 학생이다. 그는 대학교에서 행동분석으로 석사 학위를 받았으며, 현재 행동분석에 중점을 둔 보건 서비스 연구를 바탕으로 박사 학위를 받기 위해 노력하고 있다. 그의 연구는 현재 자극 통제, 언어행동 분석 단위의 행동 명료화, 그리고 신경 조절 시스템이 강화에 따른 선택에 기여하는 방식에 초점을 두고 있다. 그는 동료와 편집자의 리뷰를 거치는 학술지와 책 챕터 일부를 여섯 편 저술하였다. 앞으로 그는 교수가 되어 분석 행동 단위를 연구하고 비선형적 우발성 분석과 교수 설계를 가르치고자 한다.

에스더 I. 드 브륀(Esther I. de Bruin)은 네덜란드 암스테르담의 암스테르담 대학교 소속 아동 발달 및 교육 연구소의 부교수이다. 그녀는 네덜란드 로테르담에 있는 에라스무스 대학교에서 아동정신학 박사 학위를 받았다. 그녀는 면허 자격을 갖춘 건강관리 심리학자이며, 네덜란드 암스테르담에 있는 UvA Minds 의 아동, 부모 및 청년을 위한 외래 전문 치료센터의 책임자이다. 또한 그녀는 국내 및 국제 학술지에 50편 이상의 논문을 기고했으며, 마음챙김 기반 중재와 관련된 여러 책의 공동 저자이다. 그녀는 소진과 관련 불편을 해소하기 위한 Mindful2Work 프로그램의 공동 저술과 개발에도 참여했으며, 자폐 아동과 그들의 부모를 위한 MYmind 마음챙김 기반 프로그램의 공동 개발자로 학술지 『마음챙김』의 부편집장이기도 하다.

조슈아 C. 펠버(Joshua C. Felver)는 시라큐스 대학교의 심리학과 조교수로 학교심리학 박사 교육 프로그램의 임상교육 책임자로 재직하고 있다. 그는 오레곤 대학교에서 학교심리학 박사 학위와 특수교육 석사 학위를 취득했으며, 하버드 의과 대학에서 소아심리학 박사과정 인턴십을, 브라운 대학교 알퍼트 의과대학에서 아동임상심리학 박사후연구원 과정을 마쳤다. 그의 연구는 학교와 지역사회 환경에서 마음챙김 기반 프로그램 개발과 구현 그리고 연구에 광범위한 초점을 두고 있으며, 특히 명상 수련의 기초가 되는 생체 기제에 관한 조사에 초점을 두고 있다. 그는 마음챙김 기반 프로그램과 사회정서적 또는 정신적 장애가 있는 청소년의 평가와 치료에 관해 임상적 전문지식을 갖추었으며 면허와 함께 위원회 인증을 받은 심리학자이다. 그는 20편이 넘는 과학적 출판물의 저자이며 『교실에서의 마음챙김(Mindfulness in the Classroom)』의 공동 저자이자 학술지 『아동가족 연구와 마음챙김(Journal of Child and Family Studies and Mindfulness)』의 부편집장을 지냈다.

황윤석(Yoon-Suk Hwang)은 시드니 대학교에서 박사 학위를 취득했다. 그녀는 영적 관심사를 추구하기 위해 공식적인 학계를 떠나기 전까지는 그리피스 대학교의 특수교육 강사였으며 호주 가톨릭 대학교의 학습과학 및 교사 교육 연구소의 연구원이었다. 그녀는 현재 시드니 대학교의 장애연구센터에 소속되어 있다. 그녀의 연구 관심 분야는 사회적, 정서적, 행동적, 학습적 어려움이 있는 개인에게 마음챙김 기반 훈련을 적용하고 다양한 능력의 사람들을 대상으로 한 기관에서 교사를 위한 마음챙김 훈련 및 서비스를 제공하는 체계를 바꾸어 줄 수 있는 프로그램으로서, 마음챙김 기반 긍정적 행동 지원(Mindfulness-Based Positive Behavior Support: MBPBS)을 활용하도록 하는 것이다. 그녀는 『자폐 스펙트럼 장애 아동을 위한 마음챙김 개입: 연구 및 실제의 새로운 방향(A mindfulness Intervention for Children with Autism Spectrum Disorder: New Directions in Research and Practice)』의 주저자이며 학술지 『마음챙김과 신경발달 장애에서의 발전(Mindfulness and Advances in Neurodevelopmental Disorders)』의 부편집장이다.

모니카 M. 잭맨(Monica M. Jackman)은 작업치료사이자 Little Lotus Therapy의 소유자이다. 그녀는 채텀 대학교에서 작업치료 박사 학위를, 플로리다 대학교에서 학부와 석사 학위를 받았다. 모니카는 마음챙김 참여와 마음챙김 참여 지원 모델 및 연구 논문에 관한 책의 일부 챕터를 저술했으며 돌봄종사자와 미취학 아동 및 학령기 아동을 위한 마음챙김 기반 교육 프로그램을 개발 및 구현했다. 그녀는 아동과 성인을 위한 마음챙김 기반 프로그램과 중재에 관한 국내 및 국제 학술 발표도 진행했다. 그녀는 오픈 마인드(OpenMind: OM) 마음챙김 기반 사회정서학습 프로그램의 개발자이다.

줄리오 E. 란치오니(Giulio E. Lancioni)는 바리 대학교 신경과학 및 감각기관 학과의 교수이다. 그의 연구 관심 분야는 다양하지만, 그중에도 지적장애와 발달장애가 있는 사람, 의식 장애와 언어적 결핍 그리고 전반적인 운동 장애가 있는 사람, 알츠하이머병과 근위축성 측삭경화증과 같은 신경병변 질병을 가진 환자의 발달과 평가를 위한 보조공학에 관심을 두고 있다. 보조공학은 주로 환경과의 긍정적인 상호작용을 촉진하며 앞서 언급한 사람들 사이에서 대체적인 의사소통 전략과 사회적 직업적 기술을 지원하는 데 활용된다. 그는 『보조공학: 중등도 및 중도 또는 중복장애를 가진 사람들을 위한 중재(Assistive Technology: Interventions for Individuals with Severe/Profound and Multiple Disabilities)』라는 책의 주저자이며 학술지 『신경발달 장애 연구(Advances in Neurodevelopmental Disorders)』의 부편집장이다.

마이클 E. 레빈(Michael E. Levin)은 유타 주립대학교 심리학과 부교수이다. 그는 스티븐 헤이스(Steven Hayes) 박사의 지도를 받으며 리노에 있는 네바다 대학교에서 박사 학위를 받았으며, 브라운 대학교 임상심리 훈련 컨소시엄에서 임상 인턴십을 마쳤다. 그의 연구는 대학생 정신건강, 우울, 불안, 체중관리 및 질병 대처를 포함한 문제에 관해 온라인 및 자기주도 방식의 수용전념치료(Acceptance and Commitment Therapy: ACT)를 제공하는 데 초점을 두고 있다. 그는 100편 이상의 학술지 논문과 책의 일부 챕터를 썼으며, 『수용전념치료의 혁신(Innovations in Acceptance and Commitment Therapy)』(Levin, Twohig, & Krafft, 2020)과 『ACT의 단계(ACT in Steps)』(Twohig, Levin, & Ong, 2020)와 같은 ACT에 관한 책을 여러 편 저술하였다. 그는 학술지 『맥락적 행동과학(Journal of Contextual Behavioral Science)』의 편집장이다.

르네 멥피링크(Renée Meppelink)는 현재 네덜란드의 정신건강 관리센터에서 아동심리학자로 일하고 있으며 성폭행 센터에서도 일하고 있다. 그녀는 아동 발달 석사과정을 마친 후 암스테르담 대학교에서 박사 학위를 시작하기 위해 NWO 연구 인재 보조금을 받았으며 2019년에는 과정을 마쳤다. 그녀의 박사 학위 연구는 무작위 대조군 실험에서 ADHD가 있는 아동·청소년에게 마음챙김 훈련의 효과와 메틸페니데이트 약물의 효과를 비교하는 것이었다. 그녀는 국제 학술지에 3편의 논문을 게재했으며, 임상 작업에서 환자들과 함께 마음챙김 수련을 계속하고 있다.

레이첼 E. 마이어스(Rachel E. Myers)는 조지아주 케네소 공립 대학교의 웰스타 간호대학 학부 프로그램의 임시 부학장이다. 그녀는 이전에 간호 부장, 성과 개선 및 연구부장, 의료 직원 업무 부장, 직원 개발 담당자, 간호사 관리 부의장, 간호사 컨설턴트와 같은 다양한 리더이자 교육자 그리고 임상적 직책을 맡았다. 그녀는 사우스플로리다 대학교에서 간호학 박사 학위를 받았다. 그녀의 연구 관심 분야는 마음챙김 기반 중재와 건강 및 웰니스의 증진, 질병 예방, 당뇨병, 간호 교육이다. 그녀는 UMass 의과대학 마음챙김센터에서 자격을 갖춘 마음챙김 기반 스트레스 감소 지도자로 일하고 있다. 그녀는 동료들의 리뷰를 받는 저널과 책의 챕터를 20편 이상을 저술했으며, 대부분 마음챙김 기반 중재 연구와 관련이 있다. 그녀는 학술지 『마음챙김』의 부편집장이다.

사라 A. 포츠(Sarah A. Potts)는 아동심리학자이자 몬태나의 미줄라에 있는 건강관리 협동센터의 행동건강 책임자이다. 그녀는 유타 주립대학교에서 임상 및 상담심리학 박사 학위를 받았다. 그녀는 네브래스카주 오마하에 있는 보이스타운 행동건강센터에서 인턴십과 펠로우십을 거치며 소아과 및 통합치료에 관한 전문성을 습득하였다. 그녀는 아동 및 가족의 통합적 행동 건강 관리를 위한 역량을 발휘하고 있으며, 다양한 내재화 및 외재화 행동 문제 및 의학적 공동 진단 그리고 가족 문제를 다룬다. 그녀는 ACT와 DBT 그리고 응용 행동 중재와 같은 근거 기반 치료를 전문적으로 수행한다. 포츠 박사의 연구 관심 분야는 장벽의 탐구이며, 모든 사람이 우수한 의료 서비스를 활용하도록 접근성을 개선하는 것이다. 또한 일상적인 1차 의료 절차로서 근거 기반의 비용-효율적인 치료법을 강화하는 데 초점을 두고 있다.

매리 캐서린 A. 슈트(Mary Katherine A. Schutt)는 현재 시라큐스 대학교 공공건강 증진 학습자 센터에서 국가 공중보건 이니셔티브 관리를 담당하고 있다. 그녀는 오스웨고에 있는 뉴욕 주립대학교에서 인간발달에 관한 학부 교육을 받았다. 그녀는 시라큐스 대학교 마인드바디 연구소의 연구조교이다. 그녀의 연구 관심 분야는 자비심과 진정성 삶의 목적 및 의미와 관련된 긍정심리학과 마음챙김 중재에 관한 연구이다. 그녀는 특히 아동·청소년에 초점을 둔 상담심리학 박사 학위를 목표로 하고 있다.

마이클 P. 투히그(Michael P. Twohig)는 유타 주의 공인 심리학자이자 유타 주립대학교의 심리학 교수이다. 그는 위스콘신-밀워키 대학교에서 학사 및 석사학위를, 리노의 네바다 대학교에서 박사 학위를 받았으며, 브리티시콜롬비아 대학교 병원에서 임상 인턴 과정을 마쳤다. 그는 수용전념치료(ACT)와 가장 관련이 큰 조직인 맥락적 행동 과학 협회(Association of Contextual Behavioral Science)의 전 협회장이다. 그의 연구는 강박장애 및 관련 장애에 초점을 두고 있으며, 다양한 임상적 상황에서 ACT를 활용하고 있다. 그는 100편 이상의 동료 리뷰 논문을 저술했으며 두 권의 책,『발모광의 치료를 위한 ACT 중심 행동 치료 접근(An ACT-Enhanced Behavior Therapy Approach to the Treatment of Trichotillomania)』(Woods 공동 저술)과 『우울과 불안에 대한 ACT 기록(ACT Verbatim for Depression and Anxiety)』(Hayes 공동 저술)도 출간했다. 그의 연구는 국립정신건강연구소를 포함한 여러 출처를 통해 자금을 지원받았다.

역자 소개

안희영(Ahn Heyoung)

미국 컬럼비아 대학교 교육대학원 성인학습 및 리더십전공(박사)

국제인증 MBSR/MBCT for Life 지도자

국제인증 MBSR/MBCT for Life Teacher Trainer

전 서울불교대학원대학교 심신통합치유학과 교수/석좌교수/부총장

    한국심신치유학회 초대 회장

    대한통합의학교육협의회 부회장

    뉴욕 대학교 풀브라이트 교환교수

현 한국MBSR연구소 소장

    한국심신치유학회 명예회장

    대한명상의학회 고문

    한국불교심리치료학회 운영위원

〈대표 저서 및 역서〉

마음챙김에 근거한 심리치료(공역, 학지사, 2009)

존 카밧진의 처음 만나는 마음챙김 명상(역, 불광출판사, 2012)

Resources for Teaching Mindfulness(공저, Springer, 2016)

8주 마음챙김(MBCT) 워크북(역, 불광출판사, 2017)

온정신의 회복(공역, 학지사, 2017)

의료 분야에서의 마음챙김 MBSR(공역, 학지사, 2020)

통합심신치유학-실제편(공저, 학지사, 2020) 등

최은영(Choi Eun-yeong)

대구대학교 재활과학대학원 재활심리학과 심리치료전공(석사)

대구대학교 대학원 특수교육학과 정서행동장애아교육전공(박사)

재활심리사 1급(한국재활심리학회)

1급 전문상담사(한국상담학회)

수련감독임상미술심리상담사(한국미술치료학회)

국제인증MBSR레벨1지도자(Mindfulness Center at Brown/한국MBSR연구소)

MSC−T(Mindful Self−Compassion for Teens) Teacher Training(CMS)

현 대구대학교 재활심리학과, 재활과학대학원 미술치료전공 교수

　　한국재활심리학회 회장

　　한국미술치료학회 고문

　　한국장애인재활협회 전문위원

〈대표 저서 및 역서〉

禪−행동치료: 불교상담을 위한 인지−행동적 전략과 전망(공저, 시그마프레스,

　2008)

마음챙김과 예술치료(공역, 학지사, 2018) 등

박지순(Park Ji-soon)

대구대학교 대학원 재활과학과 재활심리전공(석, 박사)

재활심리사 1급(한국재활심리학회)

임상심리사 2급(한국산업인력공단)

전 부산대학교 대학원 교육학과 BK21사업단 연구교수

　　대구대학교 대학원 재활과학과 BK21사업팀 연구교수

현 동국대학교 WISE캠퍼스 교수학습개발센터 연구교수

　　한국재활심리학회 이사

〈대표 역서〉

노예선: 인간의 역사(역, 갈무리, 2018)

마음챙김과 예술치료(공역, 학지사, 2018)

정하나(Jung Ha-na)

명지대학교 일반대학원 아동학과 아동가족심리치료전공(석, 박사)

인지행동상담전문가(한국인지행동치료상담학회)

인지행동놀이상담전문가(한국인지행동치료상담학회)

MSC(Mindful Self-Compassion) Teacher Training(CMS)

MSC-T(Mindful Self-Compassion for Teens) Teacher Training(CMS)

현 한국아동마음챙김연구소 소장

　　명지대학교 아동학과 겸임교수

　　숭실대학교 복지경영학과 겸임교수

　　한국인지행동치료상담학회 자격위원장

　　삼성서울병원 미래의학연구소 연구원

〈대표 역서〉

아동과 청소년을 위한 인지행동놀이치료 워크북(공역, 학지사, 2020)

부모와 자녀가 함께하는 인지행동놀이치료 워크북: 125가지 활동(공역, 학지사,

　　2022)

아동 · 청소년을 위한 마음챙김 기반 중재
-연구와 실제-

Mindfulness–based Interventions with Children and Adolescents: Research and Practice

2023년 5월 10일 1판 1쇄 인쇄
2023년 5월 15일 1판 1쇄 발행

엮은이 • Nirbhay N. Singh · Subhashni D. Singh Joy
옮긴이 • 안희영 · 최은영 · 박지순 · 정하나
펴낸이 • 김진환
펴낸곳 • ㈜**학지사**

04031 서울특별시 마포구 양화로 15길 20 마인드월드빌딩
대표전화 • 02-330-5114   팩스 • 02-324-2345
등록번호 • 제313-2006-000265호

홈페이지 • http://www.hakjisa.co.kr
페이스북 • https://www.facebook.com/hakjisabook

ISBN 978-89-997-2907-2 93180

정가 17,000원

출판미디어기업 **학지사**

간호보건의학출판 **학지사메디컬** www.hakjisamd.co.kr
심리검사연구소 **인싸이트** www.inpsyt.co.kr
학술논문서비스 **뉴논문** www.newnonmun.com
교육연수원 **카운피아** www.counpia.com